平民英雄
张富清传

寒青 著

中国出版集团公司
华文出版社

图书在版编目（CIP）数据

平民英雄：张富清传 / 寒青著 . -- 北京：华文出版社，2022.9（2022.12重印）

ISBN 978-7-5075-5576-9

Ⅰ. ①平… Ⅱ. ①寒… Ⅲ. ①张富清—传记 ②传记文学—中国—当代 Ⅳ. ① D263 ② I25

中国版本图书馆CIP数据核字（2022）第008391号

平民英雄：张富清传

作　　　者：	寒　青
封面供图：	朱　勇
书名题字：	吕　义
责任编辑：	聂文聪
装帧设计：	观止堂 _ 未氓
出版发行：	华文出版社
地　　　址：	北京市西城区广外大街305号8区2号楼
邮政编码：	100055
网　　　址：	http://www.hwcbs.cn
电　　　话：	总 编 室 010-58336239　　发 行 部 010-58336253　58336202
	责任编辑 010-58336255
经　　　销：	新华书店
印　　　刷：	北京博海升彩色印刷有限公司
开　　　本：	710mm×1000mm　1/16
印　　　张：	27.25
字　　　数：	329千
版　　　次：	2022年9月第1版
印　　　次：	2022年12月第2次印刷
标准书号：	ISBN 978-7-5075-5576-9
定　　　价：	68.00元

版权所有，侵权必究

序

王宏甲

张富清是个英雄传奇。汉语"传奇",最早特指唐代的短篇文言小说,描述情节离奇或不寻常的人物故事,后来情节曲折的长篇英雄故事也称传奇。《平民英雄:张富清传》既是纪实文学,又是真实的中国故事。

2019年国庆前夕,中共中央总书记、国家主席、中央军委主席习近平亲自把"共和国勋章"挂在张富清胸前。同年张富清还被中共中央宣传部授予"时代楷模"荣誉称号。生于1924年的张富清,这年95岁,媒体报道他七十一载党龄,六十三年深藏功名。

那是怎样的功名?他在解放战争中曾荣立特等功一次,一等功三次,二等功一次,两次获"战斗英雄"称号,还获"人民功臣"勋章一枚。直到2018年底,湖北来凤县在采集退役军人信息时,这位只有一条腿的老兵的英雄事迹才被发现。

接着发现,张富清1955年转业到来凤县已经六十三年了,全县没有一个人知道他曾经有过这样的战功,连他的儿女们也不知道。来凤县志和有关党史名录上,都查不到张富清的名字。媒体评价他"深藏功名""隐功埋名"。

"他为什么要藏功隐功?"

"为什么没人知道?"

"他那一条腿是在战场上失去的吗?"

报告文学作家寒青（原名王汉清）被这些问题吸引了。来凤县隶属恩施土家族苗族自治州，位于湖北边远的西南山区。寒青追踪寻访这位"湖北老乡"，才发现他是陕西人，老家在汉中洋县马畅镇双庙村。双庙村不大，但远近闻名，因为"这个村经常出些武艺高强的汉子"。

寒青原以为这位战斗英雄身材魁梧，见面才知他身材不高。国民党军抓壮丁，他顶替了他的二哥。带兵的军官竟把他淘汰了："这点屁小个怎么能扛枪打仗！"那么，张富清是怎么在解放战争中成为战斗英雄的呢？这些都进一步引起了寒青的好奇。

寒青接着了解到张富清原名是张元生。国民党带兵军官把他淘汰后，他被押到乡联保处去做杂务。有一天，张元生放走了一位被联保处处长关押起来凌辱的邻村妇女。张元生被吊在大梁上毒打，接着还被押送到国民党军队去当伙夫做饭喂马。1948年春，他所在的国民党部队被解放军击溃，张元生因成为俘虏而获得新生。他选择了参加解放军。当问他姓名的时候，他第一次说："我叫张富清。"

这就是寒青写在作品开篇的故事。张富清身材瘦小，是因为有高强武艺才在战场上出众吗？不是。他没学过武艺，但受家乡文化熏陶有侠肝义胆。那位受凌辱的妇女与他非亲非故，他明知放走她，自己难逃厄运，还是义无反顾地叫她快逃。正义、胆魄，虽身陷危难仍不忘舍己救人，这些品质在青年张富清身上已经存在。从一个俘虏到解放军战士，他不用旧名自取新名，向往光明、自主的精神让他脱颖而出。这已不只是写故事，这是写品格、写气概，这是一个英雄必要的精神内涵，寒青在第一章里通过真实的情节和细节描绘出来了，这就是纪实文学。

当被问及为什么深藏功名，张富清说："同牺牲的战友相比，我有什么资格张扬？"他忘不了1948年11月，在陕西永丰城战斗中，一夜之间换了三个营长八个连长，他作为突击队员去炸碉堡，战斗结束后，他再也没见到其他的突击队员。那次，彭德怀将军握着他的手说："你立下了大功。"他觉得这荣誉不是他一个人的，他不应该张扬。

张富清也忘不了1949年从陕西去新疆作战，那个冬季徒步穿越戈壁去喀什，大漠缺水断炊，风沙蔽日遮天，战士们冒着扑面的飞沙手挽手前进，他切实感受到了这支军队的伟大。

1954年要转业时他刚刚30岁，他那些战功30岁前就荣获了。作为战斗英雄，他可以选择在城市工作，也可以选择回陕西老家，但他说："听党安排，哪里需要就去哪里。"这不是大话，不是空话，是那一代很多人真实的声音。有报道说他选择了湖北最边远的来凤县，不是的，他选择的是听从党安排，于是1955年1月来到完全陌生的鄂湘川三省交界处的来凤县。

张富清不是不重视荣誉，1955年他佩戴着三枚勋章拍了一张照片，然后用一块红布把军功章、立功证书、报功书和佩戴勋章的照片都包好藏在箱底，这正是对这份荣誉至高的尊敬。

舍生忘死立奇勋殊为不易，有如此功勋六十多年深藏不言，始终默无声息地奉献不已更不容易。何谓英雄，自古以来舍己为众人利益奋斗是显著特征，那些舍己忘我能达到常人罕至之境者便是英雄。

寒青许多次往返湖北来凤、陕西洋县，在深入采访的基础上，从众多的素材中，挑选出一些震撼人心的事件和细节，描绘出张富清尘封的鲜活故事，放射出老英雄璀璨的人性光芒，撰写出这部令人折服的英雄传。寒青生于湖北黄陂，也曾是一名军人，在某部团政治处从事新闻报道工作。唐山大地震之时，他从地处唐山古冶的被震塌的部队营房里钻出来，开始用通讯、报告文学形式采写抗震救灾。退伍后他拉板车、扛麻包都干过，这仍然是宝贵经历。后考入武汉大学新闻学院，毕业后分配到新华社湖北分社工作了十二年。今为湖北省报告文学学会会长。曾有《大巴山的呼唤》获中宣部"五个一工程"奖，并获徐迟报告文学奖。另有根据他的长篇报告文学《起航，信义之船》改编的电影《信义兄弟》，荣获中宣部"五个一工程"奖。

张富清来自平民，归于平民，平凡得如此彻底。寒青以《平民英雄：张富清传》为题，我以为相当精准地道出了张富清一生的英雄本色。这部三十多万字的作品吸纳了中国传统章回小说的一些元素，也写得相当适合平民阅读，我猜想寒青写作时或许还想到了他拉板车、扛麻包时的工友。我以为能去追求"通俗"的作品就有了高明的向往。譬如日月在天，没有普照焉有高明。我以为所有的作品，都是有情感及其立场的。在我国今天，有人民情怀人民立场的作品，就是宝贵的。寒青的作品均有此特点。

我曾参加湖北省报告文学学会组织的创作培训和优秀作品颁奖会，看到会长王汉清（寒青）把诸多湖北作者组织起来聚集一堂，看到那么多来自基层各领域的作者，对运用文学去扬善抑恶、捍卫美好所表现出来的真诚热情，我深为感动，心中满怀尊敬。

我还想，平民英雄张富清其实很检验我们的精神世界。他来自平民，归于平民。他打参加中国人民解放军起，就懂得并学会了庄严的军礼。退役后，始终以一个兵的身份不忘记对党、对人民的感恩，他回应社会的是永恒的军礼。张富清今年96岁了，依然身心健康，是有梦想、有智慧的。我确以为平凡中蕴含着伟大的祥和，不肯平凡便无法真正感受生活本来的乐趣。能够永恒地保持军礼，能够永恒地坚持平凡，平凡就是天堂。这其实是中国文化的大智慧。

2020年10月12日于北京

缘　　起

2019年7月26日上午，北京宽敞明亮的京西宾馆会议楼前厅，出席中华人民共和国退役军人事务部召开的全国退役军人工作会议的代表激动地排队站立，准备接受党和国家领导人的接见。

代表的左前方，一位老人坐在轮椅上，他精神焕发，心情异常激动，那双经历了近百年岁月时光的眼睛，紧紧地注视着右前方。他，就是来自湖北省的中国建设银行来凤县支行95岁的离休老干部张富清。

就在几天前，来凤县退役军人事务局通知他，国家退役军人事务部邀请他出席这次全国退役军人工作会议，会上习近平总书记要发表讲话，并接见全体与会代表。顿时，一行热泪在张富清老人满是皱褶的脸颊上流淌下来。这不是一般的告知，这是来自退役军人管理和服务部门振奋人心的消息。这消息犹如一颗滚雷，在来凤县退役军人事务局、在中国建设银行来凤支行、在整个来凤县干部和农民家庭的上空炸响！人们怎么都难以相信，这位近百岁的老人能前往祖国的首都北京被主席接见；张富清怎么也想象不到，他这个已经做了高位截肢之人，这个黄土已埋到眉毛尖的老人还将受到习近平总书记的亲自接见，聆听党和国家掌舵人的亲切话语，亲自感受那激动人心的幸福场面。他在心里默默地说："我那当年在战场上牺牲的战友们，你们在九泉之下还好吗？你们的鲜血没有白流……今天，我要代表你们，我要代表全国百万退役军人，向我们中国共产党的总书记，向我国十四亿人民的舵手和统帅，表达崇高的敬意！"

张富清本能地抹了把朦胧的眼泪，他仿佛回到了与国民党反动派浴血奋战的 1948 年。那年 6 月，张富清作为光荣的中国人民解放军西北野战军第 2 纵队的 359 旅 718 团 6 连战士，在壶梯山战役中任突击队队长，攻下敌人碉堡一座、打死敌人两名、缴获机枪一挺，巩固了我方阵地，使后续部队顺利前进；7 月，张富清作为 6 连战士，带领突击组六人，在东马村一带，扫清了外围守敌，占领敌人碉堡一座，给后续部队打开了通道，自己身负重伤不下火线；9 月，张富清作为 6 连班长，在临皋执行搜索任务，发现敌人后即刻占领外围制高点，压制了敌人的封锁火力，完成了截击敌人的任务，使后续部队迅速消灭了敌人……一次次的艰苦战斗，一个个殊死的战场，多少干部战士舍生忘死，英勇地倒在血泊中。自己虽说立了些战功，这与死去的战友们比起来，算得了什么？

宽敞明亮的会议楼前厅，与会的代表们激动地站在那里等待着，期盼着党和国家领导人的到来。他们一个个的心，都快跳出了嗓子眼。

上午 11 点多，在热烈的掌声中，只见习近平、李克强、王沪宁等党和国家领导人神采奕奕地步入大厅，会见参加全国退役军人工作会议的代表。他们依次与前排的代表们一一握手。此刻，代表们群情激奋，纷纷握着习近平总书记等党和国家领导人的手，问候声此起彼伏。眼看习近平总书记就要走近张富清，张富清双手紧按轮椅，想站立起来。就在这个时候，习近平总书记连忙俯下身，他那双撑掌乾坤且温暖的大手紧紧地握住张富清那曾紧端钢枪、经受过无数次战斗的刚劲有力的手。习近平微笑着，同张富清亲切交谈，并对这位 95 岁的退役老英雄致以诚挚的问候。张富清万分激动地说："感谢总书记，感谢党中央。我是党培养的，我要紧跟党走，做一名党的好战士。"习近平总书记亲切而又动情地说："你都做到了。你是全党全国人民的楷模！保重身体，健康长寿。"

总书记的话语，是对张富清老人诚恳而又高度的赞扬！这赞扬，像一阵及时雨，表达了人们的期望与祝福，似一股清泉，滋润着张富清老人的心田……

是啊，张富清老人对习近平总书记的表达多么淳朴，多么真挚，多么纯粹；总书记对张富清老人的回答，那么中肯，那么温暖，那么深情！

接见完毕，习近平、李克强、王沪宁等党和国家领导人在全体退役军人工作会议代表前排就座，和大家亲切合影。心情无比激动的张富清老人被扶到习近平总书记和李克强总理的中间就座……

习近平总书记等党和国家领导人亲切接见全国退役军人工作会议代表的场面，习近平总书记与95岁的张富清老人亲切握手对话的情景，通过电波的传递，由中央广播电视总台在国内外广泛播出。

通过电视荧屏，张富清的家人看得真切。此时此刻，张富清的老伴、儿子、儿媳、女儿、女婿及孙子，全家老少的心咚咚直跳。泪珠，雨水一般地在他们的脸上流淌，流入嘴里，咸咸的、涩涩的，不知道是种什么味道；流到身上，滴落在地上，流得稀里哗啦！他们知道，那是从未有过的激动的泪、幸福的泪……

通过电视荧屏，坐落在巍巍的武陵山脉腹地，地处湖北、湖南、重庆三省市之间的中国恩施土家族来凤县的人们看得真切。他们心潮澎湃，情绪高涨。在这个以土家族、苗族为主的十八个民族的人口占总数61%以上的恩施土家族苗族自治县，一些俊男靓妹自发来到住地旁的广场中央，伴着两人合抱的大鼓的有力节奏，不停地摆动双手，尽情欢跳，跳起了朴素清新、风情悠扬的摆手舞。他们一会儿跳起表现土家打猎生活的"跳蛤蟆""磨鹰展翅"，一会儿跳起表现土家人劳动生产和日常生活的"撒种""种苞谷""水牛打架"，一会儿又跳起表现古人出征打仗的"开弓射箭""庆功饮宴"

等。他们跳得那样娴熟,跳得那样兴奋,跳得那样火热……

通过电视荧屏的播出,陕西汉中洋县马畅镇双庙村的村民们看得真切。他们的眼睛湿润了,他们的喉咙哽咽了。他们为家乡有这样的英雄而万分兴奋,他们为洋县有如此杰出的男儿而无比自豪!在兴奋与自豪中,一些有点儿文艺范儿的青年男女走出村头,对着广袤的田野,对着多情的塬岗和黄土高坡,扯起清脆的嗓儿,唱起了高亢粗犷的陕西民歌……黄河上下,大江南北,祖国十四亿中华儿女看得真切。他们无不震撼,无不动情,无不油然而生敬意!

那么,让我们来看一看,张富清到底是何许人?他的人生为什么如此这般精彩?他的情怀何以如厚天般地承载着社会万物?他何以不忘初心,隐功埋名,始终向党和人民沉默地致以崇高的敬礼?

第一章　良驹识途驰沙场　　　　　　　　001

一　替兄当丁　　　　　　　　　　　　001

二　弃暗投明　　　　　　　　　　　　006

三　营地蝶变　　　　　　　　　　　　014

四　生死突击　　　　　　　　　　　　023

第二章　精彩写在青涩季　　　　　　　　031

五　雪域垦荒　　　　　　　　　　　　031

六　能武习文　　　　　　　　　　　　040

七　泪洒新房　　　　　　　　　　　　047

八　奔赴山区　　　　　　　　　　　　064

第三章　群山簇拥托大鹏　　　074

九　初识来凤　　　074

十　百姓口碑　　　082

十一　融身民族　　　088

第四章　土苗山寨公仆情　　　100

十二　惦记穷户　　　100

十三　夜宿柴屋　　　111

十四　废寝忘我　　　119

十五　决战山渠　　　129

第五章　几许愧疚几多爱　　　137

十六　工地跪拜　　　137

十七　秦腔台前　　　144

十八　点亮山乡　　　164

十九　补裤缝袄　　　174

目录

第六章　胸有镰锤总发光　　184

二十　　狂风乍起　　184

二十一　乡邻相帮　　194

二十二　逆来顺受　　205

第七章　时不我待号声激　　219

二十三　夜长春晚　　219

二十四　老兵情怀　　225

二十五　破神移山　　242

二十六　草鞋调换　　262

第八章　宝刀不老再出发　　274

二十七　桐油丰歌　　274

二十八　煤矿新工　　290

二十九　踏步无悔　　299

第九章　风骨铮铮尽无言　　313

三十　　慈母严父　　313

三十一	清似塘荷	337
三十二	粗茶淡饭	347
三十三	厚德载物	357
三十四	心灯不灭	372

第十章　春风不唤万里碧　　381

三十五	国家优抚	381
三十六	石击浪溅	389
三十七	红帆高挂	400
三十八	春风回了	415

后记　　419

第一章 良驹识途驰沙场

一 替兄当丁

1945年初冬的夜晚，北风裹着雪花在陕西汉中洋县一带飘舞着。洋县西南十多公里处，有个拥有几百人的马畅镇双庙村。这个村远近闻名，是因为这个村经常出些武艺高强的汉子。十里八村的人年头耍灯，天旱抢水，经常发生群斗。群斗中，人们往往花大洋把武艺高强者请去助阵。

不到半天的工夫，双庙村一处处散落的青砖黑瓦及芦苇茅草搭成的棚子，早已披上了银白色的龙袍；村东头和村西边的两条进村土路，也在风雪中逐渐消失。离双庙村约五公里处，有个叫原公镇的村庄。

大财主孟天豪的宅子在村最南边。宅子坐北朝南，东西两厢，墙壁全是上等的杉木，杉木的里层和房门全都刻龙雕凤，房屋当中，一个通明幽静的天井，宅子外面用青石砖块砌成约两米高的大院子。整个宅院富丽堂皇，古朴典雅，占地面积约四亩之多。

宅院中，孟财主及家人早早地吹灯入睡，唯有灶房里的一盏煤油灯，忽闪忽闪地亮着冷光。冷光下，一个身材瘦小的青年正在忙活着。他就是孟财主家的老长工张元生。张元生先是洗好碗筷，做好第二天财主全家人的早餐准备，接着又掌上煤油灯，铡好牛、羊食料，并为它们上好料、添上水。尽管宅院外冷风嗖嗖，寒气逼人，可张元生早已汗溢额头。

在宅院牛栏旁的一条阴暗破旧的过道上，用废旧的木板挡着风雨，这就是张元生的栖身之处。

当张元生掌着灯即将走进他的住处，忽然，一个打扮得像教书先生的人，出现在张元生的面前。这人20多岁，慈眉善目，一看就知道是个见过世面的人。

"你是谁？为什么在这里？"

"小兄弟，不用紧张。我姓方，是从汉中过来的。"

"我不认识你！你想干什么？"张元生虽说身材瘦小，见识不多，可多年的长工生活却砥砺了他的勇气。

这天夜晚，心地纯善的张元生不但没有将从没谋过面的人赶走，还留他在自己住处躲过了那个风雪之夜。也就是这个夜晚，他第一次听说了"十月革命"，听说中国有个共产党，共产党是推翻反动统治，专门为人民谋幸福的；还是这个夜晚，张元生知道，国民党反动派又要祸害穷苦百姓，开始抓壮丁了。这个神秘的来人，就像上天派来的神灵一样，说什么就应验什么。

没过几天，乌云就笼罩在陕西汉中一带，在少有的紧张和恐怖气氛中，国民党反动派又开始抓壮丁了。

国民党部队的一个姓艾的营长亲自督阵，要在一个星期内在汉中洋县马畅镇一带抓走六十名壮丁。艾营长来到乡联保处把任务一甩，就忙于喝酒泡妞儿，把抓壮丁的事交给乡联保处的占德尚处长，要求在一个星期内确保完成抓壮丁的任务。

屋漏偏逢连阴雨，狂澜总打下风人。这次抓壮丁，张元生的二哥是必抓的对象。壮丁名额下来的那天，双庙村和附近的几个村子哭声一片。人们知道，但凡被抓了壮丁的人，就相当于提前领了死亡证书。可怜天下父母心啊！谁愿意让自己的亲生骨肉去给国民党当炮灰呢？

哭得死去活来的张元生的母亲，是从小就深受封建迷信和礼教约束的一个普通农村小脚妇女。身长个大的她，每逢走起路来，一颠一颠的，很吃力。她前后生下了四个孩子，张元生的大哥、二哥、张元生和一个妹妹。张元生出生在1924年12月底的一个晚上。在他5岁的时候，父亲就因病离开了他们；他的大哥也因病饿交加，早就夭折。可怜的小脚妈妈拉扯着他们兄妹三人在饥饿与常年的病困中艰难度日。贫困中，为了生存，张元生14岁时就被送到财主家放牛、做长工。至于读书认字，是他做梦也不敢想的事。到了财主家，先是放牛、放羊，后来又担水、掘地，什么脏活累活都干。也许，过于沉重的长工担子压坏了张元生，使得21岁的张元生身材还是很瘦小。

显然，张元生的二哥是家中唯一的壮劳力。也还算好，家里还有两亩多旱地薄田，耕翻犁耙，一年四季的农活，有张元生的二哥扛着。红薯凑着萝卜吃，野菜伴着糠米吞，一家人勉强能把日子挨过去。

"眼下，这个不顾人们死活的抓壮丁的厄运降临到我们头上，我们这一家老小的日子怎么过啊！"张元生的母亲捶胸顿足，一把鼻涕一把泪地哭着。

张元生的二哥身高一米七五，虽说只有23岁，看上去却一脸的老成和憨实。活不离手的他，一边用铁锹整理玉米地，一边哽咽着，想到自己被抓壮丁离家后，柔弱多病的母亲难以挑起农活的重担，想到乖巧的妹妹再也得不到他的看护，他不由自主地哭起来……

张元生的小妹妹呆呆地站在二哥的跟前，一个劲儿地哭喊着：

"二哥——你不要走，二哥，你能不能不走哇！"

听说自己的二哥要被抓去当壮丁，张元生第一时间没有哭，只是一股怒火在他瘦弱而又刚强的心中熊熊燃烧！他恨反动派，恨国民党，更恨那些为虎作伥的乡联保处的狗腿子！他害怕二哥早早地被国民党抓走，如果抓走了，他们兄弟俩就很难再见面……张元生来到孟财主面前，深深地低着头，似乎要把自己含着悲愤和泪水的头埋进裤子里。

张元生向孟财主请了半天假，他要回家安慰一下妈妈，他要跑回家出点子想办法。就在张元生跑回家的半路上，眼前猛然间出现了一个人，这个人挡住了张元生的去路。张元生抬头一看，喜出望外，这不就是那个神秘的姓方的先生吗？

"对，是我！"神秘的方先生不慌不忙，他机智地点拨张元生，让张元生与家人商量，想办法由张元生去顶替他的二哥。

这倒是个没有办法的办法，可自己这么瘦小，国民党伪政府乡联保处和国民党抓壮丁的官爷们会同意吗？

张元生三步并作两步走，边走边思考着对策。

在双庙村，张姓还算得上一个大姓。村里有个满脸胡须、已过古稀之年的老者，人们习惯称呼他"张叔公"。张叔公是村上及村外张姓人家的族长，张姓的大事小事都请他做主。这天天刚亮，张元生的母亲把家里紧攒慢攒的十几个鸡蛋用一块蓝花布轻轻地包起来，带着三儿子一起来到张叔公家中。

叩开朱红色的大门，母子二人脚步一迈进了堂屋，见张叔公坐在上方的藤椅上，连忙跪在那里。

跪了好一会儿，张叔公习惯性地装腔作势道："这是谁呀？"

"拜过叔公爷，下跪的是天成家的媳妇和我的第三个儿子元生。"

"哦，这么晚了找我有什么事？你们起来回话吧！"

张元生这才把母亲扶起。接着，他从母亲手中接过了蓝花布包袱，放到桌子上："叔公爷，这是我们鸡屁股掉下的十几个元宝，不成敬意！"

"这娃子还算懂得族上的礼数。有什么事你们就说吧！"

张元生的母亲含着泪水，说她的二儿子是家里唯一的壮劳力，这次他们硬是要他去当壮丁，请族长大人出面说说情，能否让她的第三个儿子顶替二儿子。

张叔公听了他们的请求，思索着，认真地打量着眼前的天成家媳妇和精瘦精瘦的张元生，悲悯之感涌上心头："好吧，为了成全你们这家子，我只好到乡联保处占德尚那里去一趟，看他们能否给我一个面子。"

两天后的早晨，一只乌鸦在一栋破旧茅草屋前叫了几声，接下来"哐哐"的破锣声在村子四周震响，给全村带来了少有的烦躁和不安。随之而来的，是一阵刺耳的哨子声。这是被抓走的国民党壮丁要集合上路了。

亲人们有多少不舍，青年后生有多少难离？

"儿子啊——！"

"娘——！"

"孙儿呀——！"

"奶奶——！"

哭声、喊声、叹息声、悲怨声、愤怒声，还有在村里转来转去的破锣声交织在一起，像决了口子的堤，又像是垮塌了的房屋轰然崩溃……一片混响，一片暗淡。

"砰，砰，砰——！"一个国民党军官举起斜挎的手枪朝天上放了几枪，被抓的壮丁集合点名了。

"刘田地——"

"到!"

"易进前——"

"到!"

"甘得利——"

"到!"

"张元生——"

第一次见到这个阵势,张元生忐忑不安,小声细气地回答:"到!"

国民党带兵的军官再一次高声喊叫:"张元生——!"

本来有些心虚的张元生,被逼得没有退路,他使出吃奶的劲儿,大声回答:"到——!"

带兵的军官循声看去,张元生与站在那里的身长个大的青年后生比,实在是太不协调,太干瘦、太弱小了。

带兵的军官气不打一处来:"这点屁小个怎么能扛枪打仗?"他朝站在一边的占德尚处长吼道,"这是你招的兵?就他这么个瘦小个,上了战场不吓得尿湿了裤裆才怪。去,先把他带回你们乡联保处关押留用,打个下手,等他长高了再带去打仗!"

就这样,张元生也顶了一个壮丁的数,只是先由乡联保处关押留用。好在他的二哥总算躲过了打仗送命这一劫。

二 弃暗投明

国民党的艾营长带着几十名壮丁扬扬得意地回部队去了。原本顶替二哥的张元生由于身材瘦小被艾营长"刷"下来了。这对张元生一家人来说,是不幸中的万幸。

不料,第二天上午,乡联保处的占处长就带着四个随从来到张元生家那间破旧的茅草屋里。占德尚人没进门,那沙哑的嗓门就喊出话来:"灯笼媳妇,都在屋吗?"

"在哩!都在哩!占老爷,让你们拖步了!"

占德尚往神台前的凳子上一坐,跷起二郎腿,拿出一根两尺多长金铜色的水烟枪,将水烟枪在神台前的桌子上敲了敲。一个随从连忙帮他装上水烟丝,并替他点着了水烟枪。他并非很舒心地吸了两口,向张元生的母亲反问道:"你怕让我拖步,为什么要给本人为难?如果不是看你们老族长的面子,你的第二个儿子早就被抓走了。你的第三个儿子张元生,既然被国军抓丁的给刷下来了,为什么还不送到乡联保处呢?还要把他留在家里吃奶不成?"

占德尚出语不善,气势逼人。陡然间,张元生的母亲那张清瘦的脸红一阵白一阵。她不知如何面对,只得垂下头,任凭占德尚怎样数落。张元生的二哥和妹妹吓得两腿发抖,唯有身材瘦小的张元生初生牛犊不怕虎,站在占德尚面前,回答道:"回占老爷,我正在收拾,准备前往乡联保处。"

占德尚被激怒了:"你胡扯!你在收拾什么?还不跪下?"

"儿子,快跪下,给占老爷赔罪!"张元生的母亲趁机嘱咐着。

无奈之下,张元生很不情愿地跪下。张元生刚一跪下,占德尚的四个随从不约而同地扑上前,把张元生五花大绑。接着,按占德尚的指示,几个随从把张元生绑到了乡联保处。

乡联保处设在离张元生家不到五里路的一个斜坡上。房高门宽,铁门上端有"乡联保处"几个大字;门前两旁的石狮似卧似蹲,貌似威严,实则懒散,恰是乡联保处工作的真实写照。

乡联保处内空间比较大,约有三百多平方米,步入屋内,一股阴森的寒气直袭而来,无形中让人有一种惧怕和恐怖之感。张元生被绑来后，关进了室内一间约二十平方米的房间里。房间里光线暗淡，有一股刺鼻的臭味；靠墙角有一张用麦草铺垫的简单床铺。房门是用铁丝编织而成，铁锁下留有一个大口子，当地人们有的称它为瞄窖，也有人称它为老户口，是用来给被关的人送食送水的。

张元生尽管在孟财主家做了七年的长工，吃了不少苦，受了不少罪，但从来没有像今天这样被捆绑着关押起来。张元生感觉好难受，在这之前，他还以为乡联保处是为远近村塆的人们办好事的，却不知乡联保处是用来欺压穷苦百姓的地方。

三小时过去了，外面的太阳已从东边跑到了头顶，这时，张元生的母亲也被叫来了。

张元生的母亲被叫到了乡联保处，坐在前厅的她心里怦怦直跳。五里远凹凸不平的路，把她那双长期裹着缠脚布的小脚颠出了血泡，小脚一阵阵钻心地疼，但这些她都不在意，她心里牵挂的是自己的儿子张元生。

"妈呀——！"

"儿子啊——！"

张元生被带到前厅，见母亲凄苦地坐在那里，鼻子一酸，泪水直涌；母亲见儿子仍然被五花大绑，好一阵心痛，泪珠儿不由得滚滚而出……

对着一站一坐的张元生娘儿俩，占德尚扯着喉咙宣布："从今天起，张元生由乡联保处扣押留用。至于干哪些活儿，等一会儿具体安排。张元生的生活，早、中、晚一日三餐由家中自己送达，不论是白天还是晚上，张元生不得离开本处。"

占德尚的宣布，跟判官对罪犯的宣判一样，周围一片肃静，针落地也听得见声音。过了一会儿，占德尚又问了一声："你们都听见了没有？"

张元生的母亲无可奈何地点了点头。这位善良的农妇心里在说："听见也好，没听见也罢，我们这些穷苦人又能怎样呢？"

在乡联保处，张元生除了帮忙整理公文什么活都干，包括烧火做饭、洗碗洗菜、端茶倒水、擦桌扫地、除垃圾、洗马桶等。起初，每到晚上，他仍然被五花大绑，再关进那间有霉味的牢房里。大约过了两个月，他们见张元生还算本分，晚上再不捆绑他，只是天黑前人们离开后将他关进那间简易的牢房里。

想想七年来的长工生活，瘦小的张元生无时无刻不受着财主的压迫和剥削，他忍受着常人难以忍受的磨难；如今他来到乡联保处，不知情的人只知道这里是个解决百姓纠纷、评判邻里是非的场所，殊不知这里是喝了人血不见红、啃了人骨头不吐渣子的魔王宫殿，这里的压迫和剥削比财主家有过之而无不及。

张元生在乡联保处干活，一日三餐靠家里送。在张元生看来，他不仅没有给家里一丁点儿的承担，还给家里无形地增加了负担，每次想到这些，他心里就像刀割一样难受。为了减轻家里的负担，他不止一次地告诉二哥："早饭由乡联保处解决，你们每天给我送中午和晚上两顿就行了。"

张元生的家离乡联保处虽然只有五里路，但对他母亲这个小脚妇女来说，每走一次，都相当于攀了一次陡峭险峻的高山。张元生的二哥懂得心疼娘，平时给张元生送饭的差事都由他独担，偶尔家里农活忙得不可开交时，就由张元生的妹妹代送。

张元生的妹妹十六七岁，由于家境贫寒，长年累月没有穿上一件像样的褂子，家里连度日都很艰难，她哪有那份打扮自己的闲心，不过老天却给了这个尚未成熟的农家姑娘一副一笑两个酒窝的漂亮脸蛋儿。

那是7月中旬的一天，张元生家里好不容易从邻居家借了一头水牛,他二哥不放过任何机会抓紧干农活儿,连午饭都很难按时吃,给张元生送午饭的任务,就临时落到了他妹妹身上。中午12时许,张元生的妹妹头戴一顶旧草帽、身穿一件暗红色短褂给他送午饭来了。当她走进乡联保处摘下草帽时,她满头乌黑的秀发,一双黑白分明的大眼睛,还有那黝黑中透红的略带羞涩的脸蛋儿,格外惹人注意。

占德尚明明知道她是张元生的妹妹,是给张元生送饭来的,却故弄玄虚:"哟哟哟!这么鲜嫩欲滴的小妹妹来本处有何贵干?"说罢,他用那双色眯眯的眼睛紧紧地盯着姑娘。

顿时,张元生的妹妹满脸涨得通红,羞愧难当,低着头直奔后院张元生的值班处。

自那以后,张元生的妹妹每次来乡联保处送饭,占德尚总是色眯眯地盯着姑娘看,甚至还动手动脚。对此,张元生的妹妹深恶痛绝,张元生更是讨厌与愤怒至极。这事让张元生的二哥知道了,气得浑身发抖,甚至几次想打占德尚,从此,他再忙也不让妹妹送饭了,给张元生送饭已成了他的"专利"。

双庙村附近的一个村子靠北有户人家,男的姓邱,排行最小,人称"秋黄瓜"。"秋黄瓜"才50岁多点儿,成天像个病秧子。他先前娶了两房太太,都没有生孩子。上年末,"秋黄瓜"又娶了第三房姨太。第三房姨太皮白肉嫩,偏高挑个儿,眉宇间清新秀丽,生就一副柳叶眉、瓜子脸,颇有几分姿色。

"秋黄瓜"娶第三房姨太不到三个月,在一个夜深人静的时候,躺在三姨太房中的"秋黄瓜"突然断气了。

凌晨2点多,三姨太下床方便,见"秋黄瓜"硬生生地躺在那里一动也不动,便轻轻地推喊着:"邱老爷,你醒一醒!邱老爷,你醒一醒!啊——!"三姨太去摸"秋黄瓜"的手,只见他的手硬硬的、冷冷的。她又把自己的手放在"秋黄瓜"的口鼻处时，发现"秋黄瓜"早就没有气了。他死了！

"老爷，你怎么就走啦？"一种莫大的悲伤，一种少有的恐惧，袭击着这个才20岁出头的苦命女人！

三姨太的哭声和惊叫声撕破了静寂的夜空。循着哭声，大房太太和二房太太更衣下床，情不自禁地奔往三姨太的房间。

大房太太是个颇有心计的人。邱老爷自打娶了三姨太后，就把所有的精力和情感投在三姨太的身上，这让大房太太非常嫉恨。为了抢"秋黄瓜"的财产，大房太太用尽心机。"秋黄瓜"被安葬的第二天，大房太太就跑到乡联保处告发三姨太，说"秋黄瓜"是被三姨太害死的，说三姨太谋害其夫是为了抢占财产。

三姨太于是被带到乡联保处审问。占德尚早就听说"秋黄瓜"娶的第三房姨太年轻漂亮，却没料到竟是这般妩媚动人。

"小美人，我来问你，你为什么要谋害你的丈夫？"占德尚气势汹汹地审问三姨太。

"我没有谋害丈夫！"

"你男人为什么死在你的床上？"

"我不知道。"

"你说不知道就可以推脱罪过？"

占德尚逼近三姨太，那双既凶残又色眯眯的眼睛，像狼寻找猎物一样，紧紧地盯着她，盯着她微微隆起的胸部，盯着她那透过衣服的白皙的肌肤，随时准备捕捉他的猎物。

"快说！再不说就把你捆起来吊着打，让你这小娘们儿知道我们的厉害！"一个狗腿子大声吼叫着。

占德尚迅速把右手一举，他分明是在制止，同时又用自己的眼睛死死地盯着那个吼叫的狗腿子。

当天下午，占德尚早早就给乡联保处的狗腿子放了假，让他们全部回去休息，留在乡联保处的只有他和被关押留用的张元生，再就是那个正在接受审问的三姨太。

夜幕降临，占德尚先把大门紧闭，让张元生把做好的饭菜端进那间简易的牢房式的房间里。接着，他把自己和三姨太反锁在里面，让张元生在前庭放哨保卫。

占德尚面带笑意，让三姨太与他共进晚餐。看着占德尚那副假惺惺的面孔，三姨太莫名感到恶心，恐惧地往后退去。占德尚面目狰狞，步步逼近，随之兽性大发，饿狼一般扑向三姨太……

三姨太拼命地反抗，占德尚把她死死地摁在床上，左右开弓疯狂地扇她耳光，硬是当场把三姨太打得昏死过去。

当三姨太从死亡线上苏醒过来，可怜的女子在惊恐中穿上了衣服，张元生同情地给她端来了一碗热水："喝点水，压压惊吧！"

蹲在房子角落的三姨太蓬头垢面、惊慌失措，她扫视着四周，刚刚遭受欺凌的身子还没停止受到惊吓的颤抖。

"别怕，他已经走啦！"

不知是惊恐，还是感激，三姨太呜呜地哭了起来，泪水像断了线的珠儿，从她那白皙细嫩的面颊不停地滚落。

见她哭得可怜，张元生壮起胆子，先打开铁笼似的弥漫着臭气的房子，又悄悄地打开了乡联保处的大门，催促着三姨太："快跑，逃命吧，逃得越远越好！"

天亮后，占德尚见三姨太已不知去向，派人四处追寻，怎么也不见人影，他让狗腿子将张元生五花大绑，吊在乡联保处后厅的大梁上，用皮鞭抽打得浑身伤痕累累："谁叫你胆大包天！谁叫你把她放跑？她跑到哪里去了？"

瘦小而又刚强的张元生忍着剧烈的疼痛，一言不发。

占德尚怒不可遏:"看来,只有把这小子送去挨枪子了。"

占德尚派人找到了艾营长所在驻地,把在乡联保处关押了近两年的张元生交给了国民党军队。

天下乌鸦一般黑,张元生出了狼窝,又进入了虎口。被强迫编入国民党军队的张元生,因个小体弱,被指派做饭、喂马、洗衣、打扫卫生等杂役。在那里,他常常挨打受骂,稍不注意就要遭长官或老兵的脚踢、皮带抽打,过着苦不堪言、备受欺凌的日子。国民党军队欺压老百姓、掠夺群众、强行祸害民女的卑劣行径,国民党军队你争我斗、打骂官兵、酗酒闹事、抹牌赌博,丑陋的恶习比比皆是。有一天晚上,部队熄灯后,他在部队伙房,亲眼见到团长一夜赌输了全团一个月的军饷。

张元生怎么也看不惯那里的一举一动、一言一行,他时时刻刻都在寻找机会离开那里。

多少次,他在睡梦中见部队遭受老百姓的唾骂而惊醒;多少回,清早醒来的他期盼着共产党的领导人把他们部队收编。

那是一个炎热的夏天,同部队伙夫挤在一起睡觉的张元生好不容易闭上了眼睛。一睡着,他就做了一个梦,梦见在一片树林里,因一场瘟疫,一群男女老少呻吟着,他们等待着远处飞来的仙人给他们发药救治。那个鹤发道仙由远而近,好面熟啊!张元生想起来了,那个道仙正是那年夜里在牛栏边与他促膝长谈的姓方的青年。青年站在张元生面前,要张元生与他一道,为父老乡亲发送神药。

梦总归是梦,现实依然残酷,张元生醒来后依然逃脱不了那个令人厌恶、遭人憎恨的肮脏腐朽的环境。

1948年3月,春风早早地融入了陕西汉中一带。在春风的吹拂下,梨花满园白、桃花漫山红,山坡上、田埂边,绿色葱茏,野花含苞待放,遍地草青青、芽嫩嫩,弥漫着浓郁的清香。

1948年3月17日，人民解放军西北野战军第2纵队359旅在汉中瓦子街打了一场大胜仗，国民党驻守在瓦子街的一个团的兵力大部分被歼灭，剩余部分及后勤杂役人员全部被俘，24岁的张元生也在其中。

"国军官兵朋友们，请你们认清形势，由中国共产党领导的人民解放军势如破竹，用不了多久就会解放全中国。国民党已是兔子的尾巴长不了。请你们再不要为国民党卖命了。你们面前有两条路可以选择：一条路是回家，再一条路是参加中国人民解放军。愿意回家的，每人发给三块大洋；愿意参加解放军的，我们欢迎……"

扩音器不停地播放着，播放的每一句话、每一个字，被俘人员都听得清清楚楚。被俘的人一个个耷拉着脑袋，而张元生却神情兴奋。参加人民解放军，正是他梦寐以求的！广播中，张元生拨开了拥挤的人群，走到前面，他紧握的拳头高高地举起："我愿意参加人民解放军！""我愿意参加人民解放军！"

他第一次把腰挺得直直的，第一次把胸脯挺得高高的，第一次发出那么有底气的声音，那声音清亮、干脆，那声音惊飞了鸟儿，震朗了天空。

一位解放军首长紧紧地握住他的手，问他："你叫什么名字？"

张元生脑子反应很快，他觉得自己到新的队伍，再也不能用原来的名字了，于是脱口而出："我叫张富清。"

从此，中国人民解放军西北野战军第2纵队359旅718团2营6连新增了一个名叫张富清的战士。

三　营地蝶变

阳春三月，麦苗抽穗，油菜花开。在陕西汉中市郊的一个村子里，驻扎着西北野战军第 2 纵队 359 旅 718 团 2 营的一个连，这个连队就是张富清所在的 6 连。

早饭前，随着军号声的催发，随着"一、二、三、四！"跑步的领训声，6 连干部战士唱起了《我们是 359 旅的兵》——

前进，前进，向前进；
保家卫国保和平；
挂军章，威风挺，
举右拳，表衷心。
党指哪里打哪里，
我们是 359 旅的兵！

前进，前进，向前进，
含泪告别众乡亲；
学文化，素质强，
搞军训，本领硬；
英勇奋战杀顽敌，
我们是 359 旅的兵！

前进，前进，向前进，
光荣传统记在心；
懂知识，会理论，
守纪律，讲德行，
心心相印一家人，
我们是 359 旅的兵！

这歌声，雄壮，激越，此起彼伏，一浪高过一浪。

自瓦子街战役后，359旅718团在陕西汉中一带驻扎后，张富清心情总是愉悦的，他对一切都感到很新奇。同样是军队，而他拥有的这支军队，与国民党的军队完全不一样，军队的宗旨是要消灭一切反动派，推翻蒋家王朝，解放全中国，让人民翻身做主。军队的纪律是严明的，下级服从上级，令行禁止，不能损害群众利益和人民的生命财产。通过学习教育，他看得明白，军队的上下级关系并非森严壁垒，而是像兄弟一般亲密无间……在这样一个新的氛围里，他似乎感到自己像一只脱笼的鸟儿，是那般自由，那般的轻松。

这天上午，张富清所在的连队突然紧急集合。听到集合的哨声，张富清满以为是要同国民党军队开战，心里既激动又紧张。

不料，集合的队伍没有向前开进，而是全连队在一个山坡上席地而坐。先是连长训话，接着是指导员传达上级开展"三查三整"的新式整军运动精神。"三查"是查阶级、查工作、查斗志，"三整"是整顿组织、整顿思想、整顿作风。指导员的传达和宣讲整整花去了两个半小时的时间，各排把队伍带回解散后，自由活动才一会儿就开饭了。下午，各排集中讨论，到了晚上就是以班为单位开展讨论。张富清所在班的班长任先斌是一名陕西兵，有着高挑的个儿，黑黑的脸庞，看上去是个很严肃的人，在班上大家既敬他、服他，也有几分畏惧。是他教给大家怎样端枪、怎样射击、怎么甩手榴弹、怎样肉搏、怎样刺杀，怎样稳、准、狠地打击敌人。这次进行"三查三整"的新式整军运动，班长让大家积极发言，这可真让大家为难了。大家都是自愿报名来参军的，除了张富清和一个名叫小毛的战士外，有什么可值得查的。显然，在这次新式整军运动中，战士们没多少话可说，可排长不那样认为，排长潘根本来到他们中间反复地强调要端正态度、积极发言。

发言谈什么呢，难道他们的阶级有问题？难道他们的工作很落后？难道他们的意志不坚强？还有整顿组织、整顿思想、整顿作风。他们接连打了好几个胜仗，可以说从组织纪律上讲，他们一切行动上听指挥；从思想上讲，他们个个要求上进，几乎都写了入党申请；从作风上讲，他们斗志不怠，紧张活泼，还有哪一点需要整顿呢？

不管怎么说，上级要求查就得查，上级要求整顿就要整顿，战士们在发言中汇报了自己的情况，他们那一双双眼睛又不知不觉地瞄着张富清和小毛。在这种严肃而又紧张的氛围中，小毛"哇"的一声哭了出来。张富清没有哭出声，但是他面色通红，好像债主逼在自己面前无法偿还般尴尬。泪珠儿在眼眶里打着转，他尽量不让它流下来。

晚上，早已熄灯了，张富清无法睡去。他想哭，又不敢哭出声来，只得用被子蒙住自己的脑袋，把白天的委屈在被子里宣泄出来：我怎么曾经是一个国民党的兵呢？我怎么曾经给国军长官端茶倒水乃至擦皮鞋呢？我为什么没有机会直接参加解放军呢？为什么成了一个被俘虏过来的解放军呢？这一切都怪什么？难道是我的命不好吗？难道是我不从心底里热爱解放军吗？他无法作出准确回答。

就在这时，一只手轻轻地拍着他蒙在被子里的脑袋。张富清警戒地揭开被子一看，是他可亲可敬的任先斌班长。正在张富清不知所措时，班长说话了："起来吧，我们出去转一转。"顿时，一股泪水像断线的珠儿串串地滴落。

来到一棵参天的榆树边，班长让张富清坐下，张富清抹了一把眼泪，憋着劲儿喊了一声："班长，我……"班长连忙接过话茬："我知道，你是要说你有很大的委屈，你是要说你是在没有办法的情况下被国民党抓过去的，你是要说你的家庭本身是苦大仇深。为什么自己却是哑巴吃黄连——有苦说不出。"班长拍了拍张富清的肩头,"张富清同志,我们组织上是理解你的,绝不会轻易地把你推往对立面。革命不分先后,你积极投靠我们,心甘情愿地参加我们的队伍,你就是我们的同壕战友,你就是我们亲如手足的阶级兄弟,当俘虏怎么着?给人民解放军当俘虏是思想觉悟高的表现,是对方看到我们部队的光明前程,看到国民党的穷途末路,有出息、有抱负,谁愿意为国民党卖命?你是在万不得已的情况下被国民党强行拉丁的。你是受害者,你的痛,你的创伤,是国民党反动派造成的。作为阶级兄弟,我们会伸出温暖的手,用我们的关爱,用我们的温情去抚慰、去缝合你内心的创伤,而绝不会在你尚未愈合的伤口上撒盐……"

任班长一番动情的话语,感染着张富清,牵动了他的神经,触动了他的心灵。他像不认识班长一样,两眼一眨不眨地望着班长。望着、望着,他再也控制不住自己,如同小孩般地投进了班长的怀抱。

结束了整军扩训,作为被"解放"的新战士,张富清精神饱满,斗志昂扬,随时有一股使不完的劲儿。学文化,部队要求每天要熟记两个生字。他走路也背,吃饭也背,上厕所时也在背。不知情的人,都说张富清记忆力过人,反应敏捷,殊不知,这种超强的记忆力和敏锐力,来自他的废寝忘食,来自他的专心致志。学投弹,要求准、稳、远、快,张富清掌握要领,刻苦训练。每当训练休息时,张富清捡来一大堆石块,用石块当手榴弹,他比一般的战士要多投好几倍;学射击,掌握平衡,瞄准三点一线,张富清发挥眼尖手快的优势,每次射靶比赛,他都打中10环。他的射击成绩,胜过了班长,胜过了全排新老战士。

好钢冶炼在熔炉,良驹识途蹄自奋。可以说,为了当一名合格的359旅战士，张富清无论是政治学习还是军事训练，一刻也不敢放松。

俗话说，是骡子是马拉出来遛遛，是好钢是废铁，比试比试！

1948年7月，国民党胡宗南部三大主力之一、整编36师向北进攻，进至陕西澄城以北的冯原镇、壶梯山地区后，由于发现我军设有埋伏，急忙就地构筑工事，转入防御。

位于冯原镇的壶梯山，长约七公里，地形险要，守护在那里的国民党军队28旅82团修筑了一座座暗堡，企图阻止我人民解放军进攻。

1948年8月8日，中国人民解放军向敌人进攻的战斗打响了。我西北野战军第二纵队718团2营6连派出精兵强将，组成了炸碉堡突击队。突击队派出的战士舍生忘死、英勇前行，他们有的手握钢枪曲线冲锋，有的怀抱炸药包匍匐前进，一个个竭力接近敌人，奋力冲上前欲啃掉这块骨头。

然而，国民党军队的暗堡看上去只有一米多高，地下却挖得很深。敌人从射击孔中疯狂扫射，死死地封锁住我军的进攻路线。

眼看着我军突击队战士在敌人的暗堡前一个一个地倒下，张富清一次一次地为战友捏了把冷汗，一次一次地急得头脑发昏。情急中，张富清再也按捺不住："我请求加入突击队，由我去炸掉敌人的暗堡！"

瘦小的张富清，发出的不是一般的请战，而是战场上一个英勇战士面对强大敌人所发出的怒吼！这怒吼声，威震着顽强的敌人，极大地鼓舞着我军的士气。

"好！张富清上，其余人火力掩护！"

随着战地指挥员的一声令下，伴着"哧哧"的子弹声和"嚓嚓"的机枪的扫射声，张富清面不改色心不慌。只见他时而匍匐，时而跃进，迂回着往前冲去。

"这个小个子新兵行吗？"身后的干部战士期待他成功，但又不得不有些许疑惑。

你看吧！近了，更近了。张富清从侧面步步逼近敌人的暗堡。靠近后，张富清飞快地拉开手榴弹引线，朝着喷着火舌的暗堡射击孔塞进去。"轰隆"一声，机枪顿时哑了。随着嘹亮的冲锋号声，时刻准备着的战友们奋起冲了上去。一时间，杀声震天，吼声动地。敌人有的顽抗对刺，有的举手投降。此时的张富清，右手臂和胸部却被燃烧弹大面积烧伤。

"快！把张富清扶下去！"连长向排长吩咐着，生怕张富清坚持不住。

"别管我，我能够坚持！"说罢，张富清坚持不下火线，咬紧牙关，毅然决然地端着枪冲向搏击的战场⋯⋯

时至下午 4 时许，我西北野战军第二纵队 359 旅向壶梯山发起了总攻，全歼国民党 28 旅 82 团，致使国民党整编 36 师防御支撑点坍塌，全师如丧家之犬，跑的跑、散的散。胡宗南一怒之下将其师长革职，旅长、团长分别撤职关押。

此时，一直高度关注战况的彭德怀，竟顺着电话线找到第二纵队司令员兼政治委员王震的指挥所，抵近观察战况，随时指挥战斗。

西北野战军第二纵队 359 旅不给敌人留下喘息之机，乘胜追击，势如洪水摧枯拉朽，一举收复了澄城、合阳、韩城。至此，由西北野战军第二纵队 359 旅参加的陕西澄合战役彻底宣告胜利。中共中央特地致电表示祝贺。

这是张富清光荣地参加中国人民解放军后参加的第一场战斗。这场战斗中，张富清荣立了一等功。经过这场血与火、生与死的殊死战斗，战友们再也不会小看张富清，说他是个撑不起天的瘦小个儿；谁也不会低瞧张富清，说他是个被"解放"来的先前从未摸过枪的后生！

在战后的总结会上，张富清的名字提得最多、叫得最响。当部队首长亲自为张富清挂上了一等功的军功章时，当张富清怯生生地走上主席台说起立功打胜仗的体会时，战友们的欢呼声、掌声汇成了一片欢乐的海洋……

说来也真让人不可理解。炸暗堡那阵儿，张富清浑身是胆，把生死置之度外，随时准备赴汤蹈火；可是让他上台介绍经验、畅谈打胜仗的体会，他似乎感到比上战场炸暗堡还要难，他人没走到主席台中央，脸就涨得通红通红，一直红到了耳根。到达主席台后，张富清并腿立正、举起右手，他向首长和战友们敬了一个非常标准的军礼。接着，他在那里站立了好一会儿才终于讲话，他一开口就声泪俱下："战友们一个个倒下，为了中国的解放事业，活生生地贡献出他们的宝贵生命。比起他们来，我算得了什么？真正应该立功的人，是他们。再说，我张富清太微不足道了。没有我们359旅给我的胆，没有我们战友教给我的智慧，哪有我的今天……"

讲着讲着，张富清泪流满面，泣不成声……

人群中，不知是谁猛地举臂高呼："向张富清学习！向张富清致敬！"随之，人们不约而同地高呼起来。口号声震撼着张富清纯粹的心灵，在陕西高原的上空经久不息地回响。

陕南的8月，天高气爽。当夜幕降临，秋后的晚霞尽染高坡岗地，风儿伴着乡村成熟的瓜果香味阵阵吹来，人们沉浸在惬意的生活之中。

驻扎在陕南一带的西北野战军第二纵队359旅官兵们的心里，更像喝了甜蜜的冰水一般，美美的、爽爽的。壶梯山这一仗打得漂亮，打出了 359 旅干部战士必胜的信念。他们随时准备好，努力歼灭敌人，解放全中国。

张富清的心情是激动的，更是复杂的。这些天，部队把张富清视为军中的佼佼者，一方面，医护人员对他关心备至，不停地要他休息养伤，按时给他清洗擦药；另一方面，无论他走到哪里，哪里都对他投以敬佩甚至崇拜的目光。更少不了对他的议论：

"这小子了不得，来部队不到四个月，就荣立了一等功，真是神了……"

"别看他精瘦精瘦的，可有勇有谋，机智灵活。别人在敌军的封锁中一个个倒下，他却一次就成功冲上前把敌人的暗堡炸掉了……"

在张富清看来，当兵打仗、当兵打胜仗、打仗立功，这都是天经地义，没什么大惊小怪的。因为炸了敌人的一个暗堡，因为立了一个一等功就要受到特别关照吗？就要成为部队战友们议论的焦点吗？自己就有理由趾高气扬吗？

张富清觉得，当兵打仗，有个最基本最朴素的道理必须弄得清楚明白，不能有半点儿的马虎。这就是我们为什么当兵，为谁打仗。

这个简单而又朴素的道理，张富清深深地懂得。如果说，当年在牛栏边与方先生的神秘相遇只是张富清走上革命道路、实现人生价值的启蒙，那么，加入 359 旅后三个多月的文化、政治培养和严格的军事训练，则是张富清能够深刻认识"为什么当兵，为谁打仗"重要性的关键。

张富清琢磨着，"为什么当兵，为谁打仗"其实是个很浅显的问题，只要说清楚，老百姓都会明白。国民党征兵，靠的是抓壮丁，他自己就是一个活生生的受害者。解放军征兵就显然不一样，靠的是思想动员，靠的是青年自己心甘情愿。"为谁打仗？"张富清心里是透亮的，为了劳苦人民的利益而打仗，为了消灭剥削压迫而打仗，为了共产党的光荣事业而打仗。

自参加人民解放军后，张富清心中就有种牵挂。他牵挂着生他养他的双庙村，牵挂着村上那个破旧的茅草棚，牵挂着常年生活在破旧茅草棚里的年迈的老母亲，还有诚实憨厚的二哥和他那可爱的小妹妹。年迈的老母亲、二哥和妹妹，他们只知道张元生被强行送进了国民党军队，却不知道先前的张元生已成了历史，现在只有张富清，更不知道张富清已成为赫赫有名的359旅部队的一名光荣战士。打了胜仗立了一等功以后，他内心的这种牵挂越发强烈了。他想用自己学到的文化知识给家里写封信，不是为了报喜报功，只是让母亲和家人都知道，他张富清在为谁打仗。

四　生死突击

张富清拿起笔，工工整整、一笔一画地给他魂牵梦萦的母亲大人写信。这是张富清离开家乡后第一次向家里写信，也是张富清有生以来的第一封信。说实在的，如果不是359旅在部队广泛开展的学文化活动，如果不是张富清所在的连队要求每个战士每天要认识两个字以上，他很难有能力给家里写信。

然而，现在张富清可以毫不犹豫地说，他能写，也一定能够写得生动感人。这不，在学文化活动中，张富清还拿到了"学文化积极分子"的奖状哩！

张富清正聚精会神地写信，信仅仅写了一半，张富清就接到班长通知，说连长和指导员找他。张富清立刻停下笔，火速朝着连部赶去。连长李文才、指导员肖有恩，这两位6连主要领导的名字，早已注入了张富清的血液。李连长身材魁梧，浓眉大眼，眉宇间有一种少有的威严之气。肖指导员则是精瘦而又高挑的个儿，聪慧的眼睛上端，那双淡淡的眉头常常打成结，也许是6连繁重的思想政治工作给他带来了无形的压力。这两个人是张富清最敬佩和喜欢的人。

"报告连长，报告指导员，6连2班战士张富清奉令来到，请指示！"张富清严格执行部队要求。

"立正！稍息——！"连长高声喊道，"张富清同志！"

"到！"张富清立即大声回应。连长接着喊道："请找张凳子坐下！"

神情一直很紧张的张富清，这才松了口气。

等张富清坐下，肖指导员亲切地说："张富清同志，根据你的入党申请，经过我和连长的介绍，连队党支部经过慎重的考察和研究，结合连队党外同志的推荐意见，决定吸纳你为中国共产党党员。这里有张表，请你如实填写，择日再带你一起宣誓。"

张富清当即站了起来，他"叭"的一声，给指导员和连长郑重地敬了一个礼。当他双手接过入党志愿书时，泪水不由自主地流淌而出……

谁说张富清从肖指导员手中接过的是一张纸？张富清接过的，是一方比秦巴山脉还重，比延安宝塔还高，比自己的生命还要宝贵的神圣的入党志愿书！这神圣的入党志愿书里，洋溢着多少饱蘸鲜血的豪言壮语，激励着多少仁人志士为着人类的解放事业抛头颅、洒热血，鞭策着多少突击队或先锋队高擎旗帜、舍生忘死、奋力前行！

回到班上，张富清端详着那张入党志愿书，仔细回想参军的日月，泪水再一次模糊了他的视线……从3月17日至今，才刚刚走过了四个月的历程,四个月的亲眼见证、四个月的摸爬滚打、四个月的生死征战……短短的四个月,张富清从一丁不识,到能写会画;从一个国民党军队的伙夫,到加入人民军队的行列,再到荣立一等功,哪一步离得开党的培育,哪一步离得开解放军熔炉的冶炼,哪一步离得开战友的关怀?

看着入党志愿书,张富清仿佛在鲜艳的红旗下,举起了右手,他在向党庄严宣誓:我决心加入中国共产党……努力工作,实事求是,服从组织,牺牲个人,执行命令,遵守纪律,保守秘密,永不叛党……

张富清感触颇深:359旅之所以名震四方,是因为他是共产党的光荣部队;359旅之所以常打胜仗,是因为每次战斗都由一个个共产党员参加的突击队打先锋。共产党员就要听党指挥,党指挥到哪里,我们就打到哪里,随时准备为党的事业牺牲自己的一切。既然如此,部队只要成立突击队,共产党员就要积极参加,我张富清就要挺身而出!

张富清入党后,"突击队"成了他的代名词,只要连队有突击任务,他都是第一个报名。在那个随时随地都可能发生战斗的情况下,报名参加突击队,就意味着随时准备受伤、准备牺牲。

张富清在日记中一笔一画地写道:"从入党那一刻起,我的生命就属于党和人民。为了打败国民党反动派,解放全中国,我要随时参加突击队,多打仗,多立功。只要党和人民需要,哪怕牺牲自己……"

人们说,字出手、文出心,这话一点儿也不假。1948年7月,在解放军前进途中的马东村一带,敌人利用牢固的碉堡,严密把守,对解放军进行疯狂射击。怎么办?战士们急,连长更急。毫无疑问,要迅速组成突击队,消灭敌人,扫掉前进中的障碍。

"我上！""我上——！"张富清强烈地要求着。训练有素的李文才连长首选的当然是张富清。作为6连战士的张富清带领六名突击队人员，不顾生死，冒着敌人的枪林弹雨，向着敌人的碉堡曲线前行。突然，一颗子弹打进张富清的右臂，鲜血直流。突击队的战友劝他留下，可他怎么也不同意，坚持不下火线，以顽强的毅力继续战斗。六名突击队人员，像六把锋利的尖刀，直插敌人的心脏。在很短的时间里，张富清他们占领了敌人碉堡，消灭了外围守敌，给后续部队打开缺口。在这次战斗中，张富清获西北野战军第二纵队5师14团授予的一等功……

1948年9月，已被提升为班长的张富清在临皋执行搜索任务。搜索中，他突然发现了敌人，立刻带领全班战士占领外围制高点，压制了敌人的封锁火力，完成了阻击敌人的任务。在这次战斗中，张富清荣获西北野战军第二纵队5师授予的二等功。

在张富清的战斗生涯中，令张富清最难忘的，要数永丰镇之战。

1948年11月23日，国民党76军南撤至永丰镇以西的石羊地区。11月25日下午，在中国人民解放军的猛烈追击下，国民党76军的主力逃回永丰镇，整装待战。

永丰镇是76军军长李日基占领并统治着的老巢。四周围寨坚固，寨墙边布有碉堡，墙头牵有铁丝电网，易守难攻。敌人将主力布置在永丰镇和附近几个据点，并重兵把守，形成天罗地网式的防御支点。

中国人民解放军西北野战军作出决定，集中第二、第三两纵队的主要兵力，围攻永丰镇。战斗从头天晚上一直打到第二天晚上，好不容易清除了敌人外围的据点，迫使敌人76军一万余人困在永丰镇城内。

第一章　良驹识途驰沙场

11月27日清晨，天色刚刚见亮，伴着一阵激越的进攻号，围守在永丰城外的西北野战军第二、第三纵队干部战士再次进攻。然而，固若金汤的永丰城毫发未损。

进攻的部队退下阵来。面对坚守的敌人，大伙同仇敌忾，但又无能为力。

因地制宜的总攻方案产生了，革命战士大无畏的精神和无坚不摧的意志面临新的考验！

看来，不是人多一拥而上就能够把老虎打死，而是要先设法拔掉老虎的左右两颗大牙，才好置老虎于死地。

11月27日黄昏，西北野战军重新调整了总攻部署。攻打永丰镇，首先要设法炸掉东北角寨墙侧面的两个主要火力点——碉堡。等把两座碉堡炸掉后，大部队再发动猛攻，直至消灭敌人。

在这次战斗中，张富清所在的6连担任突击连。接到突击任务后，连长迅速成立突击队。尽管战士们争先恐后地要求加入突击队，但为了确保炸掉两个碉堡，确保进攻部队能冲上去，连长断然决定，由身为班长的张富清担任突击队长，并由他带两名精明强干的战士夜半零点出击。

"是！保证完成任务！"

身形依旧瘦小的张富清慷慨激昂，信心满满。他斜挎步枪，右手提着冲锋枪，腰带前扎着手榴弹，脖子上还挂着炸药包。

在貌似平静的晚上，趁着夜色，张富清他们三个突击队员先是跃入坑道，快速通过，再跃出坑道，爬上三四米高的寨墙，剪断铁丝网。张富清朝下望了望，第一个跳了下去。他跳的那一瞬间，脑海里闪出一个念头：跳下去没事就有可能成功，如果跳得不成功就会牺牲。为了党和人民的解放事业牺牲了也是光荣的。由于张富清身上负重三四十公斤，跳下城墙时，自然"咚"的一声响。

敌人循声跑了过来，他们向张富清步步逼近。眼看敌人就要把他包围起来，张富清急中生智，端起冲锋枪朝着向他逼来的那群敌人"嗒嗒嗒"猛地飞去了一排子弹，一下子撂倒了七八个。剩余的敌人继续向张富清冲来，他面不改色心不跳，机智地朝着敌人连扫两枪，敌人再也不敢追了。就在这时，他突然觉得刚才自己的头顶被谁击中了一下。张富清下意识地用手摸了摸，发现一块头皮翻了起来，这才意识到一颗子弹擦着自己的头皮飞过，在头顶处留下了一道险些掀开头盖骨的伤口……英勇的张富清早就把自己的生死置之度外，哪管得了眼下血流满面，他一边击退敌人，一边匍匐前进，接近敌人的碉堡。

"快！设法炸掉它！"张富清默默地命令着自己。

他冲到一座碉堡下，用刺刀飞快地刨出一个土坑，将捆在一起的八颗手榴弹和一个炸药包码在一起，接着用手指套上手榴弹的拉环。

在张富清拉去手环的那一瞬间，他侧身离开碉堡迅速滚去，随即"轰"的一声巨响。在那乌烟瘴气的爆炸中，敌人的一座碉堡被炸得弹片四溅、砖墙横飞……

敌人的两颗"虎牙"被张富清有力地拔掉了一颗，时刻等待着再次向永丰镇发起总攻的指战员纵情欢呼，决战胜利的斗志即刻猛涨。

趁着腾绕的烟雾，张富清迅速逼近第二座碉堡，他以同样的战术又将敌人的第二座碉堡成功炸毁。

望着被炸掉的第二座碉堡，张富清心中升腾着无法形容的痛快之感！这时的他才有了喘一口气的空当儿，也就在这个时候，如同注射的麻药散去，张富清感到伤口一阵阵剧烈地疼痛……

这剧痛不仅仅在头部，还来自他的牙龈！张富清忍得住剧痛，但忍不住溢出的满嘴的血，原来，紧接着的两座碉堡的爆破声，影响不了张富清的意志和生命，却摧毁了他的牙和耳朵：他满口的白牙全部被震松，三颗大牙当场脱落，随着满嘴的血水吐出，剩下的牙后来也相继脱光；他被震后的两只耳朵，听力明显下降……

紧张的战斗仍在进行。顽强的张富清哪管自己的什么牙呀耳呀，他用沾满鲜血的双手紧握钢枪，无数次击退了敌人的反扑。

在与众敌的打杀中，他多么希望同壕战友能助一臂之力！他边打心里边念叨着："快上吧，我的两个突击战友！""对付敌人要快、要狠，绝不能有一丁点儿的仁慈！"

张富清边打边望，他在打杀中担心：他突击队的两个战友打得怎么样啦？他在拼命中期盼：他们两个突然间冲杀过来，助他一臂之力多好啊！可是，张富清根本就没看到他们的人影……

不管那些，打吧，拼吧！为了无数的父母和兄弟姐妹，为了新中国的到来，张富清越战越强，越战越勇。汗水早已湿透了衣服；穿在脚上的那双草鞋也不知掉落在什么地方了；脸颊上流淌的也不知道是血还是汗。他快速地用右手衣袖抹了一把，只见满袖的黑灰，无意地搅拌着脸颊上流淌着的鲜血和汗水，顿时他的脸颊被涂成红不红、灰不灰、黑不黑的泥巴色……

在张富清看来，衣服汗透也无妨，光着脚丫子也无妨，伤口剧痛也无妨，脸额上血汗交加也无妨，孤军作战也无妨……只要他张富清的人还在、命还在，哪怕还有一口气，也要坚持战斗！坚持就是胜利！

时至凌晨3点，冲锋的号角，伴着拂晓再度吹响！

"冲啊！"冲锋的号角声伴着人群的吼叫声，撕开了永丰一带的夜幕，在城乡激战的人群上空荡漾……

解放军主力部队很快攻占了永丰镇，占据在永丰镇一带的国民党 76 军被我军全部歼灭和俘虏，76 军军长李日基也被我军俘获。

在这次战役中，张富清又取得了辉煌的战绩：炸毁敌人碉堡两座，缴获敌人机枪两挺，缴获敌人弹药数箱，打死、打伤敌人无数……

在战役结束后的表彰大会上，张富清荣立特等功，被授予"战斗英雄"称号，晋升为副排长。

多少血与火的拼搏，多少生与死的战斗，每一次拼搏，每一场战斗，突击队的作用都显得尤为重要。它是任何力量都难以替代的。

每场战斗中，张富清都强烈要求参加突击队，他说共产党员应该成为永远的突击队！

突击队的精神已经融入张富清的血液。这种精神和突击队的作用，在张富清的身上发挥到极致。

正是这种突击队精神和突击队作用的发挥，使张富清在解放战争中屡屡立下了战功：军一等功一次，师一等功、二等功各一次，团一等功一次，两次获得"战斗英雄"称号。

正是这种突击队精神和突击队作用的发挥，张富清因在陕西永丰城战斗中勇敢杀敌荣获特等功，彭德怀、甘泗淇、张德生为张富清联名签署报功书。彭德怀也因此认识了张富清。在行军途中遇见，彭德怀总是亲切地说："你在永丰立了大功，我把你认准了，你是个好同志！"

正是这种突击队精神和突击队作用的发挥，在永丰战役的表彰大会上，王震亲自为张富清佩戴"人民功臣"奖章，并特别喜欢他这位小个子英雄。

第二章 精彩写在青涩季

五 雪域垦荒

南征北调,随时改变着时局;殊死战斗,很快扭转着乾坤。国民党军队像秋后的蚂蚱,越蹦越无力;中国共产党领导的人民解放军,犹如壮美的红玫瑰,越开越红、越开越艳。张富清所在的第2军步步为营,逼得敌人节节后退。仅1949年5月至7月,第2军指战员途经蒲城、泾阳、兴平、扶风,至宝鸡。他们夜以继日风雨兼程,忍饥挨饿攻城拔寨。直到7月底,张富清他们跨入八百里秦川,陈兵陕甘边境。

1949年8月5日,中国人民解放军第一野战军发出动员令,号召全体指战员为解放整个大西北而奋斗,敌人逃到哪里必须追到哪里,不给片刻喘息的机会。

新中国成立前夕,党中央决定:"第一野战军必须在1949年冬结束西北解放战争,以便明年进入和平建设,新疆不能例外。"

1949年10月,中国人民解放军第2军进军南疆。极少数反对和平起义的反动分子密谋叛乱,妄图分裂祖国的极端势力也蠢蠢欲动,情况十分危急。为迅速解放和田,制止叛乱,我军派出重兵,横穿大漠,直入和田。12月5日,第2军5师15团一千多名指战员,从阿克苏出发,沿和田河古河道横穿塔克拉玛干大沙漠,历时十八天，行军七百五十多公里，把五星红旗插到和田城头。第一野战军司令员彭德怀、政委习仲勋为此发出嘉奖电，特向艰苦奋斗胜利进军的光荣战士致敬。

东风浩荡，红流滚滚，第一野战军指战员乘胜前行，敌人闻风丧胆，如秋后的落叶一般，任凭东风劲扫。

1949年11月30日，中共中央军委决定，第一野战军与西北军区合并，称中国人民解放军第一野战军暨西北军区。彭德怀任司令员，习仲勋任政治委员。以彭德怀、习仲勋为首的第一野战军暨西北军区当即动员，军部上下要以保家卫国为己任，保卫新疆，建设新疆，屯垦戍边。这一具有战略意义和民族团结意义的动员，给予了所属部队指战员极大的热忱和无穷的动力。经上级决定，驻扎在陕甘边境的张富清所在团进军新疆喀什。

陕甘边境通往新疆喀什，不仅有近两千八百多公里的路程，还要穿越戈壁瀚海，翻越雪山峻岭。面对着体无完肤的公路，面对着千难万险，张富清和战友们并肩挺进，时而高唱他们自己谱写的战歌："哪怕冰霜冻住了雪莲，哪怕乌云盖住了山巅，保家卫国壮志酬，迈开双腿再向前……"时而举臂高呼："保家卫国，屯垦戍边！""向祖国的新疆进发！""把五星红旗插上帕米尔高原！"

那歌声、口号声，声声激昂，声声欢快。说什么戈壁难越，说什么雪山难翻，说什么鞋破底穿，说什么脚上的血泡叠血泡……一种澎湃的激情，一种必胜的信念，催发着指战员们向着神秘的疆域之地，向着期待开垦的、绝大部分由维吾尔族人居住的喀什挺进！

当进疆大军在嘉峪关外的玉门、敦煌一线摆开，只见那里沙海茫茫，人烟稀少。行进中，有的战士一路向人打听新疆的情况。恰遇那些暗藏的敌人借机造谣，说新疆是个鬼门关。他们说那里冬天小便就会冻成"冰棍"，得用棍子敲；出门走路不得露出耳朵、鼻子，否则一摸就会冻掉。他们说夏天的戈壁滩上，太阳毒辣，常常把人活活晒死；风沙凶狠，能把骆驼刮得空中打转转……

于是，有极少数干部战士有想法："好不容易取得了战争的胜利，连一口气都没歇，就把我们派到最远、最荒凉的地方，谁知我们的苦呢？"甚至，还有的把牢骚编成顺口溜："来到部队尽打仗，南下北上饿肚肠；南泥湾去开荒，今日还要去新疆。成了光棍，丢了爹娘。"

这个顺口溜很快传进了时任第一野战军第一纵队司令员兼政委王震的耳朵，他气得直拍桌子："这还行？这是在涣散人心嘛！"

王震敏感地意识到这种苗头要不得，如果不及时灭掉，会祸患无穷。

这是一个令王震情绪激昂的上午。有部分骨干代表参加的团以上干部会议在一间高大的祠堂里召开。作为骨干代表的张富清也被邀请参加了这个会议。主席台前，悬挂着伟大领袖毛泽东的画像，画像下面挂了幅巨大的中国地图。

"历史上的班超、林则徐、左宗棠都能为祖国统一，不辞万里艰辛出师西域，难道我们共产党人还不如他们吗？说路远，那时候他们只能骑马坐轿，我们今天还有汽车，他们不怕路远、干渴，我们还怕吗？有那么一些人，怕到了少数民族地区讨不到老婆，断子绝孙。我王震今天当着大家的面保证，我绝不会让我们的部队里出一个和尚！"

王震的讲话非常激昂，大家全都被他真挚的话语所感染，一个个斗志昂扬。

讲到激动时，王震举起爬山用的木棍敲打着那幅地图问道："你们谁说说，这地图是用什么绘成的？"

大家被问得目瞪口呆，一时回答不上来。王震把桌子一拍，大声疾呼:"这是我们中华民族的无数先烈用鲜血绘成的。"

紧接着,他又用木棍指着中国地图说:"难道我们愿意从我们的版图上少了新疆这一块吗?那一百六十多万平方公里的土地上,生活着我们勤劳善良的各族同胞。同志们,我们中国,现在总共是九百六十多万平方公里的土地,新疆就占了六分之一,你们说,你们舍得吗?"

王震的话,让在场的干部激动起来,有的当即喊道:"舍不得!""我们舍不得!"喊话的人群中,就有一个瘦小的男儿,他就是张富清。

王震越说越激动:"我们不去建设我们的国土,不去保卫新疆,我们手握钢枪干什么?我们还是革命者吗?"

"到新疆去!""建设新疆!""保卫新疆!"

顿时,台下激昂地呼喊着,全场一片沸腾,好一会儿才稍稍平静。王震继续说:"请你们告知广大指战员,不要听信谣言,要有自己的见解。我们请来了历史学家、新疆商人,还有跑遍新疆的汽车司机等朋友,分别给大家当老师,请他们给我们介绍新疆的风土人情、地理、气候、生活方式和历史演变,让我们用掌声热烈欢迎他们!"

掌声中,兵团宣传部副部长马寒冰领着一队人走进会场讲台。他们中有维吾尔族,有哈萨克族,还有汉族。他们在马寒冰副部长的介绍下,分别被各部队请去当老师。

在他们的讲解下,进疆的指战员解开了心中的疑团,认识了真正的新疆。决心书、请战书雪片一般地飞往各党委和党支部……

正当张富清和战友们一道向组织上写了请战书的第三天,上面将他作为难得的战斗骨干调入第2军教导团。他们在新疆的吐鲁番过冬后,马不停蹄,徒步一千六百多公里向着喀什快速奔去。

尽管时至3月，可喀什还看不到任何青色，还是处在天寒地冻之中。这天上午，金色的阳光洒向一望无边的雪地，满眼晶莹透亮，皑皑一片。

张富清和教导团的战友们以为到达了宿营地，谁知这里只是暂且休息，真正的目的地还在前面的疏勒，那里是一片草湖，荒漠而冷清。

"同志们，到了！这里就是我们的家，我们新的战斗就要从这里开始打响！"

团长一声令下，整个教导团的干部战士，和声一片，摩拳擦掌。

就在张富清和战友们搭帐篷时，不知从哪里来了一队人马，为部队指战员送来了新鞋、新帽和新军衣，还送来了各种餐具和食物。他们是新疆当地和平解放后新成立的人民政府派来的慰问团。他们中有男有女，有汉族、维吾尔族、哈萨克族等多个民族。望着新疆各民族兄弟一张张冻得透着高原红的古铜色的脸庞，张富清和指战员们浑身涌起一股暖流。当他们一个个握着慰问团成员的手说"谢谢"时，已哽咽得难以成声……

长期行军、打仗的张富清和官兵们，这才结束了"鞋穿帮""光脚板""足底老茧比石硬"的历史，这才结束了"一件衣服冬夏不分，是血是汗弄不清，开水烫死虱子漂一层"的现象。

脚上有鞋，身上有衣。全国早已解放，新疆也只有隐藏下来的极少数的残兵余匪，难道他们敢用鸡蛋撞石头？

这些从战争的枪林弹雨中走过来的指战员，从此全力以赴投入疆域开垦的战斗。

新的战斗总是伴着意想不到的艰难险阻而展开。张富清所在的教导团每一百人只有五十把镢头、二十多把坎土曼和八架土犁，生产工具严重不足。

他们每天平均进行十六个小时的超体力劳动,每天每人的粮食供应不足,而新疆军区还特地通告他们:每人每天还要扣留一部分粮食作为下一年的种子。干部和战士的肚子怎么也饱不了。

另外,临时搭建的帐篷只有全团人数的三分之一,有三分之二的人要在原始洞穴式的地窝子睡觉。进入夏天,荒芜的湖滩热气蒸发,不仅臭气熏天,还要遭受大个毒蚊的叮咬。

劳动工具不够,干部战士争抢着轮流抢镢头,轮流像纤夫逆水拉纤一样地拉犁翻地;肚子吃不饱,他们就捡野菜、割青草、拔苇根充饥;睡地窝子怕遭风沙吹撒、受毒蚊叮咬,他们就找来毛巾或破布盖住自己的眼鼻耳嘴……

这是夏天的一个夜晚,银盘般的月亮高高地挂在上空,整个疏勒的湖滩、农田像蒙了一层薄薄的晨雾。夜晚11时许,已被提升为副连长的张富清查岗中,隐隐约约地听到低沉的哭声。他循着哭声,警觉地向着扎营地的东边找去。

"谁?深更半夜的干什么?"张富清来到哭声的不远处问道。

不一会儿,哭声停止了,剩下的只是抽泣声。

张富清走近哭声约十五米处停住脚,问声更为严厉:"谁?口令?不然我开枪了!"

"别,别,张连长,是我……向树生……"

"是你这小子。大伙儿都熟睡了,你怎么跑到这里哭鼻子?"

张富清早就认识他。他是一个喝了几年墨水的湖北兵,在半年前进军新疆途中,他曾多次边行军边打着快板:打竹板听我数,数数两人爱吹牛;一个是四川的张天猴,一个是湖北的李明友。天猴说,四川有个峨眉山,离天只有三尺三;李明友说,湖北有个黄鹤楼,半头杵在天里头。叫声大伙听清楚,说说是谁在吹牛。

是他,就是这个会说快板的湖北战士。张富清收起了武器,找了一块满是绿草的地面,拉着向树生坐了下来。原来,向树生打15岁那年起,就跟着他父亲学木工。他和他父亲走东村串西村,行南街穿北城,到处做木匠活。他父亲为了他长大后能有出息,边带着他干活边教他识字说书。那年秋天,他们父子不知不觉来到西北地区。一天,夜幕还没降临,父子二人挑着装着木工用具的行李在路上走着。忽然,前面走来几个国民党残兵,一国民党受伤官兵拦住了去路。

"喂,你们是干什么的?"

"老总,我们是木匠,到前面村里去干活的。"年长的木匠师傅连忙回应他们。

说着,另一受伤的"光头"兵强行让他们把担子卸下,先是用手中的枪刺扒拉着,看看里面装的什么。

"老总,我们这里面装的都是干活的工具,再就是几件破旧的衣服,没什么别的。"

突然,那位"光头"兵从装满工具的木箱里找到一只毛皮袋,他如获至宝。

见国民党的"光头"兵拿了毛皮袋,向树生心里猛地一紧,不由得喊出声来:"你放下,放下!"

谁知,这"光头"兵不但没放下,还使劲扯开了毛皮袋。袋中的银圆和纸钱当即显露无遗。那只毛皮袋,装进了木匠师傅多少辛劳和智慧,装进了父子俩多少走南闯北、穿乡村奔城镇的血与汗?

这个跟随父亲好不容易来到河北保定的湖北小伙,怎能容忍"光头"抢走他们披星戴月、日夜奋战的劳动果实?见到眼前这一切,怒火中烧,他忙冲上前,欲夺过毛皮袋。没等小伙拢身,"光头"兵一脚把他踹倒在地。木匠师傅眼看儿子被他们踢倒在地,怒气冲天,就在"光头"兵脚踢他儿子的那一刻,他闪电般地从"光头"兵手中夺过那只毛皮袋。木匠师傅大声喊道:"树儿,快跑!"喊罢,木匠师傅掉头就跑。为了引开这帮为非作歹的国民党残兵,向树生从地上顺手捡了一块石头,朝着另一残兵迎头扔去。他边扔边破口大骂:"你们竟敢拦路抢劫,不得好死!"

只听"哎哟"一声,石头击中了另一残兵的头部,血立刻流淌出来,把残兵头上包扎的白纱重又染红……

向树生满以为这几个残兵会追他,却没想到几个残兵向着他父亲穷追不舍。

"站住!""站住!""给老子放下!"

几个残兵连追带吼,木匠师傅头都顾不上回一下,拼命向前跑去。

紧跟"光头"兵身后的另一残兵迅速端枪瞄准,只听得"砰"的一声,罪恶的子弹射中了木匠师傅,木匠师傅随着背后鲜血的流淌,倒在地上。

"爸——!""爸——!"

见国民党残兵用手中的枪打死了自己的父亲,并抢走了他父子俩辛辛苦苦攒下的那袋钱,他像一头从大山上冲下的猛虎,发疯似的朝父亲跑去。

相依相伴的父亲惨死在国民党残兵的枪下,他父子俩夜以继日劳作献技挣下的钱也被他们抢走。在万泪俱下中,向树生疯狂至极。

正在向树生走投无路时,英雄的西北野战军出现在他的面前。要生存、要复仇的他,毅然地加入了这支人民拥戴的队伍。后经部队几次战斗和改编,这位有手艺、有点儿文化的湖北战士来到了张富清所在的连队。

在张富清的抚慰和启发下,向树生讲述了他的身世,表达了他的愤怒，也道出了他的思家之情。向树生8岁多点儿，母亲就因病离开人世。为了生活，为了让向树生传承他父亲做木工的手艺，他父亲常年在外面做木工活，老家只有一个结了婚的姐姐和一个小妹。为了把木匠师傅的家撑起来，向树生的姐姐结婚没有嫁出门，而是招了个上门女婿，并拉扯着10岁多点儿的小妹。

　　向树生是个有仇必报、有恨必解的小伙。他来到部队后，在战场上，表现出了一往无前的英雄气概，一不怕苦，二不怕死。他把对国民党反动派的恨，把对父母亲的悲痛，把对家中姐姐、姐夫及漂亮的小妹的思念，一股脑儿地带到了战场。当时，向树生越战越勇。现如今，国民党军队打败了，毛泽东主席已经在天安门上升起了五星红旗。原以为，盘踞在新疆的国民党军队需要我们去横扫、去歼灭，谁知，这里的国民党军队在中华人民共和国胜利诞生的威震下，纷纷投诚，使新疆得以和平解放。

　　按说，没仗打了，日子理应过得舒坦一些，安稳一些。可没日没夜地垦荒种地，人整天都生活在这种枯燥单调的氛围里，工作在这种臭气熏天的自然环境中，吃住在这荒无人烟、各种带毒的蚊虫乱飞的情形下，向树生常常心神不定，有时眼角不动声色地挂了泪珠。他想念曾与他朝夕相处、既教他手艺又教他文化的勤劳的老父亲，他想念他那善良的甚至在他的记忆里模糊不清的母亲，他想念一直疼爱着他的漂亮贤淑的姐姐，他想念那倒插门的本分憨厚的姐夫，他想念特别可爱的小妹……

　　在这遥远的山巅，在这广袤的疆域，有谁不想自己的爹娘，有谁没有儿女情长呢？

　　张富清在人民解放军的队伍里刚刚认识几个字，就在老兵的帮助下学着给家里去了一封信，告诉他可亲可爱的母亲，说他已经是一名光荣的解放军战士了。在这战火纷飞的年月里，也不知家里收到没有。即便收到了请人帮忙给自己回信，部队南北转战，也无法收到啊！

张富清原本是安慰这个湖北战士，不想自己也是热泪盈眶。不能这样！尽力克制眼泪流淌的张富清，用自己的衣袖，帮这个湖北战士拭去了泪水……

银盘般的月亮似乎嫌自己光亮不够，从东边拼命地朝着天空当头奔来，把它的光彩不遗余力地洒在茫茫的原野，映照着促膝谈心的两个身着戎装的身影。

那天深夜里，副连长张富清和湖北战士向树生的谈话，是那么贴心暖肺，是那么情投意合！他们俩有个共同的认知：把恩亲、把感恩、把乡愁深深地藏在各自的心底，为了建设好新疆，屯垦戍边，冲破重重艰难，贡献自己的力量。

六　能武习文

1953年1月底，当新年爆竹的烟火还没散去，当人们正张灯结彩迎接新春佳节的到来，中国人民解放军抽调连以上战斗骨干入朝作战的工作正式启动了。

这天下午，部队领导找到张富清。这位领导讲明来意后征求张富清的意见。张富清好不激愤："我国的每寸土地都不容侵犯。只要是党和祖国需要，没说的，我去！这两年没打仗，我的手正痒痒着哩！"

没几天，张富清就和部队几十名战斗骨干背着背包，从新疆喀什向着新中国的首都北京进发了。

天险挡不住，路遥情更迫。

张富清和几十名战斗骨干肩上都扛着一种神圣的责任，即抗美援朝，就是保家卫国，就是扼制美帝国主义的侵略。出发时，他们各自身背用面粉赶做的坨坨馍，带着一壶冷开水，风雨无阻，日夜兼程。刚解放不久的大西北，交通极为不便，公路很少，即便有，也是破败不堪。偶尔遇上车，他们就坐一段路，更多的是迈开双腿，徒步行进。在寒冷的冰天雪地里，鹅毛大雪一片片、一层层地坠下，像老天坍塌一般，顿时铺天盖地。大雪，封住了勇士们前行的路径。他们就采取前者拉后者，后者牵前者的方式，在齐腰深的积雪里，筑起一道牢不可破的人墙；在遭遇沙尘暴时，黄沙在风的搅拌中，黄龙腾跃，乌烟滚滚，沙尘漫天。他们为节时赶路，睁开眼睛辨识路线，他们每个人都弄来纱布，蒙上眼睛，一步一步地前行着。日夜行走，背上汗水湿了又干，干了又湿。稍歇息时，冷风一吹，浑身刀砍一般，阵阵彻骨冰凉。累也好，困也好，这些战斗骨干都能挺过去，而令人难熬的是缺水。每人身挎一个军用水壶，偶尔遇上补给站，他们除了尽情饮上一顿，再满满装上一壶。紧接着的是无尽头地向前走着。

走着，走着，不知翻了几座山，不知跨过几道岗；走着，走着，不知迈出多少里路，不知耗去了多少时间……

口渴了，忍一忍，实在渴得难受，不得不喝上一口，又把壶盖扭起来，以防遇上特殊情况。一天下午，他们走了一程路，又翻了一座无名山。这时，天色已晚，不顾疲倦地行走，使得他们迈开了左腿，难迈开右腿。突然，一个较胖的战友冷不防左脚一滑，顿时倒在行军的路上。随着倒地声和战友的惊吓声，张富清回头一望，如战场冲锋号响起，闪电似的奔过去，连忙把跌倒的战友扶起。甭多问，战友是干渴难熬才昏倒在地的。

张富清二话没说，把水壶里仅有的小半壶水喂在战友的嘴里……

这一次新中国成立后的"新长征",战斗骨干历时一个月。他们好不容易从南疆走到北京,殊不知,上级告知,朝鲜战事已经缓和,不再继续增援。他们这批战斗骨干暂时在北京休整,整装待命。

张富清生来就是个吃苦受累的命。本来到北京就该停下来,再美美地睡上一觉,饱饱地吃上一顿,可疲倦过度的张富清,觉睡不实,饭不想吃,接连好几天只想喝水。党和国家对这批战斗骨干给予了无微不至的关怀。知道他们大多是第一次来到祖国首都,要他们好好地休整几天,让他们养精蓄锐,让他们赏心悦目。特地安排他们游览北京名胜古迹,参观天安门广场,张富清感到神圣而自豪;每看一次精彩的文艺演出,张富清都热泪盈眶……

党和国家对这批战斗骨干有着百般的爱。见他们大多是文盲,缺少文化素养,集体派往防空部队文化速成中学学习。

张富清和新学员一样,握惯了钢枪的有力的手在这会儿放下钢枪,手握毛笔,实在有些不习惯。虽说在这之前也在打仗的空隙学过文化,那种业余的学习每次都有新鲜感,而这回以学习为主,还真有些不习惯。第一天还好,第二天也凑合,到了第三天,张富清在课堂上听讲时,听着听着,眼皮一个劲儿地打架。不一会儿,一阵鼾声在教室里响起。老师停止讲课,放下了教本,走下讲台,朝张富清走来。教室里其他同学齐刷刷地转头,"唰"的一下,几十道目光全都向张富清投来。讲课老师站在张富清身旁,厉声叫喊着:"张富清同学,怎么睡着了?"

张富清从睡梦中醒来,发现老师站在自己身边,好不尴尬。再扭头一看,同学们都在看着他,那一刻,张富清的脸色瞬间白一阵,红一阵。

这天晚饭后,防空部队文化速成中学5(3)级党支部召集部队学员中的党员，上了一堂生动的党课，党课的题目是《掌握建设新中国的本领》。这次党课，使张富清震动很大：新中国的诞生，标志着国民党政府被推翻了，穷凶极恶的国民党军队以及一切反动派已经被中国人民解放军消灭了。现在的形势已经进入了解放全中国到建设新中国的重大的转折关头。再也不是先前的日夜奋战、英勇杀敌了，而是要拿出好的办法，把一穷二白的新中国建设成一个繁荣昌盛的伟大祖国。这就需要我们每一个指战员努力提高文化素养，牢固地掌握建设国家的本领。这个本领不是战场会瞄准，会投手榴弹、扔炸药包，而是要懂得，起码要熟练学会和运用基本的文化知识，要掌握专业的文化知识，还要向高端的科学技术进军。否则，听党的话、为人民谋福利就是一句空话。

熄灯号响起，一起参加学习的战友们很快就睡了。躺在床上的张富清丝毫也没有睡意，他的脑海里出现了当年永丰战役中张富清所在2营6连的战斗情景。在那场难忘的血战中，干部战士浴血奋战，前赴后继，一夜换了八个连长，全连几乎都打光了。决一死战的张富清身负重伤，仍坚持不下战场，一直坚持到战斗结束，张富清才被战友抬回……

不一会儿，那天上课时自己在课堂上睡觉的狼狈模样也撞进了他的脑海。那天也不知怎么的，一进教室，还没坐下，他的眼皮就打起架来，困意使他无法控制。自己的鼾声，换来了讲课老师的训斥，换来了课堂上同学们的嘲笑。

慢慢地，那些难忘的情景，那些过往的场面开始飘飘然了，淡化了，远去了……

张富清刚刚合上眼皮，很快就进入了梦境。梦中，一个面目慈祥的老人带着笑意向张富清走来。张富清心情特别激动。激动中的他在辨认，她好面熟，她是谁？女人的笑意没有了，她的眉宇凝聚着,她的那双款款大脚也变成了一双三寸小脚。这不是他日思夜想的母亲吗?这不是他心目中了不起的可亲可敬的母亲吗?张富清正要喊一声"母亲"时,他母亲拧着他的耳朵,心存忧虑地问他:"你说你要听党的话,为人民谋福利。你上课打瞌睡,不用功听课,不好好学习,你怎样听党的话?你拿什么本领去为乡亲父老谋福利?"

母亲的追问,问得张富清羞愧难当。

母亲还是不依不饶,继续追问张富清:"你回答我,你用什么去报答党,用什么去报答你早已死去的父亲?"

这时,张富清在战场上勇猛杀敌的男儿铁性早就无影无踪了,有的只是怨悔,只是知错就改的小男孩的那种乖巧劲儿。

张富清此时无可奈何。他一个劲儿地请母亲饶恕他:"妈,我错了!""我错了,妈!"

"妈!我——错——了!"

像是对着家乡不远处的宝山,像是对着长流不断的渭水河,张富清高亢而深情地呼喊着。

张富清这发自心底的喊叫,别说吵醒了同寝室的战友,连他自己也被这一哭喊声惊醒。

他猛地一下,推开铺盖,从床上坐了起来。

值夜班的战友用手电筒照着,急忙来到张富清身旁,低声问道:"张连长,你怎么啦?是不是做了噩梦?"

值夜班的战友一点儿也没猜错,但他不好意思地摇了摇头,表示没什么。

过了一会儿,值夜班的战友离开了,寝室又恢复了原有的宁静。唯独张富清,坐在床上一动也没动。好一会儿,张富清轻手轻脚地下床穿衣,又蹑手蹑脚地拿着本子和笔,向着光亮的过道走去。

第二天上午,刚刚上完第一节语文课,张富清就找到班主任,郑重地交了一份保证书,保证自己一定要努力学习,掌握好建设新中国的本领。

俗话说,响鼓不用重敲。张富清并没有遭到人们的敲打,就彻底改掉了上课爱打瞌睡的毛病,每次上课,他都会全神贯注,边听边认真地思考。每次期中测验或年终考试,在当时实行5分制的情况下,他每门功课的成绩都达到4.5分以上。

张富清所在的防空部队文化速成中学的学习,先后在天津市、南昌市和武汉市进行。不论是冬日天津的严寒,还是夏天南方城市的炎热,张富清全然不顾。他随时随地都要认真地琢磨每一句话,都要反复地计算每一道题。

1954年7月,已经转移到南昌的防空部队文化速成中学5(3)级学习,一下子从祖国的北方来到江西南昌,在气温上,来了一个一百八十度的大转弯。一个是常常雪花飘洒,一个是大多时间艳阳高照。相当一部分学员难以适应。起初,张富清也不适应,常常是汗水裹着内衣。但他根本就没把这当回事,他想,一条从无数生死搏击的战场上捡回的爷儿们的命,连死都不顾,还顾什么气候适应不适应?

在生活上也是,学员们大多吃惯了北方的面粉,哪怕是玉米糕、窝窝头、二米饭、高粱米或大豆。至于少见的大米饭,他们更是喜爱,吃在口里黏黏的、甜甜的,有一种美味佳肴的感觉。来到南昌,尽管粗粮杂粮少了,大米多了,但学员们还是不习惯,感觉南方的大米像鱼子一样。张富清年少时,虽说是生活在陕西这北方的地带,但他的家乡位于陕西汉中,靠近湖北和重庆,与南方接壤。至于吃大米,是他的最爱,在家乡的日子里,一年到头常常是喝着米粒很少的米汤一样的稀饭,很难吃上一顿饱饱的米饭。如今他几乎每顿吃米饭，好像每天在过年。对于这样的生活环境，张富清越发懂得珍惜，他的学习较之前在天津更发奋了，更刻苦了。在全年级的数学比赛中，他兴冲冲地捧回了第一名的奖励证书。当他从班主任的手中接过全年级第一名的奖励证书时，学校操场上响起一片欢呼声。欢呼声中，张富清的脸又一次涨得通红通红。

学习竞赛结束，时间已经进入1954年6月底。校方宣布，放假二十天，学员们既可以游览南昌市的八一起义纪念广场，也可以报请班主任批准后回老家探亲。

这天下午，与张富清同寝室的一个学员接到了家中的回信，看着看着，那学员哭起来了，而且越哭越伤心。原来，他的父亲是他们村里的支部书记，在一次与洪水搏斗中，为了抢救村里群众的生命和财产，他父亲不顾年老多病，一次次地带头跳入水中，在父亲的带领下，村里民兵纷纷跳进水里，与洪水展开生死搏斗，老人和孩子们被救上来了，他父亲被上游突如其来的洪水卷走了……

同室学员父亲的遭遇，感染着全年级的同学，也勾起了张富清对家乡、对母亲和兄妹的思念之情。

作为一个乳臭未干的小子，阔别家乡五年了。母亲，您老人家的身体还好吗？当年被我顶替留在家中的二哥和小妹还好吗？新中国成立前的1948年，我当兵来到光荣的西北野战军359旅，刚刚学会认字，我就给家去了一封信，也是我人生中写的第一封信。在那战火纷飞的时期，我写的那封信，不知家里收到没有？如果收到了，母亲还会有个好心情，不会为我担心害怕；如果没有收到，还以为我为国民党反动派当炮灰呢！母亲，我早就弃国民党军队不干了，光荣地走进了我们共产党自己的队伍；我现在早已是人民解放军的副连级军官了。

张富清向班主任请了假，挤上了开往西安的火车。

七 泪洒新房

黑色的闷罐火车,也就是原用来装货的车厢里,挤满了来来往往的旅客。头戴红星闪闪的军帽、身着绿色军装的张富清也站立其中。整个车厢闹哄哄的,不是患病的老人的呻吟,就是无知孩儿的哭叫,实在令人烦心。而张富清像没听见一样,很安然地站在那里。因为,他的心情随着车轮的滚动,早就飞往了远方,飞到了曾记录着他儿时欢乐与爱恋、苦难与憎恨的土地。

这是一列从江西南昌开往陕西西安的原本载货的火车。也许是人满为患的缘故,它像一头走不快的笨牛,"吭哧吭哧"地行进着。

火车尽管走得很慢,但丝毫没有影响张富清的心情。毕竟带着他这个远离家乡的游子在奔往张富清老家的路上,离他的亲人只会越走越近,不会越走越远。

火车到了西安,再从西安转乘去往陕西汉中的火车,再由汉中转乘公共汽车到城固县,最后,再从城固县徒步五里路,就到了生他养他的马畅镇双庙村。

到达双庙村的时候,天边的太阳刚刚落下,西边那抹紫红色的霞光,洒向了蜿蜒的湑水河,一片片散发着清香的稻田;散在了乡间黑色的瓦片上,装点着双庙村的房前屋后……

望着这眼前的景致,张富清发自内心地感叹:"我的家乡可真美啊!"

也许怕自己与美好的景致不相符,他戴上了那顶红星闪闪的军帽,又习惯性地整了整风纪扣。接着,他开始寻找、辨认他的家门。

"你是不是元生?"一个满脸铜油色的庄稼人试探性地问了声。

军人立马回头相望,这不就是我的二哥吗?他兴奋地大喊一声:

"二哥!"

"还真是你呀,元生!"这庄稼人就是张富清当年顶替下来的二哥。二哥连忙将兄弟肩扛的、手提的物品接了过来,大声地叫喊着:"妈,你看谁回来了,是三弟回来了!"

二哥带着三弟刚来到家门口,他们的母亲就从房里蹒跚地走了出来。五年过去了,母亲的头上又添了些许白发,她瘦弱的面额上布满了沧桑和悲苦,虽说是中国已经解放好几年了,可她眉宇间、一双深邃的眼睛下端的皱褶,越发像刀刻一般。多少艰辛,多少苦楚,多少积怨,全都刻在这位母亲的脸上,刻在这位有着男人般胆略和智慧却内心柔弱似水的女性心底。

见到母亲,张富清心跳加速了,激动地奔向母亲,可此时,腿不从心,一下被他家门槛绊倒了。没等母亲过来搀扶,张富清神速地站立起来:

"妈——!"

"元生——!"

喊罢,张富清朝着母亲骨瘦如柴的双肩抱去。好一阵子,母亲轻轻地推开儿子,两眼端详着儿子,看了上半身看下半身,看了帽子看鞋子,缓缓地摇着头:"再不是先前去孟财主家放牛的元生了,变样了,全变了。"

"妈,那还能不变吗?我早就离开了国民党,参加了中国人民解放军。在部队,我打了胜仗立了功,还被提升为副连级干部。还有,我把名字也改了,自从参加解放军,我就改名叫张富清了。"

抹了把老泪,母亲一个劲儿地称赞着:"好哇,好哇!"

母亲像突然想起了什么,她情不自禁地推了儿子一掌:"怪不得前几年家里收到一封报功书,说张富清在战斗中英勇杀敌,立了特等功。我们摸头不知脑,只得把彭德怀签发的报功书放在箱子里。

我们一家人怎么猜,也猜不出什么道道。"

当母亲从箱子里拿出几年前寄来的报功书,张富清细细端详着。

这是1948年12月,一封署名"西北野战军司令员兼政委彭德怀、政治部主任甘泗淇、政治部副主任张德生"的报功书:"贵府张富清同志为民族与人民解放事业,光荣参加我西北野战军第二纵队三五九旅七一八团二营六连任副排长。因在陕西永丰城战斗中勇敢杀敌荣获特等功,实为贵府之光、我军之荣。特此驰报鸿禧。"

张富清看着这份珍贵的报功书,仿佛又回到随时都有生命危险的战场上。张富清知道,1950年,西北军政委员会颁布了《解放大西北人民功臣奖章条例》,他因为功勋卓著,被授予"人民功臣"奖章。纵队司令王震将军亲自给他佩戴军功章,西北野战军司令员多次接见了他。张富清将这张报功书叠起来,装进了自己的挎包。他对母亲说:"还是由我带回部队吧!"

"你拿去吧。"说罢,她拿来两把杨树做成的靠椅,给儿子让座,自己也坐在一旁唠叨着。她责怪儿子都没有捎个信回来,母亲无时无刻不牵挂着他,这位单身老人想儿想得好苦哇!

1949年10月,毛主席在北京天安门城楼上庄严宣告:中华人民共和国成立了!

全国解放,反动派势力被迅速摧毁。张富清的家乡同样发生着翻天覆地的变化。原来的联保处已被共产党的农民基层组织取代;原来的孟财主已遭到农民的镇压,财主的土地被没收,分给当地的农民耕种。家乡发生的每一个变化,给张富清的母亲带来的是震惊、激动、解恨!而每当这个时刻,她就惦记着张富清。她的心里,总有一种愧对这个三儿子的感觉。在她看来,当年,如果不是她想出用三儿子代替二儿子的办法,孩子们现在还不知道怎样:我们这个原本破碎的家庭怎么能够熬到解放，熬到今天？可是，我的三儿啊，是娘让你受委屈了，你该不会记恨母亲吧！

儿啊，你知道吗？在全国就要解放的时候，也就是黎明的曙光即将到来的时刻，我们村同样有个被国民党抓去当壮丁的小伙子，他竟然脱下了那身令人厌恶的黄皮，逃回家来了。娘想，不管是好是赖，他总算是回到了双庙村，可是我那个子瘦小的三儿啊，你身体那么单薄，在战场上吃得消吗？你怎么就不知道跑回家来呢？儿啊，你要知道，儿行千里母担忧啊，从你离开家门的那天起，你母亲我就一直在牵挂和担忧的煎熬中度过！儿啊，你要知道，不管你去往何方，不管你混成什么样，在你的心里要始终记住自己的家。家是你的根，是一座包括家中每一成员在内的港湾……

当年的张元生从解放军部队回家探亲的消息，像长了翅膀一样，很快在全村传开了。

第二天早上，张富清家的大门刚打开，左邻右舍的老人们就纷纷来到他们家，为张富清的母亲道喜，祝贺老人的三儿子终于回来了，还在共产党的队伍里当了官。

小孩们也都跑来了，出于好奇，他们要来看热闹，看看这位解放军叔叔是个什么样，看看这个军官威不威风。

张富清很礼貌地给老人们递烟端水，他母亲乐呵呵地给孩子们发糖。

这当儿，张富清的家里突然来了两个并不熟悉的人，一男一女。男的身着礼服，修长的身材，40多岁，进屋一脸的笑。他叫孔孙旺，是双庙村的村主任。那女子身高1.6米，年方20岁，瓜子脸，高鼻梁，不算纤细的眉毛下端，有着一双大眼睛，忽闪忽闪的，一头秀发乌黑乌黑，后面披着的两根辫子又粗又长。她叫孙玉兰，是双庙村的妇女主任、新民主主义青年团团员。

第二章　精彩写在青涩季

孙玉兰从16岁开始就羡慕军人，喜欢军人。这不单单是因为解放军英勇顽强，能上阵杀敌，赶走了日本鬼子，消灭并打垮了国民党反动派，而更多的是，军人有阳刚之气，有男人应有的担当，用地方的话说，就是像个爷们儿。

村委会的孔主任要去看望张富清，孙玉兰忙拦住孔主任说："孔主任，请你带我一块儿去吧，我要代表全村的妇女，还要代表新民主主义青年团团员去向那位同志问个好。"

"走吧，一起去！"

说罢，孔主任就带着孙玉兰来到了这里。

张富清热情地给他们让座，机灵的孙玉兰连忙礼节性地站了起来。端着水的张富清朝着孙玉兰瞟了一眼，他浑身为之一颤："我的天咧，从未见过这么漂亮的女孩子，活脱脱，白净净，简直是仙女一般。"

就在张富清为之一颤的一刹那，他端在手中的水险些泼洒出来，好在孙玉兰眼尖手快，很快地接住了那杯热水。

有些羞涩的孙玉兰趁张富清不备，偷偷地瞅了张富清一眼，当她的眼神与张富清的眼神相撞的那一刻，她的心"怦怦"地跳个不停，她的双手也不由自主地颤抖着：面前的这位军人，方方正正的脸，端正的五官，聪慧的大眼上方，还生就一双惹人喜欢的双眼皮。他英俊而不俗，威武而不凶，堂堂正正，慈眉善目，是个打破铜锣也难找的军哥哥。

孔主任很高兴地把双庙村的建设发展情况向张富清做了介绍，并同他聊起了部队的事儿。

坐在一旁的村妇女主任孙玉兰，这会儿格外兴奋，她恨不得随时都接过话茬儿，发表自己的见解，表现一下自己的才干。然而，她又克制了自己，毕竟自己出生在一个有较高文化素养的家庭，毕竟自己还是个没有出嫁的闺阁之女。她只得耐住性子，尽可能地多听少说。

孙玉兰回到家里，人还没坐下，她父亲孙水祥就跑来问女儿："去看了村东头天成的第三个儿子？"

"嗯，去了。"

"那小子离家那么多年没回来过，在外面混得怎么样？"

"爸，你是怎么说话呢？怎么就叫混呢？人家是在当兵，在打仗，还提了什么副连级干部哩！"

"嘿！这小子有点儿出息，看来，他们家的祖坟被野猪拱动了。"

"爸，如果有部队来征兵，我也愿意去当兵，没准你女儿还会成为一个英姿飒爽的女军官哩！"

"你这妇女主任不是也干得挺好吗？自古以来，金戈铁马、挥刀弄枪都是男人干的事。"

"一看您就是个老古董，亏您还是技术职业高中毕业哩，人家花木兰是怎么替父从军的？"

"好啦好啦，吃饭吧！"孙玉兰的母亲端着刚炒好的菜，从厨房走出来，打断了他们父女不和谐的谈话。

这天早晨，天刚见亮，几只小鸟儿就在孙玉兰门前的橡树上叽叽喳喳，叫个不停。孙水祥早早地起了床，他要进行他的晨练，每天早上活动活动，舞舞长剑已成为他的生活习惯。

半小时过后，他正准备歇剑收兵，谁知树上的那几只鸟飞来飞去，仍在不停地"叽喳"着。

孙水祥望了望树上的飞鸟，他在纳闷：到底是怎么回事，今天是什么日子？莫非有贵客到？

果然如此，张富清有个叫杜明林的表兄，他跟孙玉兰算是同事,也是新民主主义青年团团员。

他满面春风,手提鱼肉、糕点之类的物品直奔孙家而来。见到孙水祥,杜明林忙把手上的物品放在堂桌上,笑着说:"孙老师,前来恭喜贺喜啊!"

孙水祥更是纳闷:"我们穷家小户的,喜从何来?"

"孙老师,这可是喜从天降啊!"杜明林见堂屋内不见孙玉兰的踪影,忙问,"孙玉兰怎么不在?"

"有什么事情跟我说吧。她昨天睡得太晚了。"

接着,杜明林就把这次他受人之托的重要事儿说了出来。委托他的人就是张富清的母亲周爱女,让他为表弟张富清提亲。

原来,自那天孙玉兰和村主任从张富清家离开后,张富清的母亲就有了想法:三儿已是30多岁的人了,还没谈个姑娘成个家。这个姓孙的妇女主任长得水灵灵的,又知书达理。如果她还没处对象,没准他们……

周爱女怕孙玉兰与其他的男娃定了亲,赶紧找人为他们牵上这根红线。她想来想去还是请杜明林最合适:一是,杜明林是自己的侄儿,是三儿子的表兄;二是,杜明林是孙玉兰的同事,都是新民主主义青年团团员;三是,杜明林能说会道,与孙玉兰的父亲说得来。

周爱女反反复复琢磨的心思没有白费,杜明林跑了东村跑西村,最后把张富清与孙玉兰的相亲见面定在孙玉兰的家里。

这位周爱女啊,真是个不可思议的伟大母亲!她怎么就那样神呢?她硬是把两个年轻人的心思猜透了。

这天上午,在表兄杜明林的撮合下,张富清按时来到孙玉兰家里。别看张富清在战场上是英雄,可赴约见姑娘,心跳明显加速了,那英俊的面孔红得像个刚从树上摘下的苹果,看上去特别可爱。他本不想赴约，这不仅仅是他觉得不好意思，更重要的是他感到自己年龄过大，愧对了这个如花似玉的妇女主任。说不去赴约吧，孙玉兰那双清亮亮的大眼又像一团火时明时暗地在他的心中燃起。与孙玉兰见面时，他真诚而又憨厚地说："我喜欢你，又觉得对不住你……"

孙玉兰羞羞涩涩地回答着："有啥对不住我的？"

"我整整大你11岁呀！"

"大11岁又怎么啦？人家不是说，宁可男大一层，也不可女大一岁吗？再说，男人岁数大，会懂得疼自己的女人！"

孙玉兰回答的，是一句掏心窝的话。这句话，拨动了双方隐藏在内心深处的爱的琴弦。

有人说，语言是枪，它可以杀人；有人说，语言是药，它可以救助人的生命；还有人说，语言是一把晒干了的火柴，只要轻轻地一擦，就能燃烧起男女间情爱的焰火……

转眼归队的时间到了。头天晚上，张富清和孙玉兰在一起谈得很晚，他与孙玉兰说好了，明天他启程归队，叫她不用送。

第二天一大早，当张富清的二哥提着行李箱打开大门时，孙玉兰已亭亭玉立地在他们家大门口。"二哥，你忙吧，我来送！"二哥忙回答："没事，我的兄弟我来送！"孙玉兰不高兴地说："二哥，你这话不咋的，那我就是外人？"二哥醒悟似的："哦——对不起，你也是我的好妹妹。"说罢，就把行李箱交给了孙玉兰。孙玉兰这才接过行李箱，羞涩而又开心地一笑。那笑声如同银铃一般，那么清脆，那么悦耳。

7月的陕西汉中，有中午黄土高坡的炎热，也有早晨平原地带的清凉。离开了双庙村，晨风吹来，给张富清和孙玉兰送来了丝丝惬意，送来了缕缕清爽。他们手牵着手，向着离双庙村仅五里路的城

第二章 精彩写在青涩季

固县汽车站走去。

"回吧！前面就要到汽车站了。"张富清实在不忍心松手，他巴不得始终牵着孙玉兰的手，永不放松。可是，不行啦！他是一个兵，兵有兵的纪律，兵有兵的神圣，兵有兵的职责！当他告别母亲，踏上了去往长途汽车站的路，他就像一个险些掉队的战士终于步入队列一样，心情多么畅快，多么轻松。他也像一个整装待发的战士，随时准备着奔赴前线，随时听从党和祖国的召唤！

孙玉兰又哪里舍得松手呢？她真想就这样抓住他的手心，永久永久地走下去。然而，她还是听了他的话，站在路边的高墩上，停下了。她不情愿由于自己的任性给他带去心中的不快。她毕竟是一个在传统礼教环境下长大的女孩子，她认定了这么一个理：既然你认定要做他的女人，就得听他的。

一阵晨风拂过，孙玉兰下意识地用她白嫩而又富有弹性的手，理了理额前的刘海儿。站立在路边的高墩上，孙玉兰有意无意地拨弄着那对又黑又粗的辫子。望着张富清渐渐远去的背影，她的心也像被张富清带走了一样，空落落的。剩下的，只有一滴又一滴的泪水……

返回部队不久，上级决定防空部队文化速成中学由江西南昌转到武昌防空部队。

班主任讲，他们这届学员的文化学习，地点再也不变了，直到毕业。星期天，见学习地点稳固下来，张富清就想到了家中为他操碎心的母亲，还有更牵挂的，就是上天赐给他的仙女般的没进门的媳妇孙玉兰。这个休息日上午半天的时间，他什么都没干，就干了一件令他牵肠挂肚的事儿。鸿雁真能理解男人的心，才几天的时间，孙玉兰就回了信。就在张富清听到邮递员喊他拿信的时候，张富清就像绷紧的弹簧一样，猛地站立起来。但他并没有飞快地去取信,而是傻了似的站在那儿东张西望。他怕邮递员叫的不是他,或是喊错了名字。

不知道是时间过得快,还是气候的不同。武汉市是人们公认的火炉城市,本应烤得人灼热难耐,这会儿却飘飘扬扬地下了一场雪。尽管是雪天,张富清和学员们还是早早地坐进了教室,等候着老师授课。

足足等了二十多分钟,班主任才迈进教室。他今天不是夹着厚厚的书本和讲稿,而是不知从哪里弄来了几台照相机。可能是久旱逢雪心情爽的缘故,今天的班主任兴致勃勃:"学员们,有人说,天公不作美。这话依今天来看是错的,应该改成老天解人意!你们看,面临着我们快要毕业,面临着我们即将分布全国各地,走向各自不同的岗位,老天毫不吝惜地给我们送来了一个银色的世界,给我们大伙儿送来了一个难得的好心情。当然,老天给予我们施舍的时候,它也期待我们学会珍惜,珍惜这个千载难逢的良机,珍惜这独具特色的景致,珍惜这江城少有的风光……既然如此,那就让我们抓住难得的机会,走进银色的世界,利用这美好的景致,凭借这无限风光,绽开笑容,合影留念吧!"

班主任的这番触景生情,博得了学员们的异口同声:"好!"

说武汉是座火炉城市并不夸张。昨天还是白茫茫一片,今天就是阳光明媚。太阳才出来半天,就已是冰融雪化。到了下午,门前的水泥操场就派上用场了。

下午2点半,一声号令,5(3)级全体学员紧急集合。学校领导宣读了上级部队的命令:"从现在起,5(3)级全体学员做好准备,办理好毕业证书后,全体学员集体转业到地方,充实地方干部管理人才队伍。"

命令宣读完就解散了。学员们有的一哄而散,有的站在原地一动不动。

大伙谁也没有做好转业到地方的思想准备,显然这命令来得有点突然。突然也好,自然也罢,服从命令是军人的天职。走,是毫无疑问的。至于去哪里,结合个人的意见,由领导决定。

接下来,摆在学员面前的最严峻的问题就是去向问题:第一,留在城市工作;第二,回到自己家乡工作;第三,到湖北省偏远的恩施工作。

两年多的文化速成学习,张富清不知做了多少道题,有的做对了,有的做错了,对错都有老师判解。而今天,这道题太难了,做得对和错,不是用笔修改那么简单,而是决定了你今后多少年,甚至一辈子的命运!

三个去向,按条件,张富清都符合。特别是第一个去向,留城市工作。留城市工作无非就那么几个条件:当兵前老家在城里的;战争中受过伤或立过战功的;因身体不佳,自愿留在城市的等。这几条,具备任意一条都可以留城市工作。张富清战功卓著,伤痕累累,名扬全军,要留城市工作,完全可以。

而三个去向,张富清有点儿为难的,是后两个去向。是回家乡,还是去湖北偏远的西大门?至于第一个去向,张富清的回答很干脆:选择放弃!

城市比农村好,这是显而易见的。然而,张富清绝不会因为自己曾打过几次仗,受过几次伤,立过几次大功就居功自傲,就拿来做留城市工作的砝码,跟党组织讲价钱。与战场上牺牲的战友比,我算得上什么?

为什么在第二个去向和第三个去向的选择上犯难?因为张富清是个颇有孝心又重情义的人。母亲早年丧夫亡子,打年轻时就守寡,直至现在。为了维持那个破碎的家,为了把她的几个儿女拉扯大，她有多少辛酸苦辣？和平时期不再打仗了，作为她的儿子应该回家尽孝……

未婚妻子孙玉兰，美丽又善良，还多才多艺，更难得的是，她还通情达理、善解人意。尽管他们相识短暂，但她对他的微笑的脸，她那双清亮亮的眼睛，分别时那依依不舍之情，让张富清永远忘怀不了……

回家，是再平凡不过的选择；回家，对只身在外的男儿该有多么大的诱惑！

留城和回家都是唾手可得的事。能这样做吗？组织上对张富清说的话深深地刻在他的脑海：成立不久的新中国，一穷二白，百废待兴，各地都需要人才。特别是湖北省偏远的恩施，那是个少数民族居多的地方，环境艰苦，极缺干部人才……

一边是老母亲的期盼；一边是组织的召唤，党和人民的急需。一边将以成功者身份回归温暖的港湾，一边将步入和平时代的新战场！

张富清在自己的笔记上写道："作为党多年培育的一名干部，要坚决听党的话，党叫我到哪里我就到哪里，哪里艰苦到哪里。在自家利益与国家利益相碰撞的时候，为国家利益着想是唯一的选择。"

看到张富清的去向选择，组织上很欣慰，又有些担心："你身上有伤，去湖北偏远的西大门，你身体顶得住？"

张富清笑着回答："枪林弹雨都蹚过来了，还怕什么苦？为了我们的祖国，就是牺牲了也心甘！"

再说张富清贤惠的未婚妻孙玉兰，前天突然收到一封来自张富清所在部队的书信，信上说张富清同志即将从军委在湖北武昌举办的防空部队文化速成中学毕业，分配工作，请她前去完婚。

接到部队的来信，孙玉兰又惊又喜。兴奋之余，孙玉兰很难拿定主意。她只得征求父亲的意见。

父亲经过一番思考，人没开口，眼泪就跟着往外挤。他不得不道出他的决定性意见："去吧！男大当婚女大当嫁，姑娘成人了，早晚总是要嫁人的。"

孙玉兰拿出攒了很多年的压岁钱，扯布做了一件新袄子，背上几个馍，就向着白云黄鹤的故乡，向着湖北武汉，向着她心中的白马王子出发了。

孙玉兰来到部队的第二天下午，部队就为张富清和孙玉兰举行了婚礼。婚礼是在武昌防空部队的家属院里举行。

婚礼举行前，班主任征求了张富清的意见："这是一生的大事，说说你的想法？"

"我没什么想法，感谢组织的关心，越简朴越好！"张富清憨笑地回答。

可学校领导不赞成张富清的说法。他说："张富清为了祖国的解放事业和新中国的建设事业，把个人的婚事都置之度外，30多岁了还没成亲，他的未婚妻更是个值得称赞的好同志，听说她还是他们村的妇女主任，比张富清整整小11岁。部队去封信，她就开个结婚介绍信来了。像这样的好同志，我们可不能亏待了他们。我们的生活再清苦，也不能让人家姑娘感到寒心啊！正好，今天是星期天，给食堂招呼一声，菜多菜少也得弄两桌，叫几个相好的老乡或学员，让他们一起乐呵乐呵。"

按学校领导的嘱咐，年级和班里不仅为张富清安排了两桌酒菜，还在他们的新房里贴上了大红喜字和新婚对联，并买了洞房花烛。天还没黑，领导和战友们为张富清和孙玉兰举办了喜庆而简朴的婚礼仪式，便围着桌子喝上了他俩的喜酒。

孙玉兰虽说是村里的妇女主任，可参加这样的场面还是第一次。她和张富清一起,向张富清的部队领导、老师及学友敬酒更是第一次。

表达了一点心意后,张富清怕她抵挡不住,就送孙玉兰回房休息。他们的洞房是家属院招待室专门拿出的一间房子。房子虽不是很新,但收拾得干净、得体。一张大红喜字两边,立着两支点着了的蜡烛。蜡烛"突突"的火苗和时而滴落的蜡浆,给房子里增添了喜气和神秘的色彩。

约一小时后,张富清被战士们连推带扶地送回了他们的洞房。

孙玉兰忙从脸盆里拧起一条热毛巾,走到他跟前,想帮眼前的新郎擦拭嘴脸。张富清顿生感激之情,当孙玉兰放下毛巾后,两个情切切、意浓浓的青年,紧紧地拥抱在一起。好一会儿,孙玉兰轻声地说:"睡吧,你太累了!"

"好!躺下。"

喝了点儿酒的张富清,似乎拿出了炸碉堡的那股劲儿,迅速脱下军帽,脱掉鞋子,脱下上衣。孙玉兰还没来得及解衣服,他接着又脱了衬衣……

感到害羞的孙玉兰,抬头望他,烛光下,他裸露的前胸那一片褐色的疤痕,像一条巨大的蜈蚣虫趴在张富清身上。孙玉兰一见,惊恐万分,她"啊"的一声连连后退,一直退到墙边。

孙玉兰的一声惊叫,把张富清从浓浓的情爱中惊醒。此时的张富清像偷了别人的东西被抓住一样,狼狈极了。他连忙穿上衣服,戴上帽子,迷茫地向孙玉兰走来。

"玉兰,怎么啦?"

浑身颤抖的孙玉兰仍往后躲去:"我的妈呀,好怕,好怕!"

突然,张富清意识到,是他头部、胸前和手臂上那一片片褐色的伤疤吓着了她。这时的张富清特别尴尬。他抱怨自己,为什么不提前把受伤情况告诉玉兰呢？

"对不起，让你受惊了！"

孙玉兰再没有吭声，回答他的，只有像燃烧的蜡烛一样，不时地滴落着眼泪。

"我身上是战场上留下的疤痕，还有头上的伤也是战场上留下的。"

等受惊的神经恢复正常，孙玉兰关切地问张富清："你不痛吗？"

"打仗挂彩很正常，没什么！"

夜，渐渐地深了。冷风从门缝里挤进来，给他们的洞房带来些许寒意。

"天凉了，别感冒了，你上床睡吧！"

"你上床睡吧，我给你站岗！"

"睡吧，有我保护着，什么都别害怕！"张富清再三地安慰她。

深夜，冷风劲扫，门外气温逐渐下降，而他们两人的情爱之火很快步入原有状态。

经张富清好言相劝，孙玉兰穿着衬衣躺下了。她人躺在床上，却没有一点儿睡意。她在反思自己刚才少见多怪，她为坐在凳子上的张富清担心。她有种后怕，怕天寒冻坏了他的身体，怕在这新婚之夜冻伤了他的心。

孙玉兰在床上坐起来，见张富清还衣着整齐地坐在那儿，心疼地喊道："天冷啦，要坐就来床上坐吧！"

按孙玉兰说的，张富清慢慢地走过来坐在床上。坐床上到底比坐凳子上舒服多了。只要孙玉兰开心，只要孙玉兰不受委屈，他可以永远坐在心爱人的身边。

躺在床上的孙玉兰根本睡不着，她有意地裹着被子往里靠，给张富清腾出更多的位置。等张富清稳稳地坐在床上，孙玉兰就有意无意地用腿往张富清身边挪动。殊不知，孙玉兰往这边挪，他就朝床外挪。张富清不愿再次让她受委屈，尽量按捺着自己情感的冲动。

"往床里边坐吧！"孙玉兰再一次让张富清坐到她身边。张富清心里明白，他的疤痕使孙玉兰受到惊吓的同时，也极大地伤害了张富清的自尊心。他这时想的是如何抚慰孙玉兰，如何将身上的疤痕与军功章的授予向孙玉兰一一介绍，请她打心底里珍惜和正视他身上的疤痕，而不是视为洪水猛兽……

张富清下意识地往床里边挪了挪，一股少有的温馨直扑而来。

洞房里的一对红红高高的大蜡烛燃烧了一半，蚕豆般的火苗一闪一闪，还在为房屋的主人奉献着自己的能量。

张富清越往床里坐，孙玉兰的心跳得越发加快。孙玉兰期待着张富清坐在她的身边，越靠越紧，甚至巴不得张富清一下子扑在她的身上。

孙玉兰撩开了被子，她想轻轻地喊一声"富清哥"，激动的她突然喊不出声来，而那道欲火已向她烧来。孙玉兰忽地一下抱住张富清，随之，嗓子里跳出一句哭喊声："富清哥！"

"哎——！"张富清此刻把"不能再让孙玉兰受委屈"的字眼忘得一干二净，他迫不及待地要做男人应该做的事情……

一觉醒来，孙玉兰美美地躺在张富清的胸前，头枕在他的腋下和手臂上。此时的孙玉兰没有任何不适的感觉，待张富清醒来，她机灵地翻过身来，两人又紧紧地拥抱着。

好一会儿，张富清说："太喜欢你了，可我对不住你！"

孙玉兰忙回应："你又有什么对不住我？"

"我身上的疤痕吓坏了你！"

孙玉兰娇嗔地说:"人家是怕嘛!"

说话间,孙玉兰的手已在被子里摸着他那像蜈蚣虫一样的疤痕。摸着、摸着,她抬起头,用那双清亮亮又善解人意的眼睛,望着深爱的男人,喃喃地说:"富清哥,你告诉我,打仗给你身上留下这么多伤疤,当时该有多疼啊!"

张富清半晌没有回答孙玉兰。孙玉兰用她那双细嫩且富有弹性的手,捧着张富清的脸,泪水涟涟:"你回答我,是怎么熬过来的?"

张富清心想,既然我们已成了夫妻,把自己的战斗历程,把自己在战场上冒着生命危险,如何杀敌立功,如何为中国的建设发出光热,全都要告诉孙玉兰,把自己好多好多的艰苦岁月、好多好多的幸福时刻全都得告诉她,与她同分享共担当。

张富清告诉孙玉兰,他是什么时候光荣地成为人民解放军的,经历了多少场战斗,杀了多少敌人,分别立了多少功,他身上的伤疤分别是什么时候留下的,什么人给张富清胸前亲自挂上的军功章,等等。

张富清讲得激动时,一骨碌爬起来,把存放在衣箱中的军功章、获奖证书拿出来。对着伤疤和军功章,张富清把每一次战斗经历都讲了出来,包括受的什么伤、得的什么奖。

听着张富清的讲述,孙玉兰几乎一直在流着泪,泪水把枕巾全都湿透了。

"富清哥,你太神了!"

张富清又轻轻地把孙玉兰吻了一下:"睡吧,天都快亮了。"

刚刚合了一下眼皮,一声起床的军号掀开了寂静的天幕,划出了东方的一抹曙光。

听到起床的号子声,张富清立即起床穿衣,孙玉兰也跟着他一样，快速地起床穿衣。当张富清胸前那褐色的疤痕再次裸露出来时，孙玉兰再也不害怕了，她用自己细嫩的手轻轻地抚摸着。

张富清说："我打仗受伤和立功的事情不要告诉别人，只是我们自己知道就行了！"

"好吧，让它作为历史的记忆，刻印在我们的心底。"

"就是我们以后有娃了，也不要跟娃讲！"

听着严肃而又浪漫的话语，孙玉兰满脸通红，她轻轻地贴靠在刚把衣服穿上的张富清的胸前。张富清又补充一句："媳妇，你听见没有？"

孙玉兰仰望着男人说："你是我的男人，我当然要听你的。"谁也不曾料想，新婚时的一句承诺，成了张富清和孙玉兰一辈子的坚守！

八　奔赴山区

隆冬的清晨，被誉为"火炉城市"的武汉，依然寒气逼人。张富清已随学员跑操去了。尽管一个通宵多醒少睡，但孙玉兰此刻并没有困意。推窗望去，操场上与自己的张富清几乎同一个模子刻出来的军人们，朝气蓬勃，步伐整齐。"一二三四"的操练声伴随着军歌震耳欲聋；操场的那边，江汉关的钟声、江上船儿起航时发出的长长的鸣笛声以及闹市里的嘈杂声交织在一起，犹如一曲浑厚而美妙的进行曲，激荡着青春的迸发，喻示着早春的呼唤。

一阵晨风拂来，孙玉兰似乎感到细细的鞭子在抽打自己清纯的脸，她下意识地用双手托捧一下自己冷冷的脸，便关上了窗户。

孙玉兰换了一张床单，将部队的军用床单铺在床上，开始学着张富清他们军人的样子，把床上的被子叠得整整齐齐，让人看上去有一种特别整洁、特别清新的感觉。

望着新铺就的床单，孙玉兰的脸上泛起了一抹胭脂红。接着，她麻利地把新房打扫得干干净净，她知道，富清下了早操就要洗漱。她干脆给新婚新制的脸盆加上水，并为张富清的牙刷上挤好牙膏，等着张富清早操归来。

照理说，女人，特别是新婚女人的梳头洗脸、涂脂抹粉是最花时间的。可孙玉兰早已把她那稍有蓬乱的头发梳得乌黑光亮，把她那俏丽的容颜打扮得像朵粉红色的玫瑰花。可是等了许久，张富清还没下操。

孙玉兰对着床头柜子旁的一块方镜，照了好几次，每次都有一种少有的幸福感。不知怎么回事，时间过去了好一会儿，还没见张富清下操。孙玉兰自感有点儿寂寞，她开门望去，只见操场的西边，远远有块军人方阵。孙玉兰当然知道，那军人方阵就是早操后的集合，领队的或是哪一级的首长在训话。她也知道列队的军人方阵中，就有一个属于她的血气方刚的富清哥。

一会儿，方阵松散了，只见下操的部队学员，像一棵棵活动的绿色的树苗向着四方移动。眨眼的工夫，那一棵棵绿色的树苗变成了英姿勃勃的军人。有一个军人笑着向她跑过来："玉兰，你怎么站在这儿？"

孙玉兰脸上即刻泛起笑容："等你呗！"

回到房中，见房里收拾得整整洁洁，连洗脸的、刷牙的都为他准备好了，他心里暖暖的、甜甜的，情不自禁地说了句："我真舍不得你呀！"

孙玉兰听上去，有些动情。一琢磨，又有些不对味儿，我不是在你身边吗？怎么说舍不得我呢？难道富清哥要撵我走？孙玉兰尽管是个知情明理的女人，她也不得不问个清楚明白："富清哥，你这是啥意思？"

张富清没有吭声，他麻利地进行了洗漱。

孙玉兰等待着张富清的回答，张富清却没有回答，他只是无奈地说了句："我实在对不起你！"

孙玉兰这下急了："你又有什么对不起我？"

张富清不得不告诉玉兰，就在刚才的紧急集合中，领导已经正式宣布，他就要离开部队，转业去湖北的恩施。

"去什么什么恩施，恩施在哪里？你带着我一块儿去呗！"

"恩施离武汉有好几百公里，是湖北省最偏远的西南边，那里是一片山区。到处是悬崖峭壁，荆棘丛生。"

"山区怕什么？这么多年，什么高山你没爬过，什么河流你没蹚过？敌人的枪林弹雨你都穿过，还怕什么？"

"我怕什么？去恩施山区是我自愿报名。我说的是你，我不得不让你回家，我再奔赴恩施。"张富清很难舍地搂着玉兰。

孙玉兰此刻如电击一般，迅速地推开张富清，劈头问道："你凭什么要我回家？你要我回哪个家？我和你在一起就是一个家！"

孙玉兰有着枪子一样浓烈火药味的语言，句句击中了张富清。

张富清似乎不认识眼前让他爱恋不够的女孩，不认识这个来自老家陕西汉中的媳妇了。

孙玉兰的每句话，像钢枪直逼张富清的喉咙，倒不如说像一剂神奇的解药，一下子解开了张富清一直担忧孙玉兰不能跟他去恩施的心结。

张富清恨不得当即把孙玉兰紧紧地抱在怀里，再大胆给她一个吻。但他没有那样做，他怕孙玉兰在激怒中说出气话。

他很诚恳地对她说："玉兰，你先别激动，你冷静地思考一下，你真的舍得离开生你养你的父母吗？你离开后，你们村的妇女主任

第二章 精彩写在青涩季

由谁来担任？还有，你一旦和我去湖北偏远的西南山区，那里湿寒的气候，你经受得了吗？那里少数民族地区的生活方式你一下子能适应吗？"

"突突突"地像连珠炮一样，张富清提出了一连串的问题，反问孙玉兰。他想对妻子的选择摸个实底。

孙玉兰"哇"的一声哭了。哭得那么伤心，那么无可奈何！这下可让张富清束手无策了，从与孙玉兰见面起，张富清第一次见到孙玉兰这般哭法。

在"哇"的一声大哭后，孙玉兰又抽泣着："你到底是男人还是女人？你怎么这样不相信我？难道在你的心里，我始终是个长不大的小女孩，是个飞不出窝的乳燕？你要是不放心我，就不应该让部队去信叫我来！更不应该要我做……做……你的女人！"

张富清再也不敢试探孙玉兰了。他连忙掏出手绢帮孙玉兰擦拭眼泪，安慰孙玉兰："怪我太小看你了。"

孙玉兰很快又收敛了哭声，她用那双嫩生生的手拉着张富清的两个手臂，轻声地说："既然我做了你的女人，你到哪儿我到哪儿，哪怕天涯海角，哪怕吃苦受罪，我都心甘情愿！"

这是1955年1月一天的上午，一艘客船停靠在长江边的汉口十七码头，等待着张富清和孙玉兰的到来。张富清提着行李箱，背着行军常用的背包，斜跨一浅蓝色的挎包。挎包外系着一只白底红字的搪瓷缸。这只搪瓷缸可不是一般的物件。它不仅仅能喝水，还装着难忘的回忆，装着人民对中国人民解放军的爱戴，装着军人的荣耀。这是半年前，张富清在江西南昌防空部队文化速成中学学习时，时任全国人民慰问人民解放军代表团总团长董必武送的。那次，张富清共获得两件宝物：一块纪念章，一只搪瓷缸。这只搪瓷缸，一面印着"天安门""和平鸽"的图案，一面印着"赠给英勇的人民解放军""保卫祖国保卫和平""全国人民慰问人民解放军代表团赠"几行字。

脸上流露出喜悦的孙玉兰,一手提着一个用蓝花布装满衣服等日用品的布包,一手搀扶着张富清。他们两人随旅客一同挤上那艘破旧的客船。

"呜——!"

在张富清和孙玉兰来到船舱找到自己的铺位时,伴着一声长长的鸣笛声,客船载着张富清和孙玉兰的迷茫和期待,缓缓地离开了汉口十七码头。

客船开出了武昌、汉口、汉阳,这座武汉三镇老城市,渐渐地离开了人们的视野,甩掉了繁杂的城市喧闹,便加大马力,溯水而上。

不论是张富清,还是孙玉兰,都是第一次坐船。在船开出的前几个小时中,他们都有一种难舍和离愁,都有一种期待与渴望。

四年的征战与开拓,使张富清锻炼了意志,强健了筋骨;两年的速成学习,使张富清提高了知识文化水平;对血与火的军人生涯,对拼杀中的战友与学员,是怎样难忘,有多么不舍!面对着新的长征,未知的开拓,张富清跃跃欲试,备感振奋!

多少年的农村妇女工作,多少年的乡亲组织,使孙玉兰从一个无名的陕西女娃成了一个有模有样的新时代农村基层女干部。面对着崭新的生活,面对着未知的世界,孙玉兰有一种莫名的新奇和期盼,更有一种青春里夫唱妇随的幸福之感。

半夜里,漆黑一片。忽地,老天下起雨。冷雨飘零,打湿了破旧的船桅;嗖嗖寒风,灌进嘈杂又阴暗的船舱。

船舱里,乘客大多是跑生意的买卖人。当然也有探亲访友的老年、妇女或孩童。他们有的三个一群、两个一堆的相聚在一起,有的孤独地散坐在冰冷的长条凳上。或立或坐，或躺或卧，各式各样。

身着蓝花褂子的孙玉兰，与张富清一起坐在船舱靠前面的长条凳上。刚上船的时候，第一次坐船的她，望着机船沿江行驶，望着船边翻滚的浪花，望着长江两畔人们的生活景象……对于一切的一切，她既感到新奇，也感到既陌生又亲切。当船离开了武汉，当上船两个小时以后，她感到头有些发昏，胸口像有什么东西挤压一般，吐气有点儿不顺畅。然而，这个在陕西生活了二十年的女子，还要装作没事一样，似乎她对这里的生活一切都很适应。

硬挺总不会长久。不适应后的困乏，使孙玉兰慢慢地闭上了眼睛，自觉不自觉地依偎在张富清的身旁。随着冷风的吹灌，简陋的船舱寒气越来越大，船舱的人们有的被冻醒，有的紧缩着身子，还有的发出一阵阵的咳嗽声。

害怕孙玉兰被冻坏，张富清蹑手蹑脚地打开了他的军用背包，将被子轻轻地盖在孙玉兰的身上。

这艘开往巴东的客船不是快速地直达，而是像一头老水牛拖着负载过重的货车，"吭哧吭哧"地走一路歇一路。船每停歇一次，孙玉兰就会开始作呕。张富清知道，这不可能是身怀有孕的迹象，而是地地道道的晕船。

"坚持一下，就快到了。"张富清不止一次地安慰着孙玉兰。

孙玉兰用家中带来的土布毛巾擦了擦嘴唇，强带着笑脸回答说："你的'快到了'，到底还有多远？"

面对妻子的问话，张富清根本回答不了。他只能冲着孙玉兰勉强地发出一声无可奈何的苦笑……

船儿向着长江的上游行驶了几天几夜。

这天，天刚放亮，张富清与孙玉兰乘坐的木船从水面宽大的长江靠近港口时,船却难以行驶。这是怎么回事?乘客中知情的人说,船儿已驶进了清江。清江水浅,船被搁滩了。

怎么办?张富清心里着急,不知如何是好。

不一会儿,奇迹出现了。只见一群行江汉子,赤身裸背,不畏严寒,冒着清江中荡起的刺骨冷风,分成两队人马,躬曲着身子,拉着又粗又长的绳子,边拉边喊唱着江中号子:"三尺布,嗨哟!四两麻呀,嗬嗨!脚蹬石头,嗬嗨!手刨沙呀,嗨哟!光着身子,嗨哟!往上爬哟,嗬着着!号子回荡,嗨哟哟!在山崖哟,嗨着嗨着……"这原始粗犷的号子声,这清纯质朴的号子声,实在是让人刻骨铭心,感人肺腑。

这号子既高亢、激昂,又蕴含着人们对生活的哀怨。在这高亢激昂的号子声中,船儿慢慢地驶动了,慢慢地驶向岸边码头。哦!这就是人们所讲的拉纤,那群赤身裸背的男子汉就是令人敬佩的纤夫。这个令人震惊的场面,张富清和孙玉兰都是第一次见到。可这次,对他们的思想触动太深了。孙玉兰的震惊,更多的是对纤夫生活困苦的思考,对他们顶风冒寒的身体的担忧。张富清的震惊,则是被纤夫在寒冷的冬天里赤身裸背的勇气所感动,为纤夫逆水拉纤的胆魄和毅力而敬佩!纤夫们完成了他们此次的任务,早已穿衣服回家了。可那高亢激昂的号子声始终在张富清的耳畔响起。他想,在战场上,迎着敌人的枪林弹雨冲锋;在生活中,不讲环境,不畏艰难险阻,勇于奉献,不同样是一种拉纤吗?从这里起,拉纤人的勇气,拉纤人的胆魄和毅力,拉纤人的担当与风险精神,已植入他的血液。

船行第四天早晨,张富清和孙玉兰终于到达了船的彼岸巴东。

张富清急忙携着孙玉兰下船。谁知孙玉兰一下船就感到晕晕乎乎,不知是山区里寒冷的山风侵袭了新婚娘子的身体,还是几天的疲劳奔波给了孙玉兰一个下马威。

在下船的人群中,孙玉兰朝上一看:"天咧,好高的堤坡!"她不由得打了一个寒战。张富清已经感受到新婚娘子身体的不适,连忙扶着孙玉兰,一个一个阶梯地上到巴东县城的码头上面。

"玉兰,累了吧!要不,我们登记个小旅馆休息半天再走?"张富清关切地问孙玉兰。

孙玉兰当即回了个佯装的笑脸:"这是你的真心话吗?走吧,我知道,为了赶路,你急着哩!"

刚解放没几年的巴东长途车落脚的地方,房屋破旧,但并不萧条。街道的远远近近,都有小贩叫卖。有卖鸡蛋的,有卖豆浆的,更多的是卖高山土豆,还有红薯、玉米。

问罢去往恩施行署的车次,张富清从挎包里拿出一块米粑,递给孙玉兰。孙玉兰此时哪有食欲呢?她只得摆了摆手。张富清又从挎包上解下那个白底红字的搪瓷缸,从自带的军用壶里倒了一点儿冷开水,双手递给孙玉兰。

孙玉兰接过搪瓷缸,刚呡了一口水,就突然感到一阵恶心,不得不当即呕吐出来……

去往恩施的长途车终于来了。不过,这不是像大城市那样的公共汽车,而是一辆张富清和孙玉兰从未见过的木炭车。

木炭车在开往恩施地区的弯弯曲曲的山路上"突突突"地行驶着。坐在车上的夫妇俩,身子像筛米糠一样,歪歪斜斜,一个劲地颠簸着。他们坐在车上尽管颠中带险,但丝毫也没有半点儿的埋怨和嫌弃。他们深深地理解,刚解放不久的恩施山区还很落后、很贫穷。他们也清楚地懂得,正是这种贫穷与落后,才亟待他们去开发,去建设,去斩断盘踞在大山的穷根!

木炭车不认输地"突突"着,整整"突突"了两天两夜,总算是把张富清和孙玉兰安全地送到了恩施地区的安置接待办公室。

"同志，你们辛苦了！你们想到哪里？"听到工作人员蹩脚的普通话，张富清仿佛喝了一杯热乎乎的糖水，心里暖暖的、甜甜的。张富清连忙回答："哪里最苦，哪里条件最差，我就去哪里。"

工作人员以无比崇敬的目光看了张富清一眼，见站立面前的这位转业军人个子并不是很高，身材也并不是很敦实。但是他回答的话，像钉进了石头的钢钉，似耸起的山，那般有力，那般坚强……

下一个目标，是来凤。仍然坐着"突突"的木炭车的张富清，身上始终有那种淡泊名利、奋发进取的劲儿。这时的他，嫌这辆"突突"的木炭车走得太慢，他恨不得自己变成插翅的金凤，飞往等待着他的地方。

展现在张富清和孙玉兰面前的是远处那巍巍武陵山层峦叠嶂、满目翠碧，近处一条清波粼粼的酉水河蜿蜒而来，环绕着古老简朴的城墙流淌而去。张富清和孙玉兰牵着手一前一后地向着古老的县城走去。他们来到县城外的山坡上时，已是气喘吁吁。

见旁边有块大石头，孙玉兰坐在石板上说："从娘胎里生出来，我还是第一次出这么远的门哩。"说着，孙玉兰脱去一只鞋，揉着那只肿得像枕头的脚。挨着孙玉兰坐下的张富清也忙伸出手来试着帮孙玉兰揉脚。

孙玉兰佯装笑容，一把推开张富清的手："去去，可全是为了你呀！"

这时，远处飘来了一曲动人的山歌："酉水清清酉水长，竹筒长长点太阳。土家幺妹提手郎，山歌醉人酒飘香……"

两人循着歌声望去，一片苍翠的密林，淡淡的雾霭笼罩，歌声就是从那儿飘过。

张富清欢心地笑了，他对孙玉兰说："这里的歌好听，人也一定很好!"

　　孙玉兰无限憧憬:"我俩就要一辈子在这里过日子,多好啊!"说罢,孙玉兰麻利地穿上鞋,站起来说:"走吧,知道你心里急。"

　　张富清笑了笑:"我是军人出身嘛!"

　　是啊,自古道"兵贵神速",可再神速,张富清和孙玉兰从武昌到恩施来凤县,也整整走了七天。

第三章　群山簇拥托大鹏

九　初识来凤

来凤，地处巍巍的武夷山余脉的鄂西南边陲，地当鄂、川、湘三省边区要冲，东接湖南龙山，西邻四川酉阳，北与湖北宣恩、咸丰相连。

这里南北狭长，地势为西北高、东南低。西部和西北部多山，崇山叠岭，山势嵯峨。东北和东南地势较平，河谷错落，盆地开阔，属酉水河上游河谷盆地。县境平均海拔680米，海拔800米以下的低山平坝面积占全县面积的78%。

来凤县城位于县境东北部的翔凤镇。东有翔凤山，北靠观城坡，西望中华山。老虎洞河从县城南郊由西向东绕过，酉水河沿县城东郊向南流去。三面环水，一面归山，倚山傍水，风景秀丽。这里是全县政治、经济、文化的中心，也是鄂、川、湘、黔毗邻地区的陆路交通咽喉，农副产品的重要集散地，又是恩施经济交流的窗口和门户，历来商贾云集、市场繁荣，曾号称"小南京"。

来凤县城中央，有一幢砖木结构的老式建筑，这是中共来凤县委所在地。就在张富清和孙玉兰即将进入来凤县城的时候，县委办公室的走廊里，有一个人走来走去，心神不宁，这人就是中共来凤县委书记耿星斗。

第三章　群山簇拥托大鹏

两天前,恩施行政专署特地打来电话,说转业军人张富清已从恩施出发,估计两天的时间可以到达来凤县。现在已是下午2点多了,怎么还没见到他的身影。

当县委书记回到办公室刚落座,只听到一声"报告!",张富清和孙玉兰就来到了办公室门口。

耿书记立刻意识到是张富清来了,急忙应声:"进来吧!"

张富清和孙玉兰当即来到办公室。耿书记刚一转身,张富清就端端正正地敬了一个军礼:"转业军人张富清,向县委报到。"

耿书记满脸笑容,他紧紧地握着张富清的手:"张富清同志,辛苦了,快坐,快坐,都来坐。"

站在一旁的工作人员连忙对张富清介绍:"这就是我们来凤县委耿书记。"

耿书记特地为张富清和孙玉兰端上两杯热水。

张富清一边接过耿书记亲自端来的热水,一边急着让耿书记给他安排工作。

耿书记笑着说:"放心吧,有你干的事情。"说着,把凳子往前移了移,"张富清同志,来凤县是拥有土家族、苗族、汉族、侗族等18个民族20多万人口的小县,号称湖北省的西大门。地方偏僻,条件很差,非常艰苦啊!"

说到这里,张富清站了起来:"请耿书记放心,地方再差,环境再艰苦,我也不在乎。我早有这个思想准备。"

"那就好!"说着,耿书记示意张富清坐下。

从耿书记的谈话中,张富清和孙玉兰了解到,耿书记也是部队转业干部,是一个屡建战功的红军战士。他原本是北方人,从部队转业时,为了少数民族地区的建设与发展,他服从祖国需要,被安排到恩施来凤土家族自治县。

从耿书记的谈话中,张富清和孙玉兰了解到,来凤县于1736年建立。据说,乾隆元年,有人上报说在县东三里的一座山上常有凤凰飞来,凤凰时而展开凤尾,只见神光四射,凤凰引颈长鸣,顿时歌声悠扬……乾隆听后连称:"好兆头,好兆头。"故将此地取名为来凤县。

还有人说,来凤县源于一个美好的传说,也是一个凄怨的故事。那一年,一只美丽的凤凰见这个地方栽有不少梧桐树和油茶树,就常常飞过来,落在这里陡峭的岩壁上或碧绿的梧桐树枝上。一天,一个猎户打猎,跑了一整天,还是两手空空。在返回的路上,猎户见一块岩石上落着一只凤凰,他眼睛一亮,举起弓朝这只凤凰射去,一箭射中了这只凤凰的翅膀。凤凰惨叫一声,忍痛飞走。由于血流不止,这只凤凰没飞多远就一头栽倒在半山腰。一个砍柴的土家族小伙子发现后,连忙找来山上能止血的草药,用嘴嚼碎后敷在凤凰的伤处。接着,他在半山腰较隐蔽的地方找到一个被山林覆盖的石窝窝,将这只受伤的凤凰安放在这个石窝窝里,使凤凰风吹不到、雨淋不着。第二天,他割来嫩绿的青草,捉来些小虫,一点儿一点儿地喂给凤凰吃。就这样,砍柴的小伙子从不间断地喂养着凤凰,这一喂,就整整喂了七七四十九天。当他喂到六六三十六天时,凤凰的伤渐渐地好了。见到砍柴的小伙子到来,它就点点头、亮亮翅,明显地对他有一种好感。当他喂到七七四十九天的时候,那只凤凰已经离开了石窝窝。砍柴小伙子感到奇怪,正准备寻找,耳边传来银铃般的笑声。回头一看,眼前一个亭亭玉立的女孩,正面带笑容望着他。

小伙子忙问:"你叫什么名字?在这里等谁?"

女孩羞涩地回答:"我叫金凤,在这里等你!"

小伙子疑惑道:"我是个穷小子,上无爹妈,下无老老(弟弟),

穷光棍一个,等我干什么?"

女孩说:"你有一颗纯朴善良的心。就凭你无故施救于我,我就该嫁给你,一辈子报答你的恩情!"

听了这番话,小伙子欣喜若狂。他用惊喜的目光望着女孩,女孩也用异样的目光望着他。他俩你望着我、我望着你,不一会儿,两颗如同流淌的酉河水一样洁净的心,碰撞出一股爱情的火花,他们紧紧地拥抱在一起。从此他们俩成了一对夫妻,生活非常美满。

过了几天,隔壁人家的12岁孩子突发高烧,几天不进食。孩子的父亲急得团团转,束手无策;孩子的母亲要请巫婆做法事。这巫婆是射伤金凤的那个猎户的女人,一年到头专门装神弄鬼、愚弄民众。金凤知道后主动要求由她来为小孩医治。金凤让孩子的父亲和母亲暂时躲开。等他们离开后,金凤在微笑中忽地消失了,眼前出现的是一只美丽的凤凰。凤凰自如地展开翅膀,顿时金光闪闪。又过了一会儿,凤凰消失了,金凤仍旧微笑着站在那里。这时孩子退烧了,病好了。

金凤亮翅治病的事,一传十、十传百,方圆几十里的村庄只要有人生病就来请金凤,金凤从不推辞,总是带着微笑变成凤凰,为民亮翅除病。她的神奇医术和治病救人的高尚品质,深受人们的爱戴和崇敬。

谁知,金凤的出现断了巫婆靠所谓施法事哄骗百姓捞钱的后路,巫婆对金凤恨之入骨。

有一天,趁小伙子外出砍柴,巫婆和猎户请来八个凶汉,把金凤砍成了八块,又扔在村子后山上的四面八方。砍柴的小伙子回到家中,见妻子金凤被害,哭得死去活来。金凤为人治病惨遭毒手的事,惊动了玉皇大帝。玉皇大帝派出天兵天将,捉拿并处死了猎户、巫婆和凶手。玉皇大帝还召集远远近近的凤凰,每年春天飞来悼念金凤。一只又一只、一群又一群的凤凰，都秉承金凤的优秀品质，不时地亮开金光闪闪的翅膀，为当地的百姓送来健康，送来幸福，送来瑞气和吉祥。由此，为纪念金凤和无数只飞来并迷恋这个地方的凤凰，人们就把这个地方取名为来凤县。最受土家族喜爱的舞蹈，动作也像凤凰亮翅一样，一闪一摆的，被称为摆手舞。

听完这个神奇而又凄美的故事，谁不为凤凰的亮翅而感动，谁不为金凤的品质而倾倒？张富清久久地沉浸在这个故事中，心里默默地说："我们没有理由不爱护鸟类，没有理由不像金凤那样，爱着这个地方和生活在这个地方的纯朴善良的人们！"

张富清巴不得一刻也不等，迅速投入工作之中。然而，身为红军老战士的县委书记时刻关心着干部，爱护着干部，特别是张富清这样识大体、乐于奉献的转业干部。张富清的工作，县委组织部已做了安排，到城关中心粮油所任主任。但耿书记不让他去粮油所，让他去早已安排好的房间休息，等明天再去粮油所上班。

张富清的住房，被安排在离县委县政府不远的一间破旧房屋里。这间房屋空洞洞的，四壁斑驳的房子里，没有板凳，没有床铺，没有吃饭用的碗筷，仅有靠西边一个简便的锅灶；房东边靠壁处，铺着一层用来做地铺的稻草……

这就是张富清和孙玉兰在恩施来凤新安的家。面对这简陋而又空荡荡的新家，尽管有些凄凉，但张富清和孙玉兰这一对青年新人的心是炽热的，投身建设社会主义的美好愿望和意志仿佛给新安的家里带来了春的气息和浓浓暖意。

没过一会儿时间，左邻右舍的老年人和妇女给他送来了各种家里过日子必用的小用具，端来了暖人心肺的油茶汤，有的还送来热乎乎的葛粉或面条……

张富清和孙玉兰非常感激。可新来乍到的两个年轻人，特别是刚离开陕西的孙玉兰不懂当地的语言,双方说话几乎都听不懂,他们俩只得点头示意或回以感激的目光。

送走了邻居,时刻挂念着工作的张富清嘱咐孙玉兰收拾一下,就同县委组织干事向城关中心粮油所奔去。

张富清和县委组织干事出门后,走在一条城关街道上,只见老旧的吊脚楼两边,有卖布匹的,有卖杂货的,还有的门面因没有人光顾,干脆早早地关了门。街上有少许身穿土家族服装的叫卖者,还有身背竹篓沿街乞讨的老者、小孩和残疾人。整个街市,一片萧条。这不由得使他想起县委耿书记语重心长的话:"张富清同志,来凤是个山区农业县,底子薄,大多数年份是靠天收成,造成粮食紧缺,特别是细粮较少。目前,解决人民吃饱肚子的问题,是当前我们县一件天大的事。就在几天前,前任主任因挑不起城关中心粮油所这副担子,自己撂挑子了。我们县委相信你,能够挑起这副重担。"

"还有多远?"张富清问领路的县委组织干事。

"不远了,穿过这条街再拐个弯就到了。"县委组织干事回答着。

他们穿过行人,匆匆地向城关中心粮油所走去。

他们刚刚拐了弯,眼看前面一百多米处就要到了,突然,前面传来女人的喊叫声:"来人啦,抢粮打人啦!"

"怎么回事?"张富清吃惊地问。

"可能是粮油所闹事了!"

说罢,两人拔腿向前奔去。

这时,在县城关中心粮油所的仓库门口,停放着两匹骡子拉的板车,板车旁一群人在拉拉扯扯,旁边有三个粮袋散落着。在激烈的拉扯与扭打中,张富清猛地一声大吼:"住手!"突如其来的吼声,像森林中的狂狮发出怒吼,像晴日里炸开的惊雷,荡漾在来凤县城的上空。

仓库门口的扭打戛然而止。众人的目光转向这位30岁出头、身形并不高大的青年。当众人疑神不定时,紧跟青年身后的县委组织干事也中气十足地宣布着:"胡闹!这是新来的主任张富清。"

几名粮油所的员工异口同声地喊出"张富清"这个既亲切又有震撼力的名字。

人们都知晓,大雁无头不成行,群羊无主不成群。他们是多么期盼着粮油所新主任的到来哟。在这节骨眼上,他们的新主任终于来了,这回可有了主心骨!

"你们这是怎么回事?"张富清虽然把声音放低了些,但他的话仍然严峻、有力。

原来早在几天前,县里一个机关部门的管理员,为了本单位的伙食改善,在购买供应粮时,硬是要全部供应大米等细粮,不要或少要玉米、高粱之类的粗粮。这个管理员哄骗粮油所开票的职工,说这是经上级和粮油所主任批准的。票开了,正要搬运时,被开会赶回的粮油所主任看到了。弄清情况后,粮油所主任制止了,要员工退还发票,重新按粗细搭配的原则开票。可管理员执意不退,与粮油所的主任争执不休,一气之下,粮油所的主任向上级递交了辞职报告。管理员趁原主任辞职不干期间,借了两头骡子,拉来两辆板车,特地前来抢粮。

一个要强行搬粮,一个坚决不准搬,于是,一场粮食保卫战拉开了序幕。

情况弄清楚了,张富清对粮油所职工尽职尽责的做法大为赞赏。同时,他向这位管理员严肃提出:他们这种做法是极不明智的,党和政府对这种强买强卖的做法也是绝对不允许的。

第三章　群山簇拥托大鹏

"哼，咱们骑骡子看唱本，等着瞧！"这位管理员不服气地把请来的两辆骡拉板车放空拉走了。

没几天，张富清去县里开会，会后一位分管领导找他谈话。

"你不远千里来到这里，精神令人敬佩，但要入乡随俗，不要刚来这里就开始闹矛盾。在粮食供应上，不能红黑不分，该照顾的单位还是要照顾的。"这是分管领导的好心劝慰。

"来到来凤这个湖北省偏远的地方，我不是来和谁闹矛盾扯是非的，是来为党为人民服务的，是来建设社会主义的。说具体一点，是来改变这里的人们生活和精神面貌的。粮食供应，按比例粗细搭配，这是县委县政府做出的决定，而我们的职工都应自觉地维护和遵守。作为粮油所的负责人，我的责任担当在哪里？党的原则性在哪里？都说要解除人民大众的疾苦，连粮食供应都要分贵贱，我们在良心上怎么过得去？"张富清不卑不亢的话语，说得这位领导哑口无言。

这天下班后，张富清回到那间破旧的屋子里，只见孙玉兰已东拼西凑把他们在来凤安的新家整得像个家了：隔壁送来两条长凳，再铺上了门板，就是一张像样的床了；单位职工送来了一张不知用过多少年的旧木桌和几把椅子；孙玉兰在集市上买回了锅、碗、瓢、筷……

"辛苦你了，我们的家很像那么回事了。"

张富清感到一种满足，也有对妻子的夸奖。

孙玉兰似乎有了点儿成就感："可能是传说中的金凤的感应吧，你们粮油所的人，还有左邻右舍的人，他们都很和善，是他们帮助了我。"

此时，张富清也深有感触：在这个多民族聚居的来凤县，有土家族、苗族、黎族、汉族等十八个民族，其中少数民族人数超过所有人口的 60%。长期以来，他们对人友好、彼此和睦相处，在这片土地上繁衍生息，连美丽的凤凰都心甘情愿地为这里的人们奉献，何况我一个在战火中成长起来、在党旗下举拳发过誓言的人呢？

十　百姓口碑

1956 年元旦刚过，当人们还沉浸在新年喧闹的气氛中，县粮食局一个领导陪着县委组织部的干部来到来凤县城关中心粮油所。他们是奉命前来考察干部的，考察的对象是来凤县城关中心粮油所主任张富清。

在粮油所张富清的办公室里，粮食局领导和县委组织部邱干事正与粮油所的叶会计交谈着。叶会计是个性子耿直的老职工，一提到张富清，他满肚子感激话，不知从哪里说起。

粮食局的那位领导有些不耐烦了："是怎么样好？用事实说话，不要尽说些大话和空话。"

叶会计摸不着头脑，不知领导到底是什么来意。他好一会儿不吭声。

还是组织部邱干事近人情："不要有什么顾虑，想说什么就说什么。"

叶会计再没有说些夸奖张主任的话，只给他们讲了一个真实的故事：

1955 年 7 月的一个上午，叶会计送货上门回粮油所，在排队购买米和杂粮的人群中，他一眼就看见张富清的妻子揣着粮油本在那里排队。他赶上前问道："这么炎热的天，您怎么也排队？"

张富清的妻子孙玉兰抹了一脸的汗珠，说："别人购粮都在排队，我有什么特殊的？"

"来吧，嫂子！我带你到所里直接购买。"说着叶会计忙把孙玉兰带进粮油所，按照孙玉兰供应本上每月的购粮数额，给开票人员交了钱，用两条袋子，分别供应着粗粮和细粮。就在这时，外出开会归来的主任张富清发现了，硬是把购好的粮食重新分别装进粮仓，要孙玉兰重新排队购买，并狠狠地把叶会计批评了一顿："居民凭粮油供应本排队，粮店员工有秩序地供应，这是一个公正有序的文明购粮条例。在这个条例面前，人人平等，绝不能有半点儿特殊。如果粮油所的干部和职工都这样搞特殊，整个县城的粮油供应秩序不就乱套了？人民群众怎么看待我们？"

张富清以身作则的做法，既教育了粮油所的干部员工，也使他的妻子感触很深。

雨去风来，时至仲秋时节，孙玉兰的肚子一天一天地挺起来。

忙得不可开交的张富清主任不是以粮油所负责人的身份亲自站守柜台，就是在粮油所收购现场观察粮油收购，一天到晚忙，有时连饭都顾不上吃。哪一批粮食入库，哪里仓库的储存量在减少，哪里粮油供应点人员需要调整，张富清都要搞得清清楚楚，处理得顺顺当当。往往太阳还没升起来，他就要出门，忙到夜幕降临才归家。

怀有身孕的孙玉兰既要按时去城关供销社上班，做好供销的财务，又要洗衣服煮饭，做好家务，成天忙得不可开交。

这天下午，孙玉兰从供销社下班回来，见米缸空空的，就背着一个竹篓、揣着粮油供应本去粮油所购米。她出门时还没什么感觉，回家时却突然肚子发胀，胀得她额头冒汗、浑身难受，紧接着又一阵阵地疼了起来。孙玉兰竹篓里背的粮食并不多，可这时，竹篓像背进了一块巨大的石头，压得孙玉兰走路都走不动。她还是咬着牙，一步一挪，强撑着往回走。当她回到那间破旧的房屋，孙玉兰背上的竹篓刚卸下，就身不由己地瘫软在地上。谁也没料到，就在当天晚上，张富清和孙玉兰的第一个孩子张建珍出生了。

听到这里，组织部的邱干事几乎眼睛都红润了；而粮食局的那位领导却不以为然："他家里的那点儿破事算什么？我们要看他的领导能力和工作表现。"

叶会计原本谈得有声有色，粮食局的那位领导却没当回事，这让他对这次考察的印象不得不打个折扣。他的谈话结束后，又叫保管员赵师傅去接受谈话。叶会计走之前，赵师傅问他："谈得怎么样？"

叶会计心情很不愉快地说："他们要问张主任的领导能力和工作表现怎么样……"

"好啊，那好说！"赵师傅连忙将粮油所大厅上方悬挂的"四无"先进单位的金光闪耀的铜牌摘下来，特地把这块牌子搬进张主任的办公室，展示在前来考察的两位领导面前。

"赵师傅，你这是干什么？"组织干事不解地问。

赵师傅反过来问他们："你们不是要了解我们张主任的领导能力和工作表现吗？"

"是啊，这块牌子能说明什么？"

"这就是张主任带领我们粮油所干部员工做好粮油防治工作、杜绝各种事故的见证。"

早在1955年5月，根据粮油保管"以防为主，防治并举"的方针，县政府要求全县粮油保管和供销部门全面做好虫、霉、鼠、雀的防治工作，杜绝各种事故，开展无虫、无霉、无鼠、无雀的"四无"粮仓和无酸败、无混杂、无渗漏、无事故的"四无"油库的评比活动。

如何把上级的号召和要求变成每个干部和员工的实际行动，是张富清反复思考的一个问题。

张富清感到，要把这个工作落到实处，仅让干部员工懂得做好防治工作、杜绝各种事故的意义还不够，还要让他们知道来凤县的粮食害虫有哪些，采取什么措施才能提高储粮、储油的防治能力和技术水准。

为了回答和解决这些问题，张富清查资料、探访老人，进行了广泛深入的调查研究。

张富清发现，来凤县的粮食害虫有二十多种，其中以锯谷盗、玉米象、赤拟谷盗、米象分布面积广、繁殖力强、危害性大，它们是粮食安全储藏的大敌。

张富清还发现，来凤县目前的储粮防治技术力量很薄弱，检查粮食安全全凭手摸、脚踩、口咬、眼观、鼻嗅等土办法。随着粮食事业的发展，仓库储量逐年增多，很有必要采取措施，切实提高防治技术。

要提高防治技术，必须增加粮油的检验器械，培训保化人员。然而，要解决这个问题首先要有钱，要有一定的资金！

战场上，敌人的机枪、大炮都挡不住张富清他们前进的脚步，难道今天资金的欠缺就挡住了他们开展"四无"粮仓和"四无"油库活动的步伐吗？

这天下班后，张富清召集了几名部门负责人和共产党员，把这一难题提到了重要的议事日程。

会上，大伙儿谁都知道开展"四无"粮仓和"四无"油库活动的重要性，可就是当时想不出什么好的办法。一个个你看着我，我望着你，不知如何是好。

这时张富清的话，打消了会上的片刻寂静："我看这样吧！"

说着，张富清从自己的口袋里掏了五块钱："为了购买先进的粮食检测器械,我带头集资。如果大家自愿的话,有多少可以凑多少。请赵师傅记下这笔账,待购买资金批下来后,再一一地偿还大家。"

张富清的话音刚落,大伙儿就很快行动起来。"我出三块!""我出两块!""我出一块五角"……

"不要慌,请一个一个地来。"赵师傅的登记跟不上趟,只好请大家把掏钱的节奏放慢一些。不一会儿,大家就凑齐了二十三元。

显然,在张富清负责的城关中心粮油部门,监测器械增加了,粮油的防治技术提高了。他们的粮油检测,仪器代替感官,基本达到储粮储油的半机械化。根据虫害活动规律,按照安全、经济、有效的原则,采用清洁卫生、物理机械、化学药剂、缺氧密闭等办法做好粮油安全储备……

结束了赵师傅的谈话,前来考察的两位干部都摇着头。可摇头所表示的意图南辕北辙,完全相反。粮油局的那位领导的摇头,是觉得赵师傅不懂他的意图,净说些他不想听的话,丝毫也没有讲出张富清的毛病或缺点。组织干事的摇头,是感到不可思议,一个从部队转业、解甲归田的干部,怎么对粮油储藏的业务那么熟,工作怎么做得如此得当、如此精细!

接下来,他们喊来的是李师傅。李师傅是个胸怀坦荡、性格直爽的人,心里有什么就说什么,他不顾别人的感受如何,也不管你爱听不爱听,从不把要说的话藏着掖着。

粮食局的那位领导再也不能让前来谈话的人爱怎么说就怎么说了。他要对谈话的人给予提示,让来人按照他的意图来谈看法、讲意见。当李师傅进门还没坐稳,这位粮食局的领导就进行提示了,他说:"搞工作,避免不了要犯官僚主义和自由主义的错误。李师傅,你谈谈张富清同志在这方面的问题。请李师傅该怎么说就怎么说。不要净说些好听的。"

李师傅腾地站起身来："你们到底要我说张主任的好，还是张主任的坏？"

组织干事让李师傅不要激动，坐下来慢慢说，想说什么就说什么，要打消一切顾虑。

那位粮食局的领导接过组织干事的话茬说："不论是对事还是对人，都要一分为二，有优点也有缺点！刚才，前面的人都在夸奖张富清，你就没有这个必要，谈谈张富清的缺点吧！比如说，张富清的官僚主义和自由主义等。"

李师傅听了这话不依不饶："我看张主任的身上全是优点，看不出半点缺点！"

"那怎么可能呢？"

"那怎么不可能呢？是你了解他，还是我们了解他？"李师傅愤愤不平。

"张富清刚上任时，不分青红皂白，就把前来购买粮食的人赶跑了。你们说说他这是个什么行为？"

"是主持正义，是坚持原则！如果不是他坚持原则，我们的粮油所，不早就被一抢而光？"

"对！不是张主任的到来，我们的粮油所不早就垮了？"

站在门口的几个男女员工都为张富清主任鸣不平。他们对张富清主任的赞誉是发自内心的，他们与张富清情如兄弟。

你称赞张富清主任则罢，倘若你要贬低张富清的形象，他领导的干部职工怎么能够容许呢？

"锵锵，锵锵喊！锵锵，锵锵喊！"正当几名男女员工冲着那位领导发脾气的时候，一阵锣鼓声由远至近。这声音似乎向来就喜欢热闹，伴着"噼里啪啦"的鞭炮声，来到了来凤县城关中心粮油所。原来，在凤翔镇城关东头有家福利院，院里有20多个老人和孤儿。为了体现社会主义的优越性，在粮油所主任张富清的带领下，粮油所的干部职工按月给福利院送去大米、面粉和食油。为了感谢张富清他们的爱心举动，院长今天特地带着几名老人和孩童送来了一面锦旗。

锦旗旁写着"赠给城关中心粮油所"，旗中央两行字格外引人注目——"张富清主任德高意切，品贵情浓"，右边署名为"来凤县人民福利院"，时间是1956年1月。

福利院的涂院长兴致勃勃，她执意要将这面锦旗亲手交给张富清主任，可张主任外出开会了。这时候，那个叫熊腊妹的职工扯着院子里的胖子说："这样，这样，上面来考核我们张主任的领导来了，你把这面锦旗去亲手交给他们吧！"

…… ……

对张富清的实地考察，花了整整一天的工夫。组织干事感到震惊，那位原本对张富清有点儿偏见的领导也心服口服了。

十一　融身民族

来凤县粮食局党支部配合县委组织部对张富清考察的结论是："工作能够带头，单位干部职工和地方百姓对张富清的口碑很好。"

1956年1月，张富清正式调任来凤县粮食局副局长。从粮油所主任到县粮食局副局长，张富清的工作都是在粮食战线，还是做好人们饱肚子的工作。但担子更重了，责任更大了。

作为来凤县的粮食局副局长，张富清感到自己就是一个刚进学校的小学生，好多方面都要虚心地向身边的好人学习，尽可能地弥补自己在粮食战线领导岗位上的欠缺。

张富清常说，好多方面他是外行，要把党的关怀、党的政策送给人民群众，必须从外行变为内行。为此，要发扬深入调查研究的工作作风。

经过深入调查研究，张富清了解到来凤县粮食作物的种植状况。民国时期，全县耕地面积约 28 万亩，水田约占 45%，旱地约占 55%。上等水田，每亩产谷约 400 斤，下等水田约 200 斤；上等旱地每亩可收苞谷 100 余斤。新中国成立后，各级政府把农业生产放在经济发展的首位。20 世纪 50 年代初，全县倡导垦荒种粮，粮食作物面积逐年上升。到 1957 年，全县粮食播种面积 44.51 万亩，单产 235 斤，总产 10465 万斤，与 1949 年比，播种面积扩大 62%，单产提高 46 斤，总产是 1949 年的 2.01 倍。

张富清还了解了来凤县粮食作物的季节分布状况、粮食种植种类和各种作物的种植面积。张富清也了解了来凤县粮食（含食油）的收购和销售状况，1955 年，全县对农业生产合作社和个体农户实行粮食定产、定购、定销（简称"三定"）。对年景正常，人口、牲畜、种植面积等无显著变化的，一定三年不变。有灾照减，增产不增购，缺粮户的粮食供应一年一议。在对粮食实行统购的同时，对城镇非农业人口、工商业、经济作物区、灾区及一般农村缺粮户，实行计划供给。全县城镇机关、团体、学校、企事业单位职工，通过其组织进行供应；居民发给购粮证，凭证购粮；饮食服务行业实行全年定额，分月定销；工业用粮，根据其生产计划按实需消耗定额供给……

正当张富清在县粮食局副局长的位置上虚心请教、深入调研、发奋工作的时候，县委组织部又是一纸公文，任命张富清为来凤县纺织公司党支部书记、经理。

如果说，粮油所或粮食局都是解决人的肚子问题，那么，纺织公司就毫无疑问是解决人的穿衣问题。

早在清同治年间，来凤县就出现了"乡村四时，纺声不绝""村民皆有机房，布皆机工为之"的景象。每逢赶场，远近妇女携纱易棉，摩肩接踵。随着棉纺织业的逐步兴起，来凤县的染坊、轧布弹花、针织以及丝织业也不断地发展着。

有时候，张富清来到脚踏木纺织机、织布机旁，观看着土家妹子纺纱织布，感受着儿时他的小脚母亲曾从事着的纺织生活；有时候，张富清同印染工人一道，在刻板上刷用豆浆石灰调制的糨糊，染出有花草树木、飞禽走兽等美观图案的布料；有时候，张富清来到丝织厂，帮助从事丝织的手工业者捆绑丝绢、丝线、墨斗线、丝帕等。

在担任纺织公司党支部书记、经理的那阵子，张富清自己都不敢相信，自己怎么就成了一个纺织手工业者！

然而，他是个从枪林弹雨中走过来的兵哥，他要通过自己的身体力行去体会纺织手工业者的艰辛，去掌握各种手工纺织的技能，他要走进少数民族，特别是土家族和苗族的生活故事中，学习和感受他们优秀的传统文化！

在一次关于纺纱织布的调研中，张富清不止一次地看到土家妹子在木织机上随手织出色彩鲜艳的土家被面。有的边织边唱起了快乐的歌谣："吱嘎垛，里嘎垛，食比垛，子弄夺；丝巴大朵棉榨；客地那耶打它夺……"

张富清看得入神，可听得发蒙。同他一起调研的县纺织公司干部刘泉水告诉他，她们唱的是土家族歌，意思是说："要吃饭，就得挖土；要吃肉，就得喂猪；要穿衣，就得种棉花，这才样样都不差。"

刘泉水告诉张富清，那很美的土家被面叫"西兰卡普"。土家妹子在编织时，经丝纬线先着色，边织边挑图案，图案样式很多，最常见的有百条斜，分好几类：

有以连续纹样抽象描摹家具形象的，如"船船花""香炉花""粑粑架""椅子花""桌子花"……

有用几何描绘花卉形状的，如"岩墙花""梨子花""梭罗花""绣球花"……

有以飞禽走兽为形状的，如飞燕、蜻蜓、小马、狗、猫……

有表现土家的历史和风俗的，如"白虎阁""土王五颗印""迎亲图""四凤抬印"……

有表现吉祥如意的，如"龙凤呈祥""鸳鸯戏水""福禄寿喜""凤穿牡丹"……

这"西兰卡普"的名字从何而来？刘泉水给张富清讲了一个土家族令人心酸的故事：很久很久以前，酉水河畔有一个土家寨子。寨子里，有一位心灵手巧又美丽动人的妹子，名叫西兰。西兰在她同龄的妹子中织布织得最好。她把织出的土家布取名为"卡普"。为了让自己织出的"卡普"像一年四季盛开的花儿一样鲜艳灿烂，她常常半夜悄悄起床，来到后山鲜花丛中，感受花的芳香，喜沾花的仙气。

西兰有个黑心的嫂子，她对西兰的美貌容颜和巧织"卡普"的手艺很嫉妒，经常在公爹面前说她的坏话。这天，公爹在外面喝醉了酒，进门嚷着要水喝："西兰——西兰——我渴了，给我水喝！"

西兰的嫂子见公爹喝得酩酊大醉，忙从房里走出来，一边给公爹端水，一边无事生非地瞎造谣，说西兰大了，每天晚上跑到后山的鲜花丛中会野汉子，把全家人的脸都丢尽了。听了儿媳的谗言，老人气急败坏，抄起砍刀跑到后山的鲜花丛中，把静坐在一旁遐想的女儿西兰平白无故地砍死了。老人酒醒后追悔莫及，知道自己上当了。悲愤中，他正要找儿媳妇问罪时，却见嘴巴烂得一塌糊涂的儿媳妇已死在房门口。西兰死了，可她生前织"卡普"土布的木机长时间没停，一批又一批"卡普"土花布，飘往左邻右舍，飘往土家人居住的地方。后来，土家人为纪念心灵手巧的好妹子西兰，就把那一批批土花布称为"西兰卡普"。土家人的女孩子从小就听着西兰的故事长大，从十二三岁开始学会织西兰卡普。土家妹子出嫁时，都要用西兰卡普做的铺盖、被面、枕巾、桌布等陪嫁。从此，西兰卡普成了土家人的特色布匹，也成了来凤县的一个标志性品牌。

听着刘泉水的故事，张富清惊叹不已。他为西兰这个土家妹子的心灵手巧、如花似玉的容貌惊叹；他为这么好的妹子惨死在亲生父亲酒后的砍刀下惊叹；他为来凤土家人一直传承下来的"西兰卡普"的优秀民间工艺惊叹！惊叹中，张富清在思考，作为来凤县纺织公司的党支部书记、经理，如何继承好这一优秀的民间工艺？如何把这一工艺发扬光大，让"西兰卡普"走进千家万户？

1957年大地解冻、山林吐翠的时节，张富清结束了来凤县纺织公司的领导工作，被送进湖北省恩施地委党校学习。

出发前的晚上，张富清收拾着行装，孙玉兰挺着肚子，牵着他们的女儿来到他身边，轻声细语地劝他："你看看我和女儿，再摸摸我的肚子，你忍心丢下我们吗？"

望着身怀有孕的贤惠妻子，望着2岁还不到的调皮可爱的女儿，张富清的眼圈红了："我哪里能忍心离开你们母女俩呢？但我是个兵，随时都要听党的。党要我进党校，说明我当好人民公仆的知识和本领还很欠缺，需要集中精力搞好学习，增强知识，丰富头脑。当我更多地掌握了党的政策和为人民服务的本领，就会更好地为人民造福。"

"你呀！你心里装的全是工作、学习，全是为别人谋事造福，从来都没想过我们自己的小家。你这一走，还不知道何年何月才能回来。你走后，我供销社的班还上不上？我们的女儿由谁带？再说，我身上还怀着咱们的第二个娃儿……"

说着说着，泪水落在她那慈祥的面容上。随着孙玉兰的哭泣，小女儿"哇"的一声哭起来了。

"这是怎么啦，怎么啦？"张富清心里好一阵难受。他安慰妻子和女儿，恩施地委党校离这里并不是很远，他会经常回来照顾她们的。

他甚至想过不去党校，就留在来凤，留在妻子和女儿的身边，时刻呵护着她们娘俩，呵护着这个缺少温暖的小家庭。可是不能啊！一想到由县委组织部送来的党校通知书，他的耳旁就仿佛响起了部队进军的号角。这号角，在召唤着他，在鞭策他迅速前进！

县委组织部不知从哪里弄来了一辆拖拉机，一起上党校的另外两名干部早已站在拖拉机的车厢里。

当拖拉机在张富清门口再次"突突"地响起，缓缓地离开他的家门，当回头瞧见女儿哭喊着叫爸爸，妻子难舍地向他轻轻地招手，张富清的眼睛再次不由自主地湿润了……

张富清说是来凤县离恩施地委党校很近，可拖拉机"突突"地走了三个多小时，张富清一行一路颠簸着，好不容易才到达目的地。

抬头望去，眼前是一个用青砖砌起的又高又大的大院子，院子大门口挂着一个牌子，牌子上"中共恩施地委党校"几个字引人注目。走进院子，只见院子里有几十栋"五柱四骑"结构的木板瓦房。每栋房子正中为堂屋，左边是厢房，右边是吊脚楼。木屋造型美观，结构牢固且经久耐用。张富清被分到第六栋的一间寝室住下。他和其他的同学都知道，他们住的是土家和苗族常住的寨式吊脚楼。

事实上，张富清尽管从戎多年，屡立战功，但他最喜欢学习。张富清第一次学习，是刚入伍那阵。西北野战军的359旅为了把新俘虏的士兵打造培养成合格的中国人民解放军战士，他们边学习，边训练，边打仗。通过那次学习，张富清甩掉了文盲的帽子，从不识一丁到能够识文断字，真正懂得了共产党才能救中国的道理，基本上掌握了生活中的语言文字，学会了写日记、写信。张富清第二次学习，是在他们那批骨干分子抗美援朝未去成时，他们被统一安排文化学习。在那两年的文化补习中，张富清系统地学习了马克思主义、列宁主义和毛泽东思想，掌握了我们党在各个时期的基本路线，懂得了大力开展社会主义建设、彻底改变中国贫穷落后面貌的意义所在，掌握了一定的建设社会主义的基本技能和科学技术，提高了作为一名革命干部应有的群众组织能力和管理水平。这次学习，同样是两年，是在张富清投身偏远山区的一年后。

这次张富清来地委党校学习，人们往往都投以骄傲和羡慕的眼光。有的人说，张富清生就了福气相，慈眉善眼，组织上爱惜他，怕他刚到地方就累坏了，让他去党校歇歇；有的人说，张富清去党校学习，是火来了门板都挡不住，上两年党校出来后，不是提拔就是要上调；又有的人说，张富清性格直爽，工作中难免得罪了人，他住党校，就是要磨一磨他的性子，让他在工作中注意工作方法……

尽管众说纷纭，但张富清懂得一个理：让他上党校学习，就是党在召唤自己，是时代的需要，就像要火车跑得快，就得不停地加煤；要小车跑得快就得按时加油、打气；要人干劲十足就要吃饱吃好。

第三章　群山簇拥托大鹏

张富清的认知，是质朴的，是本能的，并非深邃的。第二天上午，新入校的学员聚集在学校大礼堂，举行着隆重的开学仪式。

显然，参加这次党校学习的，是湖北恩施州行政公署所属的各县、市在职的有关领导干部。这些干部有男有女，绝大多数是近几年从全国各地支援偏远少数民族地区经济建设发展的专家、教授、知识分子及部队的退役军人。他们先后来自不同地方，语言不通，生活习惯各异。

下午上课时，徐老师先是将授课大纲及有关书本发给了学员，接着让大家做自我介绍。他们来之前，分别在利川、巴东、鹤峰、宣恩、来凤等县市，担任不同单位的领导干部。

待课上每个学员自我介绍以后，徐老师很有感触："同学们，自我介绍的实际情况告诉我们，为了贫困山区的发展建设，大家从祖国的四面八方聚集在这里。也就是说，这里是我们为之激情奋斗，为之洒下智慧和汗水的地方，是大家的第二故乡！那么，我问你们，你们熟知你们的第二故乡吗？倘若你们不熟知，你们还陌生，那你们怎么会真情实意地爱第二故乡，怎样建设好你的第二故乡，且倾情奉献呢？这就是我们此次党校开课的意义和目的……"

徐老师的话，朴实而精辟，像一声炸响在寂静夜空的春雷，给张富清带来了深深的震撼！

夜里，张富清不知是激动还是出于一种渴求，怎么也睡不着。他索性穿衣下床，在自己的工作日记上，挥笔写下这样几句话——

鄂西峻岭党旗挥，
老兵追随凤凰归。
只顾山高路儿险，
哪里识得酉河水？

> 东边日头冉冉升，
> 党校暖风习习吹。
> 禾苗久渴逢甘霖，
> 红雨播撒捷报飞。
> 石榴抱团结同心，
> 山寨辉映谁不醉！

党的民族政策、党的地方斗争史、地理、农业生产及经济发展、人口状况及民族结构、城镇建设与环境保护、道路交通与邮电、商贸旅游、财税金融、文化教育与科学技术、文学艺术与广播电视、卫生与体育、劳动人事与社会保障、民政与社会工作等，这些范围广泛、内容丰富的选题，都是党校此次的必修课，也正是张富清急于了解的范围和内容。不知是恩施州委党校有先见之明，还是张富清作风扎实？不管怎么说，反正是心有灵犀一点通。

两个三百五十天的培训，被称为长达九百里的酉河水在作证；两个春去秋来的刻苦学习，与来凤二十五条河水相接的酉河水在诉说；酉河水告诉张富清——来凤不仅是个偏远的山区，人杰地灵、物产丰盛，还是个革命老区，有与敌人生死搏斗的光荣历史和优秀传统。

来凤是中国第一个土家族自治县，是巴楚文化和土家文化的重要积沉地，民族文化底蕴深厚，民风民俗多姿多彩。在宗教节庆、衣食住行、婚丧嫁娶等方面一直保持着鲜明的地域和民族特色。摆手舞、地龙灯、南剧、西兰卡普、绣花鞋垫、油茶汤、哭嫁、牛王节等传统文化沿袭至今，成为来凤土家、苗族的文化标志。

又是一年银龙舞，千树红梅傲雪开。1958年2月的一天，张富清从党校顶风冒雪，回到来凤住所，与亲人共度新春佳节。当他敲开家门,迎接他的是泪流满面的妻子孙玉兰和见了他就躲闪的女儿张建珍。此时的张富清既高兴又心酸,悲喜交加,而更多的是疼爱和愧疚。放下手中携带的物什,他对妻子孙玉兰歉意地说了句:"对不起,你在家里受苦了!"说着又帮妻子揩干了眼泪。张富清跑过去抱了抱女儿张建珍,又从包里掏出几颗从恩施带回的糖果。

张富清从妻子孙玉兰手中接过一杯热水时,又关切地问妻子:"家里莫懒情况郎门的?"孙玉兰皱着眉头,她问张富清:"哪里来的东洋鬼子?什么'莫懒',什么'郎门的',我听也听不懂!"

听了妻子的话,张富清一点儿也不以为怪。他拖来凳子,让妻子坐下。一种自豪感使张富清忘记飞雪途中的困苦和疲劳,脸上洋溢出些许微笑。他要向妻子解答,也要向妻子汇报自己的学习收获。

"我刚才是在学着用土家语问你,'莫懒'的意思是'现在','郎门的'意思是'怎么样'。"这句话也就是在问妻子,家中现在怎么样。

孙玉兰听了,好不理解:"你们党校里没事干?学这些无关紧要的东西不是浪费时间?"

"我的好媳妇啊,你要知道,你我生长在陕西,都是汉族人。而来凤县是个以土家族、苗族为主的少数民族的山区,我们要常年在这里过日子,要和他们打成一片,要为这里的建设献计出力,学习掌握土家族语言太重要了。"

听了张富清的话,孙玉兰也不知是半信半疑还是如梦初醒,但她对娃儿爸的党校生活有了许多好奇和关切。

"一年的时间就光学这?"

张富清笑眯着眼睛,轻轻地摇了摇头。他叫妻子和女儿一起烤火、吃饭,等躺下后,再一一地向妻子慢慢通报。

张富清在党校所学到的，何止是土家语言，就是来凤县历史上留下的对生活有启发的部分方言也映入了他的脑海——

　　来凤地皮薄，雨在团转落，
　　河里涨大水，田里干起壳。
　　龙山落雨，来凤晒谷贵，
　　帽山来雨跑不到屋，三尖山来雨吓得哭。
　　有雨山戴帽，无雨下河罩。
　　坏了初二三，半月不得干。
　　初三没有初四灵，一月只有九天晴。
　　四六月不开天，开天不长久。
　　七晴八不晴，九里放光明。

一晃两年过去了。这是1959年早春的2月，冬眠中的酉河水还没从睡梦中醒来，由来凤县城去往三胡区还铺洒着薄冰的陡峭路上，一群人艰难地行走着。他们中间，有男有女，有大人还有小孩。背着挎包走在最前面的是从恩施党校刚毕业的张富清。他不知从哪里来的力气，精神抖擞，脚下生风。搬着桌椅和生活用具的有来凤县纺织公司的职员，还有前来迎接的三胡区机关工作人员。被人背着的两个小孩，一个是张富清的大女儿张建珍，一个是张富清的儿子张建国。走在后面的是张富清的妻子孙玉兰。张富清已是两年多没有干活了，组织上这次调他去三胡区任分管财贸的副区长。

其实，这个官是张富清自己争来的。年前，为了解决好全县人民的吃饭问题，大力加强农业生产，中共来凤县委召开党员干部大会，动员党直机关党员干部积极下基层，奔赴农业生产第一线。

正值党校各科学业修完，即将毕业，张富清为了在实践中进一步加深对农村、农民的了解,更好地学以致用,他向县委郑重地递上了他到农村第一线的申请。

当张富清接到了任三胡区副区长的通知,浑身立刻有了一股使不完的劲儿。他想,去农村工作,这与部队打仗多么相似啊,同样需要突击队,张富清同样干起了地方工作的突击队员。这是一件多么有意义、有价值的事情!

因为,两年的党校学习,他认识了酉水,他读懂了来凤。

因为,只有深入农村第一线,他与酉水河畔的父老乡亲才会贴得更近,他对来凤的老百姓就会爱得更切、更深。

张富清要拨开来凤这片沃土,他要尽情地吸着沃土里丰腴的乳汁,他要拥抱生长在这片沃土上的一切生灵,平平淡淡地呵护,真心实意地奉献,哪怕是生命的最后一滴血,最后一口气!

第四章　土苗山寨公仆情

十二　惦记穷户

　　从来凤县城关到三胡区所在地胡家沟，距离只有十三公里，可环境面貌的差别非常大。张富清他们一行人离开县城半小时，山区农村的那种贫穷与苍凉就显露无遗。虽说这里看不到战争时期一望无际的戈壁沙滩，也很少见到陕西的黄土地，进入他们眼帘的是山峰、沟谷，那一个个散落在山坡或山沟的村庄有瓦房，也有木质房，还有吊脚楼，更多的则是用茅草搭盖的小屋。还有冷风中摇曳着的无数树枝，在阴森的天空里，显得那么灰暗萧条……

　　行走中，孙玉兰对三胡区前来迎接张富清的刘干事说："我们供销社的同志都说三胡区很穷，我当时还不相信。看来，他们没有说瞎话。"

　　张富清深有感触，他接过妻子的话茬："穷怕什么？这只是暂时的。如果这里很富裕，组织上派我们来干什么？派我们来，就是要帮助他们尽快改变贫穷面貌！"

　　一起送行的纺织公司吴师傅问小刘："离胡家沟还有多远？"

　　小刘哭笑不得："还有一半吧！"

　　"吴师傅，您把我女儿放下来，让她下来自己走。"说罢，孙玉兰把女儿张建珍接下，让她自己跟着走。

"妈，我要尿尿，我要尿尿！"不到2岁的张建国也哭喊着。

"好！妈妈来了。"

孙玉兰亲昵地回答儿子张建国，并冲着大伙儿喊道："都休息一会儿再走吧！"

孙玉兰的提议，大伙儿都赞成，唯独三胡区的刘干事不同意。在到来凤接张富清之前，他就跟机关食堂嘱咐好了，让食堂为张富清上任安排个午餐。为落实区长的指示，刘干事不得不坚持他自己的看法。

张富清笑了笑，说："留着吧，供给没有饭吃的人吃。"说话间，他找来一块石板坐下，然后拉开那个手提的大提包。他见大伙儿在崎岖的山路边歇下，忙把提包捧到他们面前："你们受累了，就吃点儿菜团子吧！"

"嗯，味道好，不错。这是我们张书记夫人的手艺？"

张富清接着说："那就多吃几个，吃饱了再走。"

见丈夫把话抢去了，孙玉兰只是望着他们笑了笑，把准备说的话收了回去。

其实为了这顿伙食，昨天下午，孙玉兰就跑到菜市场，买了一捆去掉了萝卜的菜叶，洗净后，用刀切细，又找到邻居借来一个小石磨，把屋里米缸中仅有的两斤米磨成米浆。她要用菜、米和盐一起搅拌，做成人见人爱的菜团子。她知道，这菜团子中如果有麻油、生姜、葱、味精之类的配料，味道会更好，然而眼下这美味还达不到。为什么？但凡是妇女都知道这个理：巧妇难为无米之炊！孙玉兰怕来不及，凌晨3点就起床将菜团子蒸好……

人是铁，饭是钢，给肚子填了东西，走起路来浑身是劲儿，被张富清牵扶着的大女儿张建珍都一路小跑了。

天空时阴时晴，日头在不断的遮掩中，很不情愿地挂在西边。

小刘告诉大伙儿，三胡区的所在地胡家沟到了。

在并非完整的街道旁边，张富清将要住下来。这里离三胡区政府不算太远，有一间约二十平方米的房子，破旧不堪。也许是因为这间房子空闲的时间太长，房子里面潮潮的，散发出一种霉味。在这之前，这间房子曾被政府食堂做过仓库。这间破旧的房子，两个成年人加两个小孩勉强挤得下。厕所是住在这儿的家人共用，做饭用的煤炉只能放在屋外，落雪或下雨时，煤炉只能搬进房檐边。

"太破了，太窄了！"接张富清来的刘干事本能地发出一句感叹。

张富清压根儿就没把这些放在心上，他头脑里思考的，是老百姓的日子过得怎么样，有没有饿肚子。

从区政府的办公室走出来，天色黑了下来。望着街道两旁房屋中稀少的灯火，望着远处视线模糊且冷清的山野，一阵晚风吹来，张富清冷不防地打了一个寒战。这寒战不光是冷风的侵袭，更多的是区长刚才对三胡区现有状况的介绍，使张富清心里很不舒服。三胡区是两多两少：人多山多，田少水少。全区大约有30%的农户缺粮，有26%的人缺衣；全区的砖瓦房和木质房是少数的，大多数是茅草棚，还有至少20%的人口住在潮湿冰冷的岩洞里。

作为新上任的副区长，张富清是分管农业生产和财税贸易的。

全国解放已经十年了，这里竟然有这么多人还在挨冻受饿，我们党员的责任有多大？我们干部身上的担子有多重？

想到这里，张富清仿佛感到他的肩头、他的两腿瞬间被绑上了几块无形的铅，那么重，那么沉……

第二天一大早，张富清怕睡在一张床上的张建珍和张建国被惊醒，轻轻地爬起来，不由分说，他根据区长的交代奔往了三胡区最偏远的黄柏村。

步行了十几里山路，张富清边走边问，好不容易才来到黄柏村。这时，太阳从东边天空的云缝中挤出来。在村头跑跑走走的两只瘦狗，不知是出于对贫困的不甘心，还是对张富清的到来表示欢迎，它们朝着这位不速之客"汪汪"地叫喊着。

在战场上曾出生入死的张富清对此不屑一顾，继续往前走着。当张富清经人指点来到黄柏村谭队长家门口时，他忽然听到一个小孩惨淡的哭叫声。

他循声望去，斜对面一个草棚里，有个小男孩在家门口撅着屁股，一个老奶奶手拿一根纺线用的细钢扦，一边让孩子使劲，一边用细钢扦在小孩屁股眼里挑拨着粪便，孩子一声声地哭喊着。原来，这小孩已经有8岁多了，名叫根盼盼，原本一家六口人：奶奶、父母亲、两个十几岁的双胞胎姐姐，再加上他。家里人多劳力少，连年是缺粮户。勤扒苦做的父母，为了把仅有的粮食省下来给老人和孩子吃，他们自己靠吃野菜度日。五年前，根盼盼的父母不慎吃下几棵有毒的野菜，一下子中毒了，先是全身黄肿，没几天的时间就相继离开了人世。过了几年，他的两个姐姐分别出嫁了，家中仅剩70多岁的老奶奶和他一老一小。尽管村里对他们家有些照顾，但还远远不能糊口。根盼盼有时饿得在地上打滚，为了不挨饿，奶奶和他就常常把稻谷加工后的谷糠壳用石磨磨成粉末，之后用来做粑粑吃。吃下谷糠粑粑，不是肚子胀气就是便秘，粪便在肛门堵而不泄……

有生以来，张富清是第一次目睹这样的情景，第一次了解了这般因饥饿而拉不出粪便的事。

看着看着，张富清的眼睛湿润了，他内心像被砍刀砍裂了一般，在剧烈的疼痛中滴着殷红的血……

"张区长，张——区——长！"

闻讯赶来的黄柏村谭队长跑过来,他见张富清没有答应,拍了一下领导的肩膀,张富清这才从眼前的惨状里"醒"过来。

"张区长,感谢您的关心,一大早就来到我们村。我叫谭前明,您吃早饭了没有?"

张富清摇了摇头,示意还没有。

"走,到我家去吃吧!"

张富清见来人是二队的队长谭前明,什么话也没说就来到队长家里。

张富清刚落座,一大碗热气腾腾的面条就送到了他的面前。嗅觉在本能地告诉张富清,这面条是地道的手工面,味道肯定错不了,他端起碗正准备一口气把这面吃掉,不料又忽然放下。他跑进厨房,揭开锅盖,见到里面全是煮的萝卜和野菜。

张富清感到很不舒服,他直问队长:"为什么要给我搞特殊?不是讲干部驻村同吃、同住、同劳动吗?"说着,他要拿碗去盛菜,队长连忙把张富清的手腕摁住,说:"你已经动筷子了,面条留下不合适。"他表示下次再一个样。

在队长的陪伴下,张富清一户一户地看望,一家一家实地调研。有的村民居住在半山腰,张富清不顾山高路险,一步一坑地跋涉。有的户主下地干活了,张富清就挽着衣袖,抡起农具,帮老百姓干起活来。

在来黄柏村的前夕,张富清就把红包准备好了。访贫问苦中,遇上家庭特别困难的,他就根据情况,送去钱数不一的慰问金;遇上有什么重要事情需要及时解决的,他就用笔记在工作日志本上……

张富清不辞劳苦地往返于黄柏村和胡家沟:早上,他冒着大雾来到黄柏村;傍晚,他顶着月亮返回胡家沟。通过几天的摸底,张富清对黄柏村的贫困状况有了基本了解。如何改变黄柏村缺衣少食的现象呢？离开黄柏村前，张富清分别听取了队长谭前明和几个村民的意见。

队长谭前明谈着自己的感受："你张区长是个为民、爱民的好区长。来我们村几天的时间，就发给了村里人十几个红包，全是从自己口袋掏出来的。你的慈悲，你的情怀，你对百姓的那份情感无可非议。可是区长，你也有儿有女，你也要养家糊口啊！你把工资都捐给了贫困户，自己家的日子怎么过？况且靠你一个人的恩赐能改变黄柏村贫困户的面貌吗？"

村民们说："像张区长这样的干部太少了。如果有很多个像他这样的领导，我们黄柏村就不会是眼前这个样了。"

政府的关怀、外界的支持当然需要，但彻底改变贫穷的面貌，挖掉穷根儿，更重要的是靠党的政策，靠自力更生、发愤图强。

张富清在来凤工作以来，这是第一次深入农家、访贫问苦。在恩施党校学习时，张富清对新中国成立前来凤农民的生活状况有所了解。那个年代的来凤县人民"吃了早饭愁夜饭，度了春荒度夏荒；辣椒当盐，合渣过年"，有一首民歌中说"月亮是我灯，岩洞是我屋；盖的是肚囊皮，垫的是背脊骨"，这是对旧时来凤县人民生活的真实写照。

张富清也知道，新中国成立后农民自己掌握了生产资料，农村生活水平已经普遍提高，只有少数村民缺少劳动力或遭遇天灾人祸才会出现饿肚子的现象。他综合各方意见，迅速制订了两个方案。第一个是应急方案，利用他在县粮食部门和纺织部门的人际关系，让县城的人给黄柏村贫困户捐赠资金和物资，让贫困者渡过难关。第二个是加强对村民的正确引导，提倡团结互助，发扬艰苦奋斗的精神，实行瓜菜代、粗粮代节约度荒的办法；开展生产自救，战胜自然灾害，扭转"吃粮靠供应，买粮靠救济"的被动局面。

这天，当刮了一夜的冷风还没歇息，当熟睡的老天的眼睛还没完全睁开，张富清就已经走在了那条由三胡区返回来凤县城的路上。张富清正带着刘干事启动了他制订的第一个方案——应急方案，他们一前一后，行色匆匆。

"张区长，您在县城工作了好几年，调过了好几个单位。我们这次去哪个单位？"是啊，先去哪个单位，先找谁？

张富清离开胡家沟时，心里很急，信心十足。他一个劲儿地催着自己，也催着区委办公室的刘干事："快一点儿，快一点儿！"现在眼前就要进城了，正像刘干事所问，先去哪个部门，先找谁？张富清心里还真没有底，刘干事的提问，一下子把张富清难住了。

张富清平常为人正直真诚，话不是很多，他的淳朴、刚毅和善良，不知让多少人为此而折服！但他爱面子，集体荣誉感很强，随时随地都注意自己的言语和面子。在金钱和物质上，他更多的是想到别人，很难想到自己。说向贫困户捐钱捐物，自己只要有，毫无疑问，他会慷慨解囊。而要他做工作叫别人出，张富清一下子还真有点儿说不出口。他怕别人也有难处，强人所难。他更害怕自己说出后，别人完全有能力拿得出，就是不买他的账。如果真碰上这样的，那他的脸还往哪儿摆？

张富清呀，我的三胡区人民政府的副区长啊，到底该何去何从？

张富清和刘干事去往来凤县城关的脚步并没有停，只是稍微地放慢了些。

张富清抬头一看，前面不远处就是他曾经工作过的城关中心粮油所。城关粮油所尽管不大，人数不多，但毕竟是张富清奔赴山区的第一个工作岗位，也是张富清作为一名退役军人的新起点。在那里，不论是干部还是职工，谁是哪个民族，谁有几个孩娃，谁有多大岁数，谁是什么样的性格，甚至谁是哪一天的生日，张富清都能说个八九不离十。

顾脸面，不好开口，这要看是什么场所，是什么事。他今天来找他们，并不是为了自己，而是为了救助农村的贫困者。

为了贫苦的老百姓迅速走出贫困，有什么怕面子上过不去，有什么瞻前顾后的？要相信自己，我熟悉的人群中，同样会有一颗善良的心，同样会拿出一个党员干部，一个县城的职工，哪怕是一个普通公民的责任和担当！

"走，先到县城关中心粮油所。我曾经在那里当了一年的粮油所主任。"张富清很自信地告诉刘干事，脚下的步子也自然地加快了。

他们穿过一条大街，再拐一个弯，只见前面悬挂着"来凤县城关中心粮油所"的牌子。这牌子还是当年张富清在这儿工作的时候，由他亲自挂在大门口的。几年的风吹雨打，牌子上原本雪白的底色已经退化成淡黄色，牌子上"来凤县城关中心粮油所"那几个字还是依然又浓又黑，刚劲有力。柜台外面，那个正在回答顾客提问的人，就是张富清当年的得力干将张师傅。

张富清和刘干事不声不响地走进顾客中间。这时候，张师傅突然暂停了对顾客的回答，他快步来到人群中，张富清也朝张师傅奔来，一股吸铁石般的拉力，很快把他们拉到一起。久别重逢，他们好兴奋、好激动，他们紧紧地拥抱着。

"张主任咧，您真是稀客！"张师傅脸上堆满了笑。

"没想到，你身子骨还那么硬朗！"张富清更是控制不住内心的激动。

不知是哪一位粮油所的女员工惊喜地喊了一声："张富清主任回

来了!"

粮油所的干部职工听到"张富清"这三个字,感到特别亲切,像一股暖流扑面而来,"呼啦"一下子,他们自发地跑了过来;听张师傅回答提问的顾客,感到特别神圣,目光"唰"的一下投向了张富清。

跟随张富清一起来的刘干事看到这情景,仿佛在炎热的夏天喝了一碗冰糖水,心里爽爽的、甜甜的。

这个城关中心粮油所现任的主任是张富清亲自培养出来的,姓何。何主任还没与张富清握手,一边朝张富清走来,一边大声地说:"张区长啊,你的老部下终于把您盼回来了!"

"是啊,我们所的老职工,没有不想念您的……"刚才惊喜地叫喊着"张富清主任回来了"的女职工吐出了由衷的话语。

张富清深情地说:"我也时常惦念你们!"

下班的铃声响了。大伙儿都不愿意散去。张富清和刘干事被热情的粮油所员工包围住了。有的端来了水,有的拿来了凳子,食堂的服务员还送来了土家和苗族用来招待贵客的油茶汤……

"没说的,在我们食堂吃个便饭吧!"何主任邀请张富清的同时,吩咐食堂服务员多加两个菜。

张富清连忙阻拦:"不用,千万别加菜,有什么吃什么。"

何主任表示很歉意:"没料到你们要来,食堂里没什么像样的菜。"

张富清爽朗一笑:"人好水也甜嘛!"

从食堂出来,何主任问张富清中午要不要休息一会儿,张富清手一挥:"不用啦!随便转转。"

何主任、张师傅陪着张富清和刘干事参观粮仓,不少男女职工见上班时间没到,也跟在张富清他们后面。张富清见了,回过头来笑着问他们怎么不去休息，一个中年女职工说："我们舍不得离开您，想听您讲话。"

职工的话一落，张富清当即朝何主任看了一眼，看他是如何反应。正好他们走进了会议室，何主任顺水推舟，要张富清满足他们的愿望，就给他们讲讲话。谁知，一向低调的张富清这一次既没有推辞，也毫不谦虚。他请大家坐下，自己真的给大家讲述了发生在三胡区黄柏村的故事——一个"孩儿肠阻塞大便不通，奶奶用纺线扦在屁眼挑屎"的真实故事。

不该发生的故事刚讲完，在场的粮油战线的干部职工报以热烈的掌声，他们无不感动，无不惊讶，无不泪湿眼眶。

"真惊奇，太刺激人了！"

"就在我们眼皮子底下，竟有这等事发生！"

"那可怜的孩子现在怎么样了？"

"当地的村长到哪里去了，政府到哪里去了？"

面对大伙的激愤，站在一旁的三胡区政府的刘干事再也控制不住自己激动的心情，说："近年来，旱情、虫情、疫情等自然灾害不断地发生，农民种的粮食减收，一种难以治愈的黄肿病在一些村子盛行，方方面面的原因，使我们农村暂时出现了缺衣断粮的严重困难。我们区的领导干部正带领广大群众艰苦奋斗，想方设法战胜困难，扭转被动局面。我相信，有党的领导，有社会大家庭的支持，困难一定会被战胜，农民的日子一定会好起来……"

一个发生在当下的扣人心弦的真实故事，一段毫无修饰的农村工作者的真实宣言！

故事在人们的悲情和激愤中演绎着一股无坚不摧的力量，宣言在善良人的面前化作慷慨的酉河水，无私地浇灌着干涸的田野……

何主任强忍着泪水，紧紧地握住张富清的手："放心吧，给我三天的时间。三天后，我们一定去三胡区！"

跑了一天的路，实在是累了。张富清回到胡家沟，他就感觉到腿在发酸，一跨进那间挤得很紧的家门，懂事的女儿张建珍，连忙跑过去用双手给爸爸捶腿。

孙玉兰既欣喜又担忧："一天到晚在外面跑，也不管山有多高，路有多远。明天就在家里歇歇。"

张富清一脸的苦笑："哪能歇哟，明天我还得到县城接着办事。"

孙玉兰气不打一处来："这么远的山路，你跑来跑去，就不怕跑断了腿？"

张富清似乎被惹急了："宁肯自己跑断腿，也绝不让老百姓饿断肠！"

接连三天，张富清带着刘干事一直往县城关跑着。他们跑县纺织公司，跑县粮食局，跑银行，跑财税……

这是一个生机勃勃的星期天，这是一个开启城乡一体化的星期天，这是一个充满爱心和浓浓深情的星期天！

上午，胡家沟集市的西南方向走来了一队人马，走在最前面的，是个血气方刚的青年小伙，这小伙不时地舞动着手中那面迎风猎猎的五星红旗。走在红旗手后面的，是县城关中心粮油所的何主任，他很欣慰地端着那个农家常见的"聚财盒"。再后面，大多是背着一个灰笆篓，笆篓里装着大米，有的装着面粉，还有的装着食油、玉米……

下午，又一队人从凤翔镇朝胡家沟走来，行走在蜿蜒起伏的山路上，那由远及近的队伍上空，飘荡着色彩绚丽的彩旗。彩旗下，他们穿着各式各样的服装，有的素雅，有的平淡，有的尊贵，有的艳丽……远远看去，恰似一条璀璨而又秀美的彩带，伴着暖风缓缓地向着胡家沟集市、向着三胡区政府飘来。

近了，更近了。

这彩带般的队伍较之上午何主任他们，还要多两倍。他们中，有的来自县银行，有的来自县民政局，有的来自张富清曾工作过的县纺织公司……

同样，他们给山区人民送来了现金和粮、油等物资，更送来了崭新的床单、棉被、服装以及旧衣帽等捐赠品。

在这个早春的星期天里，三胡区黄柏村二队的队长谭前明，从天亮到天黑，迎新送旧，忙得不可开交。他脸上滚落的泪儿，怎么都抹之不去。望着来自县城的各种捐赠品，他脑海里不停地叠印出张富清副区长微笑的容颜和他坚定的步伐。他在默默地告诉张富清：张区长，我知道，他们今天送来的不是捐赠品，是您慈爱的心，是您美好的愿望，是我们战胜困难、让父老乡亲都能过上好日子的坚定信念！

十三　夜宿柴屋

如絮的雪花在山风的搅动下，像来凤独具特色的地龙灯一样，一会儿向上空腾起，一会儿向低处舞动。这场突如其来的雪，给树林，给丛草，给崇山峻岭都覆盖了一层白皑皑的素装。

飞雪中，张富清背起一个厚厚的背包，深一脚浅一脚地走在去来凤县三胡区阳河坝的山路上。他边走边回想着出门前妻子规劝的情景。

起床后，孙玉兰见张富清又在捆打他的那床旧军被，忙问他："你不是在黄柏村访贫问苦吗？怎么又要去别的村？"

"对访贫问苦、驻村蹲点，区委、区政府的意思很明确，把群众的积极性调动起来了,把生产生活改变了就换个地方。我的下一个目标就是阳河坝村。"张富清边捆打着背包,边回应好心的妻子。

"下这么大的雪,你就不能等天晴了,雪化了再去?"孙玉兰规劝着张富清。

"定好的时间,别说下雪,就是下刀、下枪也要去!"

"部队那一根筋的劲儿,总也改不了。"孙玉兰拿他无可奈何。

都说阳河坝离黄柏村不是很远,站在山坡上就能看见。区政府的刘干事也曾经给张富清讲得很清楚。当然,那是一个风和日丽的日子。眼下,在风雪中前行,一脚深一脚浅,一走一滑,当然很难到达。正如来凤山区传唱的顺口溜那样:

　　天晴看得见,雨中走一天。
　　东边山上一座庙,西边望去尺把高。
　　你不信邪跑去看,拖酸双腿累断腰。

风停了,雪止了。只见前面少许的吊脚楼茅草棚上空,升起袅袅炊烟。午饭前后,深一脚浅一脚的张富清,终于到达目的地。还没进村,就有一个电线杆子似的高个子等候在那里。

"您是张区长吧!我是阳河坝村支部的田能来。"

"您是田书记?"张富清有点儿满足感。

"就算是吧!来,跟我走。"田书记的回答并不是很热情,也没有接过张富清那个还覆盖着雪花的厚重的背包。

来到一间破旧的庙堂里,田支书这才让他歇下。

迎接张富清的,不是一杯暖心的热茶,而是一句不冷不热的话:"嘿!我看你们是没事找事,天寒地冻的,来干什么?"

"我来蹲点啦,你们不欢迎?"张富清感到很惊讶,反问田书记。

田支书毫不隐瞒地说:"我们欢迎你们带钱来,不欢迎给我们村带来麻烦。"

张富清很费解:"我才歇脚,带来了什么麻烦?"

"那我问你,在我们这个穷村,你在哪里吃,在哪里住?"

"你是这里的村支书,我听你的呗!"

田支书很为难:"唉,要不这样吧,这间庙堂,是我们的大队部。你就住在这里吧!那吃怎么办呢?你还说不添麻烦?"

"你看这样行不?大队哪家最贫困,我就住哪家。至于吃饭,他们吃什么,我就吃什么,我按县里的规定,付钱交粮票,你看行不行?"一个堂堂的副区长几乎在央求田支书。

田支书把张富清带到一个多年失修的茅草屋棚前,像上级指挥官给下级盼咐任务:"我告诉你,这家主人叫狗货,他老婆去年得病死了。他一个劳动力带着四个娃子过日子。"

说罢,田支书喊开了大门,他向狗货介绍说:"这是上头的,来村里蹲点,寄住你们家。"

"别,别,别!我好几个娃,哪有地方住?"与其说狗货不安排,倒不如说他把张富清当成烫手的山芋,要扔出家门。

张富清心里很不是滋味儿,他恨不得把桌子一拍,狠狠地训他一顿,要不就解开军用皮带,跳起来朝他脸上狠抽猛打,拾回一个副区长应有的尊严。但张富清面对着这个破破烂烂的家,面对着几个骨瘦如柴的小孩,他的良心不允许,一个党员干部的责任不允许。他只得赔着笑脸,指着那间阴暗的柴房说:"没事的,我就在那间柴房睡就行了。"

伸手不打笑脸人,见张富清丝毫没有官架子,不但没生气,还赔着他们一脸的笑,狗货心就软下来了,勉强同意了。

送走冷冰冰的田支书，张富清解开厚重的背包，拿出孙玉兰为他做的几个玉米粑粑，分别递给几个小朋友……

看着眼前的一切，狗货这才把柴房的门撂在两条板凳上，帮助张富清架起一个简单的床铺。

张富清在门板上坐下来试了试，微笑着说："这很不错，我就住这里了。"

尴尬的局面被打破，趁狗货在家，他掏出钱包，要给狗货交伙食费。狗货蒙了："你这是干什么？"

"给你交伙食费。"张富清回答。

"我说领导哇，家里穷得叮当响，常常是靠玉米、土豆、红薯、野菜度日子，有时候还糊不上嘴，你一个大干部怎么能同我们一起吃？"

张富清微笑着说："我是区政府的副区长，不是什么大干部，我姓张名富清，以后喊我小张或者老张都可以。吃饭交伙食费是执行规定：一餐是半斤粮票，一天3角钱，一个月3两油票。我先给你预付10天的粮票、钱和油票，你点一点。"

狗货如黑暗中见到光亮，刚强的汉子这会儿泪水盈眶。

狗货抹了一把混浊的泪，愧疚地说："我的大名叫谭天禄，狗货是我的诨名。"说着，他带几个小孩都来到张富清面前，他对孩子们说，"这是你们的叔叔，快说一声'谢谢叔叔'！"

四个孩子，两女两男，最大的14岁，最小的才3岁半。

几个孩子把自己的嗓子拉得高高的，异口同声地喊着："谢谢叔叔！"

四个小孩出口的纯洁、娇嫩且清脆的声音像点着玩耍中的冲天炮一样，勇猛地冲出茅草棚，在蒙蒙雪色的上空竞放异彩！

这纯洁、娇嫩且清脆的声音像早春的布谷鸟，不时地唱着《人间春早》的歌儿，给人们带去浪击潮头的全新信息和美好的追求！

这纯洁、娇嫩且美好的声音，像大山涌出的一股清泉，荡涤着人世间的误解和人生命中的困惑，给张富清带来了天朗云阔的暖意，抚摸着他那颗炽热滚烫的心！

身形单薄的张富清也学着孩子们一样，高声回应着："不用谢，孩子们好！"

瞬间，激动的泪、幸福的泪，挂在小孩子们的脸上，也分别从狗货和张富清的眼角溢出……

在狗货的茅草棚里，喝罢了两碗野菜汤，张富清就拿着水桶要去挑水。

狗货连忙阻拦："张区长，你走了那么远的山路，该休息休息了。再说，外面冰雪没化，弄不好就会摔跤，你放下吧！"

张富清笑了笑："没事的。你别看我个子没你高，但我比你年轻，有的是劲儿！"

狗货硬是阻拦不住，只得眼睁睁地看着张富清把家里的水缸挑满水。

下午2点多钟，还没见大队的田支书来照个面，张富清问狗货，狗货告诉他，像这样的大雪天一般都不派工。

"没派工，也应该召集人开个会呀，不至于真的没把我这个来蹲点的人当一回事吧！"

张富清请狗货帮忙："老谭呀，麻烦你带我去找一趟田支书，让他尽快通知社员群众到大队部开个会，互相做个介绍，再座谈一下。"

狗货让张富清休息一会儿，便独自找田支书去了。

说是尽快，可是张富清等了一个多小时也没见到动静。他等不及了，找到狗货14岁的大女儿，让她去把爸爸叫回来。这下子可灵，谭天禄就和女儿很快回到了家。

谭天禄告诉张富清，他把张富清的意图跟田支书说了，田支书说"这冰天雪地的开什么会"，谭天禄再三请田支书通知部分社员同志。不论怎么说，田支书都坚持他个人的意见，说没必要开会，等天晴以后再说。

"你对这件事怎么看？"张富清想征求一下谭天禄的意见。

"种田的人谁不知道，一年之计在于春，一日之计在于晨。天晴后都忙得不亦乐乎，趁今天这个时间开会，再好不过。"

"走！姑娘，你给叔叔带个路，我亲自去找他。"

来到田支书家，没见到他的人影，家里只有一个看上去通情达理的女人，这女人就是田支书漂亮的妻子。

田支书的妻子忙给张富清拿凳子请坐，并端来了两碗土家族招待贵客惯用的桐油汤。

女人招待得倒是很热情，可问到田支书去了哪里，女人却把头摇得像个拨浪鼓，说她也不知道去向。

刚才还在家里，这么寒冷的天，会去什么地方？是不把我当回事，还是有意地躲我？

在田支书家的张富清，此时实在尴尬。

张富清真想大声地训斥，大声地吼叫，真想当头给这个长得像个木头架子的田支书几拳头，让他懂得什么叫尊重人，什么叫一个农村基层干部应有的严谨的工作作风。可是，不能啊！此时此刻，张富清选择的还是微笑。他站起身来，微笑着对田支书的媳妇说："那打扰您啦，我们先走。等田支书回来后，麻烦你让他到狗货家里找我一下。"

这女人总算找到了送人的机会，她装出不舍的样子说："慢走，那我就不送了……"

"好的，谢谢，谢谢！"离开田支书家的时候，张富清还是赔着一脸的微笑。

这天上午，雪后的天格外蓝，雪后的太阳特别暖。在雪后山的半山腰，一群男女社员正在那里整理山地。

张富清也扛着一把铁镐随同谭天禄一起，来到半山腰。干活还没开始，有个别干部和少数社员就表现出一种瞧不起人的样子，有的还用讥讽的目光注视着张富清。

一个很瘦的近50岁的农民见张富清也来参加，就说："哟嗬，这么大的领导跟我们一块儿干活，真是懒婆娘守鸭子——不捡蛋！"

人们很自然地把目光投了过来，随之发出笑声，弄得张富清非常尴尬。尽管张富清的脸红一阵白一阵，他还是一声不吭地干着农活。

过了一会儿，一个中年妇女走到张富清的身边，望着他用铁镐翻的地，也用歇后语的方式调侃着说："领导翻的地很不错，我看大家是张瞎子给李瞎子拜年——没人看得见！"

在当地，看一个人知心不知心，往往用歇后语进行试探。而张富清是个厚道的人，他不喜欢这个场面，甚至有反感情绪。他感到做农村工作实在太难，这比战场上与敌人拼刺刀还难，一次一次地把他弄得很尴尬。但他又觉得，要跟群众打成一片，自己也不能一味地摆一个很正经的官架子，他想了一会儿，也挑起嗓门回应了一句歇后语："我翻的地哪好啦，只是歪嘴照镜子——当面见笑（效）。"

中年妇女不假思索地回了一句："实事求是嘛，你翻的地是癞子头上的虱子——明摆着！"

张富清微笑着说："到阳河坝村来，我是个小学生，什么都得向你们学习，翻地要向你们学习，说话也得学，本来我以为回应一句就得了，哪里知道我猫子抓屁屁——脱不了爪爪……"

几句话，把大伙儿都逗乐了。他们笑得那么自然，那么开心！这笑声里，融进了张富清与村民们的浓浓深情，彰显了阳河坝村改变贫困面貌的坚强信念！

那一天的生产劳动，让张富清的手上血泡叠着血泡，有时候钻心地痛，他却压在心底，像什么都没发生过。

住在谭天禄家柴房的张富清，刚住下时天寒地冻，没感到什么，慢慢地随着日月轮换，天气变得暖和甚至发热，柴房里的蚊子、跳蚤全都从昏睡中醒来，恢复了他们令人类厌恶的攻击战。早上起来，张富清的脸部、胳臂都留下蚊虫叮咬过的痕迹。谭天禄的孩子们见了，都为他难受、为他着急。张富清笑了笑："没事，不碍什么。"他自言自语道：我什么艰难困苦没经历过，什么战场没上过？还怕这些只能在阴暗潮湿的环境下生存的小虫子？

伟大的中华民族，特别是土家族、苗族等少数民族，有着纯善、厚道且义气十足的本性。当不认识、不了解，往往会防范、会试探，一旦你走进了他的内心世界，他就视你为亲人，会不顾一切地关怀你、呵护你。土家汉子谭天禄就是这样的一个人。

张富清对那些见不得人而又趁机随时侵犯他人的蚊虫不管不顾，有心的谭天禄则不一样，他认定了张富清是个好人，他就不能眼看着他受罪。经过多少次劝说，后来不管张富清愿意与否，谭天禄把张富清柴房中的床铺搬进了他自己的房间。谭天禄逢人就讲，见人就说："张区长为了帮我们改变贫困面貌，心里装的只有穷困百姓，从来都没有想到自己……"

谭天禄的重义和真诚既影响了孩子，也感动了张富清。

慢慢地，孩子们把张富清当作自己亲叔叔。张富清刚住进谭天禄家时，他说的是半生不熟的陕西普通话，孩子们听了似懂非懂。时间一长，耳朵听惯了，语言交流的障碍全部扫除了。

张富清回晚了，孩子们争着跑来端水送饭；孩子们做作业遇上难题，他们就要张富清帮忙辅导；孩子们吵架，只要张富清给他们一个微笑，孩子们的打闹就会即刻停止；有时候，张富清不知从哪里带回了毛桃、酸枣，他都要给孩子们分着吃……

张富清的家里也有和妻子生养的一男一女两个小孩，他视两个孩子为心肝宝贝，但由于驻村蹲点太忙，很少见到他们，张富清就把对自己儿女的爱，倾注在谭天禄家的小孩身上……

十四　废寝忘我

初夏时节，来凤三胡区的天，像花果山的猴儿，说变就变。说来也巧，阳河坝村白天还是晴空万里，到了下半夜却雷雨交加。

这天下午，谭天禄的老岳父因病去世，谭天禄前往送葬。家里小孩的照料，全都交给了张富清。

忙碌了一天的张富清在谭天禄房里睡得正香，外面的哭声把他吵醒了。张富清爬起来一看，是谭天禄的大女儿谭玉香在敲门喊他。谭玉香哭着说："叔叔，我大弟病了，您快起来看看！"

谭玉香的大弟叫谭玉地，是谭天禄的第三个孩子，才10岁多点儿。

张富清快步来到孩子们的房中，他问躺在床上呻吟的玉地："玉地、玉地，你告诉叔叔，是哪里疼？"

"叔叔，我头疼……"玉地哭喊着。

张富清用手在玉地的头上摸了摸，天哪，孩子烧得烫手。

张富清叫玉香倒来一杯冷开水，让玉地快喝下。

玉地喝了一杯，仍依偎在张富清怀抱中呻吟着。

忽地，一道蓝光闪过，那晶莹透亮的光线从窗口或草棚的缝隙挤进屋里，紧跟着，一声惊雷在夜空炸响，屋外哗哗地下起了大雨。

玉地的呻吟，夜空雷电的轰鸣，屋外阵阵雨点，相互交织成一道魔火。这魔火，恐吓着稚嫩的孩子，也使张富清那颗单纯善良的心备受煎熬！怎么办？

阳河坝村乃至方圆十几里的村湾都没有医生，偶尔也有个别民间中医，还有装神弄鬼的巫师。张富清对土家人传统的习俗有所了解，在新中国成立前，小孩生病怀疑是行堂白虎作祟，要把巫师请来，再由巫师请土地爷把白虎赶走。张富清很清楚，这不是土家人的优良传统，而是流传下来的糟粕，根本不能这样做。

这里的人要看病，只能到区卫生院。区卫生院在胡家沟，而这里到胡家沟少说也有二十多里山路。再远也得去区卫生院，万万不能耽搁！

人有情，天有情，这时雷声停了，雨也住了，再不能彷徨！

张富清让玉香在屋里照顾好几个弟妹，由他带玉地去区卫生院看病。

玉香是个懂事的女孩儿，她说："叔叔，我跟你去卫生院行不？"

"你留在家里照料好其他弟弟妹妹。"

张富清让玉香给玉地找来一件衣服并给玉地披上，就背着玉地出门了。

"玉地，你坚持一下，我们去卫生院。"

山区的路，随时给人带去险情，不是陡峭难攀，就是泥泞打滑，每前进一步都十分艰难，还要时刻盯着前方，提防山水造成塌方或泥石流。

不过一会儿，张富清就大汗淋漓。10岁的小玉地明显感到张富清叔叔身上在流汗,他怕累坏了叔叔,忙让张富清把自己放下。

"来吧!你帮叔叔拿手电,你照我走,就会轻松多了。"

谭玉地忙从张富清叔叔的手中接过手电筒,帮叔叔照明……

当把三胡区卫生院的门喊开时,张富清实在累得不行,瘫在一条长长的木凳上,一动也不想动了。

医生给谭玉地量体温,做检查,结果出来了:高烧41摄氏度,亟须打针并住院治疗。

巴医生跑到张富清的身边喊着:"同志,你儿子叫什么名字?"

累得气息还没喘匀的张富清半晌难以说出话来。

"同志,你儿子叫什么?"巴医生还在追问着。

张富清从长凳上坐起来,劈头就反问:"问我儿子的名字干什么?"

"还看不看病啊?这深更半夜的。没事来折磨人是吧?"巴医生不耐烦了,一双大大的眼睛紧紧地盯着张富清。

累得精疲力竭的张富清几乎都有点儿思绪不清了。突然,他的脑袋似乎清醒了,他把脑袋使劲一拍,这才恍然大悟:"哦哦,你是问的他?"

巴医生有点儿生气了:"不是他还是谁?"

张富清急忙报出名来:"他叫谭玉地,现年10岁。"

张富清接着问道:"检查怎么样?"

"孩子高烧41摄氏度,患重感冒。你是怎样带孩子的,再来晚了命都难保!"巴医生一边回答一边写处方。

巴医生把处方写好后递给张富清,并嘱咐:"去交费打针吧!"

巴医生的话,使张富清好不尴尬!他想,再尴尬也没有解释的必要,于是只是微笑着道歉:"对不起,对不起!"

按巴医生的要求,张富清把谭玉地搀扶到一张简易的木板床上躺下。巴医生给谭玉地挂起了两大瓶药水，迅速给他输液。

坐在一旁守望着的张富清，望着药水"滴答滴答"地注入谭玉地的血液中，内心有种一般人无法感受的惬意！

躺在床上的谭玉地，有一种精神上的满足。药水通过针管"滴答滴答"地滴着，像一首催眠曲，很快就把他催进梦乡。但这首催眠曲对守坐在谭玉地身旁的张富清失效了，一点儿也没起到应有的催眠作用。

此时已是凌晨3点了，是张富清还不疲惫，还没有一点儿困意吗？当然不是。谭天禄不在家中，他在为茅草棚里剩下的那三个小孩担心。更重要的是，他害怕自己睡着后药水滴完了没人帮玉地拔针头！

从三胡区卫生院回到阳河坝村已是早上6点多了，张富清这时简直困极了。懂事的谭玉香心疼地说："叔叔，你几乎一宿没睡，你去睡一会儿吧！"

"你们的早饭怎么办？"

"您休息吧，早餐我来做。"

"还有几天学校就要考试了，你们还不抓紧时间复习？"说罢，张富清麻利地点起灶火，为孩子们蒸红薯。

送完了上学的孩子，张富清又投入村里背粪上山的行列。

背粪是个又脏又累的活儿。张富清昨天就接到通知，今天晚上要回区里汇报工作。他完全有理由不参加这次劳动，就说要准备汇报材料。

可是不行啊！如果见到脏活累活就找理由不参加，社员群众怎么看你？一个党员的责任担当在哪里？一个干部在老百姓的心目中是个什么印象？

背粪上山，不仅是累的问题，还有技巧。村里人怕把张富清累坏了，开始只给他装一半。张富清不同意，他对装粪的人说："怎么，把我当儿童？"

"张区长，您背一点儿就行了。一个坐办公室的领导怎么能与我们村的壮劳力比呢？"

"不行，不行，他们背多少就给我装多少！"

张富清的愿望是好的，精神可嘉，可是干这活怎能跟村里壮劳力相比呢？没背几趟，别说内衣被汗湿透，连他身上到处沾的都是粪……

上午下工后，回到茅草棚里，张富清迅速把衣服换下，并把脏衣服洗得干干净净。

送葬回到屋里的谭天禄，对张富清夜里送玉地上医院的事感激万分。谭天禄知道张富清能喝几口酒，早早地把午饭做好，又炒了两个菜，他把岳母给他带回的一瓶苞谷酒拿出来。他要感谢张富清。

张富清洗了衣服进来，谭天禄请张富清喝酒，并打开酒瓶，为他满上了一杯。

张富清老远就闻到了一阵酒香。如果是在自己家里，如果是休息日，他会好好地品几口，可在一个很穷的住户家，怎么能饮酒呢？绝对不能饮。走进门，张富清不是礼节性地感谢，而是把谭天禄责备一通："你有多少钱？不是年不是节的，孩子们连饭都吃不饱，你还买什么酒？"

谭天禄让张富清坐下，张富清连珠炮似的批评，他不但没见怪，还越发加深了对张富清的感激之情。此时，他眼圈红红的，说："张区长，如果不是你，玉地还不知道病成什么样。我老谭有幸能结识你这样的大干部，我是高兴啦！来吧，张区长，请你理解老哥的心情，行吗？"

"老哥啊，这有什么？孩子病了，谁见了都会帮这个忙。"

几个孩子把张富清推到餐桌旁坐下，玉地抽泣着说："叔叔，您喝一杯吧！昨夜里您硬是把我背到卫生院，把您累得够呛……"

张富清问玉地："现在退烧了吧？"

"退了。叔叔您就喝一杯吧！"玉地哭了。

眼前的这般盛情，感染了张富清，他的眼角也渗出了泪。他把眼睛擦了一把，微笑着说："谭大哥，你喝吧！我还有很多事，晚上还要开会。孩子们，只要你们好，叔叔心里就是高兴的！"说着，他抚摸着玉地的头。

懂事的玉香知道张叔叔很忙很忙，从没见他白天喝过酒。她盛了一碗苞谷饭，送到张富清的面前。

"谢谢！"张富清接过碗，吃了一大口，又对着孩子们说，"嗯！这饭好吃。"

当张富清正要扒第二口饭的时候，突然不远处传来喊救声："救命啦，张区长！"

张富清立即把碗放下，猛地站起来。这时，一个小名叫"妞妞"的中年妇女气喘吁吁地跑了过来。

"张区长，不得了啦！"妞妞哭喊着。

"怎么回事？"张富清直问妞妞。

"三毛跟刘顺子家打起来了，您快去管一管吧！"

张富清知道谭三毛与刘顺子家向来不和，没想到两家打起来了。

他二话没说，放下手中的筷子，朝着打架的方向跑去。

待张富清赶到打架的现场，情况还算好，田支书已经提前赶到，暂时制止住了。但两家仍不依不饶，再一次打杀随时都可能发生。

据田支书讲，谭三毛家养了一只黄狗，把刘顺子家的亲戚咬伤了。刘顺子的妻子跑到谭三毛家讨说法，由于言语过激，谭三毛不但没赔礼，还连吼带推地把刘顺子的妻子赶出门。时隔半年之久，谭三毛家喂的三只母鸡死了，他怀疑是刘顺子的妻子用老鼠药给药死的。这回，谭三毛的妻子来到刘顺子的家门口，指桑骂槐地骂了两天半。刘顺子忍无可忍，上前给了她几巴掌。谭三毛的妻子回家告诉了丈夫，谭三毛无比气愤，抄起铁镐来就冲出门外，照着刘顺子挥动着。谁知刘顺子少时练过拳脚，三两下就把谭三毛手中的铁镐夺过并扔掉，随之将谭三毛摔倒在地。就在他们打斗时，两家的女人谁都不依谁，她们又扭打在一起。路过的田支书正好遇见，把他们劝止了。

两家人见张富清来了，都要找这个来村里蹲点的张区长喊冤叫屈，各执己见。

平时总是一脸笑的张富清此时很严肃，他板着脸，大声地说："隔壁左右，不互帮互助，还要视友为敌，不把精力放在搞好生产上。有什么值得大动干戈的？"说着，他低声向站在旁边的田支书征求了意见，然后嗓门拉得更高，像下达命令一般，"为了弄清谁对谁错，彻底解决问题，家属都回家，谭三毛和刘顺子现在都到村支部，一个一个地讲出你们的理由！"

平日里，阳河坝的干部群众把张富清当作知心人，关键的时候，这个年轻区长又给了人们父辈般的威严！

在阳河坝村村部，张富清、田支书以及村委会的同志，坐在那里认真听取谭三毛和刘顺子的辩解。谭三毛和刘顺子公说公有理，婆说婆有理，都不依不饶！

刚开始，两个人像吃了枪药一样，每句话都充满了浓烈的火药味。

"你们两个人都是土家族，都是同宗共祖，你们知道吗？都是务相君王的后代，都是向王天子的子孙，你们知道吗？"

接着，张富清给他们讲了一个向王天子的传说故事：传说巴人土家族后裔有五姓——巴氏、樊氏、谭氏、相氏、郑氏，居住于武陵山脉赤、黑两个洞穴。他们刀耕火种，狩猎守穴，繁衍生息，互不相扰。后为了抵御外族入侵，五姓中的长者推举巴氏子孙中一个叫务相的后生为巴人的第一代君王。务相当上君王后，一心为民造福。为了找到一处乐土，他带领乡民，穿过重重险阻，来到来凤这个地方。占据这里的妖、魔、鬼、怪四群害群之马，常常出来祸害土民，使这里一片昏暗，老百姓苦不堪言。智慧勇敢的务相，把五姓的土家族人民团结起来，与妖、魔、鬼、怪进行殊死搏斗，带领土家族人民把他们赶走。来凤这个地方天开云散，重见光明。务相从此名声大震，百姓臣服，称他为向王天子。向王天子带领土家族百姓一次次地抵御外来侵犯，并劈山疏河，开荒耕种。在酉水河旁搭棚扎寨，安居乐业。由此，向王天子一代又一代的子孙在这里繁衍生息……

张富清越讲越动情："别说你们都是向王天子的后代，就是不同民族也都是一家亲的阶级兄弟呀！如今，在党的领导下，全国56个不同民族就像石榴的子，为了共同过上好日子，紧紧地抱在一起。多大的事儿？闹得你死我活。你们从小就在一起光屁股和泥，现在又是邻居，低头不见抬头见，这样两败俱伤，值得吗？"

张富清一席苦口婆心的话，打动着在场的每一个人的心。他的话，像一道灭火的水龙头，熄灭了燃烧在村支部的无名火；他的话，像一根甩马的皮鞭，狠狠地抽打在谭三毛和刘顺子的身上。村部会议室里，谭三毛和刘顺子的辩解，刚才恰似狂风巨浪，眼下却犹如和风细雨……

第四章 土苗山寨公仆情

眼看谭三毛和刘顺子就要握手言和了,张富清突然起身要走。到哪里去?原来,张富清和田支书一起,还要赶往胡家沟,按时参加晚上区政府的工作汇报会。

出了阳河坝村村部,张富清就像弯身拉纤的纤夫丢下了绳一样,如释重负,从来没感到这般轻松。自从到阳河坝村驻村蹲点以来,这种感觉还是第一次。

张富清和田支书边走边谈论着最近阳河坝村的生产情况,这样开会发言时,张富清就能够说出道道来。

不知不觉地,他们赶到离胡家沟不远的地方天已经黑了。

当紧绷的神经一旦松弛下来,疲倦困意就自然而然地侵袭而来。张富清就明显地感受到这一点。他走着走着,当走过一座木桥时,"扑通"一声,张富清一头栽倒在河里。

田支书还在向张富清说着什么,没有听到张富清的回声,他回头一望,不见人影。田支书下意识地掏出手电筒,只见张富清正在冰冷的水中挣扎。"不好了,快救人哪——"喊罢,他顺手拿来一根堆放在桥头边的柴棍,迅速趴下身子,把那根柴棍递给挣扎中的张富清。路过这里的人都来了,终于把张富清从河里救上来。

好在这条河不是很宽,河水也不是很深。否则,下乡驻村的张富清就一命难保了。

田支书和行人很快把张富清送进区卫生院。张富清落河被救的消息像长了翅膀一样,一下子在区委、区政府机关,在胡家沟街道传开了。

人们关心他、惦念他,怕他有个什么三长两短。他们纷纷拥往卫生院探望——

区委书记在百忙中来了;

区政府值班干部赶来了;

部分来区开会的村长赶来了；

胡家沟市场管理员赶来了；

张富清的妻子孙玉兰赶来了！

田支书和医务人员把张富清抬进急救室，医生立即展开检查并准备实施抢救。

人们在急诊室门外，或站或坐，焦急地等待着检查结果。

时间过去了二十多分钟，医生还在急诊室内检查，急诊室门外的人都为张富清的生命安全捏了一把汗！

医生终于从急诊室出来了。人们担忧地围了过来。医生摘下口罩和听诊器，摇了摇头说："没什么大碍，再观察观察，病人太过疲劳，又饿又困，他现在是睡着了……"

压在人们心中的那块大石头总算落地了！

更换了衣服的张富清躺在手术台上，被推出急诊室。望着极度疲劳的丈夫，孙玉兰怎么也按捺不住她的疼爱之情，走到张富清身边，大声痛哭起来。哭声把张富清从睡梦中唤醒，他睁眼一看，这么多人在这里等他。他坐了起来，感到莫名其妙："这是什么地方？"

刚来换夜班的巴医生见病人醒了，忙送去一杯热水。当巴医生走到张富清面前，她惊奇地说："这不是阳河坝村谭玉地的父亲吗？"

巴医生的一句话，把孙玉兰和在场的人都弄蒙了！

他们怎么也不敢相信，不约而同地说："什么？"

巴医生胸有成竹地告诉在场的人们，这个躺在病床上的病人，是阳河坝村一个叫谭玉地的孩子的父亲。就在今天凌晨，是他背着10岁的谭玉地来这里治疗的。谭玉地高烧41摄氏度，差点儿丢了性命。

刚醒来的张富清好不尴尬！一两句话也说不清楚，他只好微笑着。谁能知道，我们的副区长张富清，接连两个通宵没睡，好几顿饭没空吃，他时时刻刻惦记着工作，惦记着他人，就是忘了自己……

十五　决战山渠

喝过农家桐茶汤，进驻三湖又一村，这是张富清来三胡区工作的真实写照。1960年酷热难当的初夏，区政府召开有关领导参加紧急会议。开会前，一份来凤简报在与会人的手中传阅着。简报的头版头条，就是一则来自三胡区石桥村近况的通报：82天内石桥村渴死热死生猪数十头。会上，区委书记心情沉重地讲道："严重的旱情，给石桥村带去了毁灭性的摧残和打击。我们的领导干部去那里驻村调研，刻不容缓……"张富清参加了这次会议，在他看来，这不是一般的会议，而是向与会者吹响了新一轮的冲锋号角。在战场上长期当突击队员的张富清，怎会不迅速地冲向新的战场呢？

第二天清晨，没有送行的锣鼓声，也没有迎接他的大红标语。张富清背着曾伴随他去过不少村子的背包，向石桥村走去。

这是一条什么样的路啊，凹凸不平、险象丛生，正如当地人所说："上坡腿发软，下坡脚打闪。"没走一会儿，汗珠就开始在他的前额滚落，他脚步还没踏进石桥村，就早已汗流浃背。当他走进石桥村，进入他眼帘的是一派凄惨荒凉：路旁的树叶蔫了，田里的秧苗枯了，地里的烟叶子焦了，村前的水井一眼见底，村边的水塘早已龟裂。走进村子，张富清感觉不到丝毫凉意，反倒像来到冶钢化铁的火炉边，烤得人发怵，烫得人心跳加速……

石桥村的支部书记和大队干部不是辞职就是生病，在村里头负责的只有民兵连长邓明成。邓明成是个上过战场的复员老兵，高挑的个儿，身强力壮。他望着张富清那双充满智慧的双眼，那俊男所特有的双眼皮，那布满皱纹的慈祥的脸，还有他那打得整齐而紧扎的背包，邓明成一下就猜到了，这是一个从部队退役的领导干部。

同是从部队出来的人，他们无形中有一种默契。张富清非常担忧石桥村干部群众现在吃粮和饮水的问题。邓明成告诉他，上头给村里先下达了两批救济粮，有少量的大米和面粉，大多是红薯干和玉米粉。第三批救济粮，报告打上去了，粮还没下来。至于饮水，可苦了乡亲们了，村里几口老井和水塘全干透了底，吃水得到六里路外的一个小堰去挑，有时人多了没有水挑，有的为了一担水要在那里等半天……

"那村里孤寡老人怎么办？"听着邓明成的介绍，张富清的眼睛好一阵酸涩，他更替那些丧失了劳动能力的孤寡老人和病残弱者担心。

民兵连长的眼睛也红了："有时我们民兵也上门帮忙，也有的为了保命，挣扎着到隔壁左右去讨水喝……"

邓明成接着介绍说："村里连人吃水都难于上青天，那农田山地种的庄稼更别说了。田里的秧苗从油绿变成枯黄，龟裂纵横，水田干成旱地；山地上种的玉米高粱、栽的烟叶等农作物，碰到火星立马可以烧起来；至于社员们养的猪、喂的鸡鸭、放的牛，就更难生存了。这都是上了县里的简报的，你可能知道。"

张富清点点头："这简报我看过。"

从民兵连长邓明成的介绍中，从对村里农户社员的了解中，从对村里部分孤寡和老弱病残人群的探望里，他很清楚地知道：出现的旱情属百年未遇，干旱从端午节前20天就开始了，已经有82天滴雨未落了。

一位70多岁的老婆婆对张富清说:"解放前,这里也出现过大旱,那时讲封建迷信,我们土家族信神灵,请巫师来跳神,在谷子和玉米上插牌子,祈求龙王爷降雨水、送旱魔,有时候真的下雨了,有时也白白地费力费神。现在不兴这样,可又没有新的法子,你说说,我们老百姓该怎么办?"

"老奶奶,雨是求不来的,请您老人家相信党,相信人民政府。就是天塌下来,也有我们的党撑着。"

接连好几天的村情摸底,接连好几天的农户走访,接连好几天对孤寡老人和老弱病残的探视,接连好几天的实地勘察,接连好几天的意见征求,使张富清吃睡不香、坐卧不安。历史上石桥村的人望天饮水,靠天收粮,一遇到干旱就颗粒难收、逃荒要饭。中华人民共和国成立后,只要遇旱灾,就靠国家救济,靠亲友及外界的援助。可是,人民群众生产生活上缺少保障,问题始终没有得到根本上的解决。缺水仍然是这里干部群众头上的一把刀,抗旱依旧是石桥村人内心深处刀刺般的痛!

八十二天的大旱给人们带来的灾难,犹如悬挂在石桥村上空的一座令人胆战心惊的生命警钟!在生命警钟敲响的时刻,作为石桥村上级的三胡区人民政府副区长,作为党派来驻队蹲点的共产党员,岂能麻木不仁,岂能等闲视之!

在石桥村召开的各生产小队队长的工作会议上,张富清征求他们的意见:如何改变石桥村望天饮水、靠天收粮的历史?用什么办法解决群众常年的生活生产用水短缺?会议上,大伙一致认为应该寻找水源,修渠引水。主意是好,可去哪里寻找水源呢?

会议后的第一天早饭后,村里一个年迈的双目失明的老婆婆,在孙子的牵引下来到大队部,找到张富清。老婆婆给张富清提供了一个线索,说她公婆的父亲是个猎手,他年轻时住在村后的无名山，在山里山外山上山下到处找猎物。有一次，她公婆的父亲追捕一头野猪时，钻进了一片松树林里，在树林和草丛中发现了一个小山洞，那个山洞常年有水。

张富清听了，喜出望外，当即派人把民兵连长邓明成找来。他知道邓明成是土生土长的本地人，熟悉山里的地形。他和邓明成按老婆婆描述的山里的地段，画出了一幅寻找山洞的草图。

这天清早，太阳还没来得及露出红彤彤的面孔，张富清和邓明成一起，请一个熟悉地形的社员给他们带路，对照根据老婆婆提供的线索画出的草图，向着无名山的深处出发。

根据草图上山洞的方向，他们艰难地向山上攀爬着。攀登了一会儿，前面无路可走，他们用柴刀砍去前面的枝条灌木及丛生的杂草，在新砍出的山路上艰难地行走着。密集的竹林、耸翠的树丛挡住了他们的视线，张富清边走边扒开枝叶寻找，一不留神脚下一滑，当即滑倒在地，随之整个身子向着下面的山崖滑去。

"张区长——！""张区长——！"邓明成和带路的社员惊吓中不约而同地大喊。他们想冲上去拽住张富清，可已经来不及了，眼睁睁地看着张富清整个身子落下山崖。

邓明成和带路的社员胆战心惊，他们设法从旁边不远处的羊肠小路向着张富清滚落的地方奔去。

"张区长——！""张区长——！"呼喊声在丛林中、在山崖间回荡着……

吉人自有天相，我们在战场上九死一生的英雄，我们三胡区人民政府的好区长，初心不改、心系百姓，关键时刻老天爷怎么会见死不救呢？

滑落的那一刻，张富清先是惊恐万状，紧接着大脑一片空白。谁都以为他一命难逃，谁知他由上至下打了几个滚儿，由于滚落时不断有树枝、藤根、丛草阻挡，总算没有摔下悬崖，只是虚惊一场，身体并无大碍。

前往勘探山洞的张富清、邓明成这一行无功而返。当得知张区长从山上滚落、险些发生意外时，村里72岁的曾教过私塾的向老先生拄着拐棍来到大队部，前来看望死里逃生的张富清。

72岁的向老先生看着张富清那被杂草和枝条划出血印的手，顿时浊泪满眶："张区长，没有摔坏身子吧？"

"承蒙向老先生的关心！我的身体并无大碍，只是无功而返。"张富清边回答，边给老人端上一杯热茶。

"什么时候再去寻找？"

"就这两天。请向老先生放心。找不到能够引水的山洞，我们是决不会收兵的！"

向老先生听了，高兴地用拐棍在地上使劲儿戳了两下。老人启发着张富清："愚公挖山不止的精神感动了玉帝，玉帝一夜之间帮他把山搬走了。"

一旁的民兵连长邓明成说："张区长找水的精神肯定也会感动玉帝。"

张富清从他们的话中，感受到石桥村人对他寄托着无限的期望。

他决不能让他们失去找水的希望和信心，于是微笑着说："我们的玉帝就是全村的干部群众。只要大伙坚定信心，没有翻不过的火焰山！"

向老先生又把拐棍朝地下戳了两下："自古以来，只要你痴心不变，真情以待，就会感天动地。传说的那眼珍珠泉，不也是感动了玉帝才有的吗？"

张富清连忙问："珍珠泉是怎么一回事？"

向老先生告诉他说，远古时代，历山下出了一位大贤人，他就是舜。舜从小就喜爱跟当地黎民百姓耕种，显示出超人的才能和品格。尧听说后，把自己的两个漂亮女儿——娥皇和女英都嫁给舜，还将自己的王位也毫不犹豫地让给了舜。

舜接替王位以后，勤于政事，常巡视四方，察看民情。有一年，当舜远行南方视察时，玉皇山一带久旱无雨，娥皇和女英带领父老乡亲早晚祈祷上天降雨。姐妹二人求啊求啊，膝盖跪出了血，天空还是没有一丝云彩。姐妹俩又带领大伙打井找水。她们的手都磨起了血泡，终于挖出一口深井。

正在这时，传来了舜病倒在苍梧的消息。娥皇、女英心如刀割，只好挥泪告别众乡亲。当她们的一串串泪珠洒落在地时，只听"哗啦"一声，从泪滴洒落之处冒出一眼清泉，泉水像一串串珍珠汩汩涌出。从此，人们称这口深井为珍珠泉。

听着向老先生神奇的讲述，希望奇迹出现的张富清颇为振奋，他安慰向老先生："我们不信天。但娥皇、女英姐妹二人为黎民百姓牺牲奉献的品格和精神，值得中华民族永久地传承。我们要下定决心，为石桥村的村民寻找或者打造出当今的珍珠泉！"

没过几天，张富清、邓明成等一行五人继续上山寻找山洞。这一次，他们全部带上砍刀、干粮和手电筒，每人还带了根棍子。就在太阳当顶的时刻，奇迹真的出现了。他们在无名山一处林荫丛草遮盖的岩石下，终于找到一个溶洞。

"找到水啦！""找到水啦！"此刻，他们高兴极了！随行的一个青年民兵见此洞不是很大，勉强能钻进人，他急着要钻进去，但被张富清大声吼住："不要钻！"

制止了青年民兵，张富清趴在洞口，用手电筒扫视了一番，只觉一股阴气上涌，冰冷阴森，神秘莫测。顺着手电筒的光线，隐约可以见到溶洞中有奇形怪状的岩石。

接着，民兵连长邓明成又认真地查看了一番。在大伙儿确定可试探着下洞时，张富清不顾随行人员的再三劝阻，第一个猫着身子钻了进去。随之，民兵连长邓明成钻进去了，青年民兵谭六安钻进去了……他们一行终于发现，此洞下面很大很宽，洞里还有溪流暗涌。

在山上找到水源的消息，像久违的春雷在石桥上空炸响！这消息，像雪后的阳光，给石桥村的男女老少送去温暖，绽开了他们的笑脸；这喜讯，恰似一簇簇欢跳的火苗，燃起了石桥村干部社员战胜旱魔、过上幸福美满生活的希望之火。

很快，引水修渠的群众动员大会，在欢快的气氛中召开；引水修渠技术勘察，在科学的基础上进行；引水修渠的可行性方案，在求实严谨的审视中报批；引水修渠的规划图拿出来了！一切朝着超前、高质量、美观、实用的方向进行，一场修堤蓄水、开山筑渠的战斗在石桥村打响了！

这场空前的突击战从仲秋开始，到腊月二十四结束。这场战斗在张富清的亲自指挥和带领下进行，参加战斗的有上级领导，有工程技术员。石桥村除了老弱病残，除了儿童孕妇，全村男女老少齐上阵，哪管霜去寒冬至，岂顾叶落雪絮飞！

一项在石桥村史无前例的引水工程，一项为石桥村子孙万代谋利造福的引水工程，终于在石桥村落下了帷幕。一条卧立般地延伸在山腰间的水渠，一座水泥和石头垒砌的堤坝，给杂木、丛草密集的无名山，给散落在山前朴实无华的石桥村，平添一道亮丽的风景。

这来之不易的风景在诉说着，诉说石桥村多少年来遭遇旱灾的苦难；这来之不易的风景在宣布着，宣布石桥村从此结束了世代求水、盼水、梦水的历史；这来之不易的风景在歌颂着，歌颂人民的好区长张富清淡泊名利、为民造福的高尚品质！

望着汩汩流淌的清泉水，石桥村的父老乡亲，无不欢欣鼓舞，喜笑颜开。望着汩汩流淌的清泉水，72岁的向老先生激动得像久别归来的孩子，又是掉泪，又是蹦跳。好一会儿，他擦去泪水，扔掉手中的拐杖，朝着村后巍峨的大山，朝着太阳穿云的上空，高声地朗诵起来：

> 忆往日——
> 娥皇女英惜别泪，
> 化成珍珠清泉水。
> 看今天——
> 区长情洒石桥村，
> 黎民百姓喜泪飞！

第五章　几许愧疚几多爱

十六　工地跪拜

1960年初夏，这是一个绿荫耸翠油菜开花的时节，这是一个细雨西斜、踏青敬祖的日子。这一天，是一年一度的清明节，是中华民族扫墓上坟、踏青敬祖的节日。来凤县以土家族苗族为主的民众每逢这一天，都要用清明纸剪成条串，粘在竿子上，插在自家的祖坟上，待点香蜡后，在坟头拜三拜，接着点燃一挂鞭，被称为挂青。这一天，土家人还称为寒食节，土家族以酒食野祭，叫祭山，以祈来年五谷丰登。

张富清是外地来的，祖坟在陕西老家、他和孙玉兰每年都要按老家的习惯，买点儿纸钱，在一块空地上向着老家的祖坟方向画一道线，接着在线外点燃纸钱，就表示了对祖上的敬重，没忘记先人。这一举动，往往是在清明节的当天晚上进行。

就在这天上午，张富清正准备出门开会，一个邮递员的喊声止住了他的脚步。

"张富清——! 你的电报。"

邮递员紧张的神情，使张富清迅速地打开电报，只见电报上写道：三弟，母亲病危，见报速回。二哥。

一时，电报内容像晴天一声霹雳，"轰"的一声把张富清炸得昏昏沉沉：母亲呀，你怎么在这春暖花开还没完全结束的时候得了重病呢？你得的是什么病，怎么没寻医问药？解放十年了，被称为陕西鱼米之乡的汉中双庙村，难道还无法送您去医院治疗吗？

在去往区政府会议室的路上，张富清的心情好像被一座大山紧紧地压制着，一阵阵地紧，一阵阵地沉。

离开会还有一刻钟，张富清就抱着沉重的心情来到会场。当他步入会场，会场里早已布置好的会名和会标，醒目地呈现在他的眼前：会场左侧的标语是"除虫治病抗灾魔"，会场右侧的标语是"送暖解困度荒年"，会场正前方的会议名称是"打一场关心群众疾苦、战胜自然灾害的攻坚战"。

会议在一种紧张沉闷、压抑的气氛中进行。先是三胡区委书记传达来凤县委关于中央"关心群众疾苦、战胜自然灾害"的会议精神，接着是会议主持人介绍了近年来发生在本县的自然灾害给百姓带来疾苦的典型案例。

近年来，特别是去年一年，我国普遍遭遇百年少有的干旱，农业生产遭受损失，稻谷、小麦、玉米等农作物大幅度歉收。据《来凤县志》记载，1959年的特大干旱，旱魃为虐，禾苗枯槁，地赤千里，数年不干之田，裂深几尺，百载长流之泉，枯竭殆尽，特大干旱使全省受旱土地达2600余万亩。大旱给农作物带来了蝗虫、大螟、褐飞虱等害虫成群横行田畔，使粮食大幅度减产减收。自然灾害给人畜带来了疾病，流行性感冒大范围传染，炭疽病时有发生。

自然灾害加重了乡村农民的贫困程度，农民缺衣少食的现象普遍存在，有的村队更为严重。一个姓谭的家庭，父亲和三个孩子相依为命，四口人只有两套棉衣掩身，三个小孩轮换着穿一套棉衣。一个姓向的家庭，有两个70多岁的老人和一个40多岁的单身儿子，由于贫困，新盖的茅棚还没装上大门，这天，儿子出门到

第五章 几许愧疚几多爱

集镇卫生院买药，突然天降一场大雪封了回家的路，第二天儿子赶回家时，两个老人已活活地被冻死，身体早已僵硬。一家姓杨的双胞胎，因家穷只能娶一个媳妇，兄弟俩为此大打出手，造成一死一残。

天灾人祸给来凤县带来了难以磨灭的印记，那发生在来凤县不该发生的悲剧，一幕幕、一件件，惊心动魄，如同锈刀割人肌肤、扎人五脏！

这次面对灾情宣讲案例给领导干部和广大党员敲响了时代的警钟，吹响了"打一场关心群众疾苦、战胜自然灾害的攻坚战"的进军号角！

在这新的进军号里，劳累了一天的太阳，早早地离开了地平线。看到路边一堆堆烧着纸钱的人，望着一串串从火苗中飞溅的火星儿，张富清这才想起今天是清明节。回到家里，张富清顾不上吃饭，顾不上亲昵一下等在家中的建珍、建国，喊上孙玉兰，来到屋后空地画了一道线，朝着远方的陕西老家蹲下身子，烧起早已准备好的纸钱……

吃晚饭时，5岁的女儿建珍，调皮地翻着爸爸的口袋，看爸爸给他们带糖果了没有。她从爸爸的口袋里掏出一张电报，张富清这才想起了二哥从老家给他发来的紧急电报。顿时，张富清的眼圈像刚成熟的桃子，酸涩而通红。

孙玉兰见张富清突然心里难受的样子，连忙问道："怎么啦？"

见张富清半响无语，孙玉兰忙抢过那份电报，一下子就看到了张富清母亲病危的消息。

"那你我都请个假，回老家一趟。"孙玉兰感同身受。

"这时候怎么能请假离开呢？"说着，张富清抹去眼角的泪水。

孙玉兰很不理解地说："这几天正好没下乡，怎么离不开？"

"你呀，只看到表面，对好多事一概不知。咱俩和孩子都属城镇户口，吃的是国家供给的商品粮。特别是你，没抽空去生产队看看，看农村受了多大的灾，看农民遭受了多少苦，过的什么日子。"说罢，张富清把上午的会议精神，简单地向孙玉兰作了介绍，孙玉兰这时才恍然大悟："那要么就给母亲寄点儿钱回去，略表我们的一点心意。"贤惠的玉兰说的都是正确的。可善良单纯的她，哪里知道张富清在下乡访贫问苦时，把他自己的存款和余下的工资都捐给了贫困农民呢？

难道不该把钱捐给贫困的农民？如果去问娘，娘定会笑着把自己夸奖一番。她会说，这才不愧为她的儿子。

张富清的娘，名叫周爱女。虽说身材比较高大，但从小就受着男尊女卑的封建传统教育，咬着牙齿缠足，留下的一双小脚与她高大的身材很不协调。可她像个男子一样，为人处世明理、智慧、大义、敢为。当年为了让张富清能够顶替被抓壮丁的二儿子，她斗胆提着鸡蛋去找老族长求情；当张富清第一次告诉她自己成为人民解放军时，她高兴得泪如泉涌，连声称赞："好，好哇！"当孙玉兰第一次来到家里慰问张富清时，她一眼就认定他们结合靠谱，连忙托人做媒；当儿子探亲要返队时，她懂得军队的纪律，理解儿子的心情，忙帮儿子收拾衣物，毅然地送儿子归队……

想到这里，一种强烈的信念在张富清的心中升腾：善者吉祥，吾娘千岁。我娘定会好起来的，一定会平安无事！

张富清的心愿，也是妻子孙玉兰以及儿女共同的祝福。为了这一愿望的早日实现，为了尽一份儿子儿媳以及孙子孙女的孝心，张富清从政府机关财务部门借支了200元，随着一封电报发给了老家。电报上写道："寄上人民币200元，烦请二哥代为照料。"

电报是张富清起草后让孙玉兰去邮局发的。按说，已回电报了,并寄去老家一笔数字不小的资金,他压在肩上的担子卸下来了,人该轻松多了,可张富清并没有感到轻松,接连几个晚上他都梦见了自己的母亲,甚至有一次梦见母亲在自己面前生气了。她对着张富清大声吼道:"你现在翅膀硬了,就可以不听使唤了?你的娘病成这样子,你都不来看一看,到底是懒还是真的太忙?"母亲把张富清骂得无地自容。张富清害怕母亲,掉头拼命地跑,跑得浑身汗水淋漓。他猛然惊醒,原来是一场梦。

人们说,梦是现实的影子,日有所思,夜有所梦。坦诚地说,张富清接到母亲的电报没回家,他内心有一种深深的愧疚,他觉得自己的良心怎么也过不去,也许是一种牵挂,一种无尽的乡愁。

这是一个风雨压城城欲摧的星期日的中午,一会儿云开日朗,一会儿又乌云密布,眼看一场暴风雨就要到来了。刚吃完午饭,门外就传来了喊声:"张富清电报——!"孙玉兰出门收下电报,当即打开一看:"母亲病亡,速回。"手拿电报的孙玉兰站在那里,一动也没动。顿时,她脸上失去了血色,泪水"唰唰"地滚落。呆站了一会儿,她仿佛从梦中惊醒过来,声嘶力竭地大声喊着"娘——!",紧接着号啕大哭起来。

哭了一阵,她擦去眼泪,把两个孩子托付给了邻居一个婶婶看护,自己下乡去寻张富清了。

孙玉兰要翻山越岭去石桥村,去找在那里下乡蹲点的张富清,她要把母亲周爱女去世的消息第一时间告诉张富清。此时天空乌云密布,仿佛一场暴雨即将倾盆而下,威胁着在山路中穿行的孙玉兰。

陕西汉中双庙村的周爱女,年轻时就丧夫亡子,一个孤单的女子用柔弱的肩膀,扛起把几个孩子抚养成人的重担,为张家艰难地撑起了那片天。她是中华民族伟大的女性,她抚育并培养了初心不改、为人民服务的党的优秀儿子张富清。也许空中的那片乌云清楚地知道，孙玉兰是周爱女认定并托媒人说亲接回家的漂亮媳妇儿，也许是孙玉兰孝敬她公婆的那颗真诚的心，那份炽热的情感动了空中的那片乌云，那倚卧在空中的乌龙，面对周爱女离开人间，也跟着沉痛地呜咽。

躲在乌云中的太阳就要逃走了，夜幕即将下垂，石桥村无名山上修筑水渠的人们大都已收班离去，只有张富清和邓明成几个人还在工地上检查工程质量。这时，有一个人突然出现在张富清的视线里，她是张富清那个略微清瘦但风韵犹存的女人孙玉兰。孙玉兰已经累得上气不接下气，张富清忙迎上去问道："这个时候，你怎么来了？"

孙玉兰站在那里，回答的声音很小，还有些颤抖："老家来电报了，咱们的娘……"

张富清急忙从孙玉兰手中接过电报，天色还没有完全黑下来，张富清依稀辨认出上面的字迹："母亲病亡，速回。"

张富清的手忍不住颤抖起来，他的嘴角不由自主地抽搐着，两眼噙着泪水。他不敢相信自己的眼睛，他希望这一切都是一场纯粹虚无的梦！

这个有胆有识的男儿，这个曾多少次在死亡线上冲杀的退役老兵，尽量控制着自己的情绪。可是越控制，他就头脑越清晰，越发清楚地看到这发生在眼前的一切都是真真切切的，不容有丝毫怀疑！

张富清那噙在眼角的泪花，终于像开闸的水渠，"哗啦啦"往下掉落着，他放声大哭起来……

天黑了，远处的村庄和工地影影绰绰，但见三两点灯火闪烁着。黑暗中，张富清面朝陕西汉中，朝着双庙沟，朝着母亲居住的方向，突然"扑通"一声双膝跪地："娘啊……"张富清弯腰磕头，泣不成声。

一个成熟男人的悲号声，在石桥村的上空，在这无名半山腰之间荡漾，经久不息……

张富清这个值得周爱女骄傲的儿子，向着自己的母亲，向着这位与她的儿子及亲人割舍不开而又溘然长逝的亲人，诉说着，倾吐着……

娘啊！你是一个普通的中国家庭的妇女，又是一个非凡的值得纪念的伟大母亲。

娘，爹死得早，您一个人把您的儿子养育成人，儿子却离家十六年，没有替您分忧，没有尽到儿子对您的一份孝心！在您最盼望儿子的时候，儿子却不在您的身边，儿子实实在在地愧对了您啊！

娘，您还记得吗？当我还是小孩的时候，是您教儿，一个男娃，不能自私自利，胸怀要宽阔，要处处想到别人，不要只想自己……

娘，当我第一次回家探亲看望您的时候，是您对儿说：男人要以天下为己任，心里要装着大家，不要只顾小家。大河涨水小河满！

娘，您有一个贤媳，漂亮又能干的儿媳妇，儿听您的，男人要志在四方，转业时儿放弃了回家孝敬父母或留在武汉那种大城市的机会，不远千里，来到湖北省西南的大山里，是她陪伴着我来到来凤这个一脚踏三省的少数民族地区。几十年，她跟着我走东搬西，不离不弃……

娘，当您驾鹤西归的时候，按传统习俗，儿本应携全家前往烧纸奠祭，送您一程，这是老家兄妹们以及张氏家族的殷殷之盼，也是理所当然，天经地义啊！

可是，娘啊，您的儿子又要愧对您，又要让双庙村的父老乡亲们失望啊！

娘，您知道吗？去年百年未遇的大旱，使我们来凤县连续干旱，我们石桥村那一片塘堰枯竭，农田龟裂，禾苗枯焦，虫害横行……

在旱情严重地威胁着这里人民生活财产和生命安全的紧要关头，我和群众干部，团结奋战，引水开渠，兴建水利；在水渠即将建起来的节骨眼上，我离开能行吗？不行，绝对不行！

娘，儿鼓足勇气，把这一生命工程修好，不就是对娘最大的慰藉，尽了最大的孝心吗？

十七　秦腔台前

1960年深秋的一天，孙玉兰带着5岁的大女儿建珍和3岁的儿子建国，在陕西汉中的土路上走着。这是孙玉兰离开家乡六年后第一次走在通往老家双庙村的路上。一阵秋风吹来，把孙玉兰从小就喜爱的秦腔送进了她的耳朵。孙玉兰此时忘记了疲劳，忘记了在来凤县发生在她身上的不愉快的事，她情不自禁地哼起了秦腔。

秦腔，是中国历史上流传至今颇有影响的一个戏曲剧种。说起秦腔，人们就知道它是诞生并流传于陕西省一带的优秀戏曲。这戏曲与陕北民歌有相似之处，深情、高昂、激奋。这种戏曲千百年来，养育了多少百姓达官，培育和造就出一代又一代优秀的陕西儿女。

孙玉兰就是其中的一个。孙玉兰的父亲孙水祥是个喝了几年墨水的人。他写得一手好字，也满肚子的哲理和戏文。平时在家中，常常教孩子们习文唱戏。孙玉兰是孙家的长女,受益最多,一有空就跟着父亲学写字、听讲故事、学唱戏。慢慢地,孙玉兰懂得了不少革命道理,当了村妇女主任,同时也学会了不少秦腔的唱段和唱腔。孙玉兰不到20岁,就加入了共青团,担任了村妇联主任。可以说,孙玉兰的进步,与秦腔这一优秀的传统戏曲有一定的联系。

南剧,也是来凤县一带土苗少数民族千百年来喜爱和推崇的地方戏。每逢过年过节、婚丧喜事等,都要搭台唱南剧,南剧又名施南调,历史悠久。南剧的声腔是以北路(西皮)、南路、上路(船椰子、南北)为主的皮黄腔系中的重要剧本。南剧剧目丰富,有"唐三千,宋八百"唱不完的列国之说。现代戏有《接龙桥》《山寨新家》《换娘》等。

孙玉兰随同张富清来到来凤县以后,在一次新年欢庆活动中,张富清和夫人孙玉兰被邀请观看。活动中有几段南剧,疲劳过度的张富清睡着了,而孙玉兰不仅看得很认真,还把自己融进了戏的主人公角色之中。戏快完了,人们纷纷离场,可孙玉兰还聚精会神地观看着。

一位清场子的服务员喊着说:"同志,戏完了,出场了,出场了!"孙玉兰这才清醒过来,忙把睡着的张富清叫醒,离开了礼堂。

尽管孙玉兰没有亲自登台表演过戏,但家乡的秦腔也好,来凤的南剧也好,两种不同地方戏的调儿,孙玉兰都能哼出来。由此可见,孙玉兰是一位既喜爱秦腔,又喜欢南剧的人。事情得从孙玉兰下岗的故事说起。

1960年秋季,一项棘手的工作摆在张富清的面前:三胡区压缩非农业人口。这一项工作源于一个文件精神,中央鉴于1959年全国的严重自然灾害,鉴于许多地方粮食减产减收,鉴于近年来城区吃商品粮的非农业人口急剧增加,作出了关于精简职工、压缩城镇人口的决定。从 1960 年下半年开始,三年内必须在全国减少城镇人口数不得少于两千万人。

自古英雄豪杰,能战天斗地,生死不顾,可最难的是做人的工作:一个就是计划生育,再一个就是裁人。

如果把一个农业户口的人招到城里,改农业户口为城镇非农业户口,吃商品粮,且有稳定的铁饭碗工作,他会欢天喜地,感激你一辈子。你若要让一个在岗的职工无故下岗,把他端在手上的铁饭碗打掉,他定会失魂落魄,恨你一辈子。甚至有少数人错误地觉得,农村是炼狱,城市是天堂,他好不容易进了天堂,你又把他从天堂里拽出来,摔落进地狱,他能不把你当作他永世的仇人吗?

按照文件精神,三胡区在精简范围内的吃财政饭的职工并不是很多,绝大部分是区干部的家属。这工作怎么做?张富清身为三胡区分管财贸工作的副区长,这工作毫无疑问由他具体抓,而且要落到实处。

张富清组织区里有关企业负责人学习文件,按文件要求,提出各有关事业单位把本单位应精简的人员名单报上来,再逐个逐个地做好他们的思想工作。名单报上来了,张富清报请区政府,召开一个精简工作座谈会,参加人员是应裁减的人员和所在单位负责人。开会时间到了,一清点人数,张富清傻眼了:所有应裁人员只有三个参加,定好的程序却变了。会议只好按时进行,谁知会只开到一半,前来参加的三个人也分别借故离开了。

精简工作座谈会很难组织起来,怎么办?只有分别耐心做工作。有个别的人还直接拿话把张富清堵得哑口无言:"我没违纪,没犯法,凭什么要把我的饭碗端掉?你有本事,就把你婆娘的饭碗端掉!"

为了工作,挨骂受气都无所谓,但不能叫他做出根本无法做的

第五章 几许愧疚几多爱

事啊!

妻子孙玉兰早在1954年以前就参加了革命,在农村里担任妇女主任。随同张富清来到来凤县的1955年下半年,按照国家政策,孙玉兰被招录为国家公职人员。张富清任三胡区副区长,孙玉兰也调到三胡区供销社上班。由于孙玉兰在供销社职工中,算是有文化的,领导上安排她做财务工作,孙玉兰非常热爱自己的工作。尽管张富清很少在家,家里的几个孩子都是她一个人带,洗衣、做饭等料理家务都靠孙玉兰,可孙玉兰上班从未迟到,她做的供销社的账,从来没错过一笔。她常常因工作积极、表现突出受到单位的表扬。年前她还满面春风地捧回了区供销系统先进工作者的荣誉证书。

像孙玉兰这样的优秀职工,别说她是张富清志同道合的战友,更别说她是张富清孩子的母亲,就是一个跟张富清没有任何亲缘关系的职工,谁也舍不得让她下岗。况且,国家精简人员的范围,是指1958年1月以后参加工作的、来自农村的新职工,孙玉兰根本就不在精简范围之内。

可以说没有任何理由精简孙玉兰!

中央布置下来的精简工作在三胡区怎么推进呢?

张富清束手无策,无论是出门工作还是回家休息,他都是愁眉苦脸。他几乎不敢抬头望一眼贤淑的妻子,他不想把精简的工作与孙玉兰联系起来。如果联系在一起,他会从内心深处感到不公正,甚至是一种罪恶!

时间的步伐一刻也没停止过,可三胡区的精简工作还停滞不前,没有一点儿新的进展。实在没辙,有的人实在不同意精简,动不动就拿张富清的妻子孙玉兰出气,张富清真是有苦难言。那不同意下岗的人,也不管孙玉兰是哪一年参加工作的,是不是在精简的范围内，他们只知道那个供销社很能干、很漂亮的女人是张副区长的爱人，他的爱人没下岗就没有资格管其他人。孙玉兰真冤呐！

孙玉兰也是一个会察言观色的女人，见张富清有些不对劲儿，问他："咋啦？心里有啥不愉快？"

张富清没有正面回答，只是叹了一口气。

"叹什么气？有什么事告诉我，没准我还能给你帮忙。"

张富清本能地睁大眼睛望着面前的妻子。

"看着我干什么？有什么事就说呗！"

张富清本来就不想把这事告诉妻子，但妻子孙玉兰再三追问，在这种无可奈何的情况下，他不得不把自己的难处全盘托出。

听着张富清叫苦，孙玉兰一下子面色苍白，一下子又渗出汗水。她为丈夫的为难表示同情，也为丈夫的为难着急。同时，从丈夫的陈述中，明显地觉得张富清这个分管财贸工作的副区长怎么这样瞻前顾后、缩手缩脚的，这样怕得罪了任何人？

孙玉兰什么都不怕，就怕别人影响她的工作。平常，她视自己的工作为生命。她爱工作，也爱工作岗位上的每一个领导和同事，更喜欢做账，与账目有关系的每一个职员、每一个顾客，孙玉兰都认真对待。

孙玉兰批评张富清，也是在给张富清撑腰。

"作为一个分管这方面工作的副区长，当和事佬、怕得罪人怎么行呢？严格按中央文件规定的范围和条件，该做工作的做工作，工作做不通的，分别跟用人单位负责人、跟粮食供应部和当地派出所都打招呼；该停发工资的停发工资，该停止供应的停止供应，该下户口的下户口，有什么难的？你当年冲锋炸碉堡的劲头到哪里去了？"

孙玉兰像发连珠炮似的向张富清轰来，轰得张富清头昏眼花，他真是哭笑不得。

"这不是上战场,不是对敌人作战。他们也是工人阶级,都是我们的兄弟姐妹,怎么能当敌人一样对付呢?"

"政策是上头定的,又不是你袖子里倒出来的,你是在负责执行上级政策的精神,怕什么?"

张富清一脸苦笑:"他们本身没有错,既没违纪,也没犯法,只是要把他们精简掉,思想上暂时想不通。怎么能一棍子把人家打死呢?"

孙玉兰急了,她的眼泪都要滴落下来:"那能怪你吗?能怪我吗?你的工作进行不下去,是你们自己说的事,与我有什么相干?怎么拿我出气呢?"

张富清违心地解释着:"这件事情,总是要有人吃亏的,关键时候,你不吃亏谁来吃亏?谁叫你是副区长的老婆呢?"

孙玉兰蓦地站起来,已是怒不可遏了:"副区长的老婆怎么啦,副区长的老婆不吃不喝?就不能上班工作?我偷了?我抢了?我在工作中调皮捣蛋了?他们的眼睛怎么就盯着我孙玉兰?"

"别说他们的眼睛盯着你,在没有办法的情况下,我的眼睛也盯着你,你知道吗?你呀,如果你带头下岗了,他们的工作就好做了,他们就再也没话可说了,只有你牺牲自己,成全别人,才能理解你的丈夫!"

"你不要用大话怄着我!我问你,如果我下岗了,孩子们吃什么、穿什么?家里的日子怎么过?为了满足你一个男人的虚荣心,为了不受上面的批评,你只顾自己的面子,就不顾全家人的死活,只顾你的大男子主义,就不顾我的感受,就随意剥夺你女人应有的劳动权利,你说,你对得起谁呀?"

讲话间孙玉兰的眼泪已经滴落,话刚讲完,她就痛哭起来,扑在床上哭得好不伤心。

妈妈哭了,他们的女儿张建珍、儿子张建国像受到妈妈的传染一样,也"哇"地哭了起来。

按说这个时候的张富清应该是六神无主、心乱如麻,可此时的张富清却心静得很,他掂量着妻子的每一句、每一个字,他感觉到了孙玉兰的情真意切,但又没为她的情所动。他要设法动员妻子,他要向妻子倾吐一个共产党员的心声。

很少在家中动手做饭的张富清,劝说了妻子和孩子们,接着系上了做饭的围裙,亲自做起饭来。

非常懂事的孩子们,不抢着上桌子,而是等着孙玉兰起床。张富清帮孙玉兰擦干眼泪说:"起来吃饭吧,孩子们都站着等你呢。"

一家人上桌子了,张富清讨好地先给孙玉兰舀了一碗油茶汤。站在桌子边的女儿建珍说:"爸爸今天懂事了,知道给妈妈舀油茶汤。"建珍的一句话,把一家人逗乐了。

多么其乐融融的一家人!张富清发出了由衷的感慨:"每次看到这种场面,我都打心眼里感到高兴;每次见到你们的妈妈领了工资回家时,我都会有种轻松感,每次见到你们的妈妈捧回奖状时,我都激动得流泪,这是你妈妈的光荣,也是我们全家的骄傲啊!你们的爸爸,是党的干部,党的话我要听啦!听党的话也不能打别人,骂别人,不要别人干活了,要有理由说服他,要有人带个好头带动他,对不对?你们的妈妈,是你们爸爸的爱人,是我们这个小家庭的主心骨。我也希望你们的妈妈不离开单位,每个月挣很多很多的钱,买好吃的,做新衣服。可是,孩子们,我们不能只想到自己呀!我的妈妈,也是你们的奶奶给我说过,小家要服从大家,只有大家好了,小家才会更好。孩子们,你们说,你们的奶奶说得对不对?"

张富清的一番话，是对着孩子们说的，他们的孩子最大的也只有5岁，这番话很难让孩子们听懂，但每句话、每个字都深深地印在孙玉兰的心里。她是一个明理的人，这个时候，最懂张富清的只有她孙玉兰。

女儿张建珍这时说话了，她拉着爸爸的衣袖问："爸爸，你告诉我，世界上最懂你的人，是不是妈妈？"

女儿的一句问话，像一股无线的感应电流触动了孙玉兰，她再也止不住她那不知是幸福还是心酸的泪，在孩子和丈夫面前泪流不止。

刚才还很淡定的张富清，被女儿莫名其妙的问话感动了。他噙着泪水对女儿回答着："女儿的问话，问到我的心坎上了。我要发自内心地告诉孩子们，这个世界上，再也没有谁比你们的妈妈懂我了。我从部队转业，来到来凤这个湖北边远的山区。第一个理解我的是你们的妈妈，我们相互鼓励，一路搀扶，来到来凤。爸爸当个小干部，工作很忙，第一个懂我的，也是你们的妈妈，是她不辞劳苦地料理家务，全身心地抚养着你们。你们的奶奶在老家先是病重，后来去世了，离开了我们，老家先后来两次电报，催我们回老家，最懂我的还是你们的妈妈，她支持爸爸的工作，没有回老家给你们的奶奶送葬。这次，国家要精简人员……"

突然，孙玉兰哭着大喊一声："不要说了！"她自己接着张富清的话说，"这次国家精简人员，爸爸担子很重的。"

孙玉兰接着说："最懂你们爸爸的，还是你们的妈妈，你们的妈妈会含着眼泪带头下岗……"

当讲到这里，张富清、女儿张建珍不约而同地鼓起掌来。

孙玉兰抢接张富清说这段话，不知道孙玉兰是真正受到感动，还是在说气话。

当天夜里，当张富清和儿女都睡熟了，孙玉兰还在灯光下流着眼泪，认真地写着什么。她那么伤心，又那么聚精会神……

半个月以后，张富清从县里领了一面写着几行字的锦旗，锦旗是奖给三胡区人民政府的，落款是来凤县人民政府，锦旗的中间大字写着"体谅政府工作细，精简活动当先锋"。

就在锦旗拿回的那天晚上，孙玉兰为了表示祝贺，特地做了几道菜，并拿出了那瓶不知放了多长时间的苞谷酒。张富清把酒拿在手里，左看右看，一个人还舍不得喝，可孙玉兰说什么也要他喝几杯。孙玉兰主动为张富清倒了酒，几杯下肚，张富清掉泪了。这泪，他不知道是甜的，还是咸的，还是苦的，张富清怎么都说不清。

孙玉兰的两眼一直都含着泪，但这泪始终都没掉下来。在张富清的再三提议下，孙玉兰也品了几口酒。不知道今天的酒是醇的，还是香的。至于泪儿，一直没掉下来……这泪是什么味儿，她没有管它，也根本没必要管它。

等张富清和孩子们喝好了、吃饱了，孙玉兰就正式宣布了她自己做出的决定：明天上午她要带着几个孩子回陕西老家一趟。

这个决定太突然了，张富清摸不着头脑，他问了一句："怎么明天就带着孩子们回老家？"

孙玉兰不冷不热地回了一句："难道不行吗？我在家里干什么？又不再上班了。"

张富清不言语了，他看了一眼放在一边的锦旗，他觉得自己没有理由再问下去，此时应该做的，只是帮着妻子和儿女整理衣物……

第二天上午，收拾了一番的孙玉兰，在暖暖的秋风吹拂下，一手提着用蓝花土布包着的包袱——是土家妹子织出来的有着优秀的传统特色的西兰卡普包，一手牵着5岁的大女儿张建珍，朝来凤县长途汽车站走去。送行的张富清手挎着另外一个包裹，肩上背着他们3岁的儿子张建国，紧紧地跟在孙玉兰的身后。

孙玉兰那双美丽的杏仁眼特别明亮，老远就能瞅见，走在他们前面的，是同在三胡区供销社上班的胡嫂。孙玉兰急忙转过身子，不希望自己被原来的同事看到，她害怕别人问她为什么不上班了，为什么要离开这个人人都羡慕的岗位，现在又去哪里高就了。孙玉兰如果真被这胡嫂看到，这嫂子如果真的这样问她，那她不仅回答不出来，还会觉得把自己的脸丢尽了。

张富清来到来凤县长途汽车站门口，刚把儿子张建国放下来，正遇到区政府的刘干事路过这里。刘干事见到张富清，忙问道："张区长，你这是要去哪儿？"

"送你嫂子和小孩回趟老家。"张富清告诉他。

"你老家在陕西吗？这么急？"刘干事问他。

"嗯，回老家一趟，坐长途汽车到恩施火车站，再去转火车。"张富清微笑着说。

"要不，你先等一下，我回办公室要一辆吉普车，把嫂子送到恩施火车站。"

张富清当即拒绝："不用，不用！区里本来就那么一辆宝贝车，公事都不够用，怎么能开过来私用呢？"

刘干事再也无话可答了，他只好等候在那里，等公共汽车到来后，他和张富清一起，把他们送上车。

几经周转，孙玉兰和一对儿女终于回到了她的老家——陕西洋县。

尽管已是秋天，可这里的天是湛蓝湛蓝的，路边成片的玉米金灿灿的，远处的坡地上，绿中带黄、黄中带红，那黄的是弯腰垂首的小米,那红的是像列队卫兵一般的一排排熟透了的红高粱,还有挂在枝头的孩儿笑脸般的大石榴……

啊!久别的家乡,好一派沁人心脾的丰收景象。

秋风乍起,浑身略有些发热的孙玉兰,此时倍觉缕缕凉意拂面,好不惬意,好不舒服,孙玉兰陶醉了!

"妈妈——我们的老家怎么还没到?"女儿张建珍盼着早些到老家。

"妈妈——我饿了。"儿子张建国有些等不及了。

孙玉兰这才从陶醉中醒来,她回答孩子们:"快到了,前面那个村就是双庙村。村子靠西头的屋子,是你们的爸爸小时候住的;村子靠东边的刘塆的一栋房子是你们的妈妈小时候住过的。"

女儿有些不解:"你和爸爸不是一家吗?为什么爸爸住村子的西边,你住村子的东边呢?"

一句话,把孙玉兰问乐了,孙玉兰笑着告诉女儿:"等你长大了就知道了。"

六年了,孙玉兰还清楚地记得她儿时住过的屋子,还记得通往她家门口的那条晴日尘土扬、雨天泥沾脚的土路。

路的尽头,有一棵百年老树。树荫下悠闲地躺在那里的一只棕色的狗,见到来人就摇着尾巴"汪汪汪"地叫起来。

这是对远方贵人的迎接,也是给屋子里主人报信。

屋子里走出一个满脸皱纹的老婆婆。老婆婆眼睛有点儿不好,一只手架在眉毛上方,眺望着朝她走来的人。还是孙玉兰的眼力强,她无须辨认,她看清楚了,那走出门来的是她娘,是含辛茹苦的母亲。

"娘——娘——我是玉兰呐!"

多么熟悉的声音,穿过耳畔;多么亲切的面孔,映入眼帘!是

第五章 几许愧疚几多爱

她，是大闺女玉兰！

老人张开了双臂，迎接大女儿归来："闺女——！"

"娘——！"孙玉兰泪水流落，连走带跑地扑向母亲。

女儿惦记着娘，娘为女儿担忧，朝朝夕夕，年年岁岁……今天在这个金色的季节，在这丰收的时候，女儿和母亲，终于重逢了，叫娘怎不喜泪尽淌，叫女儿怎不痛哭流涕！

进到屋里来，刚把包袱放下，孙玉兰的弟弟孙新民端来一大瓢刚从树上打下来的枣儿。他叫孩子们快吃，那枣儿青中泛红，个大核小，特别诱人，早就叫肚饿的张建国见了口水都快流下来了。他忙用他那小手抓了两个，美美地吃着，边吃边高兴地对妈妈说："嗯，好甜呀！"

张建珍没有去抢枣吃，只是站在那里东张西望，她感到这屋子好大，她好奇地望着各种与她家里不同的摆设。

孙玉兰对孩子说："只知道嘴馋，快，这是你们的舅舅，快喊舅舅。"她又指着她的母亲，说："这是你们的外婆，快叫一声外婆！"

姐姐张建珍随着妈妈的介绍，都亲昵地叫喊了。弟弟张建国则不一样。他先是恭恭敬敬地向孙新民鞠了一躬，叫了声："舅舅好！"接着他又在瓢里抓了两个大红枣儿，跑到老人面前，把枣递给老人，调皮地说："外婆吃枣，枣好甜。"

张建国的话把一屋人全逗乐了，老人欢喜地把张建国拉到她的身边，高兴道："这个逗人喜欢的小东西，我问你，是枣甜，还是你们的嘴甜？"

"快告诉你外婆，是枣甜，还是嘴甜？"孙玉兰补充了一句。

张建国依偎在外婆的怀里，仰着头看着外婆，好像有点儿害羞："都甜！"又一次把大伙逗乐了……

孙玉兰的娘把自己坐的杨木靠椅朝女儿这边拉近些，对着玉兰数落着:"玉兰呐,你这一走,有六个年头了,俺可是天天盼着你们回来。这不,娘的眼睛都要盼瞎了。"

孙玉兰说:"我也天天想你和爹。总是梦到爹娘一起干活,不知道干了多长时间,一点儿也不觉累。"

她娘问:"你们娘仨回了,富清呢?他怎么没一起回来?"

玉兰答:"他比谁都忙,哪里有空啊!他再三地说了,要我们代他向您和爹还有全家人都问好。"

她娘问:"你们来凤县离武汉大城市有多远?"

玉兰答:"没多远,就一千多里路。是湖北靠西南的最边上。"

她娘:"看你这闺女说的,一千多里还不远,还要多远,那里山多不多?"

玉兰:"那儿本来就是山区,县城四面环山,乡下到处是山,属于武陵山脉。"

她娘说:"跑到那个鬼地方,你们在那里怎么过日子!"

玉兰回答:"山区是山区,可有山有水。我们这里有条渭水河,他们那里有条酉水河,一千六百多里长。那里有十八个民族,在一起生活,像家人一样亲。"

她娘:"不管怎么说,离大城市太远,回趟老家都那么难。你们这次回来,就多住些日子,明天村里又要搭戏台,唱秦腔,是你小时候最爱看的。"

孙玉兰听说村里搭台唱秦腔,她的脸上立刻流露出了一种发自内心深处的怀念之情。小时候她不仅喜欢看,就连秦腔的有些调儿,有些唱词,她都能够哼唱。她问娘:"哪家有喜事吗?"

她娘:"就是老村委会主任孔明旺的儿子结婚!"

孙玉兰回忆起来了:"就是和我同年的那个孔麻子?"

她娘:"对,就是他结婚。想当年孔主任还找你爹嘀咕了好几次，他要我把你许给他家做儿媳妇。"

孙玉兰的脸一下子红到耳根。

她娘："幸亏当年我没松口。你看你现在多好，要儿子有儿子，要姑娘有姑娘，儿女双全。"

孙玉兰问母亲："他怎么这么晚才结婚呢？"

她娘："哪里是这么晚才结婚，前面他娶了一个，走了一年多，这是第二个老婆了。"

孙玉兰笑了笑说："第二次结婚，还要唱秦腔，看来他们家很有钱。"

她娘："那当然是有钱，孔主任当村主任的年头不短了，逢年过节该有多少人给他家送礼！"

孙玉兰听了摇了摇头："靠别人送，怎么能行呢？"

她娘："富清的官比孔主任大，是不是也有人给他送？"

孙玉兰："富清和孔主任是两条道上跑的车——不是一路人。"

她娘："那好，那好，当干部就是要走自己看准的路。"

孙玉兰："娘，这点您放心，富清是个百分之百的马克思列宁主义者。他一天到晚，心里装的都是人民，从没考虑自己。家里的粮食钱，我们省吃俭用，他还经常拿出去接济别人。"

她娘："好，他的工资高，你又在供销社上班……"

孙玉兰："那是以前。"

她娘："怎么啦？现在没有上班了？"

孙玉兰几年没见到亲娘，好不容易见面了，她要尽量把她们好的一面、美的一面展示出来，不想把自己的艰辛、内心的苦涩抖搂出来，怕娘为她担心着急。

孙玉兰看着娘着急的样子，心里很是难受。她假装笑脸对娘说："我不是这个意思，我是说现在两个孩子了，而他只知道工作，家里事情从不搭个手，忙进忙出，都是我一双手。"

她娘："那是我闺女能干呗。女人呐，为了家庭吃点儿苦没什么。你看你爹还不是那样，家里横草不拿、竖草不抬，成天在外写呀画的。"

孙玉兰一听，提到父亲，她的脸色立即阴转晴了。她笑着说："爹是个有学问的人，受人尊敬，别人要请他嘛，他当然没心思干家里的细活。"

这时，孙玉兰的弟弟孙新民从厨房走出来："娘，您别只顾拉家常，还不快点儿来炒菜，别把他们饿坏了。"玉兰娘这才想起来，早就该去炒菜了。

孙玉兰是个孝顺的媳妇。回家的第二天，她就带着一双儿女到富清的二哥家，让二哥带路，买了纸钱、香蜡和鞭炮，来到婆婆的坟前。尽管张富清忘了交代，可她心里一直记着这件天大的事情。几个月前，接到电报说婆婆去世，张富清和她都犹如万箭穿心。当时，张富清正带领乡亲们修水渠，实在走不开，没能回来。这次，她好不容易携儿女回来，她要代表张富清和她自己表示对婆婆的哀悼！

在双庙村西边一块黄土坡上，一座还没长草的坟，无声无息地躺在那里。坟前墓碑上刻的字，清晰可见：周爱女老大人永垂不朽！墓碑的下端，不仅刻有她儿子张富清的名字，还有儿媳孙玉兰、孙女张建珍、孙子张建国的名字。按老家祭祖的习俗，先点两根蜡烛，点六根香，在香蜡前把水果、饭菜等供品供上。再在供品前烧纸，这表示给公婆送钱，纸钱烧尽后，孙玉兰跪在坟前，连磕了三个头。她又指着墓碑对女儿和儿子说："看，你们的名字都刻在上面了，快去给你们的奶奶磕头！"孩子们也很懂事，他们连忙跪在坟前向奶奶磕头作揖。

第五章　几许愧疚几多爱

猛然间，孙玉兰整个身子扑在坟头上，哭天喊地地痛哭着："婆婆，娘——！您走得太快了啊，您一生吃了那么多苦，受了那多罪，刚刚苦去甘来，可恶的病魔又折磨您呀！娘，这是您的儿媳玉兰，还有您的孙子建国、孙女建珍，本应该早点儿回到您的身边，为您端茶送碗药，为您擦把脸，本应该在您升天之前，扶您散散步，聆听您的遗嘱，为您送终守灵……可是，这些我们都没有做到啊！

"娘，您的儿媳能进张家的门，能做张富清的媳妇，都是亏了您呀！不是您的火眼金睛，一眼看透了您儿子和我的心思，不是您亲自派媒人为我们全心牵线搭桥，怎么能有我们美好的姻缘啊！

"娘，您为人民养育了一个千中难找、万中难寻的好儿子，您为党培养了一个不忘初心、淡泊名利、倾心为民的优秀干部。您是富清的好母亲，您是小女的好婆婆，您更是深受人们尊崇和爱戴的全中华民族伟大的母亲啊……"

当孙玉兰悲伤的哭声渐渐地小了，张建国的二伯让张建国和张建珍把他们的妈妈扶起来。接着，他们的二伯在墓碑前燃起一挂长长的鞭炮，鞭炮声在广袤的田野前，在陕南的黄土高原炸响！那炸响的鞭炮声，分明是在称颂张富清媳妇的孝道，在倾诉孙玉兰内心的忧伤！

下午，双庙村中央的广场上，唱秦腔的戏台真的搭起来了。

天还没黑，老人小孩早早带着凳子到台前抢占位置。待"咚咚""锵锵"的锣鼓声响起，戏中的"小丑"把闹台打开。人们三三两两挤拢过来，也就是一两根烟的工夫，广场全都站满，有的地方还挤得水泄不通，一眼望去，黑压压一片。

锣鼓声中，帷幕徐徐拉开，秦腔宣布开始。那别具特色的唱腔，彰显武功的斗打，趣味横生的念白……一幕幕场景无不吸引着广大的观众，赢得台下一阵阵掌声和欢乐的喊叫声。

一场秦腔下来，孙玉兰不知不觉地走进了戏中，戏中的人物令她动情，戏中的故事情节牵动了孙玉兰内心深处的幽怨：张富清呀，你是融进我青春血液的人，你是土苗山寨尊重的一位党和人民的副区长，你只知道完成党的任务，你就不考虑我的感受、不考虑全家啊，特别是给孩子们的正常生活带来的影响。当你从来凤县捧回锦旗的时候，当我和孩子们都为你高兴的时候，当我亲自为你敬酒的时候，当你看到我和可爱的孩子们眼睛的时候，难道你就没内疚吗？就没有一缕缕、一丝丝的愧意吗？

接连几个晚上，一场又一场的秦腔，孙玉兰一场都没落下，都是提前进入广场，待杀锣了，人们散去了，她这才离开。

孙玉兰的母亲，也是个了不起的女性。尽管她没进过学堂，但她毕竟跟着有文化的人做了几十年的夫妻。这天晚上，见两个孩子都熟睡了，她轻轻地来到玉兰的身边坐下。

她对孙玉兰说："闺女，你这几天变了。"

孙玉兰忙说："娘，我不是总那样吗，有什么变的。"

孙玉兰的娘似乎胸有成竹："一般的事情都逃不过娘的眼睛。你——瞒不过娘！"

孙玉兰无法自我压抑，心里要发泄的话有些难以说出口，然而母亲是女儿柔情的温床，母亲是女儿最坚实的靠山，女儿心中难言之隐，不向母亲倾诉，向谁倾诉呢？

"娘……"

孙玉兰扶在娘的肩头哽咽着，她把自己的委屈，把张富清有些她难以接受的做法，把来凤自然环境的艰苦，一股脑儿地向自己的母亲倾吐。

孙玉兰的娘听了，一种对闺女同情、爱怜、打抱不平的心情升腾着。那张满是皱褶的脸上无形地平添几分惆怅。她同情女儿，怜爱女儿,但丝毫没有所谓的打抱不平、寻求报复之意,只是劝慰女儿:"闺女,让你遭罪了。咱干脆再不回那个又远又穷的大山沟了。"

孙玉兰有点儿放心不下:"富清还在那边怎么办,两个孩子不能永远和他们的爸爸分开呀!"

孙玉兰的娘很坚决地说:"就这样定了,住下来别走,至少也要住些日子,气气他。时间长了,那榆木疙瘩自然会打报告调回来。"

娘的话,虽是为女儿好,但孙玉兰还是左右为难。

孙玉兰离家六年,才第一次回到娘家,村里的男女老少都来孙水祥家串门,孙玉兰的老父亲孙水祥写字画画的活也更多了。父老乡亲的来来往往,给孙玉兰的娘家平添几分欢乐祥和的气氛。

孙玉兰的弟弟孙新民因为姐姐和外甥的到来,更是喜上眉梢。他陪同姐姐,背着张建国,牵着张建珍,登上了离村不远的宝山,也观赏了那条蜿蜒于田野和高坡间波光粼粼的河水。至于分布在双庙村周围的固城县城、洋县县城、洋州镇,他们更是常去游玩。人说陕西有几怪,"粉条像腰带,烧饼像锅盖",类似这样有地方特色的小吃,孙新民都要带他们去见识、去品尝。

有一天,张建珍问孙新民:"舅舅,你们这里为什么叫双庙村?"

孙新民告诉两个孩子双庙村的来历:从前这里有两座庙,一个是和尚庙,一个是太寺庙。历史上有记载说"宝山隔渭水,留下十里村",还有流传下来的顺口溜儿:

东西留村十里调,
元代戏楼四角翘。
八间一院和尚庙,

> 村里出现两座庙。
> 城洋两县都知道，
> 因此取名叫双庙。

这里的农耕商贾，这里的田野风光，这里的宜居环境和古朴热情的民风，随时都感动着孙玉兰和她的两个孩子，"就住在外婆家不走了"这样的话，两个孩子不知说了多少遍，而他们的妈妈都微微一笑，也不知道是附和孩子，还是附和自己的母亲。

双庙村又要唱戏了。说是姓张的一家小孩过10岁的生日，请了梁垮一个秦腔班子。

这天晚上，孙玉兰还是如期观看。不知道怎么回事，看着看着就跑神了。她人在秦腔台前，脑海却浮现了来凤县的南剧：在来凤县城的大礼堂，南剧演员所唱的欢快调，还有那彻骨的悲哀唱段吸引着礼堂观众……在来凤乡村的自搭舞台看戏，舞台上南剧演员挥戈打斗，赢得了一片喝彩……真是人在曹营心在汉呀！

入夜，双庙村的上空繁星闪烁。左邻右舍的窗灯全都熄灭，四周一片沉寂，不时传来蟋蟀的叫声。

躺在床上的孙玉兰进入了梦乡。她梦见张富清拖着疲惫的身子由远而近地走来，瘫坐在床前……她梦见她和张富清当年在武汉照的结婚照片……她梦见了那深藏家中的一枚枚张富清的立功勋章……她梦见了几个匪兵在追杀张富清，张富清倒在血泊中……孙玉兰的声音由小至大，断断续续地喊出声："富清，你怎么啦，怎么啦？"

孙玉兰突然从梦中惊醒，天呀，一身的虚汗。她翻身坐在床上，手捂着胸口，后怕地大声喘着气。

孙玉兰的娘被孙玉兰梦中的喊声惊醒了。她推开门进来，关切地问女儿："这是怎么了？"

第五章　几许愧疚几多爱

孙玉兰余惊未散,甚至还有点儿后怕。她告诉娘:"我刚才做了个噩梦,梦见有坏人在追打富清……"

娘走到女儿身边,摸着玉兰的后背,安慰她:"没事,没事的,做梦都是反着的,富清不会有事的。"

孙玉兰早早起床了。她要清点孩子的衣物,想回来凤县。

"姐,走啥走。你六年回一次,至少要住六个月吧,才住几天就要走?一会儿,我陪你和两个孩娃去马畅镇买点儿苹果,这个苹果准比你们那里大。"

孙玉兰勉强回答兄弟:"我们那地方不产苹果,只有杨梅、油菜、地瓜。"

弟弟像懂得很多似的:"你说的那些,只有山区多,走吧,把孩娃喊起来,我带他们去买水果。"

孙玉兰实在拗不过弟弟的热情,就陪弟弟孙新民去了一趟马畅镇。

马畅集市离双庙村只有几里路,各种农副产品,苹果、橘子、柚子、红枣等水果满街面都是,看着街上摆着的一担担、一筐筐的水果,两个孩子还真不想离开。孙新民每样买了些,合起来一大筐,把张建国乐得可爱的小手不知道抓什么好。

孙玉兰要走的主意已定,她像落了魂似的,头脑里想的全都是来凤县,全都是张富清。

女大难留哇,走吧,回到张富清的身边吧!孙玉兰的娘含泪给女儿收拾包袱,并让儿子借来了马车,让儿子把他们送往离双庙比较近的固城县长途汽车站。

女儿的性子也怪急的,说走就要走,五匹烈马也拉不回她的心。孙玉兰的娘在屋里,心里空落落的。

此时来凤县的家中,妻子和孩子没回陕西老家时,张富清经常下乡，一别几十天也不觉什么，可他们一离开来凤，他就对他们十分牵挂。

这是个万籁俱寂的夜晚，张富清忙完工作回家休息，开锁进门，家里好一阵冷清，让他心里直发怵。这种冷清，像北川的冰，冻僵了水鸟，凝固了万物；似扑面的火，烧焦了眉毛，焚烤着人的心肺。

张富清躺在床上，翻来覆去，辗转难眠。不经意间，他触摸到了床头的闹钟。

这闹钟曾为孙玉兰出了多少力哟！每天天不亮，只要闹钟响起，妻子就穿衣下床，给丈夫和孩子做好早餐，然后，或者洗衣，或清理卫生。忙完家务事，她再回头看看闹钟，按时去供销社上班。

可是闹钟啊，你偷懒了，好几天没见你响过，你现在不闲得慌吗？是否也在思念你那世上少有的女主人？

泪，一串串，一滴滴，难以言状……泪，一串串苦涩的泪，在床头流淌……

十八　点亮山乡

年三十，是中国人生活中载重量最大的一天。这一天，勤劳的中国人大多感到最累而又最欢乐。时光如高山流水，转瞬即逝，对一个热衷于干事业的人来说，一年之中，有很多来不及干的事都囤积在这一天，需要去思考，需要去面对。时光也是一只吉祥的鸟儿，它寄托人们真诚的祝福和殷切的期待。

1962年的腊月三十的晚上，与家人围坐在年饭桌边的张富清，看着贤惠的妻子和一个个可爱的孩子，看着桌子上那盏一个劲儿地冒黑烟的煤油灯，他进入了美好的遐想和期待！

那是一个多月前的一个上午，区政府把正在乡下驻队的张富清喊回政府机关，告诉他，说是来凤县电力局的陈副局长和两个电力技术员来了，要在三胡区建电站，征求一下张富清的意见。听到这个消息，张富清高兴得几乎跳了起来。这是他，也是整个三胡区干部群众早就期待的事儿。

1959 年，张富清从县纺织公司调到三胡区任政府副区长，分管财贸和农村工作。

来凤县早在 1956 年元月，就在位于县城西一公里处的虎耳山下开始兴建电站。1958 年 3 月，名叫老虎洞的电站建成并发电，装机 160 千瓦。这是来凤县及整个土家苗家自治区的第一座电站。在县城工作时，张富清分享了电力员工的劳动成果和电带来的光明时刻。看到三胡区所在地的胡家沟一到晚上就是黑灯瞎火，看到三胡区人民群众生活生产对用电的迫切需求，张富清曾多次向电力局提出申请，并以三胡区人民政府的名义正式向电力局提出建电站的请求。三年过去了，张富清和三胡区人民终于盼来了用电的希望！

经县政府批准，县电力局按计划要在三胡区胡家沟兴建电站。

这次电站规划如何，有几台装机，装机容量多少千瓦等，这些都是电力方面的基础知识，可张富清虽说是三胡区分管财贸和农村工作的副区长，却不懂这些知识。不懂怎么分管？怎么代表区政府和全区人民配合县电力局做好建电站的工作？

古人说，三人行，必有我师。是啊，县电力局的陈副局长和两个电力技术员不就是自己最好的老师吗？

张富清也正是这样做的。尽管我国三年自然灾害刚过，区机关食堂也没什么好吃的招待客人，但无论如何，他也要把这三位"电神"招待好。他从自己口袋里掏出身上仅有的钱，让食堂的师傅到胡家沟集市去割了块腊肉，买来两斤苞谷酒。

区机关食堂的师傅也是够卖力的，招待桌上，用土豆、辣椒、胡椒炖的腊肉，人还没上桌，就能闻到那股诱人的香味。

"张副区长，你们太客气了吧！"用餐时，电力局的陈副局长说。

"你们哪，是我们请了几年才请到的客人。稀客，真是客来怪酒不怪菜，请随便用。"

餐桌上，他们边用餐，边谈工作。他们谈，张富清就用本子和笔记下来，边记边问：什么是设计水头、设计流量，M表示什么，M/秒表示什么，千瓦代表什么等。他不厌其烦地问，每个问题都要打破砂锅问到底。他怕他们不耐烦，在提问和记录中，张富清还不时地站起来给他们敬酒。

一个年轻技术员好像发现了什么，他问道："你这么客气，你怎么不喝呢？"

"是啊，你怎么不喝呢？"

张富清站起来，很有礼节地双手抱拳："各位，很对不住，我的胃有点儿毛病，不能喝酒。你们喝是一样的。"

张富清真的是不能喝吗？并非如此。在这之前，张富清在乡下检查生产，又从几十里外跑回区里，他的肚子早就饿得咕咕响，面对这美味佳肴，哪能没有馋意？再说，他早就有个抽点儿烟、喝点儿酒的习惯，根本就不存在什么胃有毛病。在这个场合，张富清克制着自己，尽量不喝：一方面是近几年玉兰给他生养了四个孩子，生活负担太重，他就把烟酒全都戒掉了；另一方面，他要抓住眼前的极好时机，虚心地向陈副局长和两位技术员学习有关建电站的基础知识。

这次接待，大约花了两小时。陈副局长和两个技术员都感受到了三胡区的热情和真诚。而事实上，这相当于张富清自掏腰包，请电力局的陈副局长和两个技术员给他上了两个多小时有关建电站的知识课。

掌握了建电站的基础知识，了解了县电力局来三胡区建电站的装机台数和装机容量，张富清就像哑巴吃饼子，自己心里有了数。

张富清很清楚，躺卧在来凤县城的酉水河共有二十五条支流，其中三胡区至少有八条河流与酉水河相接。这次在三胡区域内建电站，应该建在什么地方？在哪条河流合适？

一切正确的方案或决策，不是凭空设想，而是来自实践，取决于民众。张富清先是找到来凤三胡区全景地图，查看三胡区内河流的方位和基本情况，接着召开全区部分村支部书记会议，摸清村情和民意，征求他们建电站地址的建议。最后，区里统一认定电站的设立地址。

经县电力局派员勘测，最后敲定电站建在胡家沟集市附近的一个叫刘家坝的地方，所属河流是与酉水河相接的老虎洞河，设计水头为 6 米，设计流量为 $0.8m^3$/秒，装机一台，装机容量 40 千瓦，电站名称为老狮子桥……

"你坐那里发什么呆，还不快吃！一年到头，一家人好不容易吃个年饭！"说着，孙玉兰又把桌子上的菜往张富清碗里夹。

张富清这才从遐想中走出。

1963 年 3 月 3 日，正是农历的早春二月，当刺骨的寒风还没停歇，当位于三胡区刘家坝的老虎洞还冰雪未融，老狮子桥电站就正式动工了。

老狮子桥电站的兴建主体单位是来凤县三胡区政府，技术操作和把关单位是县电力局，整个电站建设的主要指挥者就是张富清。

头一回指挥建电站，这对张富清来说，是个从未有过的新事物，也是对他的领导和指挥能力的一次空前挑战。好在春节前的那次招待用餐时，张富清利用机会学了两个多小时，否则这回就抓瞎了。可对于一个具体建设电站的指挥者来说，这显然是不够的。

怎么办？是当个对建站具体业务技能似懂非懂的甩手领导，还是做一个既善于组织管理又精通技术业务的名副其实的指挥者？张富清的选择是后者。

如何解决科技知识的空缺？张富清的思维很清晰。为了解决这个问题，在建电站过程中，张富清组织大家开展了"结对子"的一帮一学习活动。活动中，提倡工人与工人结对，工人与技术员结对，总指挥负责人与总技术工程师结对。

张富清找到总工程师说："我的相互结对人，我主要学你的权威技术，至于当地的民风民俗等问题，你可以找我。"

张富清还请总工程师围绕建电站管理方面的知识写出购买书名，对照书名在新华书店买了一大堆各具特色的学习书籍。从此，张富清每天提前起床，拿出两小时的时间读书做笔记，努力掌握有关建电站的技术和管理常识。张富清不仅学以致用，还身体力行。

老虎洞河奔腾不息的流水在作证，刘家坝平地撩起的山风在讲述张富清情倾电站、无私奉献的动人故事！

在电站建设工人眼里，除了下乡，张指挥长长年累月在工地，小困难、大难题，他都不骄不馁，面带微笑耐心地去解决，会同技术员奋力攻克。

在妻子孙玉兰眼里，打建站开工起，张富清就没有年、没有节、没有星期天，全身心地扑在建站工地，有时在梦中他还喊着要工人注意安全。

1964年7月，来凤县胡家沟一带进入了"天上钩钩云，地上两难停"的多雨时节，老虎洞的河水迎来汛期。电站建设初期的拦水堤坝,经不住雨水浸泡和冲刷,一次次地造成"水在堤上流,不是倒塌就是破口"的难以控制的局面。为了固堤截水,一连一个星期,张富清和工人夜以继日地死守严防。一天下午,刚刚参加完新一轮堵水工作的张富清突然昏倒在地。工人舒方圆连忙把他扶起来,只觉张富清脸上发烫。

"不好,指挥长病得不轻,快送医院。"舒方圆大声喊着。

一辆人力板车冒着雨,把张富清送进了区卫生院。一检查,由于劳累过度,加上寒冷和病毒的侵袭,张富清高烧达42摄氏度,患上了病毒性流感。卫生院强制张富清住院了。

接连几天,同事纷纷来看他,区机关领导探望他,妻子孙玉兰含泪护理着他。

区长对张富清很理解,更是很关心:"张富清同志,你为了电站建设,太操劳了,日日夜夜连轴转,不知道注意休息,硬是把身子累垮了。身体是革命的本钱,你在这里安心治疗。要不要我们重新安排个人接替你?"区长征求张富清的意见。

正躺在病床上输液的张富清艰难地撑着身子,坐靠在病床上说:"不用,不用!为了加快农村建设的步子,区里哪个领导不是又忙又累?再说,比起战场上我的流血牺牲的战友,这点儿头疼脑热算什么?"

五天过去。张富清的高烧已经退了,流感症状也消失了。但医生为了对病人负责,还要给张富清输两天液,继续观察一下。

接受治疗的五天,对张富清来说相当于五个月或五年!

因为,在这五天的日子里,张富清没有上工地,没有见到正奋战在建站工地的兄弟们,这让张富清心里备受煎熬!

第二天早饭后,被关进黑房的太阳,从沉睡中醒来,挣脱了封锁,将光芒洒向了鄂西来凤边陲,洒向了"一脚踏三省"的来凤县。她那光芒的火热与燥性，透过窗户，涌往三胡区卫生院的病房。

仍然在接受输液的张富清，在病床上怎么也躺不住。他人在病房，思绪却飞往了电站建设的工地：老虎洞河流的蓄水大坝是否严实？工地上这次的每周一小结进行了没有？工地上来自电力局、县直属有关单位、区属生产大队的兄弟们是携手共进，还是不停地磕磕碰碰？一连串的牵挂，叫张富清哪有心思继续住院！

见守护着他的妻子孙玉兰和为他打针、量体温的小护士都不在，张富清拔掉了正在为他输液的针头，偷偷地走出病房，向着电站建设工地跑去……

1964年12月30日，继1958年来凤县首座电站老虎洞电站之后，一座装机容量为40千瓦的老狮子桥电站，在三胡区刘家坝正式落成发电。一时间，三胡区的区直属各部单位，胡家沟镇以及附近的两个生产队，一片亮堂。三胡区这个来凤县的土苗山寨，第一次点亮了电灯，这一无烟灯火老狮子桥电站的落成，给这里满怀信心庆祝元旦、迎新年的人们，带去了从未有过的喜悦和欢乐。

由此结束了用松子节、火把、桐子油、煤油照明的历史！

1966年上半年，一心想着让老百姓过上好日子的张富清，在三胡区革勒车乡小二龙山探访民情时，小二龙山六队的田队长问张富清，他们生产队什么时候能像胡家沟那样用上电。张富清微笑着回答田队长：用上电是迟早的事，眼下，国家财力有限，要用电还有个过程。实心的田队长，诚恳地邀请张富清去看一样东西。

张富清在小溪口旁，看到一台水轮泵停放在那里闲置着。看着看着，他脸上露出着些许微笑：改造一下，没准还真能把它派上用场。

张富清对把水轮泵改成发电机这件事，有种感觉，觉得有可能实现。但是否真正能改，如何把它改好，都是他不能轻易下结论的事情。有一个人可以，他就是三胡区农机站的技术员杨圣，杨圣完全有资格和水平作出正确的判断。

关于杨圣，田队长只听过他的名字，还真没跟他打过交道。田队长告诉张富清说："我跟杨圣不熟，怕我去了，杨圣不搭理。"张富清笑着说："那就我去吧，我去找他，他不可能不帮忙。"

提起区农机站技术员杨圣，人们自然会想起张富清倾情为百姓解难的一桩事儿。那是六年前的8月上旬，正值收割早稻的季节，阳河坝村开展劳动竞赛，看哪个生产小队最先把早季稻先抢割完。一小队比二小队的劳动力要多，而早谷种植面积小些。按说，一小队肯定会赢。可没料到，二小队拼命地收割完，二小队宣告取胜。事后，村里领导分析原因，一小队的社员说，二小队队长的女婿是酉水河对面的人，对面属湖南的龙山，那里有无数个铁匠。农民用的镰刀、铁锹等农具都出自铁匠之手。酉河岸畔的农具，包括来凤县在内都来自龙山县的铁匠之手。来凤县铁匠很少，农民忙活起来，农具普遍短缺，严重影响生产进度。如果赛前不是从湖南龙山县借了五十把镰刀，二小队怎么会轻易地取胜呢？

阳河坝村反映出的问题，在三胡区有普遍的代表性。不把农具问题解决好，就严重制约着全区农业生产的发展。

星期天，张富清一大早就赶往酉水河那边，来到铁匠众多的龙山县城，找有锻打经验的铁匠师傅，请他们连同铺子一起，搬到来凤县，到三胡区来安家落户，为来凤的发展贡献力量。

尽管一河之隔，师傅们却大多不愿意。他们怕人生地不熟，不好处理人与人之间的关系；他们怕新来乍到，生活不习惯；他们怕换了行情，生意不好做；他们怕一家湖南人进入湖北的地界，受湖北人的欺负……

找到一个又一个，谈了一家又一家。最后，张富清找到了名叫杨圣的年轻师傅。他的手艺很高，精通各种农具及生产用具的锻打。他有胆略，有主见，有"四海匠人一家亲"的交友原则和走遍天下艺为先的博大情怀。

张富清把他请到三胡区，安排在三胡区农机站工作。

谁也没想到，杨圣进三胡区农机站才一个月就跑了，回到了他原来的湖南龙山县城，继续做起了打铁的营生。

怎么回事，杨圣跟谁闹矛盾了？一问，站长说，他平时言语不多，农机站干部职工都和谐，不存在大闹之说。

这个星期天，张富清又一次来到酉河对面的湖南龙山县城，问杨圣："为什么去了湖北又回湖南？你杨圣不是说过黄土无处不埋人吗，怎么才一个月时间就离开了三胡区农机站呢？"

杨圣本人还是没说什么。杨圣的妻子在一旁忍不住了，把心中的委屈全部说出来了："在湖北人生地不熟都没什么，反正我们都是土家族人，可农机站只给杨圣一个普通职工的待遇。还有农机站的干部职工大部分属城镇非农业户口，而我们家的杨圣还是农业户口，我们干什么都不方便……"

问题的症结找到了，张富清把三胡区农机站长叫来，狠狠地批评了一顿："你怎么这样不珍惜人才？人家是个手艺非凡的铁匠师傅，把他请过来，就是让他发挥技术特长，搞好'传帮带'。你倒好，把他当普通职工使唤，亏你做得出来！"

对站长一顿批评后，他建议由杨圣担任农机站技术员，迅速发挥他的作用，生产出一批群众急用的各式各样的农具，并让他搞好"传帮带"工作。

既然是把杨圣作为技术人才引进，作为分管这项工作的副区长，就应该关心他的生活起居，解决摆在他面前的实际问题。张富清跑派出所，找县编制办公室，终于把杨圣四口人（他和他的妻子、儿子、女儿）的农业户口变为非农业户口，享受国家供应粮、油、布的待遇。此外，张富清还亲自帮他的妻子安排了一份工作。

杨圣再一次来到湖北省来凤县三胡区农机站，作为农机站的重点技术员，他已经在来凤安营扎寨。他全身心地投入工作，指导工人加快生产各种农具，很快扭转了三胡区农具及其他生产工具短缺现象。

再说张富清找到杨圣，让杨圣来到三胡区革勒车乡小二龙山，亲眼看了看那台水轮泵。杨圣说要改为发电机技术上完全可以，但三胡区农机站的设备达不到改发电机的要求。听后，张富清非常高兴："能改就行。我们区的设备不够没关系，我们可以到来凤县机械厂，到湖南龙山县机械厂去办啊。"

张富清平常待人很温和，不急不躁，但也是个有了事情不过夜的急性子，他立刻让区政府办公室开出介绍信，让杨圣与革勒车乡民兵连长田万福一起，分别找到来凤县机械厂和湖南龙山县机械厂。两个机械厂的意见几乎一致：改没问题，但代价过高，时间也很长。

为什么不能降低成本，节省和压缩时间？张富清不是对派出的两个干部不放心，而是要一竿子插到底，要亲自去搞个水落石出。最后，张富清谢绝了湖南龙山县机械厂，改装定在来凤县机械厂。经多次协商，改装价格被砍一半，改装时间也缩短了三个月。

1966年7月，在中国共产党诞生55周年的纪念日，在小二龙山，一台由皮带轮带动实物10千瓦的电动机诞生了，白天用电动机碾米，夜晚用来给小二龙山第六生产队近六十户农家照明。此刻，小二龙山第六生产队一片欢腾。他们歌唱党的好领导，他们敲锣打鼓燃起了鞭炮，他们跳起了摆手舞，唱起了欢快的歌，他们歌唱着张富清副区长对老百姓的无限深情。

十九　补裤缝袄

1964年国庆节，是全国人民欢庆中华人民共和国成立14周年的日子。这一天也是张建国感到最幸福的一天。爸爸好长时间没有回家了，今天却没出门，能和张建国还有他姐姐一起玩耍。爸爸不知从哪里带回了一个大苹果，当他从黄布背包拿出这个苹果时，张建珍和张建国都高兴得蹦了起来，3岁的张建荣和2岁的张健全也都兴高采烈。

张富清看着大小四个孩子，满心欢喜地逗着他们："孩子们，你们谁想要？"

第一个伸出手的是张建国："我要！"接着妹妹张建荣和弟弟张健全也都伸出了手。唯独姐姐张建珍没有伸手，她只是在一旁高兴。

张富清问大女儿："建珍，你怎么不伸手要呢？"

张建珍回答说："我是姐姐，不和他们抢！"

年仅9岁的大女儿能说出这样的话，张富清为她感到骄傲。女儿的懂事善良，也感动了站在一旁的孙玉兰。孙玉兰的眼眶一下子就红了。

这苹果还是由他们的妈妈接过去了。孙玉兰将苹果洗了洗，连皮都舍不得削，将苹果分成了四份，一个孩子一份。没想到大女儿摆了摆手，真的没接。

张建国不管三七二十一，从妈妈的手中接过那牙苹果就咬了一口，剩下的也就不多了，妈妈干脆把姐姐的那一份也给了他。

张建国边吃边乐，特别开心，他抬头望着张富清，问道："爸爸，你下回再给我带什么？"

张富清问孩子："你想要什么？"

"我想要一件新衣服！"

天真的孩子就那样脱口而出，他也不管爸爸高兴不高兴。

儿子话一出口，爸爸羞愧难当，张富清心里明白：作为爸爸，没钱为儿子购买新衣服。他无法回答，只是尴尬地微笑着。

还是妈妈反应快，她一口答应了儿子的请求。她很清楚，她早就应该给张建国添置新衣服了，却总是顾了这个顾不上那个。孩子们跟爸爸一样急性子，几年的时间都跑来了：1955年，大女儿张建珍跑来了；1957年，大儿子张建国跑来了；1961年，小女儿张建荣跑来了；1962年，小儿子张健全跑来了。四个孩子都像施了肥的青苗，一天天望着长。没办法，孙玉兰从供销社被迫退出后，仅靠张富清一个人的薪水，供养着全家六口人的生活，举步维艰。

再苦也不能苦了孩子。粮不够，到地里去掏剩，就是到农民种红薯或者种土豆等的庄稼地里，掏讨农民收挖后的剩物；菜不够，到菜市场去拾荒，就是拾捡别人买菜时去掉的老菜根、菜叶；柴不够，就学土家族那样用毛巾扎个头布，拿着砍刀上山砍柴，哪怕树刺划衣，哪怕蛇狼惊吓……

有一次，孙玉兰上街，听熟人说，有户人家，儿子在外地工作，家中两个老人身体不好，想请个保姆帮忙做饭、打扫卫生。孙玉兰顾不上自己的身份，主动跑去充当这个角色。打扫卫生虽然活脏一点儿倒没什么，只是由于她不是本地人，做的饭菜很难对老人的口味，于是为了适应老人的口味，她向左邻右舍的嫂子、妹子请教。经过一个多月的磨合，她做的饭菜终于被老人接受了。后来，老人知道他们请的保姆是三胡区副区长的夫人，吓了一跳，连忙跟孙玉兰结清了工钱把她辞掉，孙玉兰再三地解释，老人还是不敢再留用……

1963 年，经人介绍，孙玉兰结识了一个苗族的裁缝师傅。苗族裁缝师傅不光手艺好，心肠也好，她教会了孙玉兰量裁剪补、缝纫做衣，还带着孙玉兰去街道缝纫社做帮工，做一件衣服可以挣三角钱。孙玉兰把衣服带回家，不分白天黑夜地裁剪缝纫，拼命赶活儿。女儿张建珍、儿子张建国也为娘助力，学着帮妈妈做盘扣。

张建国身上穿的这件衣服已经有三年了，一年比一年小，破了补、补了破，有多少个补丁也数不清楚。孩子们的衣服，不分男女，都是大的穿过小的再穿，轮到张建国不是旧的就是破的。他不止一次喊着要穿新衣服，今年无论如何不能让孩子失望，一定要想办法给他做件棉袄。

孙玉兰抚摸着张建国的圆脑袋说："妈答应你，今年过年，妈妈一定给你做一件新棉袄！"

张建国又高兴地蹦了起来："好，我过年有新袄子穿啰！"

妈妈答应的日期，对儿子张建国来说可谓数指可望。每天上学，他从不迟到，上课做作业也非常认真，在家里他也很听话，完成作业后就自觉地去帮妈妈做盘扣。

张建国还经常掰着他的小指头数着，看离过年还有几个月、还有多少天。

姐姐张建珍见弟弟老是掰着手指头数来数去，跑过去给他出了一道难题，她问弟弟："'水到渠成'是什么意思？"

张建国望着姐姐，把头摇了摇。

姐姐这下子可神气了："就是说渠道的水，等时机成熟了，水就自然流出来了。你知道吗？"

"嗯！"张建国又把头使劲儿点了一下。

孙玉兰对儿子许诺的事情，始终记在心里。她无论如何也要给张建国做件新棉袄。这天，她为儿子把尺寸量好，就用她自己给缝纫社做衣服挣来的钱,特地买来新布和新棉絮,裁呀缝呀,只用了三天空余的时间,就做成了一件崭新的棉袄。她把张建国喊来一试,合身得体,帅极了!这一天,是1964年11月底,已经入冬了,正是穿棉袄的季节。张建国把姐姐梳头用的镜子借来一照,镜子里穿上新棉袄的小伙太神气了。

他把镜子还给姐姐,掉头就往外跑。妈妈舍不得,怕他跑出去把新棉袄弄脏了,坚持要他脱下来。张建国一动也不动地站在妈妈的面前,他还是不想脱。这时,姐姐张建珍走过来,给妈妈帮忙:"你快点儿脱下来,听妈妈的话,等到过年的时候再穿。你要是不愿意脱,这棉袄就归弟弟健全了!"

听说这件棉袄归小弟张健全穿,张建国"哇"的一声哭开了。他边哭边快速地把穿在身上的新棉袄脱下了。

看着眼前的一切,孙玉兰脸上露出欣慰的笑容,随之流下了心酸的泪水。她从儿子手中接过新棉袄,又怜爱地擦拭着儿子脸上的泪痕……

时间又过去了半个多月,一股少有的寒冷袭击着来凤,鹅毛大雪无声无息地飘落。这里的高山峭壁、酉水河畔、水田旱地、道路小溪、村前屋后,一夜之间盖上了一层厚厚的银灰色的被子。

第二天中午,雪花还在飞舞,由于雪大天寒,为了少年儿童的安全,学校暂时停课了,孙玉兰就早早地和孩子们一道吃中饭了。忽然,浑身是雪的张富清回到家中,火急火燎地问孙玉兰:"上回你答应给建国做件新棉袄,做了没有?"

孙玉兰立马回答:"做了啊,他试了一下,好得很。"

张富清忙说:"给我,有急用。"

孙玉兰忙问:"你拿出去干什么?该不是又要送给别人吧?"

"你说对了。上午我陪县里领导去看望了一下烈士家庭,有一家孩子的父亲原是部队的工程兵,在一次抢修铁路的战斗中,发生了坍塌事故,山石滚落,他为掩护战友,自己牺牲了,留下妻子和两个孩子,大的才像建国这么大。家里就一个妇女,好苦啊!孩子穿得都很单薄。我想送给那个大孩子保暖。"

孙玉兰不同意:"那不行。给了别人,建国穿什么?"

张富清急了:"快给我。反正你现在缝纫手艺不错,给建国重新做一件!"

孙玉兰手里拿着那件新棉袄,不愿意让张富清拿走,她高声说:"哪那么容易的事?孩子要了几年才下狠心给他做了一件,这下又要送出去,孩子们也不会同意。"

张富清像吃了钢钎铁了心:"我也是从部队退下来的,看到他们的情况,我感同身受啊!烈士为了抢救他人,自己却壮烈牺牲了……烈士已流尽了血,我们怎么忍心再让他的妻子、孩子流干眼泪呢?"

一番话,触动了孙玉兰那颗纯洁善良而又脆弱的心,孙玉兰很不情愿地看着张富清把衣服拿去。她还是不依不饶地说:"烈士家属是要关心,但政府呢?民政部门呢?不能只靠你个人呀!"

张富清耐心地说服着孙玉兰:"我不就是党和政府的人吗?我们要有责任、有担当,我没有理由不去关心他们。"

7岁的儿子张建国把手中的筷子往饭桌上一丢,大声哭喊着:"是我的,不准给别人!"

一时间,张富清、孙玉兰,还有姐姐张建珍、妹妹张建荣、小弟张健全,目光全都投向了这个7岁的张建国。

张建国哭泣着:"是我的,是妈妈给我做的,不能给别人……"

张富清忙拍着儿子的小肩膀:"建国,孩子,我说了,让你妈再给你做一件好不好?"

第五章　几许愧疚几多爱

张建国还是很生气，哭着大喊："不好，就是不好！"

张富清无可奈何："你看你这孩子犟得像头拉不动的牛，玉兰你在家再好好地哄一哄。时间不早，我得走了。"说着，他就拿着那件被折叠、包装好的棉袄出门了。

望着爸爸在飞雪中的背影，张建国扯大了嗓门，哭喊着："爸——我不——！"

张建国的哭喊牵动着妈妈的心，孙玉兰怎么也忍不住"哗哗"直淌的泪水。张建国的哭喊感染了姐姐张建珍，张建珍也跟随着弟弟一起哭："爸——不——！"张建国的哭喊声又迅速传染给妹妹张建荣、弟弟张健全，他们两个小不点也稀里糊涂地跟着哥哥、姐姐一起哭了起来……哭喊声被如絮的雪花遮掩着、压抑着，像一声声低落沉闷的雷声，隐隐约约地撞击和碾轧着张富清的心扉……

这事在孩子心里，像一阵狂风刮来，刮过去也就过去了；这事在孙玉兰的心里，却像一把锈刀，始终在割着她身上的肉，她随时随地都在疼痛中煎熬。

时间，一步一步地向着新年逼来。孙玉兰似乎感到今年的过年不是给孩子们带去欢乐，而是害怕像杨白劳那样还不清一笔欠债，这笔欠债是欠下孩子的那笔情感债、良心债！

张建国是个很精怪的孩子。他一直会记得爸爸和妈妈说的，重新给他做一件新棉袄。可重做一件哪里那么容易？钱在哪儿？再不做吧，无论如何都说不过去。

思来想去，孙玉兰主意已定：买几条旧化肥袋，用色一刷，捡些破被絮，用手拉一拉，扯一扯，再缝裁成一件棉袄，取旧代新，让那可爱的儿子张建国，能穿件"新"棉袄，过一个舒心的年。

旧化肥袋和破被絮被采购回来了。孙玉兰生怕被儿子发现，偷偷地拿回屋，待孩子们熟睡后，再偷偷地裁剪，偷偷地缝纫……

这是为什么？世上哪有做娘的愿意昧着良心去哄骗亲生儿子的！可是，作为母亲的孙玉兰不违心地以假代真，不用这个哄骗的法儿，怎么过得了儿子要穿新棉袄这道坎？怎么解开为娘的心疼儿子的那个结呢？

孙玉兰哭啊！偷偷裁剪也哭，偷偷缝纫也哭！泪水一串接一串，挂满了面颊，打湿了针线。而哭声不敢大，她怕哭声吵醒了熟睡的儿子。一旦吵醒，为娘的该如何应对？

春节还是跑来了。大年三十吃年夜饭前，孙玉兰从箱子里拿出那件用袋子和破被絮做的"新"棉袄，张建国又乐了。他像爸爸在部队紧急集合一样，用最快的速度脱下身上的破棉袄，穿上了这件妈妈重新为他做的"新"棉袄。这衣服儿子穿在身上还是不大不小，他对着镜子照了照，帅极了！

忽然，他笔挺挺地站在那里，神气十足地右手举过头顶，向着他深爱的母亲大喊一声："敬礼！"这一少年儿童礼把大伙儿全逗乐了。唯独母亲孙玉兰没有半点儿笑意，她转过身去，不愿意让他们看到她眼角里涌出的苦涩泪水……

慢慢地又过了几年，张富清可爱的小儿子张健全也长大上学了。张健全喜爱运动，他穿的鞋总是比别的同学破得快些。他心疼妈妈，不愿意向妈妈要新鞋。10岁那年，张健全穿的那双黄胶鞋的脚尖破了两个口子。那天，补鞋的皮匠在他们学校门口蹲了两天，要求补鞋的学生特别多，班上同学让张健全把那双破胶鞋补一补。他用手在衣袋里摸一摸，分文未带，他就干脆不补了，用废纸搓了搓，抵住鞋破口。谁知，破口越堵越大，连脚趾都露出来了，张健全就用草绳把脚捆起来。一次，学校要开运动会，妈妈为张健全赶制了一套新衣服。新衣服刚刚穿出来，就有同学看出破绽，说他的背部印有"含氮量"的字样，过了两天，同学发现他的裤子上也印有"含氮量"的字样。他发现，有的同学在悄悄地议论，还有同学当面取笑他。头脑灵活的张健全坦然地对同学说："你学了作文课的，写作文不是要有特色吗？穿衣服同样要有特色，要标新立异，你懂吗？"同学一下子张口结舌，无言对答。

后来，张健全说的这段话传进了语文老师的耳朵，语文老师在作文课的课堂上还表扬了张健全。老师说："张健全同学说得非常正确，写作文和裁衣服都是一个道理，都要有特色，要标新立异，要独具匠心！"

打那以后，同学们不再笑话他。反过来，他穿的用布袋改做的衣服在同学们的心目中增添了一种神秘的色彩。

张建荣、张健全姐弟俩，由于年龄相隔不到两岁，他们俩常常一起读书、一起劳动，无话不说。

那年暑假，两个孩子见爸爸的衣服补了又补，他们心里酸涩酸涩的。张健全说："我将来上班挣钱了，一定要给爸爸买一条新裤子。"

张建荣说："我们一起出去挣钱，挣了钱为爸爸买一条裤子好不好？"

张健全说："好是好，我们到哪里去挣钱呢？"

张建荣告诉他："我听我们班上同学说，胡家沟集镇东边在搞建筑，那里要人搬石头。"

"好，我们去看一看。"张健全说。

姐弟俩来到建筑施工现场一问才知道是要招临时工搬石头，那个现场负责人说："我们要的是体大力不亏的壮劳力，你们这小孩有啥用！"

张健全听了，有些不服气："我们特地来给你们干活，你们为什么瞧不起人？"

负责人说:"石头要从这边搬到那边,你们能搬动吗?"

张建荣接过负责人的话茬:"一个人搬不动,我们两个人来抬不是一样吗?"

负责人见这两个孩子心还很诚,就勉强答应了:"好,你们先试试吧。按石头的块数计算工钱。多干多得!"

弟弟在前,姐姐在后,两人抬一块石头,他们姐弟俩就在建筑工地干了起来。累了一天,两人小脸涨得通红,不过只见汗水没见泪。当天结算,他们挣了六角多钱,姐弟俩开心极了。

他们从来没有挣过这么多钱。晚饭前,妈妈问他们姐弟俩上哪去了,张健全本想高兴地告诉妈妈,让妈妈为他们高兴高兴,谁知姐姐对着弟弟眨了眨眼,抢着回答:"我和弟弟去酉水河边玩了!"妈妈什么也没说,让她们快吃饭。

第二天、第三天,他们都去继续抬石头了,虽说活儿有点累,但进行得很顺利,钱也兑现快。

第四天,他们照样来到施工现场。这一天,天是阴沉沉的,风暂时是静的,这就预示着大雨即将到来。

"姐,我们先回去吧!"张健全说。

"没事,别人都没走,我们提前走了,怕别人不给我们兑钱。"张建荣回答着。

一会儿,随着一抹雷电的闪现,一场大雨泼洒下来。雨点虽不是很密,但打在头上、身上,给两个孩子的刺激很大。干活中的张健全心一慌、脚一歪,身子失去了平衡,抬的那块石头一下子砸在了张建荣的右脚上,张建荣"哎哟"一声倒在地上。张健全迅速把姐姐从雨地上搀起,不得不提前结完当天的工钱回家了。

天气却像在跟两个小孩耍脾气一样,当弟弟扶着受伤的姐姐快到家时,风散雨停了。两人回到家里,再看张建荣被砸的小脚,她的脚已经肿得活像个棒槌。

本来说好了要休息几天，可第二天姐姐说脚不疼了，姐弟俩又干了起来。

姐弟俩瞒着爸妈给别人干活，好不容易攒了三十九元多钱。他们一商量，去扯了一块黄的确良布，交给妈妈，要妈妈给爸爸做一条裤子。妈妈吃惊了，问钱是从哪里来的，他们才把偷偷去抬石头挣钱的事一五一十地给妈妈讲了。

多好的孩儿们，为了让爸爸穿上新裤子，竟然偷偷卖苦力。深夜，一针一线地为爸爸缝新衣，妈妈再一次泪流满面……妈妈不停歇地给爸爸缝纫新衣，那一针一线，无不浸透着妈妈无尽的辛酸，无不连接着孩儿们对张富清纯洁的爱意……

第六章　胸有镰锤总发光

二十　狂风乍起

1966年7月，张富清从三胡区副区长的位置被提为区长刚刚两年。就在这个时候，一场前所未有的给党、国家和各族人民带来严重灾难的内乱，在举国上下，在荆楚大地，在武陵山脉，在全国摆手舞之乡，在向王天子曾吹响过牛角号的地方，肆虐着、席卷着。

接连几天，三胡区政府的门口出现了"揪出暗藏的国民党反动派张富清"的大字报。胸中始终揣着党旗的张富清，工作成天忙不过来，哪有精力顾及其他。

你不理它，它便找你。这天下午，一群不明真相的人把张富清用绳子捆绑起来，带到三胡区政府门口。在这里，他们早早地把人集中起来了。几个不明真相的人让张富清头戴纸帽，胸前挂个牌子，牌子上面写着"我是反动派"几个大字，再用几根细细的铁丝挂在张富清的脖子上。张富清显得格外狼狈。

一个猴瘦猴瘦的青年把张富清推到人前，他站在张富清的后面，吼叫着要张富清跪下。张富清像没听见一样，站在那里一动也没动。趁张富清不注意，一个青年朝着他的膝盖后部猛踢一脚，挂牌子的几根细铁丝随之一紧，张富清的脖子立刻被勒得流血了……

站在一旁的大女儿张建珍见了，怎么也控制不住自己的情绪，

第六章　胸有镰锤总发光

失声大喊："爹——！"随着这一声喊，她纵身向父亲这边扑来。

没等张建珍扑在她父亲的身上，那青年又是猛地一脚，把张建珍踢倒在地。她的脑袋被磕得鲜血直淌……

"珍珍——珍珍！"

丈夫无缘无故遭受这般侮辱，心爱的女儿珍珍又惨遭毒手，出于人性的本能，孙玉兰犹如一只发了狂的猛狮，大声呼喊着："救命啦——！救命啦——！"

站在远远近近的是不明真相的群众，当他们亲眼看见那群禽兽不如的青年惨无人道的兽行，一个个怒目而视、拳头紧握，他们发出了愤怒的吼声："不准打人！""不准打人！""杀人偿命！""杀人偿命！"

正义的怒吼声，像滚滚的铁流，排山倒海，冲破了面前的恶浪，摧毁了强盗的意志……愤怒中，人们勇敢地夺过了他们手中的器械；愤怒中，人们自发地形成了一个铜墙铁壁一样的人圈，把他们的好区长挡在圆圈内；愤怒中，人们从张富清的脖子上取下并踩烂那块牌子，赶走了这群不知从哪里来的强盗，扶起受到惊吓的弱女并送往了医院……

张建珍头上的伤口暂时包扎好了，全家人又把神志不清的张建珍接回家中。呆呆地守坐在创伤中的女儿张建珍身边的张富清，此刻尽管怒火中烧、心乱如麻，可他内心比什么时候都清醒：这帮恶魔，这次想批斗我张富清没成，他们是绝不会善罢甘休的，定会从头再来。要打要骂，要杀要剐，我都无所谓……

想当年，在解放大西北系列战斗中，面对国民党军队火力密集的封锁，面对敌人无数次的疯狂反击，面对敌人凶狠的追踪，天上有飞机轰炸，地上有大炮射击，我怕过吗？没有！为了人民的解放事业，任凭你森严壁垒固若金汤，任凭你机枪地雷、明碉暗堡，张富清都会舍生忘死、冲锋陷阵。荣立西北野战军特等功一次、军一等功一次、师一等功一次、师二等功一次和团一等功一次，并被授予军"战斗英雄"称号、师"战斗英雄"称号和"人民功臣"奖章。几十年的艰苦奋战，几十年的血火生涯，在他的心中，从来没有一个"怕"字。

但这次，他怕了。张富清害怕的是，他们再次残害他的家人。他最怕最怕的，是他深藏在箱子里的那包获得的奖章、证书！他知道，自己尽管是三胡区区长，可在此地无亲无戚，家里住房这么窄小，办公室又在众人的目光之下，万一……不，这不是万一！这种可能性极大！他们又以一个什么名目来抄家，那珍藏下来的看家之宝，不就轻易落到了这帮地痞小人之手吗？

任凭骤雨风狂，此物必须珍藏！

张富清叮嘱妻子玉兰，悄悄地出门观望一下，看他们的家是否有人监视。玉兰告诉他，门外有两个人转来转去。

直到凌晨1点多，监视的人才彻底离开了。张富清抓住这难得的机会，偷偷地拿起铁镐与那紧紧地用塑料和布包在一起的包裹，来到他早就选定的一棵柏杨树下，深深地挖了一个洞，把那个包裹埋在那里……从那棵树下回到屋里，张富清才长长地吐出一口气。

再说女儿张建珍，那天被人踢倒在地以后，她被踢成了轻微的脑震荡。也正是那无耻小人的一脚，使这位可怜女孩原有的病症越发加重。

早在三年前的5月中旬的一天，9岁的张建珍从学校回家后，不想吃午饭。孙玉兰关切地问女儿："怎么啦？哪里不舒服？"

"我也不知道，只是觉得浑身打寒战。"

"要不，我带你去区卫生院看看？"

"不用了，妈！你吃吧，我知道你这几天很忙。你吃了好去缝纫社裁衣服！"贴心的女儿时刻都在为娘着想。

"那你睡一会儿，娘吃了就去缝纫社。你肚子饿了就起来吃。我今天特地蒸的红心红薯。"孙玉兰叮嘱女儿。

张建珍的大弟弟张建国也懂事，吃了几个红薯后，跑到姐姐跟前："姐姐，你饿不饿？"姐姐摇了摇头。

"那你渴不渴，我给你倒杯水？"姐姐这时感动地点了点头。

张建国忙给姐姐倒了一杯水送到姐姐跟前，然后跟妈妈打了声招呼，就背着书包上学去了。

孙玉兰跟小女儿张建荣和小儿子张健全吃完饭后，对女儿张建珍又叮嘱了几句，就带着两个孩子去缝纫社了。

下午回到家里，孙玉兰走到床前，见大女儿张建珍还在昏昏欲睡。孙玉兰没有打扰女儿休息，赶紧为另外几个孩子做了晚餐。接着，她让大儿子张建国到外面买回两斤筒子面条，又拿出仅有的三个鸡蛋，做了一大碗热腾腾的鸡蛋面，端到女儿的床前。

"珍珍，快起来吃点儿吧，都一天没吃东西了。"

孙玉兰轻轻地把女儿唤醒，让女儿坐起来："来，姑娘，快吃点儿吧，妈妈特地为你做的鸡蛋面条。"

女儿珍珍勉强地吃了几口，就又睡下了。

照料建国、建荣、健全三个孩子吃饭、洗脚、睡觉后，孙玉兰又赶紧缝纫起刚带回来的衣服。

门外的雨仍在淅淅沥沥地下着，春雨给屋内带来了些许寒意，也牵动了孙玉兰对过往的生活和亲人的思念。5月，是人们一年中最珍贵的日子。不论是她家乡的汉中盆地，还是湖北的边远山区，都是农民一年里最繁忙最辛苦的时节。

犁田翻地、挑粪备肥、插秧播种等，处处是人闹水响。每当这个时候，孩子们的父亲不是像社员一样脱鞋光脚、挽袖下田，就是行走在山路上或田埂上，逐村逐户地检查农业种植情况，很难得回家一次……

孙玉兰太过劳累了，她的思绪走进了家乡，走进了张富清，也走进未来的世界……慢慢地，孙玉兰困了，她趴在缝纫机上睡着了。

天快亮了，一泡小便把张建国胀醒了。张建国爬起来小解，见妈妈趴在缝纫机上睡着了，心里很难受，忙把妈妈推醒，让妈妈上床好好地睡下。

孙玉兰醒来后，忙来到女儿张建珍身边。见女儿的脸通红通红，她俯下身子，用自己的脸贴在女儿的脸上，以此来量一量女儿的体温。孙玉兰的脸朝女儿的脸一贴，只觉得女儿的脸像煮沸了的水，烫得人难受。孙玉兰又用自己的手再次抚摸着女儿的额头，她的手像触电一样，本能地一触即还。天哪，女儿的额头滚烫，热得人受不了。

孙玉兰赶紧把女儿叫醒："珍珍，醒一醒！"孙玉兰喊了几声，还没见她醒来，再仔细一看，可怜的女儿根本不是睡着了，而是昏迷了呀！孙玉兰大声哭喊着："珍珍，你醒一醒呀，我的好女儿咧！"

孙玉兰突然意识到什么，她忙叫儿子张建国："建国，快跟娘一起走，给你姐姐看医生！"

"嗯！我起来了！"机灵的张建国迅速穿了件衣服。

这时，张建珍从昏迷中醒来，在呻吟里哭喊着"妈妈"。

"建国，快来搭把手！"孙玉兰等儿子来到女儿身边，与儿子一道把张建珍扶起，并给她加了衣服，然后蹲下来，弓着身子，将张建珍背了起来。孙玉兰嘱咐张建国给他姐姐披一件旧衣服，就在风雨中奔向三胡区卫生院，送到卫生院急诊室。经诊断，张建珍患的是急性流行性感冒。医生要求迅速住院，输液降烧。

三胡区卫生院住院的病房里，9岁的张建珍躺在床上，已有两天未进食，悬挂在病床上方的输液管，不知换插了多少次不同的退烧药瓶，可高烧怎么也退不下来。

"快，把张建珍迅速转往县城医院。她有可能患有急性脑膜炎。"

卫生院医生提醒张建珍的家长，并希望能够早日转院。

医生的提醒和希望，像块巨大的山石，把孙玉兰压得喘不过气来。这位有胆有识的女子，此时却进退两难、方寸全乱。

孙玉兰很想听医生的话，把女儿转送到来凤县人民医院。可是，来凤县人民医院离三胡区卫生院少说也有三十多里山路，女儿病成这个样，根本寸步难行，而且孙玉兰也因为贫血经常头昏、心悸，别说她背着张建珍去县城，在这风吹雨打的天气里，在这路烂泥滑的情形下，孙玉兰个人空手行走都随时有昏倒在途中的可能。怎不去把张建珍的父亲张富清找回来？孙玉兰一刻也没忘记孩子的父亲张富清。张富清作为三胡区区长，这次下乡已有一个多月没回家。按说，应该快回来了。可是谁又知道他什么时候回来呢？孙玉兰只身来到区政府办公室问工作人员："张富清下乡到哪个村去了？"工作人员都摇头，他们无法说准。孙玉兰知道区里有个刘干事，他经常和张富清一起下乡。她问工作人员："那个刘干事去了哪个村？"回答是刘干事已调离了三胡区。这天，孙玉兰满怀希望来到区政府办公室，满以为会找到孩子父亲的行踪，却最终无获而归。

还有个很现实的问题，去县人民医院首先得交一笔住院费，这笔钱一下子到哪里去筹？去区政府借吧，很难借到，张富清不出面名不正言不顺。如果当年孙玉兰在供销社没下岗，借钱为孩子看病倒是有可能，现在已正式离开了，别说借钱，就是让她去送钱，她都不愿意去。女人爱顾面子，特别是一个区长的夫人，她要维护自己的尊严。

孙玉兰思考着，最靠得住的办法还是等几天，这期间张富清回来了就好解决。再过几天，她帮忙裁剪衣服的钱就要结算了，她可以领一笔，如果数量不够，她也好向师傅或同行朋友借一部分。

在孙玉兰的再三请求下，卫生院继续对张建珍治疗。张建珍好不容易退了高烧，又时常出现低烧。

一个星期后，张富清终于从乡下回来了。听说女儿生病未愈，他心急火燎，含着泪搭顺风车把女儿送到来凤县人民医院。

来凤县人民医院一个年约50岁的女医师，严肃地批评张富清："在你的心中，还有没有这个孩子？为什么这么晚才送过来？再晚一点儿，这孩子的命就丢了！这么好的女儿，你怎么就这样不管不问呢？你的大意和麻痹，毁了这个孩子的一辈子……"

训斥张富清，是老医师出于一个白衣使者的担当精神和责任，但她并不认识张富清，并不理解张富清的内心世界。张富清怎么会不爱不管他的女儿呢？

1955年，张建珍的降生，对张富清来说是喜从天降。她给张富清和孙玉兰这个刚组建的家庭带来了新的欢乐！张富清和孙玉兰一有空就看一看、逗一逗这个宝贝女儿。她的眼睛大大的，双眼皮，像她爸；她的皮肤白嫩白嫩的，温存、爱笑，像她妈。总而言之，张建珍是张富清与孙玉兰爱情的结晶，是他们俩精神沟通的桥梁。人们说，女儿是父亲的小棉袄、酒罐子，在张富清看来，女儿何止是自己的小棉袄、酒罐子，她就是自己身上的肉，是他张富清和孙玉兰生命的延续，更是点燃他们希望之火、信仰之火的原动力！他疼爱女儿，更钟爱他的事业。他是人民的副区长，几万人的生老病死，他们的快乐与忧愁，他们的生活是穷还是富，都时时印在他的脑海里。面临农耕繁闹，"双抢"（抢收、抢种）火热，他怎能不深入基层、全身心地投入农业生产之中？作为一个党员的岗位责任体现

第六章 胸有镰锤总发光

在哪里？

县人民医院老医生的诊断是准确的，孩子患急性脑膜炎，最好的治疗期被耽搁了。她的命算是活下来了，可因脑膜炎留下了大脑不发达、精神恍惚、动作迟缓等后遗症。

这使张富清和孙玉兰后悔莫及。为了治好女儿的后遗症，他们日夜奔走、四处寻医，好不容易从一个老医生那里找到一种抑制和缓解女儿后遗症的中药。张建珍不间断地服用着，后遗症也渐渐地朝健康的方向转化。

在这个关键时期，她不忍心父亲受到别人的踢打，她飞快地跑去保护爸爸，自己却遭到不明真相者的摧残。后来经一段时间的治疗，张建珍头部的伤口虽愈合了，可她那脑膜炎留下的后遗症却加重了。她原本不间断服用的中药再也起不到丝毫效果了！

夫妻俩含泪忍痛，到处寻医问药，他们希望用自己的执着和深情，换来女儿的健康，换来奇迹的出现，可一切都只是徒劳，只是幻想。

张建珍算是活下来了，可怜她的智商永远定格在了八九岁的年龄，活在不懂情爱、终身未嫁的层面上，活在寸步难离父母、始终靠着父母抚养的现实里。

张富清的猜测没有错，自己和女儿惨遭毒手的几天后，那群人还是气势汹汹地来到了三胡区。他们的人数、他们的扮相还是那个样，不同的是，他们中的两个青年一个挎着一条步枪，神气活现，给人一种赤裸裸的国民党匪兵进村的感觉。

他们来到张富清家门口，那个神气劲儿，似乎他们一下子要把天捅个窟窿，把地上的房子推倒一样。他们大声喊叫着张富清的名字，接连喊了几声，见没人回应，就"咚咚咚"一阵拍打，然后破门而入。

"这是一个区长住的家？"他们满以为张富清会住在一个富丽堂皇、窖藏金银的新居，万万没料到身为来凤县三胡区区长的张富清，住的却是个破旧窄小的穷窝子。

那个猴瘦猴瘦的青年疑惑了："各位兄弟，各位战友，我们想一想，是不是上当受骗了？"

另一个身体肥壮的青年拍着胸脯说："我担保，肯定错不了。我侦查不是一天两天了。"

突然，身挎钢枪的人惊喜地喊叫："你们看，这是什么？"

十几双眼睛一起凝聚在那个相框上，相框里嵌着张富清和孙玉兰的结婚照，看到这张结婚照，可以确定此屋就是张富清住宅了。

猴瘦猴瘦的青年发布命令了："战友们，开始抄家！"

家有什么可抄的呢？总共只有二十多平方米的房子，既没有夹墙，又没有暗道！他们抄家最显眼的，也是他们最抱有希望的地方，就是那口皮箱。皮箱瞬间被打开了，装的全是旧衣服，什么宝贝都没有。床上，床下，枕头中，被子内，墙边房角，他们全都翻个遍。他们觉得稍有疑点的有三样东西：一是张富清在防化部队学习的作业本，二是张富清近二十年来写下的笔记和工作日志，第三样就是张富清和孙玉兰的几封书信。这帮人对张富清的"扫荡"，最大的收获要数在他的住宅抄到的那三样东西。至于张富清的办公室，除了书和文件、地图，再有就是农村人口统计和工作进展报表，其他一无所有。

本来，这帮人对张富清的"大扫荡"抱有很大的幻想，他们幻想抄到证明张富清有罪的证据，特别是能够证明他是"走资派"和"国民党反动特务"的证据，这样他们就有理由对张富清进行定罪了。

他们还幻想，通过"扫荡"能捞点儿现金或金银珠宝之类的东西，好中饱私囊。他们的幻想，只是天真的幻想而已，永远不会，也绝不可能成为现实！

有一个狼和羊的故事。狼把羊推进一条河里，狼原本以为到了河里就能设法把羊吃掉。那条河的河神是羊的舅舅，羊的舅舅把羊保护起来了，狼永远吃不了羊。于是，狼笑着对羊说："你看我对你多好，让你在河里快乐地游玩。我从没有想到要去吃你。"同样，那帮人找不到张富清一点儿罪证，无法将张富清打入死牢，无法把他划入"走资派"或"国民党反动特务"的行列，他们就说："张富清，你看我们多仁慈，没有把你推入敌对的阵营。见你年龄不小了，就让你休息休息。"于是，一份关于撤销张富清来凤县三胡区区长职务的红头文件下发了：撤销张富清三胡区区长的职务，解除他区长职务的一切待遇，保留党籍和公职。

在这份决定张富清人生命运的红头文件面前，张富清的妻子孙玉兰、张富清的两男两女四个孩子，感觉像天塌了似的，无比恐慌，无比惊叹，无比激怒，无比伤悲。

"不管风吹浪打，胜似闲庭信步。"望着这份文件，也许因为经历过与敌人无数次的生死搏战，也许因为无数次从死人堆里爬出，张富清表现出的是冷静，是刚毅，是执着。

在人生命运的重要转折关头，张富清始终保持着平衡的心态，只是心中有些难舍。他舍不得离开他的岗位，舍不得正期待张富清带领他们艰苦创业的全区的广大干部和父老乡亲。

张富清见妻子孙玉兰泪流不止，忙来到妻子身边，帮妻子擦拭泪水。孙玉兰低声对丈夫说："凭什么撤了你区长的职务？把我们当什么人？要不我们干脆把你打仗立功获奖的证据拿出来，让政府看一看，让批斗你的那帮青年人看看，让他们都知道你张富清的过去和现在。"

张富清摇了摇头，对妻子说："没那个必要。你忘了，我们不是说过，把过去的功名埋在心底，不告诉任何人吗？"

孙玉兰说："这不是忍无可忍的时候吗？"

张富清说："有什么不可忍的。你要坚信，太阳只会从东边升起，是不可能从西边冒出的。"

二十一　乡邻相帮

1968年的早春二月，来凤县一连十几天沉浸在冷风寒雨中。按说这时节应该柳树吐芽泛雾，桃李含苞待放，一阵春风吹来，带给你清新，带给你花香，带给你一片生机，一派潮潮的春意，然而，对有的人来说，哪有心思赏花观柳呢，他们要挖草根，刨野芋，勤扒苦干，邻里互助，共度一年最难熬的"春荒"。

居住在二十多平方米破旧房子里的一家人，就是在闹春荒中颇有影响的一家。

女主人孙玉兰原本是国家公职人员，在供销社做会计，工资和生老病死的劳动福利啥都有，1961年，她为支持丈夫的工作，被迫走上了辞职的路，从此什么都没有了。不仅如此，她还要帮衬丈夫养活四个孩子。

男主人张富清，尽管他自己想的干的只是人民的公仆，确切地讲，他是从军队退役几十年的国家干部。1967年12月，作为三胡区区长，他无故被撤销职务，仅保留公职，原领导干部的一切福利全部撤销。六口人的一个家，只有张富清被保留一人的基本生活费，一个身无分文的女人，还有四个读书的孩子，别说正常的人情世故、日常零用，也别说穿衣、读书、看病，就连最起码的填饱肚子，也无法保障！况且，张富清是从外地调来的，无田无地，更没有兄弟姐妹、七舅八姑，他们的日子怎么过？张富清从容刚毅，只要是为党为民，当区长也行，当社员、当牛倌也无妨，可是，供孩子们上学、穿衣、吃饭、活命的钱都被砍掉了，他们的日子怎么过？媳妇孩子怎么活？

张富清一个血性男儿，怎样面对他的妻子和孩儿？即便这样，忠诚于党的张富清依然坚信乌云会散去，那轮红日的暖光依然会跃于天际，必然会洒向大地。有着宽阔胸怀和崇高理想境地的有生命的种子，只要它生了根、发了芽，不管月缺月圆，它不怨天怨地，它都会以自己的方式顽强地生长。

女主人是坚强的，上山砍柴，种菜，拾荒；上门当保姆，拜师裁剪，补衣缝纫啥都干。孩子们是纯真懂事的，暑假中、星期天、节假日、放学后，除大女儿有病外，三个小孩都自觉地捡煤块，捡柴火，抬石头，打辣椒，拾地剩……

群山抒爱意，酉水淌真情。在来凤这个土家族苗族少数民族自治县，在这个有着凤凰为民的凄美传说故事的地方，各民族的兄弟姐妹，有着石榴抱子一样包容、友爱的高贵品质；淳朴善良的父老乡亲，有着艰苦朴素、勤俭持家的优良传统；有干部群众的无私奉献、团结一心、互助相通的担当精神和大爱情怀。这品质，这传统，这精神和情怀，无时不放射出绚丽的光彩，无不温暖和接济了在这二十平方米的六口之家，深深地感动和教育了孙玉兰和她的孩子们，给予了他在征途中披荆斩棘、战胜一切洪水猛兽的决心和勇气，更加坚定了他初心不改、倾心为民的钢铁般的意志！

这是1968年农历二月的一个星期天早晨，刚刚起床的孙玉兰打开大门，只见门外有一张破旧的木桌，木桌上放满了红薯、玉米、土豆、白菜，还有香喷喷的腊肉、糯米和蒸熟了的蒿菜……那腊肉、糯米饭和蒿菜还冒着热气，一股不浓不淡的佳肴美味伴着早春的气息扑面而来……

孙玉兰震惊了，这是怎么回事？这是老天爷掉落的还是传说中的美丽凤凰相送的？孙玉兰无奈地摇摇头。这不是梦，是真真实实的，是有目可睹、触手能摸的。"

"建国，你快起来看看，快起来！"

孙玉兰大声地把大儿子张建国叫起来，让他帮着看看到底是怎么回事。

这天是学生的休息时间，张建国听见母亲喊他，一骨碌爬起来，迅速穿上衣服，走出门来一看，傻眼了，他急忙问母亲："妈，这是怎么回事？"

母亲笑着说："孩子，我不就是问你吗？"

张建国摇了摇头："我真的不知道！"

这时候，在家门口通往集市的那条蜿蜒的土路上，有位老人朝这里走来。孙玉兰抬眼望去，这人好眼熟。老人越来越近了，认出来了，那不就是三胡区中心供销社的肖主任吗？

老人60多岁，中等个儿，尽管已是满头白发，看上去还是很精神、干练的。老人还没到门口，就冲着孙玉兰喊着："小孙，小孙——"

听见这亲切的喊声，这熟悉而又陌生的声音，孙玉兰顿时掉眼泪了。这不就是她七年前的领导、原供销社的肖主任吗？

孙玉兰下意识地用双手理了理头发，赶紧迎接上去，接过老人手中的菜篮："肖主任，您怎么有空过来的，快请到屋里坐！"

老人满脸带笑地回应孙玉兰："哎呀！好几年没见到你了，供销社的同事们都念着你呀！"

孙玉兰忙抹去眼泪，感激地说："我也老念着大家，特别是您肖主任。您看，过去好几年了，您身体还是那样硬朗。"

第六章 胸有镰锤总发光

"哈哈,老了!去年办了退休,这不,才有时间来看看你们。"

"肖主任,您这是……?"孙玉兰接过菜篮子,见菜篮子装着做熟了的肉、菜之类,不解地问。

老人笑眯着眼睛:"给孩子们趁热吃。"

说话间,他们来到门口。肖主任望着放在门口那一桌子的美味佳肴,开心地笑了:"你看看,没想到我来晚了。"

孙玉兰把肖主任请进屋里,张建国给他端来凳子。孙玉兰忙问肖主任:"肖主任,我都快糊涂了,这是怎么回事?"

肖主任毫不掩饰地把事情的来龙去脉告诉了孙玉兰。

早在七年前,孙玉兰为了支持丈夫张富清的工作,在提倡精兵简政、减员裁人的节点上,自主带头离职。供销社的领导班子和职工都知道,孙玉兰并不在规定的减裁人员范围内,绝大多数人,既被孙玉兰的精神感动,又感到愤愤不平。孙玉兰虽然人离开了他们,但他们时刻挂念着她,随时都关注着她的生活状况。

1967年7月,见一帮不明真相的年轻人批斗张富清区长,并无故抄了他的家,对此他们都感到愤慨。到了1967年12月,大伙儿得知张区长被撤职下放劳动的消息,一个个气得咬牙切齿,有的当时就放声哭起来了。孙玉兰是我们的好会计,张富清更是我们三胡区人民的好区长,好心的同事在为张区长抱不平,在为孙会计家的生活担忧。孙会计早就离职了,张区长现在被撤职,只给最基本的生活费,孙会计的几个孩子还很小,还要读书,他们的日子怎么过?大伙一直都想来看望。前几天,他们去看望肖主任时,大伙就谈论起这件事,说利用这农历二月中国传统的社节来表示一下心意。

那么,社节是怎么回事呢?社节就是苗族祀祭土地神和祖先的日子。这个节日是从古代劳动人民对土地的崇拜产生的,并在南北地区形成了不同的民俗文化，一般分为春社和秋社，春社在立春后第五个戊日，一般在农历二月初二前后。每逢社节，村民凑钱买猪羊，然后敲锣打鼓，提着猪羊酒壶和各种供品，聚集到社神庙前，焚香敬拜，祈求五谷丰登，人丁兴旺，村寨安宁。祭完后，按户分肉，有的拿回家，有的在庙前野炊，有的还擂鼓、对歌、斗草等。唐代诗人王驾曾在《社日》诗中写道："桑柘影斜春社散，家家扶得醉人归。"

"那天说好了，把自己所分的供品一起送到你家。谁知他们早就送来了，我还来晚了。"肖主任不无感慨地说。

孙玉兰再也无法控制自己，她发自内心地感激领导和同事，感激各民族兄弟姐妹们，她的泪水如山泉一般喷涌而出……

"快别哭了，这是大伙儿的一点儿心意，你就领了吧！这腊肉、糯米饭，让孩子们趁热吃，要是冷了就再热一热。"

几个孩子这时都起床了，孙玉兰忙让孩子们一个一个地喊"肖爷爷"，"感谢肖爷爷"！

1969年5月的一天晚饭后，孙玉兰家里鸦雀无声，孙玉兰在缝补衣服，孩子们有的埋头做老师布置的作业，有的在看书，这时门被敲响了。

孙玉兰放下针线，来到门前，生怕惹出什么乱子。为了孩子们的平安，她还是谨慎为好。

"咚咚！""屋里有人吗？"一位女人随着敲门声在门外喊着。孙玉兰听见门前女人的喊声，从女人的声音中，孙玉兰的直觉告诉自己，来者不会是坏人。她上前开门了。门一打开，出现在她面前的是两个人，男的面相有点儿熟，女的从来没见过。孙玉兰忙问："你们这是……？"

男的连忙回答："我叫杨圣，这是我爱人小沈。张区长在家吗？"

第六章　胸有镰锤总发光

张富清曾跟孙玉兰说过杨圣的事，但她并不熟，必须问个来龙去脉，不然，不能让他们进门。她回答说："我们这里没有张区长，只有个张富清，已经被撤职了。你们找他有什么事？"

"我们知道啊，嫂子，张区长是个好人。撤他的职是一种犯罪啊，他为了党的事业，勤勤恳恳，为了百姓的事，肝胆相照。像他这样的好区长，打着灯笼也难找啊！"

"是啊，嫂子！为了解决来凤县生产工具的不足，为了引进一个能工巧匠，他不怕跑断腿，不怕磨破嘴，硬是把我当家的请过来了，在这里生根落叶。为了解决我们一家四口的户口，他死顶着压力，说服相关领导，找编制办，找派出所，为了让我们能够安家落户，他花费了不少心血啊，终于把我们的农业户口转为城镇户口，还为我们安置了一份工作……"

女人还没说完，眼泪就不停地往下滴落。

面前的女人所言，她听张富清提到过，具体情况她不清楚，但她再没理由不让他们进门。

杨圣和他的妻子好不容易进了门，他们提了一麻袋红薯和土豆，一拿进屋就把那袋红薯土豆全部倒在墙根。

"你们这是干什么？这不是胡来吗？"孙玉兰坚决不同意他们的做法。

"嫂子，这是我杨圣的一点儿心意，您一定要收下。"杨圣说。

"不行不行，张富清不在家。就是在家，他也肯定不会收的。求你们了，你们拿走吧！"

杨圣的妻子看上去读了几年书，说话一点儿也不笨。她对孙玉兰说："嫂子啊，您叫我们拿到哪里去呀？今天是什么日子，您应该知道……"

一句话把孙玉兰说蒙了，她还真不知道今天是什么日子。

杨圣的妻子接着说:"今天是农历四月初八。每年的今天,我们土家人过大节。人们宰猪杀羊,要祭祖,招待客人。这一天是牛王菩萨的生日。这天要善待耕牛,不许强拉牛鼻子,不许轻待客人。牛是犟脾气,越拉越犟;客人礼尚往来,礼节拒收,就是视客为敌。大嫂,您懂不懂?"

"现在什么年月了,还讲这个?请你们拿走吧!"孙玉兰还是不肯收。

杨圣的妻子笑着说:"嫂子,过去的迷信是不能讲。但这是我们土家人的传统节日风俗,得护着哩,可不能去破坏呀!"

孙玉兰哭笑不得,她说:"我尊重你们的传统节日习俗,今天我暂时收下,那你们明天一定要拿走。"

杨圣开腔了:"嫂子,这是地里长的,田里种的,根本就不算什么礼,是我们的一点儿心意。"

孙玉兰重话轻说:"杨站长,感谢你们的好意。张富清的心里多少年来只有党的工作、群众的疾苦,从来不收礼受贿。请你们理解好吗?"

杨圣这下急了,他的眼睛都红了。这位同样是农民的儿子,一个受到张区长培育多年的民间匠人,他怎么不理解张区长呢?他向孙玉兰请求,向孙玉兰倾吐他的内心:"嫂子,我太理解张区长了。在张区长的培育下,我也成长为一名党员。我曾发过誓,一定要像张区长那样,做一个为老百姓办实事的人。张区长在位时,这么多年,您见我来过吗?去年,听说张区长被撤职了,我接连好几天吃不香、睡不着。我的心里在滴血!嫂子啊,现在张区长不在位了,我带点儿我们湖南老家我爷爷自己栽种的红薯和土豆,给孩子们填个肚子充饥,这难道叫送礼吗?算行贿吗?嫂子,你收下吧,要不,我给你下跪行吗?"说着,杨圣真的准备跪下来,孙玉兰急忙拦住。掉过头来，见杨圣的妻子也在流泪，这两个善良而贤淑的女性，这两个不同民族的陌生的女性，这两个并非相识而又如同亲姐妹般的女性，忽地拥抱痛哭……

我国共有五十六个民族，在凤凰迷恋的这片土地上，就有二十八个民族，他们友好共处，相互关爱，相互帮助，每每危难之中见真情。他们不是一家，却胜似一家。

1967年的暑假期间，同在来凤三胡区胡家沟集镇，一天下午，天真活泼的苗族小姑娘严秀秀，噘着那张红红的小嘴对她阿妈说："阿妈，我们又要少一个小伙伴了。"

严秀秀的阿妈天生一双巧手，还在当姑娘的时候，就显示出苗家妹子裁布缝衣、挑花绣朵的天赋。她的缝纫手艺，她的绣花技能，人见人夸。人们都亲切地称她为"苗巧妹"。"苗巧妹"不光手巧，心地也特别善良，她那秀美的脸蛋儿挂着一丝亲切的笑容。她出嫁时，严秀秀的阿爹说："我家不富裕，拿不出让你满意的彩礼。"

"苗巧妹"抬起她那羞涩的面容，怯生生地说："啥满意不满意？我又不是嫁给彩礼，我是嫁人。只要你人好、心好就行了呗！"

"苗巧妹"嫁到胡家沟以后，胡家沟远近的姑娘媳妇都愿意拜她为师，有的学刺绣，有的学缝纫。孙玉兰就是"苗巧妹"徒弟中最受她喜欢的一个。早在1963年春上，孙玉兰通过当年分管农业和财贸的副区长张富清，和熟人拜见了"苗巧妹"。说来也是缘分，"苗巧妹"一见孙玉兰，就有一种好感，后来越发喜欢她。当"苗巧妹"知道孙玉兰离开供销社岗位的原因后，更多了一份对孙玉兰的赞叹和同情。

孙玉兰和"苗巧妹"年龄相当，但孙玉兰敬重"苗巧妹"，要以母女相称，"苗巧妹"不干。她很严肃地对孙玉兰说："我认了你这个徒弟，我们是师徒关系。但我们年龄相仿，今后咱们就以姐妹相称，不管谁大谁小，对外，你叫我姐姐，我喊你妹妹。再也不允许瞎叫。"

孙玉兰学缝纫的过程中，有时把儿子张建国、张健全或者女儿张建珍、张建荣带上。每次，"苗巧妹"都以大姨相称，为他们的学习和玩耍提供方便，还让自己的女儿同他们一块儿学习、一块儿玩游戏。

在他们的小孩人群中，张建国和严秀秀年龄相仿，又是同在一所学校读书，他们自然成了要好的小伙伴。无意中，张建国把要被送往陕西老家的事说给严秀秀听了。这天，严秀秀哭着对妈妈说："建国要走了，我没有好伙伴玩了。"

"苗巧妹"问："怎么啦？建国要去哪里？"

严秀秀越发伤心："听说要被送到很远很远的地方。"

"苗巧妹"听女儿说张建国要被送往外地，她心里一咯噔。孙玉兰要把张建国送到哪里？她为什么不告诉师傅？她要去问个究竟。说去就去，"苗巧妹"拉着严秀秀就往孙玉兰家走去。

她们来到孙玉兰家门口，还没进门，就听到孙玉兰的声音。孙玉兰在教训她儿子张建国："谁叫你去告诉秀秀的？你是不是张富清的儿子？我平时是怎么对你说的？我说过多少次，我们尽量不给别人添麻烦，你的耳朵长到哪里去了？"

"苗巧妹"再也不忍心孙玉兰训斥张建国，她牵着女儿严秀秀推门而入，只见张建国正站在孙玉兰面前，低着头，扁着嘴，想哭又不敢哭……

"这是在干什么？"

"苗巧妹"的突然出现，随着那句暴风雨般的问话，无形地给张建国送了一把挡风遮雨的伞，使他感受到了一种支撑的力量。

第六章 胸有镰锤总发光

"哇"的一声，张建国终于畅快地哭出声来。尽管局面使孙玉兰有点儿尴尬，但她见到她的师傅"苗巧妹"，就有了一种见到娘家人的感觉。

"姐，我对不起你！"

"这么大的事，连建国都不让他跟我们讲，你像话吗？"

"姐，我们这也是没办法的办法。"

"那别人贫穷百姓家里不是更没有办法？建国这么小就送走，你们这样做对孩子的成长负责吗？"

"不是万不得已，我们怎么舍得让他离开呢？"

"到底发生了什么？那么多的没有办法、万不得已，你姐我怎么越听越糊涂了？"

"哎呀！我们家遭那么大的磨难，你一点儿都不知道？"孙玉兰悲怆地问师傅。

"苗巧妹"也不顾小孩们在一旁，她先是摇摇头，紧接着侧耳细听。

孙玉兰也毫不掩饰地把那天张富清被批斗、大女儿被伤害、家里被抄等事，一股脑儿全告诉了她可亲可敬的师傅。

"他们反天了？青天白日的，他们敢做出这样龌龊的事来，共产党的领导到哪里去了？天底下还有没有王法？"

"这种事，不光是发生在张富清的身上，在来凤县还有很多，听说县委曾书记也被打倒了！"

"苗巧妹"虽说心灵手巧，可也没读多少书，见识不够多。但是，一个苗族女儿，受家族和父辈的影响，她识性明理，疾恶如仇。听着徒弟的诉说，她那双明亮的眼睛放射出一道清除龌龊、焚烧万恶之火，她坚信，镰刀铁锤总会闪闪发光！

"苗巧妹"急忙劝孙玉兰："忍一忍吧，不碍事的，在乌云笼罩

203

的时候,你又能一下子挥手就使乌云散去?乌云虽说暂时不散,可天一下塌不了!"

"我知道,天是不可能塌下来的。孩子的爸和我合计了一下,眼下这里的环境不好,怕对建国有影响。我们的老家是陕西汉中,我们打算近几天把他送回老家,让他跟着他二伯在一起生活。"

"苗巧妹"急忙反对:"那怎么行呢?建国才多大?才10岁啊!这么大点儿的小孩,生活都不能自理,怎么能送到异乡,离开他的亲生父母,投靠并不熟悉的二伯呢?"

"我们哪里舍得让他离开,我们是盼着老家那边的气候好些。"

"苗巧妹"据理力争:"我国地广天阔,阴天总有晴朗的日子,月缺总有月圆的时辰,哪里都有良才骏马,何处没有乌龟王八?你们并不知道那边气候是好是坏,就不负责任地把建国送到那边去。你们想过没有,如果没有把握,那不是拿建国的生命来赌博吗?"

虽说"苗巧妹"读书不多,说出话来却头头是道,语出惊人!

在师傅的面前,孙玉兰尽管年轻时就是老家双庙村的共青团员、妇女主任,又受过被称为"乡村秀才"的父亲的影响,但她的语言表达、咬词断句、谈时事、道政治,都不是师傅的对手。与师傅相比,她感到力不从心,自愧不如。孙玉兰用崇敬的目光望着师傅,还想继续聆听师傅的高见。

"苗巧妹"一点儿也不含糊,她有乘胜进军之势,拿出了部队感召对手、让对方束手就擒的本领。她对孙玉兰发出令人信服的忠告:"其实,小孩,特别是男孩儿,生活在亲生父母的身边,就有了最可靠的保护。在这种保护下,他心无旁骛地读书,有礼有节,有胆有识,长大了才能成为有用之才。如果从小就远离亲人,失去了他赖以支撑的保护。长大了,不是过于拘谨、胆小怕事,就是他的身体得不到正常发育,思维性格受到扭曲,长大了很难成才,弄不好还可能会步入歧途……"

孙玉兰像不认识师傅似的,眼睁睁地望着面前的师傅。师傅越说越激动:"我们的建国,是个多么讨人喜欢的孩子,他五官端正,浓眉大眼,跟他爸一样,天生一副当官的相,聪慧勇敢,天真无邪,是个可塑的难得的男儿。我们都希望他在阳光雨露的滋润下健康成长,将来成大器、擎伟业,更好地为百姓谋福。我们怎忍心将可雕之玉随意甩往他乡,听任摧残呢?"

"苗巧妹"的真情表白,"苗巧妹"的肺腑之言,"苗巧妹"那血液中汩汩流淌着的对张建国的爱意,深深打动并激励着孙玉兰,感染着孙玉兰,也给在一旁的孩子送去了春天般的温暖和沁人心脾的爱流!这温暖变成了激动,这爱流变成了泪水。

张建国哭了……

严秀秀哭了……

孩子们全都哭了……

孩子们的哭声,是"苗巧妹"和孙玉兰最有效的催泪剂,两位善良的女人,再也咬不住自己的嘴唇,再也躲不过孩子们的眼睛,任其情感发泄,热泪"哗啦啦"地流淌……

二十二 逆来顺受

1970年7月,毒辣的日头把来凤的山岭坡地、乡寨村塆烤得发烫。生活在那里的人们自然有种压抑感,甚至有一种生命要窒息的感觉。山路上,挺立在路旁、坡地和河边避阳遮阴的柏杨树,不得不以它生命的极限,抵挡头顶的烈日,甚至斗着胆儿与毒辣的艳阳抗衡。

在来凤县胡家沟去往四季沟的路上,张富清头戴草帽,上身着一件似白似黄的背心，下穿一件带着补丁的旧军裤，脚蹬一双用稻草新编织的草鞋，背上背一床黄色发灰的旧被子，手提一个帆布包。

这是张富清的又一次换岗。自从区长的职务被撤销后，他被安置在一个生产小队劳动了近三年。这三年，同样是成天跟社员群众打成一片，可与他没撤职之前完全是两个不同的境遇。以前叫下乡或者蹲点，或叫调查研究，这三年可不是这样。叫什么呢？说得好听点儿，叫下放劳动，叫接受贫下中农的再教育；说得不好听，叫接受劳动改造，叫在人民群众的监护下劳动。称呼上也变了，以前称职务，现在只能称名和姓。

劳动分配上也不一样了。以前下乡时要求与社员群众同吃、同住、同劳动，按规定定期给农民交生活费。而现在，只要你没特殊事，一天都不准离开。在生产队的帮助下，自己搭个草棚，吃饭、住宿都是自己解决。现在不要你交生活费，你每一天的出工劳动还要给记工分，到年底和社员群众一样，根据你工分的多少进行分配。

不管怎样变，名称变也好，劳动方式以及分配方式变也好，称呼上的变也罢，张富清的初心和信仰始终没有变。在生产队里，张富清还是像以前一样，虚心向农村最基层的干部社员学习，一心一意地为老百姓谋利益，为父老乡亲造福。

"老张，吃了没有？"

"小张啊，我孙子明天过10岁生日，别忘了到我家去喝一杯。"

"张伯伯，明天晚上再给我们讲个战斗故事吧。"

张富清在这里哪是什么接受再教育，什么劳动改造？在这里，年龄大的，称他是"小张"或"孩子"；同年龄的，称他为"张哥"；孩儿们，称他为"伯伯"或"叔叔"。那些受到关怀和帮助的人，还有的称他为"恩人""济公",更有人称他"笑脸济公"……他不是一个被人监视,前来进行劳动改造的犯了错误的人,他是一个顺民心得民意的深受百姓尊重和爱戴的党的好儿子!

1968年的秋后,来凤县进入了"万山红遍,层林尽染"的时节。近几年,每当这个时节,生产队都要组织劳力上摔虎山收摘烟叶。尽管海拔只有900米,可悬崖陡峭,上山路窄难行。摔虎山的东南方向的坡面,比山下的良田还要肥沃,特别适合种烟叶。栽种的烟叶棵棵宽大,漫山飘香。每到这个季节,举目望去,碧空淡云之下,烟波逐浪,金黄一片,蔚为壮观。

这摔虎山的烟叶,可为这个生产队的财政收入贡献了力量。

按生产队长相天书的安排,张富清只带把镰刀就行。

一行人马从那条险窄的石梯向上攀登着,登到山上,活儿未干,却已是气喘吁吁、汗湿衣裳。

张富清还是第一次干收摘烟叶的活儿,他抡起镰刀就砍,一棵砍倒,又砍下一棵。"住手!"站立一旁的相天书老队长高喊一声,止住了一棵烟叶的倒下。

"小张啊,收烟叶哪是这样呢?"

"老队长,您告诉我怎么收摘?"张富清忙带着歉意,向老队长请教。

相天书老队长忙给张富清做了个示范。张富清不解地问:"这不是跟掰白菜一样吗?"

"对,就是像掰白菜一样。"

接着,老队长把原理告诉他:"烟叶生长的时间比较长,先把老叶掰下来,晒干后再到烤箱进行适度的烘烤,就可以卖钱了。"

下山时,老天像小孩的脸似的,说变就变。刚来时还艳阳高照,才几小时的时间,已是乌云笼罩、雨水将至。说话间,一声炸雷骤然响起，瓢泼的雨点"哗啦啦"地洒落下来。

"大家慢一点儿，注意脚下。"

按老队长的提示，身背烟叶的几个社员谁也不敢马虎，一步一步地走在那条窄小的石梯上。他们走着走着，山洪顺着石梯直冲而下。就在这时，一块碗口大的石头从上而下顺着急发的山洪滚落。石头正好把走在张富清前面的一个小伙的脚绊了一下，眼看小伙就要向自己的身子倒过来，紧要关头，张富清迅速把面前的小伙子扶了一把。没料，走在张富清前面的小伙子被扶稳了，而张富清却失去重心倒在陡峭的石梯上。张富清眼看就要滚下去了，刹那间，年过花甲的老队长扑了上去，拽住张富清向左边滚去，恰好左前方的下端，有一片被山石拦住的山坡平地。

如果不是老队长及时营救，如果不是老队长熟悉地形，张富清就会有生命危险！一场暴雨，一场惊险，派生出一段兄弟般的情意。

回到生产队，年过花甲的相老队长，虽然没有受伤，但身体还是吃了很大的亏。不过相老队长有老伴和儿女在身边，随时有人照料。张富清手臂多处受伤，虽然年龄上要比相老队长小很多，可他在这里当社员只有孤家寡人，手臂受伤后，生活很不方便。

按年龄，相老队长比张富清要大17岁，张富清可以称相老队长为叔叔。相老队长年龄大、资格老，人却很谦虚，称张富清为老弟。

张富清忙说："还是应该喊您为叔叔。"

相老队长说："你毕竟是我们的领导，你就喊我老哥。"

见张富清的左臂几处受伤，相老队长心疼张富清，硬是把张富清接到他家吃饭。张富清拗不过相老队长，只得一切行动听指挥，一直被挽留到左臂完全康复。这期间，相老队长一边给他搽药水，一边给他开中药,让他的老伴煎煮,每一剂药都要煎三次。

"老哥啊,你怎么西医中医都懂呢?"

相老队长的老伴杨嫂告诉他:"你还不知道吧,你老哥原来是赤脚医生,他的父亲辈,都是代代相传的民间老中医。"

这期间,杨嫂特地把已嫁出去的婷婷叫回来,帮助张富清煎药、做饭、洗衣。婷婷是相老队长的第二个女儿,尽管已是30多岁,可天生丽质、楚楚动人,看上去很年轻。特别是她那纤细的眉毛下,有一双凄怨而又动人的大眼睛。这么美的女人,却是命运多舛。十年前,她嫁给了邻村一个姓谭的后生。小夫妻相亲相爱,就是家里经济条件比较差。为了改善家中的困难,姓谭的后生常去采药卖钱贴补家用。一次,就是在那座摔虎山上,他挖完药返回,下山时同样遇上了狂风暴雨,雨大山滑,他不慎摔死。而就在那之前两个月,婷婷怀孕了,由此婷婷独守孤门。如今,孩子已有9岁多了,婷婷从未改嫁。凄美的少妇,从未见到像张富清这样的好男子。张富清为人低调,说话和气,品行端正,还有他那慈祥的微笑,端正的脸额,双眼皮、大眼睛,无不吸引着婷婷。

相老队长和他全家在这之前听人传言,说张富清从区长的位子上被撤后,他的妻子一气之下,带着孩子回了陕西老家,再也不回来了。

一天晚饭后,相老队长和他的老伴杨嫂一起找张富清拉家常。拉家常中,杨嫂一个劲儿地说张富清是个好人,上头不应该撤他的职,又故意同情她们女儿婷婷,夸她如何勤劳朴实,如何与自己的儿子相依为伴,如何不愿改嫁他人,等等。张富清越听越觉得不对味儿,他连忙夸自己的妻子孙玉兰如何美、如何贤惠,如何苦苦地在家带孩子。

杨嫂突然发问:"不是听说你妻子带孩子回老家不回来了吗?"

张富清回答:"怎么可能呢?如果有机会我把她带过来看看你?"

"好哇,好哇,有空把她接来玩儿!"

过春节放假,张富清回到胡家沟和家人过完节后,他特地带着孙玉兰到生产队,看望了相老队长和他的老伴杨嫂。后来张富清和孙玉兰还一起帮婷婷与张富清的部下刘干事牵了红线,刘干事和婷婷相亲相爱,组成了家庭。事后,相老队长和杨嫂感动得直掉泪。杨嫂说:"你当区长是为人民谋福,当社员也为老百姓办实事,真不愧是我们党培养的好党员啊!"

上头在评价张富清下放劳动改造的工作时,有人说:"张富清在哪里都没吃亏,这说明他有一套影响群众的本领,这样的人不能在一个地方待长了。"这次评议后,当了三年社员的张富清又被派往四季沟喂牛。

走了快一天的时间,张富清经过四处寻问,好不容易找到四季沟畜牧场,等在门口接他的是个满脸胡须的老人。他喂牛不仅时间长,还有丰富的牛羊放养和医治经验,村民称他为"牛倌爷"。"牛倌爷"从张富清的手中接过行李,边走边向张富清介绍。

夕阳西下,晚霞如血,待"牛倌爷"带着张富清到达牛棚时,用木栏围好的牛圈,里面圈有二三十头大小耕牛和骡马,牛圈后面是两排石块木柱混合搭建的牛棚,牛棚的顶部由麦草和柴草混合铺盖。

"牛倌爷"帮张富清把行李放好后,就带着张富清吃晚餐去了。

从这一天开始,张富清就正式当上了牛倌,干起牵牛、放牛、喂牛的活儿。

张富清对牛有一种特殊的感情,说来老天也爱作弄人。早在

第六章 胸有镰锤总发光

三十多年前，12岁的张富清由于家中生活所迫，就开始给财主喂牛，从那时起，他就了解牛的性情和喜好，对牛的生活方式或习惯摸得很清楚。时隔三十多年后，张富清重拾儿时的活儿，自然有一种轻松感。

与社员一样，这里的人对他都很客气，既没半点儿欺生，也没把他当作是来接受改造的人。

当社员和当牛倌有个最大的不同：当社员，面对农村的各种活儿，有忙有闲，有轻有重；放牛就不一样了，年复一年，日复一日，活儿单一不复杂，忙碌和空闲每天都还一个样。

晚上，"牛倌爷"他们下班都回家去了，张富清就拿出带来的《毛泽东选集》，点着那盏烧着煤油的马提灯，轻轻地把灯拨亮。在灯光下，他认真地学习起来。他边学边结合实际思考，边学边做心得笔记。写心得、做日志是张富清几十年来的一种习惯，他曾写满二十多本心得体会和工作日志，抄家时都被抄走了，那帮人抄走看了看，然后点了一把火都烧掉了。他们不知道，那焚烧的不是一般的笔记本，不是一般的无用文字，而是张富清对人民、对党有责任、有担当的赤胆忠心。

1971年的中秋节前夜，他感到有点儿怪，这天的夜晚特别静，这天夜晚的月亮特别亮。也许是没有一丝风儿的缘故，人畜都有点儿烦躁，牛儿不愿意进牛栏，马儿一个劲儿地摔蹄。

迟迟没有睡去的张富清，把牛栏、马圈检查了一遍，就来到牛棚外边。当他看着那满天的星，那银盘般的月亮，他会心地笑了。明天不就是中秋节吗？是啊！来这里喂牛又一年多了。多么简单乏味的工作，多么轻松而又有趣的行业。只是张富清干得轻松吗？他来这里后，任劳任怨，兢兢业业，不止一次地受到畜牧场场长的表扬。

当社员也好，当牛倌也好，只要是为党干事，为人民谋福，张富清都心甘情愿地去干，且一定都会干好，但这不是张富清的理想。正像张富清在日记中写的那样："让我当区长，我肩上的压力很重，几万人口的生命安全、生活生产、社会发展，都要时刻放在心上；让我当社员，我可以当作向人民群众学习的机会；让我放牛，是我轻车熟路的事，但放牛不是我的政治追求和人生与事业的归宿啊！"

望着空中满天的星，它们有大有小，有眨有闪，多么像张富清的孩子——建珍、建国、建荣，还有最小的儿子健全。孩子们，你们的父亲好想你们啊！

望着挂在树枝头上的银盘，银盘里有玉兔，有青花瓷般的一棵老树，还有散花的仙女，多么像贤惠的孙玉兰。

"孩儿妈，你知不知道，明天又是一个中秋节？明天，月儿团圆，我们全家难聚啊！孩儿妈，你本是当年老家一个青春年少、活力四射的村妇女主任，是我把你带到鄂西南的大山里遭罪了，害得你丢了事业，丢了工作，成天操持家务，抚儿育女。人世间一些说不清楚的烦心事折磨着你，孩儿们的成长、教育撕扯着你，你像只乳汁不足的母羊，不怒不怨地承受着。

"孩儿们，孩儿妈，我想你们啦！孩儿妈，拜托你，带着建珍、建国、建荣，还有健全，一会儿，我进屋睡着后，你把他们都带进我的梦中吧！"

夜深了，静悄悄，星儿和月儿能够听到的，只是一个英雄男儿的抽泣声……

同一个时间，同样是夜深人静，在来凤县城胡家沟的那二十多平方米的房子里，灯还亮着，孙玉兰正专心地做着针线活。她一抬头，见儿子张建国站在她的面前，孙玉兰不知夜半三更儿子要干什么，忙问："咋啦，还不睡？"

张建国回答说："妈，我想爸！"

儿子的一句心里话，更触动了娘的辛酸处，娘哪里又不思念张富清呢？她尽量地控制自己，说："快去睡吧，妈理解你。"

儿子不依不饶："爸也会睡不着，妈，你知道明天是什么日子吗？"

孙玉兰装着无事一般："管它什么日子呢，你快去睡觉。"

"我睡不着！妈，你不知道，我来告诉你，明天是中秋节！"

孙玉兰放下手中的活儿，坐在那里一动不动。

孙玉兰知道，儿子张建国已经14岁了，是个半大的小伙子，他懂事，也像他爸一样有韧劲儿，说干什么就会干什么。明天正好是个星期天，学校放假了，就让儿子看一下他爸，也让他把全家人的思念带去吧。

她关切地问儿子："三十多里路，还要翻山越岭，你知道怎么走？"

张建国把胸脯一拍，说："我已经是14岁的男子汉了，鼻子下面就是嘴，还怕我走丢了？"

听了儿子的话，孙玉兰全身都感受到一种力量，这种力量就是生活的支撑。她心中一直有一种强大的支撑，那就是张富清的人格魅力。今夜，她从儿子的身上，又感受到有种新生的支撑力在家庭中崛起！

第二天，吃罢早饭，张建国带着一大兜妈妈准备好的衣物，昂着头挺着胸，像投奔八路军一样上路了。

在张建国的眼里，父亲就是他们家中的一座巍峨大山，是他人生旅途的一面迎风招展的旗帜。尽管乌云阵阵，尽管恶浪扑打，但他的爸爸岿然不动，笑傲人生。有一次，张建国跟张富清说："那帮人把你的官也罢免了，职也撤了，我想您的心一定很痛。作为您的儿子，我一定找机会报仇！"

张富清坦然一笑："怪他们有什么用。他们走在路上，沙尘暴突然打过来，他们的眼被蒙住了；一场大雾降来，他们迷失了方向。你说，他们怎么前进？他们的心胸不亮堂，只有瞎走、胡来。没必要去和他们一般见识，我们要走我们应该走的路。走路前，先要把自己武装好，冷静地选择好自己的路，再从心中升腾起编织着镰刀和铁锤的旗帜，不论走到哪里，都不会迷失方向，都会无往不胜……"

说来也快，农历八月十五到了。一下班，畜牧场的人提前回家与家人共度中秋了。还有两个人没走，一个是常年驻守在这里的张富清；再一个就是张富清的师傅，也就是具体领导或者叫看护张富清的人——"牛倌爷"老人。

"牛倌爷"从他平时放衣物的那格柜子里拿出了两样东西：一瓶苞谷老烧，两个小月饼。

"来吧，小张！我和你共度中秋。"张富清已是个听管听惯了的人，是对是错都得听，何况"牛倌爷"是个心肠很实诚的人。

张富清一脸苦笑："家人不相聚，师徒俩团圆。"

"牛倌爷"也报以诙谐的笑："到底还是当大领导的人，心里有墨水，狗子进厕所——文进文出（闻进闻出）……"

张富清还是一脸苦笑："来吧，来吧，先抿一口。"说罢，"牛倌爷"就先干了一口。

张富清端着从食堂打的一碗土豆，走近一看，大吃一惊："还有这高档的食品？"

"我女儿从来凤县城带来的，你我一人一个。"说完，将自己的空杯给张富清看。

"感谢！徒弟回敬师傅一杯！"

尽管没啥菜，没有像样的场地，但难得老人的一份心、一份情。推杯换盏，是感激，是高兴，还是痛苦？说不清楚！

老人把月饼递给张富清："来，这是你的！"

张富清急忙推辞："您自己吃，我这里有土豆。"

老人站起来："你这是什么话？江湖上不是说有福同享、有难同当吗？"

张富清再不好意思推辞了，再推辞老人就会急眼了。

老人拿起剩下的那个月饼，咬了一口："嗯，甜，真甜，这饼子还正宗！"

张富清拿起月饼想吃，又舍不得，他脑子里在思考一件事。他正在算账：1949年10月至今天，中华人民共和国已成立21周年了，来凤县还有多少人饿肚子？有多少人今天能吃上月饼？

好心的"牛倌爷"还不知道张富清这时在思考什么，他也不管他在思考什么，只觉得，你应该大口吃月饼，大口喝老烧。他催促着："你别想那么多，还是吃吧，喝吧！"

张富清怎么也拗不过这位老人，他将月饼咬了一口，嗯，这月饼是香是甜，但这香甜中，还有点儿涩，还有些苦……

两个牛倌正吃得带劲儿，正喝得对胃口，忽然有个年轻小伙进了牛棚，朝他们走来。

这是谁？冷不防地走进来一个小伙子，两个牛倌站起来望着，辨认着。这时张建国一眼就看出他爸爸站在那里，他高兴地喊道："爸，爸——！"

是儿子张建国，是他，张富清惊喜地喊着："儿子！"

这是一种什么样的场面！父亲向儿子奔过来，儿子朝父亲跑过去。

"儿子!"

"爸——!"

这是根对树的情意,这是树对根的报答!两个人紧紧地抱在一起。

张富清把儿子领到"牛倌爷"面前,介绍说:"这是爸的师傅,快叫'爷爷'!"

"爷爷——"

"牛倌爷""哎"了一声,跑过来摸着张建国的头,兴奋地说:"这是你儿子?多大了?"

"我是我爸爸的大儿子。今年14岁了。"

"好哇,14岁长这么高,都快超过你爸了!"

张建国打开布包,从布包里拿出了衣物,对爸爸说:"这是妈妈带给您过冬的衣裳,这是您喜欢吃的腌辣椒。"

这时,"牛倌爷"赶紧把他自己还没顾得上吃的一碗土豆递给张建国说:"路上饿了吧,快吃。"

张建国的肚子早就饿了,见老人递来一碗土豆,拿起一个就吃开了。张富清看着儿子大口大口地吃土豆,望着那块已经被他咬了一口的月饼,感觉很尴尬:你怎么不提前半小时来呢?

张建国望了一眼,他立即明白了:"爸,您自己吃吧,您吃了,儿子的心就是甜的。"吃着,说着,泪水流下来。

"牛倌爷"心里是真喜欢这孩子。他把那瓶张建国带来的腌辣椒拿到张建国面前说:"你吃点儿吧。"

张建国忙接过来放在一边说:"这是我妈带给我爸吃的,我爸喜欢吃腌辣椒!"一句知冷知热的尊母敬父的话,把面前的两个牛倌感动得浊泪纵横……

张建国狼吞虎咽,不大一会儿把一碗土豆全部吃光了。

"牛倌爷"不忍心孩子遭受蚊虫叮咬,关心地说:"小伙子,今晚上到我家里去睡吧。"

张建国问他爸:"爸,您睡哪里?"

张富清告诉儿子,晚上他要守夜,就在牛棚里睡。张建国坚定地回答:"我爸睡哪里,我就睡哪里。"

张富清惭愧地摸着儿子的头,不知道再说什么好。

送走了"牛倌爷",张富清来铺床睡觉。只见他拿来几根竹筒,插放在牛栏的上半部。两张简易的小床就做成了,然后铺上他那床破旧的军被单。

懂事的儿子见了,真想号啕大哭,又怕爸爸心里难受。他强忍着泪,什么话都没说,就爬上了床。张富清怕儿子经受不了蚊虫的叮咬,特地在床上撒了一些用来灭虫的"六六粉",还给儿子一把驱赶蚊虫的旧蒲扇。

马提灯吹灭了,躺在床上的儿子偷偷地流眼泪。劳累了一天,刚才喝了二两苞谷烧的张富清上床不到半分钟,就沉沉地睡着了,给儿子带去的是沉睡中时大时小的鼾声……

天刚麻麻亮,张建国就轻手轻脚地从床上爬下来,偷偷地离开那个人畜同居的地方。迈出几步,张建国又难舍地回头望了望。那里面歇息的,不光是牛和马,还有他全家人的靠山,一个一刻也离不开群众,与百姓们心心相印的本色男儿啊!

张建国几乎一夜没合上眼。昨天夜里,躺在床上的张建国,不光是跳蚤公然对他挑战,更影响他入睡的是对父亲的担忧!

大约下午3点,张建国终于回到了胡家沟。走到家门口,张建国快累趴了,还没进屋,他就急着大声地喊妈。

孙玉兰高兴地迎接儿子:"回得够快的。"

累瘫了的张建国,走到门口就一屁股坐在地上,他脸上的表情不知像哭还是像笑。

孙玉兰问儿子："你爸还好不？"

张建国愤愤地回答："不好！"紧接着，他号啕痛哭，泪儿像开了闸的水"哗哗"地直淌……

孙玉兰也流泪了，但她还是擦掉了眼泪，在儿子面前，她尽量地控制住自己的感情。

儿子擦拭着眼泪，他还要向母亲汇报："爸跟我说，叫您要挺住，他说迟早他会回来的。爸还问我，姐姐现在身体怎么样，还让我和妹妹、弟弟把学习抓紧。"

孙玉兰突然意识到了什么，她把手伸出来想拉着儿子，张建国急忙向后退躲，一下子撞在了墙上："妈，你别碰我，我身上有跳蚤！"

孙玉兰说："你等着。"说罢，她赶紧找来两件旧衣服递给儿子，让儿子把衣服换下来。

当儿子脱下上衣，孙玉兰见儿子身上凸起了无数个红疙瘩，她心里好一阵痛。

她把脚盆拿来，把儿子换下的衣服用开水一泡，脚盆的水面，浮起了一层可怕的蚊虫和跳蚤……

第七章　时不我待号声激

二十三　夜长春晚

1974年11月16日，初冬的阳光从浓密而又灰黑的云层中跃出。这久违的太阳，尽管它与黑暗经过多年的较量有些疲惫，尽管它经历了长跑的赛事，它距离我们亟待拼搏的起跑线有些远，尽管它在生与死、血与火的搏斗中，耗去了青春永葆的气力……但是它依旧把灿烂的光芒洒向了九百六十多万平方公里的土地，把那永久炽热的能量，无私地奉献给了普天下缺光少暖的人们。

它站立在高高的喜马拉雅山，终于向中华民族、向全人类庄严地宣布：太阳出来了！这一宣布，给期盼新绿的草丛枝条带去了勇气和力量，给等待着冰融雪化、云开雾散的世上万物，带去了新的生机和希望！

这天上午10点，三胡区委会议室座无虚席。来自区委、区政府和区直单位的干部早早地来到了这里，他们知道县委特地前来三胡区传达新的文件精神。参加这次会议的也有张富清。

一首庄严的《国际歌》在会议室响起，使会场更加弥漫着严肃紧张的氛围，这种氛围给与会者的精神上带来了一种沉重感。好在《国际歌》唱完不到二十分钟，会议就正式开始了。会议由来凤县委组织部李副部长宣读中共来凤县委革命委员会1974年来凤县委文件。

会场上，与会的每个干部、每个参加者屏住气息，聚精会神地听着，他们听得很清楚，坐在后面的张富清也听得很清楚，这份新下发的红头文件里，宣布了来凤县一批领导干部复职的名单。这份名单中就有张富清。

文件是这样写的："经中共湖北省恩施州委来凤县土家苗家自治县县委、县革委会研究决定，正式恢复原三胡区政府区长张富清的领导职务，同时恢复一切原有的工资、福利等待遇。调张富清前往卯洞公社革委会任副主任……"

当李副部长宣读了恢复张富清职务时，他们不约而同"唰"的一下把眼睛投向了张富清。紧接着是一阵长时间的掌声，这掌声激越、轰鸣，像一道滚滚的春雷炸响在三胡区委会的上空，经久不息……

台前，会议室主持人一宣布会议散会，整个会场一片欢叫声。有的人来到张富清面前对他表示祝贺，有的叫嚷着、议论着，有的不由自主地朗诵起来："在苍茫的大海上，狂风卷集着乌云。在乌云和大海之间，海燕像黑色的闪电，在高傲地飞翔。一会儿翅膀碰着波浪，一会儿箭一般地直冲向乌云，它叫喊着——就在这鸟儿勇敢的叫喊声里，乌云听出了欢乐。"还有的人昂起头，清了清嗓子，高声地唱起了土家族传统的民间戏曲南剧……

张富清只是礼节性地同前来祝贺的人打打招呼、握握手。人们离开会场，张富清还是坐在那里没动。看上去，张富清像失去知觉一样，他没有纵情欢呼，没有号啕痛哭。可是，红头文件像一道热浪，通往了他全身的肌肤，点燃了他心中的火，那爱党爱民的真诚炽热之火，那团情切切、意浓浓的时不我待的哀怨之火！

七年了！人生有多少个七年？七个三百六十五天的日日夜夜，

是多么漫长！这七个三百六十五天的大好时光，如果没有撤去张富清的职务，如果能继续在领导岗位工作，他可以为党分担好多重任，他可以为老百姓解除好多忧愁！可是，在他人生最黄金的七年里，他没有更好地为党和人民分忧解愁啊！

是的，作为一个在战争年代的党旗下宣过誓言的人，在工作上不应该挑肥拣瘦。让我当社员种地，让我进牛棚喂牛，我应该不抱怨、不嫌弃、不讲条件、不讲价钱，脚踏实地干好！

这些，我做到了，我干好了，可是，当我能挑一百斤的重担时，为什么只要我挑二十斤的轻担呢？

七年前，张富清的大女儿惨遭那伙青年的毒手，原本有疾病的她，经受不了头部的撞击和精神上的恐吓，身患疾病久治不愈，造成了终生智障……

七年中，张富清的大儿子张建国、小女儿张建荣、小儿子张健全，原本聪明上进，活泼可爱，老师也喜欢，同学也爱跟他们打成一片，但由于张富清被撤职，就有人造谣生事，甚至还污蔑、诽谤，造成了有的老师、同学歧视他的儿女，使孩子们产生自卑情绪，严重影响了孩子们的学习，严重影响了孩子们的正常发育成长……

张富清的妻子孙玉兰，在这七年的漫长岁月，为了支持丈夫的工作，早在20世纪60年代初就辞职下岗，无奈丢了饭碗。张富清被撤职时，把他的职务工资和一切福利待遇砍掉，仅留了基本生活费。家里经济来源没有了，每月仅他的一点儿生活费，根本无法养活全家六口人。一个外乡人，无田无地，生活无法维持，孙玉兰只得勤扒苦做，抛开世俗而不顾，拾柴、捡剩、做苦力、当保姆，裁布缝衣，什么活都干，吃尽苦头，这伤害了一个并非无知识少见解的妇女的心……

张富清每每看到女儿那悲怆的情形，每每看到孩子们缺少自信而又过早成熟的样子，无不掩面而泣！

张富清不止一次扪心自问，我到底犯了什么错？难道是我在战场上杀人过多，老天为了惩罚我，故意给我带来不该承受的苦难？张富清是党的儿子。共产党是唯物主义论者，从来不信那些自欺欺人的荒谬之言！

在春节放假的时候，人们喜气洋洋地忙碌着，他们当中有的忙着杀猪宰羊，有的忙着写对联、扎大红灯笼，有的买煤，有的购鞭炮、买腊肠、备粮，到处显现出一派浓厚的过年气氛。张富清来到三胡区黄柏村，来到那个有着悠久民族历史的"杨梅古寨"。他没有心思去观赏它千百年仍保存完整的古庙、古戏台，而是向往着这里的古杨梅群落，向往着那棵被称为"亚洲第一梅"的具有五百多年历史的古老杨梅树。

来到杨梅古寨的大院，望着它那满目沧桑、盘旋交错的古树根脉，望着它那棵翠色碧流、枝茂叶繁的古老的杨梅树枝干，望着这古老神奇而又青葱碧翠的杨梅树上尚未完全掉落的杨梅红果，张富清对它顶风抗雪的顽强的生命力，对它不停地将营养丰富、风味佳美的上品献给人类的神圣担当，油然而生敬意！

张富清常想，这棵古杨梅树的抗争和强大的生存能力，它的情怀，它的奉献，它的高贵品质，都是我张富清的样板。

张富清多么想像古杨梅树那样，具有不被任何环境影响的刚毅品质和强大的生存能力。干事，就竭尽全力，干他个惊天动地；为人，就要当之无愧，既要脚踏实地，又要朴实无华……

张富清有时候也对着这棵古老的杨梅树发牢骚，他自己在心里说："经历沧桑的古杨梅呀，你怎么就那么自私呢？你的个人英雄主义怎么那般强？你就不可以拉我一把，或给我指指路？你就不能想个什么高招？你就不能说句话，担个理，搬开我生命途中的破石乱砖？你就不能借你的杨梅花，借你的杨梅果，让一个对党忠心耿耿、有着远大抱负而又难以施展的男儿扬眉吐气吗？"

党啊，伟大的母亲！您可千万别忘记，您还有个时刻想报答您的恩情、甘当人民公仆的孩儿，他似受惊的鸟儿，他似孤独的雁，是多么期盼您给他翱翔天空的力量！

有多少个寒冬，张富清在想，寒冷的冬天到了，那么春天还会远吗？冬天不就是黎明前的黑暗吗？然而，年复一年，他都没有盼到一个共产党员的政治生涯的春天。是光阴跑得太快，还是时间过于漫长？谁也不知道。有那么一次，元宵闹灯，别人欢天喜地，而张富清和孩子面无笑颜，他心情不爽。他借用杜甫的一首诗歌，抒发他的心情，他在日记本上写道：

> 迟日江山丽，春风花草香。
> 泥融飞燕子，沙暖睡鸳鸯。
> 江碧鸟逾白，山青花欲燃。
> 今春看又过，何日是归年。

然而，张富清始终相信，太阳一定会拨开云层跃出天际，春天也一定会跟冬天握手言别，一定会从那遥远的地方捧起太阳的温情，让蜿蜒的酉水河流淌出动听的歌曲，凭借村前屋后葱绿的气息，给广袤大地注入勃勃的生机，给人们创造美好未来的希望和信念。

尽管年复一年，喊春的布谷声嘶力竭地喊叫着，春天还是来晚了。

来了，春天终于来了！春天，挂着笑容，含着歉意，来到了祖国的山山水水，来到了偏远的荆楚边沿，也来到了凤凰迷恋的地方。这一次,它不乐意排着队,它也不顾及与冬日握手言别,就捷足先登了。它要快些回到那个不忘初心、不负苍生的儿子身边,给儿子带去赶超长跑健儿的时间和机会,它要给鞠躬尽瘁为事业、为人民的张富清带去初心不改、矢志不移的坚强信念。

这一天,是1974年11月16日,是张富清被撤职去当社员、当牛倌整整七年零一个月的日子。这是个势必将要镌刻在英雄丰碑上的日子!这是张富清在他生命长河中永远难以忘记的日子!

中午时分,张富清与妻子孙玉兰以及孩子们刚吃罢午饭,不知是谁,在位于三胡区政府不远的地方,在张富清一家人居住十五年零八个月的屋子门前,燃着了一挂长长的鞭炮。即刻,随着三胡区机关干部和附近群众的祝贺,随着他们的欢声笑语,响起一阵激烈的"噼里啪啦"的声音。

在这响彻天际的鞭炮声中,老年人喜笑颜开,中青年人频频祝贺,小孩子们推搡嬉闹……

在这响彻天际的鞭炮声中,张富清在思考。他有一种强烈的紧迫感和使命感,这激烈的鞭炮声,如战斗在阵地前沿的指挥者,在挥臂感召,在高声呼唤;这激烈的鞭炮声,像鼓点,擂响了向着前面目标进发的战鼓;这激烈的鞭炮声,似号角,吹响了迅速奔向来凤县卯洞人民公社的集结号!

面对指挥者真情的召唤,在进发的战鼓声中,在紧张激越的奔向卯洞的集结号声中,他只觉得,声声逼人紧,阵阵催人急!再也不能等待,再也不能彷徨,他要尽快奔向卯洞公社,他要尽快地担负起党和人民交给他的卯洞公社革命委员会副主任的重担!他要迅速冲往新的阵地前沿,扫除新的征途中的任何堡垒和障碍,他要带领卯洞公社的人民奋发图强,要帮助他们面对不同的时代背景,利用不同的办法,解决他们中间产生的新的问题,开启崭新的生活!

二十四　老兵情怀

　　这是张富清来到卯洞公社正式报到的那天中午，张富清因接连几天的风寒和咳嗽，不得不来卯洞公社卫生院开点儿药。医生的诊断是流行性感冒，医生给张富清开了药，还要为他吊三针（吊针指输液）。中午正好有点儿空，吊就吊吧！当输液的瓶子高高挂起，张富清正要躺在病床上接受护士的注射，突然，公社通信员小李来了电话，有人在公社王书记办公室闹事，王书记让他迅速回去。

　　"对不起，我去办点儿事就来！"张富清跟护士打了声招呼，就心急火燎地往办公室跑去。

　　本来，张富清报到当天，王书记给他交代了工作后，他就要去卯洞公社所属的高洞管理区蹲点，但被王书记阻止了。王书记说："我看你有点儿咳嗽，要赶快去卫生院看一下。上班，先在机关熟悉熟悉工作，过个十天半个月再下去。"

　　张富清跑步来到办公室，远远地就听见公社王书记的办公室传来了吵闹声。

　　"怎么回事？"张富清忙赶到书记办公室，只见一个跟张富清年龄差不多的人正站在书记面前指指点点。他干瘦，穿一套脏兮兮的破旧军服，还没等靠拢，就闻到他身上有种臭烘烘的味道。书记办公桌上的书本、报表、笔筒、茶杯等散落一地，显然这是面前这位干瘦的人所为。

　　此人对张富清的喝问非但不理，还指着王书记，高声吼着："你们什么时候不解决，我就闹到什么时候！"

　　王书记此时既怒火中烧，又无可奈何。见张富清赶来了，他对张富清解释说："这位项同志，口口声声称自己是老革命，受过伤。他这样蛮不讲理，像疯子一样……你来得正好，把他请出我的办公室！"

"走吧！到我的办公室去吧！"张富清说。项前进很不耐烦地跟着张富清来到了张富清的办公室。当他进门时，看到门口的牌子上清楚地写有"副主任"的标志，项前进心想"你一个副主任，顶个屁用"。

张富清问他："有话好好说，凭什么把书记办公桌上的东西都掀到地上？"

项前进不依不饶："凭什么？就凭老子在战场上负的伤。"他边说边撸起腿上的裤子，一块褐色的伤疤留在项前进的左腿小腿肚子上，"你看，你看看老子在战场上负的伤。他能有吗？你能有吗？"

面对项前进的蛮横态度和鲁莽行为，面对年轻人在战场上留下的伤痕，张富清又气恼，又多少有些感同身受。他完全可以像他一样撸起裤子，跟他比一比，看谁留下的伤痕明显。他更可以取下头上的帽子，撕开胸前的衣服，把自己在什么战场上负的伤，又分别立下的战功，毫无保留地袒露在项前进的面前，让他自愧不如，让他知道他项前进根本就没有资格与张富清比，也没有资格来公社办公室吵闹。

可张富清没有这样做，他强忍着内心的反感情绪，克服因感冒带来的浑身的难受和不适。他把战场上一次次殊死的搏斗、一幕幕浴血奋战的场面，一回回在战斗结束后的表彰会上自己立功、被授奖挂牌的光辉情景，全都尘封起来，深深地埋藏在心中永久的记忆里！

张富清请项前进把衣服穿上，坐下来，有什么事好好地说。项前进似乎有点儿欺软怕硬，对面前的张富清也似乎有点儿不屑一顾，他对着张富清，又对着门外，继续吼叫："一天得不到照顾，你们一天也别想得到安宁。"

张富清认真地说："你要什么照顾，为什么要这种照顾，你都可以慢慢说清楚,但不允许你在这个地方摔东西、损坏公物!"

"哼!这是什么地方?这是为老百姓办事的地方,不是像你们这样不顾百姓疾苦,只知道成天坐个背靠椅、支个二郎腿,看张报纸、喝杯茶的神仙之地!我这个上过战场扛过枪、挨过子弹受过伤的人就是看不惯。你信不信,这桌上的东西老子照摔!"说着,他又准备动手摔杯子、砸桌子,说时迟那时快,当项前进的手去抓杯子时,张富清一个箭步上前飞速地挡拦,他伸出右手抢过杯子,交到左手放下,然后他的右手随即抓住项前进前移的身子。一个要继续摔,一个要坚决制止,好像要动起手来。张富清原本还以为项前进年轻气盛不是很好对付,他使出摔跤的技巧,不料没费多大力气就把项前进摔倒在地。本以为自己从枪林弹雨里闯出来力大无比的项前进,以为谁也不敢碰他,何况这个并不强悍的老头儿,更不是他的对手。哪知,冷不防他吃了个闭门羹,被老头儿摔倒在地。从交手中,项前进感受到此人不同一般,貌似无力,却身手不凡,显然是经过训练的。他用怀疑和不服气的眼光看着张富清,为了要面子,为了显示出自己的强势,他装出不服输的样子,说:"老子在珍宝岛打过仗,身负重伤,你瞎了狗眼,哪有你这么蛮横无理的干部?我要到北京去上访,去告你!"

听着项前进的话,张富清颇有些生气,他的心情越发沉重,甚至有种痛心的感觉。他不希望同是从军营里走出的人,同是从战场上下来的人,这么肆无忌惮,这么没有约束、没有纪律,怎么能任意损坏公共财物,怎么能这样随心所欲,不尊重他人?毛主席的《三大纪律八项注意》难道他忘得一干二净了吗?难道不知道,损坏东西要赔的,故意损坏公共财物要受到处罚或问罪吗?如果是在部队,他恨不得上前狠狠地踹他一脚,还要对他罚练,让他做检讨,再给他处分。可这是什么地方,作为地方的一个领导干部,千万不能这样啊！应该说，只有落后的、不到位的工作，没有从战火中走下来的落后的退伍兵！

张富清没有嫌弃，也没有发脾气。他走上前，耐心地把项前进从地上扶起来，让他坐下，又给项前进递上一杯热水。张富清对项前进重话轻说："项前进同志，你口口声声说你是打过仗、受过伤的人，这别说在卯洞，就是在整个来凤县也很少。这是你的光荣，也是我们卯洞公社干部群众的骄傲！但是，项前进同志，一个堂堂的退伍军人，不能随意损坏公共财物，扰乱工作秩序呀！那样做是不道德的行为，你懂吗？不要总是把过错强加于人，作为一名退伍军人，要保持军人的风格与素养，应该懂得如何处理好集体与个人利益的关系，更应该自觉维护正常的工作秩序……"张富清直面地跟他说着，不是说教，不是指责，而是战友般的推心置腹的交流。

项前进听着张富清的话语，原有的冲动之气似乎降了许多。张富清讲的一番话，他不知听过多少次，每次都感觉他们的话那么生硬、那么刺耳、那么让人反感，而这些话从张富清的口里讲出来，听下去却感到这么熟悉、亲切、中听。也许，他们同是从部队走出，同是扛过枪、受过伤，同是退役军人，显然是心有灵犀一点通！

项前进这几年，为了自己的既得利益上访、静坐、骂人、闹办公室等，不知道有多少次在外面耍威风，从来都是别人将就他，而郑重其事地阻止他的第一个人，只有他张富清！项前进把凳子向张富清的办公桌挪了挪，他要与张富清进行深谈。

忽然，有两个身穿没有红星和领章军服的人走进来，他们严正地提问："人在哪里？"

张富清不解地反问："你找什么人？"

穿军绿衣服的人告诉张富清："你就是新来的张主任吧？我们俩

第七章 时不我待号声激

是公社武装部的，我叫雷敏，是这里的武装部部长。他是我们的明干事。王书记让我们来领人，我们晚来了一步，听说在你办公室，我们就赶来了。我们是来领那个叫项前进的！"

张富清听了武装部的介绍，觉得项前进这事，他们正管得着，于是指着项前进说："这位就是项前进同志，那你们去吧！"

项前进并不认可武装部的来人，他还是希望找张富清。他想对张富清说什么，但被武装部的明干事打断了："张主任还有事，我们快走！"项前进有点儿不舍地被武装部的人带离了张富清的办公室。

张富清看清楚了细节，心里不知道是一种什么样的滋味。人都走了，张富清这才想起，他还要去卫生院打吊针。打了一个多小时的吊针，总算把那两大瓶药水吊完了。张富清又急忙返回办公室。

他刚出门，就看到了令人难以置信的一幕：项前进被五花大绑，武装部的雷部长和明干事在他后面催他快走。明干事还手握一支步枪，他用枪指着项前进，要他快走。被五花大绑的项前进很不情愿地走着，他的眼睛还时不时地朝张富清办公室的方向望去。

张富清再也不愿意看下去，他犹如战场上一个机智勇敢的指挥者，一个箭步飞快地冲到项前进的前面，大吼一声："站住！"

张富清的突然出现，张富清的命令式吼声，令雷部长和明干事始料不及，令项前进喜出望外。一时间，他们三个人都蒙了。雷部长自然要过来说话："张副主任，你这是有什么指教？"

张富清问："你们凭什么捆他？要把他弄到哪里去？"

雷部长回答："就凭他无故在书记的办公室发脾气、摔东西，就凭书记让我带走的指令，你说应不应该捆绑？公社领导办公室的治安环境该不该管？"

公社的武装部部长比公社革命委员会副主任级别本来就高一些，况且雷部长还把公社书记撂出来，在卯洞这方土地上，再也没人敢上前一比高低了。张富清，一个被撤职七年刚复职的干部，怎么有那么大的胆量阻止呢？

这个时候，张富清不认官，只认理，他冷静地说："请你雷部长给他松绑！"

明干事把枪掉过头对着张富清："这是你张富清主任说的话吗？你是不是吃错了药？你有什么资格来干涉我们的行动？"

张富清见这明干事先是把枪口指着项前进，这下又用枪口指着他张富清，气不打一处来，但他还是尽量地克制自己的情绪，还是冷静地说："请你把枪收回去！"

明干事把张富清的话当作耳旁风，还是用枪口对着张富清。此时此刻，张富清怒不可遏，他像一头从百福司密集的山林蹿出的猛虎，霹雳般地嘶吼着："把枪收回——！"

这声怒吼，把围观的人吓退了，把风吼跑了，把天吼得打战，把地也震得发抖……

雷部长不再言语了；项前进尽管被捆绑，但他还要过来为令他摸不透的这个张主任助威；明干事才真正地像吃错了药，他还是没把枪收回，枪口还是指着张富清。张富清一改凶相，脸上露出笑容。任何人也没有料到，趁明干事放松了警备，他纵身一跃，忽地一下从明干事手中夺过那支步枪。他敏锐地发觉，公社通信员小李往这边跑过来了，他立马把枪交给通信员小李，并让他迅速报告书记。

张富清急忙上前为项前进松绑。这时，围观的人都以敬佩的眼神看着张富清。雷部长像没看见一样，还是不言语；明干事也不得不被张富清的敢作敢为所征服……

后来，公社书记听取了雷部长和明干事的汇报，接着让张富清发表看法。张富清的发言，态度坦诚，观点明了，有理有据。他说:"项前进今天的所作所为错了,先前多次像疯子似的跑来上访、找领导、大发雷霆以至损坏办公用品,按他现有的行为,弄到县里参加培训班,关起门来学一月半月,也未尝不可。但完全没必要五花大绑,更不应该用枪来押送。我们面对的是阶级敌人吗?我看不是。他找我们,我们要耐心地听取他的意见,把情况调查清楚,再深入细致地做好工作,绝不能主观武断行事。他是一个什么样的身份?我刚才在卫生院打电话向他们管理区和大队干部了解过,他的本质是好的,也曾在珍宝岛战斗中受过伤、立过功,就是个性太强,看问题过于偏激。他是谁?是我们的兄,是我们的弟,是我们中华民族难得的一分力量!是应该受到全社会尊重的战斗英雄!这样的人,我们要亲近他,要尊敬他,要走进他的内心世界,要帮助他解决困难,要鼓励他为党的事业再立新功。"说着,他又看了明干事一眼,尽量把声音压低一些,继续说:"我不知你当过兵没有,也不知道受没受过正规的政治思想和业务培训。你身为武装干部,是党组织让你管枪的人。你应该知道,我们共产党的枪口,是对准敌人的,而不是对准我们自己的。你凭什么把枪对准我们的阶级兄弟?凭什么对准我?人民的钢枪是多么威严、是多么神圣的武器!而你,把它当作自家的烧火棍,随意耍弄,随意作为!假如让你管原子弹,像你这样随意,没准你会把我们卯洞人民公社炸个天翻地覆……"

张富清的汇报发言,情感真挚,朴实而又凝重,像一锤锤重棒,敲打在每一个在场人的身上。

张富清的话讲完,站立在会议室门外的项前进早已是满脸热泪。

公社党委书记更是拍案而起,他当即拿出了三点具有权威性的意见:第一,武装部立即向项前进赔礼道歉;第二,武装部明干事停职反省，做出深刻检讨，等候处理；第三，项前进的后续思想工作和家庭困难等实际情况，由革命委员会副主任张富清同志代表公社党委积极做好并妥善解决。

事过两天，正好是个星期天。张富清脚踩一双草鞋，步行来到卯洞管理区，他并没透露自己的身份和来意，只是问清了项前进的家庭住处。

像眼前这样崎岖的山路，这样一会儿钻林、一会儿攀崖的小径，在整个来凤县到处都是。在来凤县生活了近二十年的张富清，早已见怪不怪、习以为常了。离开卯洞管理区才半个多小时，项前进的家就出现在张富清的眼前。这是两间用茅草搭盖的低矮的草屋，山区的风霜雨露，早已把这两间依山独居的茅草房吹打得一片稀乱、破旧不堪。

"这是项前进的家吗？家里有人吗？"张富清身背那褪色的军用挎包，挎包上还系着一个军用的旧搪瓷缸，站立在这两间破旧的茅草棚门口。

张富清的两声问话，像巨大的吸铁石，吸引着刚回家的项前进。他激动万分，这般耳熟，这般亲切，这般拉扯着一个落魄之人心肺的声音！是的，是他！就是那位令人尊敬的公社的张主任！"我在——！"他一边回应，一边赶紧出房门迎接。

他是谁？他是兄，他是弟，他是项前进亲密无间的战友？都不是。他是来自来凤县卯洞公社革命委员会的张副主任，他是中国老百姓最期盼的一个普普通通的干部！见张富清站立在他的家门口，他连忙下意识地像在部队一样称呼问好："首长好！"

凭项前进的识别能力，他早就看出了这个张副主任是从部队来到地方工作的军转干部，都是厚土解甲人。

两个有着共同的生活经历的军转人员，两个似曾相识而又并非相识的男人,一种火花的碰撞,一种共同的心灵感应,使他们拥抱在一起。

好一会儿,项前进激动地说:"真是难得的稀客,快请坐!"

张富清见项前进要给他倒水,忙阻止:"我自己带了搪瓷缸。"说着,解开系在军用包的搪瓷缸,递给项前进。

项前进接过那个军用搪瓷缸,倒热水,端到张富清面前,感叹地说:"首长真是爱屋及乌啊!"

接过水,张富清也是很有感触:"嘿!小项,你还是很有文化嘛!"

项前进望着张富清,"嘿嘿"一笑:"跟你张主任比,我不差十万公里,也要差九万九千九百九十九!"张富清高兴地笑了。他突然像想起什么,把水杯一放,起身问:"家里的其他人呢?"

张富清跟着项前进走进里屋的房间。阴暗的房里,一个床铺上依着三个人:一个80多岁的老母亲,两个6岁左右的双胞胎女孩。大的叫大盼,小的叫小盼,两个孩子非常瘦弱。张富清顿生同情之心。他掏出两元人民币递给老人,要老人自己买点儿什么。接着,他又从那个褪了色的书包里掏出两瓶水果罐头,拿来给孩子们吃。

从房里出来,再剩下的就是厨房了。厨房被柴火熏得黑乎乎的,看不到一点儿光亮,两间房也是空空荡荡。

"孩子的娘呢?她去哪里了?"

项前进避开了张富清的问话:"我家就是这个样,让张主任见笑了。"

张富清爽朗一笑:"我这么老远地跑来,专程看你,就是为了嘲笑你?老弟呀,你别把我当外人看。"

"怎么可能呢?你张主任在我的心中,才是一个中国当代的朝廷清官。自那次从公社回来后,我无时无刻不惦记着你。"项前进说。

张富清笑着问项前进："你恨过我吗？"

项前进感到莫名其妙："我为什么要恨你？"

"那天，我毫不客气地把你摔倒在地上，你不疼吗？"

张富清的一句话，一下子令项前进面红耳赤。项前进敞开心扉地说："你还别说，你那一下子还真把我的肩膀和腿弄痛了。这是根本没想到的事。不过还好，通过这件事，让我认识了两个人。第一个人，就是我自己。以前，我太幼稚，总以为老子天下第一，别人不敢动我，太过于自信。第二个人，就是你。从你的那一举动，凭我的感觉，您是一个真实的人，没有做作，没有丢失人的本性，实实在在。您是一个有担当的人，敢作敢当。男儿自有男儿的胆量，浑身都是胆。您是一个接受过训练的人。您要么是从部队下来的，要么是从事武术之人。"

听了项前进的话，张富清心里犹如干渴时喝了一碗山泉水，心里头爽透了。他赞扬着项前进说："你说得很好，我们每个人都要正确地认识自己、对待自己，摆在适当的位置。就从你自己对自己有个正确的认识，看得出，你是个心怀广阔的人，能袒露胸怀。不过，对我的认识看得不准，把调子定得太高，在日后的生活中，你让我如何对待生活，你是要我永远做兄弟，还是想让我每天累个半死？"

张富清一句半开玩笑的话又启发了项前进，让他想到了吃饭的事情。他开心地对张富清说："为了我们做永远的兄弟，不能把你累坏了。要不，晚上就在我这里喝两口如何？"

项前进的想法，正中了张富清的下怀。完全有必要好好地聊一聊，以心交心。他笑着回答："好啊，我特意带了一瓶咱们来凤自己酿的苞谷烧。"说着，他从背包里掏了出来。

第七章 时不我待号声激

项前进满脸的笑："那，您先坐一会儿，我到厨房去烧个火？"

"哪里话，今天你当炊事班长，我烧火！"张富清回应说。

在那间黑乎乎的厨房里，两个男人，一个掌灶台，一个拨火烧柴，多么惬意！

一股香味，伴着灶膛的火苗儿变成的袅袅炊烟，它们经过铁皮烟囱，在屋子上空徐徐升腾。那袅袅炊烟，在傍晚金色的余晖照耀下，宛如一条条云缠雾绕的彩带，有的挂在屋檐下，有的挂在树梢上，给山区乡村平添了一道道退役不褪色的秀美风光，一缕缕弥漫着干群一心的清新气息……

那云缠雾绕的彩带，有的随风飘向远方，穿越时空，把张富清和项前进的思念分别带往他们当年依依惜别的军营……

他们也怪麻利的，不到一小时，一碗白菜、一碗土豆丝、一碗合渣，外加一碟炒黄豆，摆上了那张断了一只脚的木桌上。

即刻，桌上素菜的淡淡香味，在那两间草棚里散发着。

"请吧，张主任！"说着，项前进打开了张富清带来的那瓶苞谷烧，一股刺鼻的酒香味扑鼻而来。

"嗯，人好酒自香啊！"张富清入桌后，马上想起了项前进家的老娘和两个小姑娘，问道："老大娘和孩子呢？喊她们一起吃！"

"不用，我让她们另外吃。"说着，项前进已将两个杯子斟满，"来吧，张主任，请！"

"请——！"

两人推杯换盏，好不开心。提到部队，项前进眉飞色舞。1964年，24岁的项前进响应党的号召，应征来到我国黑龙江省的虎林县。这里紧靠我国最北边的乌苏里河边界，对面就是苏联。在离江不远处，有座面积0.74平方公里的美丽岛屿——珍宝岛。珍宝岛历来是我国的领土。然而，苏联修正主义曾多次卡我们脖子：一是抽回在中援建的工程技术人员；二是逼着我国偿还借款；三是不断地袭击我们驻守在珍宝岛的士兵，还企图侵略并抢占我们的土地。当时，项前进就是守护和捍卫珍宝岛的一个炮兵班的班长。在苏联部队悍然公开侵略我国领土的1969年2月，我中国人民解放军炮兵部队在忍无可忍的情况下，进行猛烈的反击。面对着苏联开来的一辆辆新式坦克，我们用大炮轰，用56式火箭筒进行疯狂射击，硬是使敌人夹着尾巴逃出了我国的领土。

在这场战斗中，项前进的左腿被炸得鲜血直流，并多处骨折。战后，部队给他记二等功一次，并将其评为三等甲级残疾军人……

听着项前进介绍他的战斗过程，张富清脑海中不停地浮现自己参加战斗的场面。为了把对方情况摸清楚，他一直控制自己的情绪，耐心听讲。当听完项前进的故事，张富清站起来说："为了庆祝祖国的胜利，为了祝贺项前进的立功受奖，我们干一杯……"

趁着酒兴，张富清说："我怎么没有见到孩子的妈？"

项前进说："张主任，你问孩子的妈，我就要先汇报我的家。"

1967年秋季，项前进回家探亲，他满怀信心地去找入伍前心爱的姑娘，不料接待项前进的是她妈妈。原来，项前进入伍一去就是两年多，没来过一封信，而那时项前进在部队参加培训，由于保密不能写信。姑娘时常想念项前进，常常哭得死去活来，后来她妈妈告诉她，说项前进早就变了心，姑娘就死心了，后来她妈妈给她另找了个对象把她嫁出去了。听到这番话，项前进顿时蒙了。当时他和姑娘情投意合，在项前进当兵走的时候，他们难舍难分、山盟海誓，她答应等项前进回来就完婚。可他回来探亲，心爱的姑娘已与别人生娃了。"命运啊，你为何这般地捉弄人？"项前进对天哭喊着。

婚姻挫败的打击是刻骨铭心的！项前进的奶奶见孙子过度忧虑，担心他毁了前程，就请村里人帮忙，给他介绍了一个四川女

第七章 时不我待号声激

娃。那时,项前进快 30 岁了,总不能打光棍吧!他同意见面,两人一见都没意见。奶奶害怕孙子的婚事再一次被告吹,好说歹说,让项前进与四川女娃圆了房。第二年,四川女子给项前进生了一对双胞胎女儿。

这一下子,一个还在服役的战士,就承担着养四口人的压力。1970 年,项前进光荣退伍。他带回的是战斗二等功荣誉证,还被评了个三等甲级残疾,还有连队三次嘉奖。他满以为在部队混得这么风光,回到家乡肯定会得到重用,起码安排份吃商品粮的工作没问题。

谁知现实是残酷的,又令人始料不及,他原有的想法都成了泡影。部队训练、打仗的紧张,第一次婚恋挫败的打击,更多的是包括自己在内的五口人的生活保障在哪里?

从部队刚回地方时,村里的老百姓又是赞扬又是羡慕,一个战斗英雄啊,多么神圣,多么光荣!时间一长,人的看法就变了。甚至有人说,立功受奖又怎么样?战斗英雄又怎么样,还不是和我们一样种地吃饭!其他的都只是个虚荣,顶个屁用……

为他生了一对双胞胎的妻子,他在部队没回时,她望郎盼郎;他刚从部队回来,她也尽显温柔。时间一长,他既没被安排工作,也没从哪里捞钱回来养女儿、过日子。可他出门后,每每带回来的,不是牢骚就是怨气,还经常大发脾气甚至暴跳如雷。这日子怎么过?妻子含着泪说:"我回四川娘屋去,你什么时候有钱了,什么时候改变了这个现状,或什么时候能让我们吃饱饭了,我再回来……"

"天下谁懂祖母心,白发护少情最真。"这是项前进对 80 多岁老奶奶的认知。老奶奶 8 岁到项家做童养媳,16 岁与爷爷成婚,生养三女一男,这男孩就是项前进的父亲。项前进父亲 12 岁那年,爷爷染患痨病身亡,奶奶含泪孤守、拾荒耕种、抚养孩儿。为活命,女儿卖的卖、嫁的嫁，仅剩父亲独根。1959年遭遇自然灾害，父亲把仅有的粮食留给家人，连病带饿撒手人寰，奶奶白发人送黑发人。时隔多久，抑郁的母亲因悲痛而精神受到刺激，成天精神恍惚，在一次落水后身亡。奶奶悲恸欲绝，把孙子项前进送往军营。现年已80多岁的奶奶盼孙成才，她晚年好享点儿福，听说孙子打仗立功，她笑得嘴都合不拢。谁知孙子回来后，带给老人的是饥一餐饱一顿，孙媳妇又弃家出门……你说老人苦不苦？项前进是不是有义务、有责任让老人过个好的晚年？

还有他那如花似玉的双胞胎女儿，按年龄早就该上学念书了，可钱从哪里来？身强力壮的项前进在生产队拼死干活，也难让一家老小填饱肚子，他还哪有钱送女儿上学？你说怎么办，他不能偷，不能抢，他不找领导、不找政府去找谁？

讲着讲着，项前进先是眼圈红了，接着流下了泪，再后来泪像断了线的珠子，一串串地掉落……

同在一方小桌对面坐着的张富清，是个曾经的军人，对当兵打仗有同样的感受，他为项前进喝彩，为他祝贺。他知道那一功一奖的分量，那不是混来的，是用生命和鲜血换来的。他的眼圈红了，是被项前进的牺牲精神所感动，是为他立功获奖而骄傲。项前进婚恋的挫败，项前进家庭的灾难和不幸使他落泪。项前进退伍后那些不该发生而已经发生的事，使张富清颇有啧啧不平之感！

项前进越讲越激动，他站起来，拉着张富清朝后看，他那个破茅棚后面的房梁旁已破了个大洞，项前进成天心乱如麻，有时连死的心都有，哪有心思去修缮自己居住的茅草棚？

张富清看了看酒瓶，见还有小半瓶，他二一添作五分干净了，然后站起身来，像部队下命令一样："项前进，请站起来，端上你的酒，来，一口干掉！"说完，他首先端起酒杯一饮而尽。

他擦了擦眼泪,也叫项前进擦去眼泪。张富清对项前进是在劝慰,是在安抚,也是在命令:"项前进同志,我的好兄弟,作为一个退役军人,你犯了一个天大的错误,你知道吗?你缺少一个信念,缺少一个对党的坚强信念!

"我们每一个退役军人,都需要退役不褪色,发扬部队的传统,拿出当年打仗的那个劲头,为党为人民再立新功!你面前水深火热,处处碰钉,困难重重,这怕什么?当年你要保卫国土,你们不怕牺牲,勇敢向前,敌人的新式坦克都挡不住你们前进的步伐。眼下,家庭困难,生活困难,孩子上学困难,部分领导干部对你不理解,党的有关退役军人的政策暂时不到位,你就麻爪子了?你就对某些干部、对政府丧失了信心,这是一个血性男儿应有的精神?这是一个退役军人应有的品格?

"不能!一个共产党员,一个退役军人,不管面前多艰难,不管环境多恶劣,心中时时刻刻要有个永不动摇的坚强信念。要坚定不移地相信我们伟大的党!请记住一个名人说的话:'如果冬天来了,春天还会远吗?'"

是兄弟,是同窗好友,是同乡,是战友,是首长?站在面前的是一个真真实实的党派来的为百姓谋福利的好干部!顾不上擦把模糊的泪,项前进再一次把张富清的手握紧……

天不早了,张富清起身要走了。"天这么黑,这么远的山路,你一个新来乍到的干部怎么走?要么就在我这儿凑合一宿,要么我点着马灯送你走!"

"没事!你们这山路我都快摸熟了,走夜路我也习惯了。"

一开门,嚯!大队书记,民兵连长,一辆手扶拖拉机,还有一个拖拉机手,都在门口等着他们卯洞公社新来的革命委员会副主任张富清。

原来，张富清来看项前进时，公社就把消息告诉卯洞公社管理区了，管理区又指派大队书记和民兵连长带拖拉机负责接送。为了完成上级的任务，为了不打扰张富清，他们在门外足足等了三小时。

张富清被拖拉机送回卯洞公社时，已是凌晨1点了。躺在床上，张富清毫无睡意。他很兴奋，就一天的时间，就把大伙公认为疑难杂症的项前进的"病情"摸得一清二楚。他很抱怨，这么好的同志，这么思想纯正的退役军人，我们某些单位、某些干部为什么要视他为灾，视他为患，视他为敌？

他在思考，我们国家的部队转业干部、退役战士一批又一批地来到地方、回到家乡，加强对他们的培训教育，落实好相关政策，妥善做好他们的安置工作，解决好他们的实际问题，调动他们的积极性，发挥他们在各项工作中的主力军作用，让他们自觉在新的时代、新的环境下为党的事业再立新功，是我国我党一项非常重要的工作。

他在琢磨，一味地怪我们有些单位没有做好退役军人的工作，这也不对；一味地指责我们的少数退役军人不安分、调皮捣蛋，也不对。项前进的这件事充分表明，做好老兵的工作是一件浇铸双刃剑的工作。我们的干部在工作中不能主观臆断，不能有半点儿马虎。我们的退役军人要坚信组织，坚信党！委屈是暂时的，只要你经常汇报，正常反映问题，多一些理解和宽容，你的周边一定是春意盎然，你的前途一定繁花似锦。

张富清躺在床上琢磨，越琢磨他的思路越清晰。处理好退役军人出现的问题，务必从两方面做工作：一方面要各级领导干部关心体贴退役军人，把党的相关政策落实到位；另一方面，退役军人也要胸怀广阔，要树立坚定的信念，力争做到退役不退神，退役不褪色。

事隔两天，生产大队长带着几个民兵，从山上砍了几捆茅草，来到项前进那破旧的房子里，他们编好草排，帮项前进把房子修好；接着，管理区的民政干部来了，他们为项前进家送来了一袋大米和一袋面粉；管理区书记来了，他找到项前进，还有他们村另外几位退役军人座谈、研究；教育局的领导也来了，他们找到项前进和他的一对双胞胎女儿，落实减免学费、书费等费用，免费让一对双胞胎女儿上学读书的事；卯洞公社妇联的干部也来了，她们带着鲜花和慰问品，前来慰问80多岁的英雄的老奶奶，慰问两个如花似玉的天真女孩……

半个月后，卯洞公社召开了一次声势浩大的民政工作会议。参加会议的是全公社的民政干部，以及公社领导班子，还有武装部、派出所领导同志列席会议。会议在公社大礼堂召开，会议的主要内容，就是如何做好退役军人的安置工作和思想政治工作。

这天上午，整洁的会议室里座无虚席，在激烈而又和谐的氛围中，公社民政局局长一番会议主持词讲完后，他就高声宣布："下面，让我们以热烈的掌声欢迎革委会副主任张富清讲课！"

在一片热烈的掌声中，张富清稳步登台，来到台中央，他给与会者敬了一个标准的军礼。

张富清的军礼，如此标准，引起与会者的惊奇和不解：这新来的革委会副主任是哪里人？以前是干什么的？

当人们还沉浸在猜测之中，张富清精彩地开讲了："我向各位领导和同志汇报的题目是《浇铸老兵双刃剑》……"

这一泻千里的蓬勃气势，移山改水的万钧之力，高亢激昂的洪荒之音，精准前卫的科学提法，博得了会场一阵又一阵激烈的掌声。这掌声飞越会场，飞越时空，回响在酉水河畔的上空，留存在卯洞公社干部群众的永久记忆里……

二十五 破神移山

早饭过后，从酉水古镇百福司的一座万寿宫里走出一个人，他就是卯洞人民公社革委会副主任张富清。他头上戴着鸭舌帽，身上穿着那套洗得干干净净的旧军装，背上背着绿色被装，还斜挎着一个小书包。走在后面的是他的妻子孙玉兰，她手里提个帆布包，显然是送张富清出远门。

这万寿宫，新中国成立前还很有名气。据说，湖南省一个姓万的人跑到百福司做生意，后来发达了。80岁以前，他特地修建这座寿堂，便于他的晚辈及各路商界的朋友相聚祝寿。万姓商人八十大寿的敬拜，如期办得特别热闹。为庆祝八十大寿，他搭了戏台，请三胡区老家的花鼓戏班子唱了七天七夜花鼓剧。为了满足当地民众的要求，又特地请来凤县城的南剧剧院，唱了七天七夜的南剧。解放初期，不提倡寿庆之类，提倡除旧迎新，再加之各种缘故，万姓商人的全家搬回湖南，这闲置的万寿宫也就属于政府了。卯洞人民公社近年基本没有建楼房、宿舍，把有限的资源投到农村重要的基础建设上了。这不到四十平方米的空屋就分给三户干部做住宿之用。张富清的家就是这万寿宫的三分之一。

招招手，下次见。张富清和孙玉兰虽说已是老夫老妻了，他每一次告别，每一次新的出征，总是很有感情色彩，颇似"妹妹送哥泪花流"的感觉。

高洞管理区，张富清曾去过一次，那里的干部群众都给他留下了很好的印象。但这次他吸取了上次的教训，上次去管理区问路，暴露了自己的身份，惊动了管理区和大队，这次不想再给他们带去麻烦,他要亲自感受一下,路难走到什么样的程度,于是他通过了几道河,拐了几道弯,还要不断地攀爬。

卯洞公社地处古镇百福司,位于来凤县西南边沿,鄂、湘、渝三省(市)交界之地。东与湖南省龙山县接壤,南与重庆市酉阳县交界,与大河、绿水、漫水三乡(镇)为邻。百福司镇境内大部分为山地,平坝与山地面积比是1∶7,地势西高东低,峻岭叠嶂,沟壑纵横,最高海拔1127米,最低海拔339.9米。高洞管理区就在卯洞公社海拔较高的地带,也是百福司镇境内海拔最高的地带。

张富清越走越深入苍翠的密林之中。穿过这丛生的密林,眼前的山地里,左前方片片烟叶,满眼青葱;右前方桐油树花蕾,含苞欲发……

尽管张富清走得汗流浃背,但是,这春意盎然、生机勃勃的浓郁气息,给他带来一股力量,一股带领干部群众大干社会主义的力量!

他早就听说过,高洞那地方山高地沃,物产丰富,动植物品种繁多,森林覆盖率高,植物品种多达七百余种。这里矿产资源品种多、品位高,且储量大,有金晶石、铅锌矿、锰矿、萤石等。主要的土特产有桐油、中药材、烟叶、花生等,其中"金丝桐油"中外闻名。百福司的边区贸易正处在鄂、渝、湘三省(市)边区物资集散地,卯洞公社所有土特产品的销售是近水楼台先得月,正是:"万担桐油下洞庭,十万沙条达九州"。

这里的粮食作物以水稻、玉米、薯类为主,一遇雨水充足,更是喜看五谷丰收。这里的畜牧业以生猪、家禽(鸡鸭)为主。这里的鸡保存有燕子一般的飞翔能力,一会儿在平地,一会儿飞往陡峭的石岩,由于活动量大,飞来飞去,鸡毛和鸡翅就像美丽的金凤凰……

高洞的物产资源如此丰富，但还是很穷，去过这里的干部说："富，富在资源好；穷，穷在路难行。大山挡住了进出的去路，土特产运不出去，生产工具运不进来。"

听说是虚，眼见为实。在今天的行走中，他越发体会到各级政府要求的正确：公社到公社之间，必须通公路；管理区以及村与村之间，必须通乡村土路。

路，是开启人们幸福生活的天梯，是通往外面世界，与条条通坦的省道、国道以及通往飞机场的必须具备的最基本条件！

那么，路在哪里？在脚下？在梦中？在书中？或者指望土地财神给你铺基，喜鹊鸟儿帮你搭架？都是不可能的。不论是天下已有的，还是在期盼或者计划中的，都来自劳动人民的汗水与智慧。

张富清这次下乡驻队的主要任务，就是为了架桥铺路。别看他今年已是50岁出头的人，他的劲头还足得很。在桥、路的搭建和构筑中，他可以身先士卒。仅此还是不行的，还要竭尽全力，充分调动干部社员的积极性，把他们的无穷智慧聚集起来，释放无穷的力量，演变成一条通往外面世界的坦途！

再往前面走，张富清就要到那些散落在山地上的村子了。他边走边往那个村庄看去，只见在村头的一块空地上，人们正像旱鸭子下河一样迅速围拢。

突然，有个40岁左右的庄稼汉问张富清："您是从卯洞步行来的？"

张富清回答说："是啊，你是——？"

"我是高洞村支部书记高老二。您是公社的张主任吧？"

"副主任张富清！"

"这可把您累坏了。来，来，背包给我！"

张富清没讲客套话，就把背包交给了高老二。

"我问你,前面那么多人聚集在那里干什么?"

"嘿!别提了。一个刚结婚不到两个月的村民,就在昨天这个时候,到蛇胆山去捕猎,不幸摔死了。"

"捕猎?有证件吗?"

"他办证的钱已经交了半年了,就是还没拿到手,怪可怜的!主任,我们已经习以为常了,从这座山上摔下的一年也要死去一两个。"

张富清问:"有什么好办法吗?"

高老二摇了摇头:"我看一年半载还没什么高招,上头的领导干部也来不少人,都没拿出个好办法。"

张富清知道土家族、苗族的丧葬习俗,死了人以后,亲友集聚,环尸哭泣,给亡人洗澡、剃头、穿衣设奠。入殓后,棺下点桐油灯,用筛子罩上,昼夜不息。晚上,请人打安庆,打花灯,打靠灯,唱孝歌,通宵达旦。对于这些,张富清都能够理解。至于请上老司念经或请道士做道场开路,他就觉得太过了,既铺张浪费,又破坏了我党长期倡导的社会新风。

张富清问高老二:"我们有没有必要现在去看看?"

高老二说:"您走了一天的山路,还没歇过脚。吃了饭,晚上休息休息,明天我让他们来接您。"

"不行,我自己长得有脚,不用请。"张富清回答高老二。

高老二带着张富清绕开了停尸送葬的人群,一会儿就到了自己家。

高老二客气地对张富清说:"到了。进屋歇歇脚吧!"

"哦,这是你的家?"张富清一边问着一边看了看,只见一栋与邻居仅隔一米远的青砖瓦房,在四周茅草房的映衬下,显得很有气势,屋内三间房连在一起,还算比较排场。

张富清屁股刚落凳，高老二的媳妇就热情地给他端来一碗油茶汤："张主任，走这么远的路，又渴又饿吧？请把这碗油茶汤喝了。"

张富清忙站起来接过，很有礼节又饶有风趣地说："哈！这么好的厨艺。三天不喝油茶汤，头晕眼花心发慌啊！"

高老二忙站起来搭上一句："喝了这碗油茶汤，神清气爽眼发亮。"

高老二的媳妇羞红脸，也补了一句："送去一碗又一碗，神仙见了也喝光。"

三人不约而同地笑了起来。

以前每次下乡驻队，张富清都要求到村里最穷的百姓家去住。这一次，首先是高老二不同意，他已在自己家中为张富清腾出了住房。其次，高老二夫妇都给他留下了很好的印象。他们的忠诚、勤劳、责任感吸引了他，他似乎感觉到他们俩既是好参谋，也是这次修路攻坚战中不可或缺的生力军。于是，张富清就在这里住下了。

睡觉前，张富清总感觉好像有什么事还没做完，他不甘心。正好这时高老二过来看他，问他适应不适应。

"高老二，你来得正好。你带我到村头人们送葬那儿去看看！"张富清说。

"行，我去给你点个马提灯。不！我先去拿个手电筒！"

山村的夜，伸手不见五指。如果没有高老二那个手电筒照路，新来乍到的张富清恐怕寸步难移。穿越农村小巷，眼前的夜空如同白昼，一个偌大的棚子里，点亮了好几盏夜壶灯。那平日里老人用来小便的夜壶灌满了煤油或者柴油，搓一根鸡蛋粗的引绳，插在夜壶嘴里，点燃后伴着一股粗黑的烟雾，发出的灯火灰红灰红，把深山小村的夜空映红了一半……

第七章　时不我待号声激

高老二告诉张富清,他们土家族的风俗,在外死的人,不能在屋内设灵堂,只能在屋外大棚办丧事。

果然没错,在一盏夜壶灯的光照下,棚子上方放着一口黑色的棺材,棺材旁边安躺着死者的尸体,尸体旁边放着一张死者生前的照片。照片前点燃两根蜡烛,蜡烛之间是十几根香,那香和蜡烛之间燃起袅袅弥漫的香烟,棚子内外,给人们带来一种清香混杂着尸臭的气味……

死者生前照片的前方,有个被请来的土老司手拿木鱼,时而敲敲,时而念着别人难以听见的经文。

棚子两侧的下方,摆放着两张方桌,每张方桌都围满了人。他们都在玩着名叫牌九的赌具,以此来赌钱。当地的习俗有种说法,不论是男娶女嫁还是大棚送葬,晚上都要邀请喜欢抹牌赌钱的人来守夜,而且通宵达旦地聚集。据说是人多闹腾,这家人日后会兴旺发达;人少清净,这家人日后会家事不顺。

看到这种场面,张富清当然要制止。他不是当面训,而是让高老二告诉送葬的户主,让他们少玩一会儿就收场。在不招不惹、不动声色的情况下,张富清和高老二一起回来休息了。

人的生命,我们为什么不设法去改变?土家族,在人类历史的长河中,传承着独具特色的民族风情和生活习惯。从土家远祖开始,他的后人在生生不息之中创造了一个个民族壮举,留存了丰富灿烂的文化宝库,传承着一个个优美的动人故事。他们积极向上、无私奉献、勤劳智慧、保家卫国等优良品质,他们的高尚情操、坚韧不拔的意志、坚定不移的信念,像矗立在东方的明珠,绚丽多姿。

然而,他们传承下来的民族风情和生活习俗中,也有消极的一面,如铺张浪费、迷神信鬼、抹牌赌博等,如果类似这样的民族糟粕还不从思想里清除掉，还当作优良传统进行发扬，那就大错特错了，会误人误事，甚至会给新的时代带来无法挽救的人生悲剧和恶果。

　　接连几天，大队支部书记高老二、村民兵连长和张富清一起察看了村前村后的地形地貌，寻找修路的切入点。这天晚饭后，张富清径直朝村南头杨婆婆家走去。驻队多日的他，对村里基本情况已经有几分了解。杨婆婆年近80岁了，是一个孤寡老人。在与老人的谈话中，他知道这是一个年轻丧子的可怜人。杨婆婆嫁到杨家后，长期未生育，她的婆婆见她不生，就经常指桑骂槐。后来，她请来村里老中医切了切脉，吃了几服中药，到了43岁怀上了，生了个白胖胖的小子，这下给他们家带来了欢乐。谁知孩子5岁那年染上了"天花"疾病，不治夭折，这不禁令她悲恸欲绝。

　　张富清很同情地问："现在就您老一个人啊？"

　　杨婆婆仰天长叹了一口气："唉——！我的命苦哇！"随即老泪纵横，"六年前的一天上午，老伴要到山外给他的部下办点儿事。我就像有感应一样，感觉可能会出事的。我劝他别去，他硬是不听，坚持要去。就是爬到门前的这座山的半腰，他一不小心一脚踏空摔到山下，当时头部、腿部淌着鲜红的血，不省人事。村里来了几个后生，把他送到村医疗室。尽管村医疗室的技术、设备都很差，但他们还是尽力抢救。人是醒过来了，能活多长没人知道。在那个令人烦躁的下午，老伴含着老泪拉着我的手说：'求你办一件事，跟生产大队党支部说，死活也要把那条生死路修起来！'我一个劲儿地点着头，表示一定会把他的话转给生产大队党支部。当我以崇敬的目光望着他时，他的眼睛却闭上了，再也没有睁开……"杨婆婆话还没讲完就哭了，先是号啕一声，再往下是泣不成声。

　　杨婆婆的话像一把锋利的匕首，刺进了张富清的胸膛，他感受到了撕心裂肺的痛苦,他安慰着老人:"老人家,日子会好起来的,一定会好起来的!"

张富清是在安慰老人,也是在给自己鼓劲,更是向老人表示决心:党派我来了,我一定要大干一场,一定要改变村里的面貌,哪怕天崩地裂!

回到休息地,支部书记高老二他们早已进入梦乡,张富清却睡不着,他的心在隐隐作痛。

几百年来,一座山横亘在高洞村的前面,村周围是悬崖峭壁,村里百姓的进出必须通过前面的这座山。人们用钢钻在这高山上凿出了一线命悬山崖的小路,要看外面的世界,必须冒着生命的危险攀爬这条路。新中国成立后,村里有血性、有胆量的年轻人在山上凿了好多次,但只要走这一线天,随时都有生命危险。老人、小孩生病医治、上学读书无法攀走;偶尔雨水充足,那一兜兜花生、一堆堆红薯,还有一条条鱼,一筐筐金灿灿的稻谷,那一树树红果般的油茶籽,一担担"金丝桐油",想交粮,想变钱,想出去,那是万般艰难。

村里的俊哥俏妹,村里的老老少少,一年年,一代代,他们盼着欢乐地步入山外,拥抱外面的精彩世界。他们曾多少回,梦见玉皇大帝、土地爷一起带兵,把这座山搬走,可是,根本就不可能。现实太残酷了,当年移山的愚公跑得不见了。

难道愚公不能请来吗?山西大寨的陈永贵不是发扬了当年愚公移山的精神,他带领大寨人与天斗,与恶劣的环境斗,开山劈水,向高山要粮,打造了七沟八梁一面坡。他们"不等不靠"的朴素品质,他们敢于向荒芜要田、向高山要粮的雄心壮志,他们战天斗地,不怕牺牲,让高山低头、让河水改道的大无畏精神和坚定必胜的信念,不正是高举了一面旗帜,在前面召唤我们吗?

年迈的老人从山坡上滚落摔死，临终前，还拉着老伴的手要他告诉生产大队党支部，死活也要把那条生死路修起来……多么值得我们敬重和缅怀的老人！多么忠诚，多么爱党，多么淳朴善良的山村百姓！他把自己的性命与子孙后代的生命联系在一起，他把百姓的生死存亡扛在我们伟大的党的擎天柱上。他在用生命呼唤，在用一种特有的求救方式，期待我们的党，我们党的各级干部，真正把人民的疾苦放在心上，去设法解除人民的疾苦，去抢救百姓的生命！

张富清就是党组织派来的久经考验的一名干部，就是前来解除人民生活疾苦、解救民族兄弟和父老乡亲生死存亡的汉子。还有什么可等待呢？劈山填崖，拼死也要发动群众无坚不摧的力量，解除百姓的苦难，拯救百姓的生命。

倘若这件事继续拖而不决，不快刀斩乱麻地解决掉，我们的党还算是一个无愧于人民的党吗？张富清还是一个不忘初心、为民造福的党的好儿子吗？他来了，那么，一条畅通无阻，连接山外省道、国道的幸福路，定会展露在高洞村的面前！

想罢，张富清决定先开个大会。这是一个由群众代表参加的高洞村劈山筑路的动员大会，大会在高洞村的大会议室举行。会议有两个议程，一是张富清代表卯洞党委做动员报告，二是听取群众代表的意见和建议。

会议像一块石头掉进平静的湖水，湖里即刻荡起一层层涟漪。激动的群众吵吵嚷嚷，七嘴八舌，各自都争抢着表达他们深埋了多年的愿望。发言的结果表明，绝大多数人举双手赞成，甚至他们的发言都在噙着热泪、欲哭不能的氛围里进行。劈山筑路是群众多年的期盼，是父老乡亲日夜不休的想法。他们纷纷表示，要在张富清主任的带领下，在大队党支部的领导下，修好出村路，为当下和子孙后代造福！

但是，也有些人存在顾虑。有的说，劈山筑路愿望很好，就怕虎头蛇尾，像以前那样，早上头脑发热，到晚上就心冻体凉了，害得我们百姓出钱出力、劳民伤财；有的说，要修路我们不反对，但你要国家拿钱来，让政府花钱请人来，千万别依靠我们，打乱了我们习惯性的夜晚玩牌、白天睡觉的生活。

一个身板结实，面色黝黑的40岁左右的男子，像和谁结上了仇一样，站起来还没开口，那黝黑的脸就变得黑红黑红，一双眼睛瞪得又圆又大，他的每句话，都像吃了弹药一般，都是直挺挺、破朗朗、火辣辣："劈山筑路，说的比唱的还好听。也不撒泡尿把自己照一下，看看自己有几斤几两。门前的山是给我们不少家庭带来了灾难，怎么不说它是守护我们平安的神灵？这风水，不是哪一个土司的夸奖，是无数个土司和风水先生公认的。我们哪家的祖宗八代不是在那座山上？如果我们这些不孝之子随意去点火放炮，去乱挖乱凿，那不是在破坏全村人的风水是干什么？我们祖宗几代被惊怒了，还有我们活人的日子过吗？我们掰着自己的手指头数一数，近几年是死去的人多，还是活着的人多？所以，要动山，要动我们的神灵，我绝不允许。谁敢动，我就和谁拼了！"

"这是从哪里飞出的幺蛾子？这座山送了你儿子的命才几天，你怎么说出这番令人费解的话？是吃错了什么药，还是绊动了哪根筋？"一个挂着拐棍、满脸胡须的70多岁的老爷爷站了起来。他是村里老支部书记谭爷。谭爷不愧是村子里的老革命，还是他们集中居住的土家的长辈，他的发言毫无顾忌，理直气壮。

谭爷又对着怒气冲冲的黑脸男子说："你的儿子才走了几天，连奈何桥都没有走到，尸骨未寒啊！人说好了伤疤忘了疼，而你呢，伤疤好了吗？你刚才说的话，如果你儿子听到了，他做鬼也不会饶你。公社张主任的报告，我们在场的人哪个听了不动情？哪个不拍手称快？你倒好，像是谁抄你的家、挖了祖坟似的，说些神鬼颠倒的胡话。血的教训都唤醒不了你，难道你要让我们的孩子，让子孙万代的儿子都像你的儿子一样命送黄泉吗？"

会场响起热烈的掌声，这掌声表明了高洞村人们的态度。会上，党支部书记高老二做了简短的总结。他是个很注重人际关系的人，也是一个情感脆弱、怕惹是非的人，但他这次的总结发言态度很明朗，意志很坚定。他说："张主任是公社党委经过挑选派来的好领导。在这之前，我们党支部一班人，包括民兵连长在内，与张主任多次交换意见。最后，党支部一致决定，坚决打好劈山筑路的冲锋战。今天的这个会，是征求大家意见的会，也是劈山筑路的动员大会，也可以说是我们战前的誓师大会。希望大家心往一处想，劲往一处使，这条生死路也好，幸福路也好，是一定要修好的，不成功便成仁！"

散会了。吃晚饭时，支部书记高老二的笑意仍旧挂在脸上，他说会开得很成功，这个说法，张富清既同意，又不全赞成。他一直在思考，在问自己，我是在哪方面得罪了那个叫黑子的黑脸社员？

张富清在琢磨，高老二和他的妻子也在琢磨。支部书记高老二突然想起来了，没准就是那么回事！

张富清来高洞村的当天晚上，高老二陪同张富清去了黑子摔死的儿子搭棚送葬的地方。在高悬的夜壶灯下，在送葬棚子里面，张富清看见村民玩牌九赌博，没当面制止，而是让高老二找黑子，让黑子跟玩牌赌钱的村民说，少玩一会儿就别玩了。按张副主任的意见，高老二跟黑子讲了，黑子当时也同意了。过了一会儿，高老二和张富清就回去了。黑子正准备跟玩牌的村民交流意见时，正碰到由管理区派来的几个民兵抓赌，那帮人既没收了赌具牌九，也拿走了桌面上的赌资，还让参与玩牌九的村民各自把身上的钱交出来。

他们拿到钱和牌九，连条子都没打一个，就扬长而去了。

民兵扬扬得意地走了，两张桌子上玩牌赌钱的村民不依不饶，有的点着黑子的名破口大骂，有的逼着他赔钱，还有的要当面动手打黑子。放牛娃怎么赔得起牛马？为儿子送葬的黑子，险些连自己的命都丢掉。愤怒的黑子以为这事是张富清干的，他把这笔账错误地记在了张富清的头上。

这个误会必须尽快解除。第二天上午，村里上工后，高老二再也等不及，连忙要去跟黑子解释清楚，消除误会。张富清也要去跟黑子解释一下。

"你去干什么？你没有对不起他的地方。要赔礼道歉的是他，是他误会了你！"高老二有点儿为张富清抱不平。

张富清笑着说："父亲为儿子送葬，本就很悲惨，又遇上民兵抓赌，不是等于把他放在火上焚烧吗？到了这个境地，做出一点儿过激的事，比如出口伤人、指东骂西，这都是小事，不妨碍什么。我们不要被一点儿小事所累，要识大体、谋大业，千万不能让这种不应有的误会影响到劈山筑路的大事！"

张富清的几句话，说得高老二心服口服。他点了点头，在心底暗自说：真是多知世事胸襟阔，识透人情眼界宽啊！

黑子是个通情达理的人，误会解除后，向张富清道了歉。这天的书翻过去了，张富清却从这页书中读出了阻止劈山筑路的不是钱，也不是人，而是思想，这种思想是阻止劈山筑路的最大障碍。黑子在对张富清产生误会时的发言，并不是空洞的，有些地方有血有肉。谁家上辈无老人？谁家无祖宗几代？高洞村几乎每家每户都在这座山上埋有祖坟。

土家人传统就崇拜祖先、迷信鬼神，土家的神龛上大多是侍奉好几位神灵。人生病了就到天王庙许愿；病好了，要请巫师做法事还愿；盖房子、选墓葬，都要请风水先生。国家倡导民族团结，尊重少数民族的风俗习惯，提倡信仰自由，这起到了江山稳定、民族团结友好的作用，但也有些弊端。长期以来，封建迷信、抹牌赌博等观念在少数民族一些人群里已形成痼疾，如果不清除痼疾，不大力倡导民族新风，对我们的事业是百害而无一利。

特别是在这个长期闭塞的山村，人们往往把上辈人传下来的应摈弃的精神垃圾，也当作优良传统来继承，造成我们的民族兄弟视线不清。劈山筑路是颓废精神的叛逆者，也等于要破坏家族的某些习俗。要变他们的抵御为支持，这是一个更加艰苦的过程，一个不小心，它就阻碍和破坏了我们前进的步伐。残留在土家人脑海中的封建迷信、铺张浪费、抹牌赌博等腐朽观念，是长期占据和压在人们头上的一座最难攻克的大山。

劈山筑路工程前的调查研究，到此才算真正完成。为高洞村修路，不只是要搬掉一座山，而是两座山：长期压在人们头上的精神之山在前，千百年矗立在那儿的固有的那座山在后。

两座山怕什么？当年，毛泽东主席要解放全中国，提出要推翻三座压在老百姓头上的大山，不是也做到了吗？由党的领导带领全村干部群众，撵跑两座山，送还百姓一条幸福通坦的路，这是张富清不变的抉择！

如何撵走第一座山？张富清和高老二他们不是靠空洞的说教，而是结合实际，用事实理论耐心劝解。"让鬼神离开我们"的大辩证，在村里激烈地展开；村十大"艰苦朴素勤俭持家"标兵的人员推选开始了；村里健康的体育和文艺比赛活动在取代抹牌赌博……

这是清明节后的一个晚上，大队部前面的一个广场上，又点起好几盏夜壶灯。灯光下悬挂着一条横幅，上面写着"高洞村劈山筑路诗歌朗诵会"几个大字。

这个朗诵会还没开始,每家每户都拿着凳子在台前抢占位置,他们像看传统的南剧一样那么激动、那么欢快!

这次诗歌朗诵会由村民兵连长主持。参加朗诵的人不分男女,不分老少,尽可能地提倡自己的原创作品。

一个个子高挑、面目清秀、年龄在 30 多岁的妇女,着淡妆,天生丽质,她一走上台来,台下就响起一片掌声和欢叫声。这不仅是因为她的美貌让人们赞誉和惊奇,还有她喜欢读书、喜欢写写画画的才气博得村里百姓对她的尊重与厚爱。这妇女就是大队党支部书记高老二的内当家谭敏。

谭敏一上台,民兵连长就喜气洋洋地报幕:"下面,让我们再一次以热烈的掌声,欢迎谭敏同志朗诵由她自己创作的诗歌——《山村百姓好心焦》。"

太阳红彤太阳高,
常年忘了咱山坳,
红火只在山外头,
山村百姓好心焦!

太阳红彤太阳高,
爷爷姥姥望我笑:
去给先人送点钱,
点响几个冲天炮,
只要祖宗睡得香,
或许为你让条道。

太阳红彤太阳高,

为啥不往山村照？
父亲还是那句话——
莫急、莫急，快来了，
你再耐心等一等，
它会偷偷朝你笑。

太阳红彤太阳高，
为啥还不来报到？
母亲抹把酸涩泪，
针纳鞋底线儿抛：
年复一年谁能信，
哪有一句能可靠？

太阳红彤太阳高，
乡邻都在发牢骚：
误了一代又一代，
荒废一天又一朝！
平民百姓路难寻，
日子越过越糟糕。

太阳红彤太阳高，
胸中宛若怒火烧：
村里咋就这倒霉？
时有人上奈何桥！
弟弟推了我一掌，
傻了吧唧冲我叫，

知不知道啥年月，
还听封建那一套？

太阳红彤太阳高，
走到咱村总绕道，
请你清醒想一想，
弄清到底谁挡道？

太阳红彤太阳高，
教鞭指点老师笑：
除旧立新不迟疑，
人比大山更挡道！
迷信害死多少人？
顽疾只有东风扫！

太阳红彤太阳高，
心灯拨亮才有招，
人通能达三江水，
脆鞭一甩山也跑，
一条坦途连山外，
高洞山村分外娆。

村支部书记高老二媳妇的朗诵非同一般，她给村里的干部和全村的老百姓带来了深沉的思考。

修路比打仗更难！这是张富清在思考中得出的结论。战场上打仗，靠机智勇敢，靠过硬的技术，靠不怕死的精神，修路并非那么简单,没有全新的工作方法,不把全村人的热情调动起来,山不会动,路无法通。

劈山筑路工程的脚步始终没有停,祭祖迁坟的工作筹备会在大队部召开着。参加这次会议的人员,是群众推荐、党支部研究决定的。他们中大多是热衷祭神弄鬼的人,大家要他们来开会,征求他们的意见。张富清很动情地说:"我们党倡导信仰自由,我们要尽可能地尊重各民族的风俗习惯,尊重各民族的自主权,团结一切可以团结的力量。供神祭祖,有史以来,是人们自己的权利。我们为保护百姓切身利益,祭祖迁坟,请来风水先生择日选地。第一步,请风水爷,看何日集体组织一次祖坟敬祭的活动。这是一种告慰,也是我们马上就要着手解决的事。第二步,根据工程进度,统一安排,请家属亲属一同迁移。第三步,所有的迁移完成后,组织村民来统一对各位神灵的支持进行答谢。"

精准的策划,周密的部署,启发了干部群众,调动了迁坟中有可能阻拦制止的这一层面的积极性。

在来凤县,每年农历七月十五,称中元节,俗称"鬼节"或"亡人节",人们会在此节日的前两三天装印纸钱,为祖宗或各路家神野鬼焚烧敬祭。请来的风水先生正好也指定了中元节这天,村里组织了祭祖迁坟的群众代表,带着香蜡和纸钱,攀爬上山。他们来到半山腰的一片坟基地,焚纸点蜡,逐个坟墓下跪拜祭。他们在哭,他们在喊:"高洞村的列祖列宗,公公婆婆,各位土家长辈,你们的后人为了修条出山的路,今天特来请你们出门,我们是要请你们换个地方安息。打扰你们了,请你们支持你们的后人,保佑你们的晚辈……"

那一段段的表白,那一声声的禀告,那一句句的拜托,那一字字的倾诉,彰显着土家后人对祖辈至尊至诚的大孝,袒露着一个革委会副主任的博大胸怀，标志着人们已在张富清劈山筑路的路径上奔走，且脚步稳健，一步一个深深的脚印……

在高洞村前翻山越岭的一线天，五公里的路就有三公里挂在悬崖上，张富清往往返返不知多少次，是攀是爬，是弯腰钻越，还是昂首挺行？张富清已经记不清了，他只知道要向公社党委汇报，正常秩序的报批，占地勘测，整体规划，资金筹措，钢钎钻头，炸山火药等，一切都要准备就绪。

工程爆破组成立了。爆破班成立的当天，张富清对爆破手逐项地检查一遍。

"第一个炮眼我来打！"开工那天，张富清说完，就戴上安全帽，手持钢钎，全副武装。

爆破班的同志们见了，一个个为他担忧。他们中间走出一个小伙，他的名字叫石娃，是爆破班班长。石娃忙上前拦住张富清："张主任，您都年过半百了，我们于心不忍啊！不行，您不能上。我是班长，第一个我上！"

"没事，我有经验，还是我来吧！"张富清执意要上。

石娃态度更坚决："您不能去，还是让我们来吧！"石娃诚恳坚定的话语很有感召力，其余的爆破手异口同声地喊起来："让我们来吧！让我们来吧！"

张富清无法阻拦小伙子们的呼喊声，这是一群建筑工人对领导的担忧，更像儿子在向他的父亲苦苦地央求！

张富清动情了，眼圈也红了，慈祥地看着面前一个个生龙活虎的年轻人，他不禁感慨万分：多可爱的一群人！我们的工程，有这样一群年轻人打头阵，定能一炮打响！

石娃从张富清手中接过配套齐全的工具就要上山了。出发前，张富清叮嘱着，也像是下命令："千万注意安全，不可儿戏。既要勇敢大胆，又要机智细心，整个工程期望着，我们在这里等待着，你只能成功，不能失败！"

"是——！"石娃双脚一并，向张富清行了个军礼，"请指挥长放心，我保证完成任务！"

"出发——！"

随着张富清的一声令下，石娃奋勇向前。他俨然战场上的侦察兵，动作干净利落。他的身体，在荆棘丛生中蠕动，在悬崖峭壁上爬行，在不同的险阻前攀越……一根长长又结实的绳子，一头牢牢地拴在悬崖之巅，一头把石娃的腰间勒得紧紧的。石娃就是被挂在半空中在崖上打炮眼、点炮。被悬吊在半空的石娃，全神贯注地一会儿找到了平衡点，抠住悬岩，一会儿因失去了平衡，又被弹开；抠住了悬岩时，用钢钎击，再用凿子凿；每一钎，每一凿，都要格外小心，稍有疏忽，随时都有生命危险。

风啊，这会儿停止了，工地上的各色彩旗不再飘动。

人们，屏住呼吸，他们凝望，石娃在悬挂着打眼的地方。

不一会儿，炮眼打好了，炸药包放好了，导火线点着了，一场惊心动魄的关键时刻，就要到了！

只听轰隆隆的一声巨响，山崩地裂，震耳欲聋！

劈山筑路的第一次爆破成功了！

这是高洞村几代人望眼欲穿的开山炮！这是高洞村劈山筑路工程正式开工的礼炮！这炮，如夏日的惊雷，挟着狂风，裹着闪电，在高洞村劈山筑路的上空炸响！

一时间，工地上沸腾起欢呼声、赞扬声、呐喊声、歌唱声，还有人们高兴的哭声和笑声……天高云淡，在这丹桂飘香的日子，在野菊遍开、桐茶籽成熟的季节，在迎风招展的彩旗下，在热泪飞溅的时刻，这些声音汇集成了欢乐的洪流，涌进了酉水河，涌向了来凤各地……

在寒风凛冽的冬天,披着破旧军装的张富清不顾嘴唇、手、脚的冻裂,站在那块硕大的岩石上,指挥着泥沙的装卸、嶙石尘土的搬运……

在热浪滚滚的夏天,汗水模糊了视线的张富清,强忍着腰痛膝痛,在人群中,一筐筐地装着,一担担地挑着,很难看出他是这里的指挥长……

麻雀虽小,五脏俱全。要找指挥长,别去指挥部,直接到热火朝天的工地现场。工地人多,推的推,拉的拉,装的装,担的担,你来我往,如同穿梭,想找指挥长很难。没事儿,张富清有与众不同的地方,他身材不魁梧,脸上总带微笑,两只常年干裂的粗手,老穿一双破旧的草鞋……

经过两年艰苦卓绝的努力,两年的风雨激战,高洞村前的大山不见踪影了,展示在人们面前的是高洞村连接国道、通往外面世界的一条平坦的村路。

竣工的那一天,望着一台台拖拉机拖着一筐筐稻谷、一担担"金丝桐油",还有烟叶、花生、五倍子送走,望着一辆辆车装着化肥、农业工具和生活日用品运往久违的高洞村,张富清、高老二,还有那个令人难忘的黑子,会同来自四面八方前往祝贺和参观的乡亲们,在现场分享着劈山筑路工程竣工的幸福。冷不防,爆破班的年轻人蜂拥而上,将张富清抬得高高的,他们大声喊着:"张指挥,张指挥!"

在高洞村大队部前,人们高兴地看到已悬挂十盏夜壶灯的戏台搭好了。天一黑,这里将是乡村幸福的不夜天,那时而使你泪流满面、时而让你捧腹大笑的南剧就要开锣了!

二十六　草鞋调换

6月，来凤正处于连绵多雨的梅雨期，这时节阴多晴少，雨缠风轻。风都不是很大，但给人们的生活带来了不该有的烦恼，一会儿起东南风，一会儿又吹西北风，穿少了冷，穿多了又热，人的衣服穿戴不好把握。

这天上午，张富清又要与办公室小李下乡了。一出门，小李对张富清说："张主任，现在刮西风。"张富清坦然一笑："嘿！小李呀，到6月了，西风还长得了吗？"小李忙附和着："是啊，东风毕竟会压倒西风！"

张富清带通信员小李去专项调研的这件事，也是够少见的。新中国成立25周年了，居然还有民间抢婚的现象。张家的儿子娶彭家的女儿，定好了这个星期结婚，不料姓谭的这家一大早就把彭家的女儿抱走了，姓谭的儿子与姓彭的女儿抢在前面结婚了。张家娶媳妇不成，还在亲友面前丢了面子。出了这等事，张家还没向公社反映，原因是张家与彭家两家父母做主，彭家女儿根本不爱张家儿子，也没去登记领证，她私下里与谭家儿子一见钟情。见张家就要把彭家女儿娶走，谭家儿子与彭家女儿里应外合，抢婚的事件就发生了。

这事传到公社，公社领导从社会稳定、社会风气等多方面考虑，决定通过调查，把这件事情搞清楚。这事本不属于张富清分管，但人手太紧，就请张富清带人前往。

发生抢亲事件，在新中国成立前，在土苗等少数民族地区很频繁，新中国成立后就少有发生了。跑了张家跑彭家，跑了彭家跑谭家，张富清经详细调查，情况基本掌握比较清楚了。这事从理论上不能怪谭家，要怪就怪张家和彭家双方父母，不该在婚姻上剥夺了

第七章 时不我待号声激

年轻人自主的权利。

这天的午饭是在沙刀湾大队吃的。吃饭后，他们来到沙刀湾大队部，大队的谭书记见公社革委会副主任张富清难得来一次，就习惯性地向张富清汇报全大队的生产和生活情况。通信员小李向张富清打了招呼，说到前面的供销社去一趟，张富清点头同意了。

小李作为通信员，见张副主任太过于节俭，他心里过不去。今天他们从公社来调查的路上，张富清走着走着，感觉到脚上草鞋带子断了，底子也脱了半截，他俯下身子，在路边扯了一把茅草，顺手一搓，一根草带出现了。怕不够结实，张富清干脆把脚板和草鞋绑在一起，继续往前走。通信员小李实在看不过去，说："张主任，干脆换一双吧。"

张富清笑着说："换什么，能节约就尽量节约一双。"

小李认真地说："张主任，您是公社的大主任，是我们的领导。我常想着，跟领导一块儿出去，说话、办事都要有分寸，不能影响领导的形象。可是您呢？自己不怕影响领导形象。"

张富清情不自禁地笑起来："你这家伙工作还是很用心嘛，不过，我要告诉你，我们党的每一个领导干部的形象，是靠给老百姓干实事出来的，不是像驴子拉屎蛋蛋光——只图个表面好看。"出了沙刀湾大队部，小李经过打听，快速朝着管理区的方向奔去，踩了几条泥泞的小路，又翻过一座山，终于到达了供销社。小李在领导身边工作，确实很用心，他来到供销社，向营业员报了鞋子的码数，营业员就从柜台上拿出一双草鞋。小李一看草鞋是残的，有一根鞋带子断了一半，这怎能行呢？"麻烦你再换一双。"营业员又拿了一双，小李一看，有只草鞋的后脚跟残了，也不能要。小李请营业员再拿一双。这时，营业员有些不耐烦："买双草鞋怎么这么麻烦。"虽说心里不高兴，还是又重新拿了一双。小李认真地看了一遍，这双看上去还马马虎虎，可是码子明显太大，张主任穿上去绝对不合脚，小李摇了摇头："这都不行。"

营业员很不耐烦了："你是挑金子，还是挑银子？这么认真？"

小李买草鞋心切，也不顾她的态度，他仍然谦卑地请求营业员："麻烦你到仓库去挑一双好的！"这女营业员恶狠狠地翻着白眼："这不是你们自己家，想怎么样就怎么样！"气呼呼地坐在那里不动了。

同这女营业员一起的卖货的还有个男营业员，他见这年轻的顾客不像是刁民，就说："好吧，我到仓库去挑一双。"说着，又问了一次鞋的尺寸。

小李站在那里等了好一阵子，也不见营业员出来，心里很着急，担心买双草鞋这么难，到时候领导会责怪自己无能哩！

就在小李焦头烂额时，一辆手扶拖拉机把张富清送到供销社门口。张富清见小李迎面过来，忙掏出钱说："多少钱，我给你！"

此时，小李额头直冒冷汗，觉得怕什么就要发生什么，他很为难地回答张富清："现在不是钱的问题，是有没有的问题。"

"怎么啦？他们缺货啦？"张富清不解地问。

小李忙告诉张富清，不是缺货，柜台上没好的，营业员去仓库挑选去了。他请张富清再等一会儿，他亲自到仓库去看看到底是怎么回事。

朝着营业员进去的方向，小李也来到了仓库。出现在小李面前的，是几个人正围在一起打扑克牌，每个人面前摆着不是很多的钱。其中一个稍胖点儿的40多岁的人，歪着身子，嘴里叼着一根烟，一只脚跷在靠椅上，一只腿落地，把手中高高举起的牌使劲儿一甩："红桃K！"那营业员站在一旁看着，双目紧瞪，全神贯注。这哪里是在为他挑选草鞋？真是乱弹琴！

这时，张富清也尾随小李进门来，看到这情景，他大发雷霆：

"谁叫你们在工作时间打牌的?"那个嘴上叼烟的胖子斜着眼睛朝张富清看了一眼,见张富清穿着补丁叠补丁的衣服、脚穿一双掉了底子的破草鞋,他心想,这不是耕田的也是挖地的。他冲着站立在旁边的营业员不屑一顾地说:"去去!该干什么干什么。"营业员这才带着小李和张富清去挑选草鞋。

张富清对小李说:"办事要利索。只要能穿就行了,不要把时间花费在这些小事上。"

小李不好反驳,只是一个劲儿地点着头。

营业员拎来一大捆草鞋,说:"挑吧,都在这里。"

小李和张富清打开一看,全都是发霉、发烂的草鞋,还有的尽是老鼠咬的残缺口。张富清心里好一阵酸涩,他喃喃地说:"这是人民的财产,怎么如此忽视?"

小李忙问:"都在这里?里面还有没有草鞋?"

营业员摇了摇头:"再没有了,不买就出去吧。等发来新货再买!"

张富清气升脑门:"等发来新货再买?你们就这样对待物资,这样对待顾客?"

营业员发火了:"你们到底是来烧香的,还是来拆庙的?出去!"

小李恼火了:"你怎么用这样的态度跟顾客说话?你还想不想继续干下去?"

营业员更是来劲了:"柜台上的,你说都破了;仓库里的,你们又嫌霉了、烂了。你们不是吃饱了没事干,故意找碴吗?"

张富清忍着怒气说:"去把你们的负责人找来,我来跟他说。"

营业员把张富清打量了一番,说:"就你这穷酸相,屁大点儿事,还找我们领导?"他一边捆着草鞋,一边告诉张富清,"刚才与你们说话的就是我们的主任。"他朝着几个玩扑克牌的人喊了一声,"田主任,这老头儿要找你呀!"

那个嘴上叼着烟的胖子又朝这边斜望了一眼:"是哪里来的要饭的还是扫街的?用得着找我?"

这时,张富清和小李已来到胖子跟前,张富清问胖子:"你是田主任?"胖子把叼在嘴上没抽完的烟狠狠地吐在地上,极不耐烦地说:"是啊,你找我有什么事?"

没等胖子说完,怒不可遏的张富清上前把牌一丢,把桌子给掀了。其余的几个玩牌的人不明就里,很生气地瞪着眼睛。

"你一个穷要饭的,还敢在爷的头上动土!"怒骂中,他朝张富清头部一拳打过来,谁知被站在张富清旁边的小李瞬间用手挡住。小李声色俱厉地吼道:"住手——!你们谁也别动手,这是卯洞公社革委会副主任张富清!"

玩牌的几个人正准备动手帮胖子的忙,被一个正气凛然的吼叫声吓蒙了,再也不敢轻举妄动,只是静观事态的发展。

胖子被吓得最狠,一听到"张富清"三个字,他的两腿就瑟瑟发抖。作为一个管理区供销合作社的主任,他经常听说张富清这个名字,只不过从来没见过面。公社分管财贸的领导就是张富清。他还听说过,张富清是一个有武术底子,甚至还是一个富有神秘色彩的人。他暗自庆幸,幸亏刚才一拳头被这个年轻人挡住了,不然,娄子就捅得更大了。

张富清无比愤慨地训斥着:"在农业生产的大忙季节,哪个社员群众不在抓紧时间努力奋战?他们为了过上好日子,为了社会主义建设,为了改变国家的贫困面貌,不怕苦,不怕死,披星戴月,风雨无阻。他们中间,有的身患疾病,有的肚子都没填饱,有的顾不上给自己襁褓中的孩儿喂奶!而你们倒好,一个个年纪轻轻,身强力壮,端着老百姓给你们的饭碗,拿着党和政府发给你们的薪水,你们不但不懂得珍惜,不兢兢业业地工作,不好好地为老百姓服务,还跑到树底下歇阴,还躲在库房里逍遥。你们自己反省反省,这样下去,你们怎么对得起党的培养,怎么对得起政府的关怀,怎么对得起家中年迈的父母,怎么对得起心爱的妻子和孩儿对你们的望眼巴巴!

"你们知不知道,在战争年代,一双草鞋是多么重要。那年部队进军新疆,日夜兼程,边走边与残敌作战。战士们根本没鞋穿,有好多都是打赤脚,一路翻山越岭,长途跋涉,一路与敌人作战,战士们的脚都走肿了,脚板磨出血泡,有的脚趾痛得无法前行,还有的脚坏了,冻残了。翻越祁连山,一个团就冻死三百二十多个战士。那时,大家多想有一双属于自己的草鞋穿。可是没有,没有啊!面对困难,坚强的战士们个个咬紧牙关,闯过一个个难关,忘记了生死,拼命前行,终于到达新疆喀什。

"现如今,条件好了,把草鞋不当数了,这是身在福中不知福!艰难时期的一双草鞋,能免去战士一双脚的万般痛苦,甚至关系生命的存亡。"

听着张富清的讲话,这是生死搏击中胜者发出的吼叫,是上级领导对工作不胜任者的训斥和严厉的批评,更是一个慈祥长者对下辈殷切的关爱。听着张富清的讲话,他们感觉自己瞎眼了,满以为这个瘦老头不是农村挑大粪的就是扫街的,没料到还是这么厉害的一个当官的。这下完蛋了,恐怕饭碗都保不住了。他们像落汤鸡一般,一个个连头都不敢抬,只是站在那里发呆。

白天里看上去人模人样的田仁鑫,实际是个怕老婆怕得心痛的小男人。当天晚上下班回到家里,他急忙把白天在单位发生的事告诉了老婆,老婆说:"活该,光批评算什么,没把你抓起来关一两个月，办你的学习班就是好的。上班时间不把工作做好，一年四季玩不醒，亏管理区的领导还看上你。自己不争气，不严格要求自己，天不怕，地不怕，这下闯祸了吧？自己收拾不了，就找我？你还是个男人吗？"

老婆一说就没完没了，说得他无地自容。他不知道如何是好，只是在那里捶胸顿足，唉声叹气。可是这样能解决问题吗？还是得老婆帮他想办法。"扑通"一声，这田仁鑫竟然跪在了老婆的面前，求老婆给他想个办法，躲过这一关。

"你给我站起来，起来。你还有没有男人样？"老婆越发生气！气归气，烦归烦，他毕竟是她的男人，是孩子的爹。万一把他开除了，倒霉的还是自己一家人！她问她男人："这个叫张富清的是不是在卯洞公社上班？"

"是啊，他是卯洞公社的革委会副主任。"田仁鑫觉得有人出招了，他像捞上了一根救命稻草，紧紧地抓住不放。

女人告诉田仁鑫：尽快打听清楚，弄清他的家庭住址，在商店扯一截好看的布料，拎上两只鸡，送到他家里；给他多说点儿好话，该做个样子就做，该哭就哭，男人落泪最能打动人……

在回卯洞公社的路上，张富清的心里像挑着没装满的水桶，七上八下的。他在反复问自己，组织上能让自己管全公社的商贸工作，这管的是什么样子？平时，他只注重下乡驻队，把精力都放在了农业生产和百姓的生活上，忽视了商业贸易，特别是对供销合作社系统的教育和管理关心不够。今天所碰到的，只是全公社供销合作社工作的冰山一角，从这一角，可以看出，供销社不是想方设法为老百姓服务，而是把自己置于人民群众之上，玩忽职守。这股不知从哪里刮来的歪风，必须用社会主义新风取而代之。

第二天，田仁鑫两手不闲，一手提着一个布袋，布袋里装着两只大母鸡，另一手提着一个黑色的手提包。刚刚下午4点，他就找到了张富清副主任的家。他问了一位他的同学，得知张富清晚上应该回家吃晚饭，于是，他在离张富清家不远的树丛旁等着，眼睛始终盯着由公社往万寿宫的路。他已经打听好了，张富清的家就在那座万寿宫的第三间。天没黑以前，走在那条路上的每一个男女老少都能看得清清楚楚，至于张富清，他会认得更清楚。遇到他的人，遇上昨天那样的事，在田仁鑫的生平中，就经历这么一次，他再也不希望还有第二次。

天已经黑下来了，路上行人的面孔越来越不清晰了。田仁鑫不敢有半点儿疏忽，他提着布袋和黑色的手提包，往那条路上靠近些，几乎就是站在来万寿宫的路口上了。

这走过来的人不就是张富清吗？有谁在6月天还戴着一顶布帽子？"张主任，您好！"田仁鑫忙迎上前拦住了张富清。张富清只觉得这声音好耳熟，一下子还想不起来是谁。

"张主任，是我啊，昨天那个小田。"

张富清突然记起，昨天掀桌子就是在他们的供销社，就在这个田主任的面前。

张富清问他："你到这里来干什么？"

"张主任，我特意来向您谢罪的！"田仁鑫恳切地说着。

"胡说，我要你赔什么罪？"

田仁鑫无论如何也要进张富清家的门，张富清心想：打人只打九九，不能打十足啊！他对田仁鑫说："好吧，进我家喝口水吧！"

田仁鑫总算等到这句话，他迫不及待地跟着张富清往前走。

到了张富清的家，田仁鑫惊呆了：这么厉害的领导，这么多孩子，才挤在这样小的一间房子里。除了坐在床上，再也找不到放凳子的地方，他提着布袋和手提包，就那样立在门口，等待着张富清发落。

张富清先进了里屋，把自己的包放下了，回头见小田像个木头一样还立在那里，忙喊道："来来，往里走，就在床上坐。"

田仁鑫把提的两只鸡仍装在布袋里，他走进来，将这个布袋子放在墙根，然后坐在床的边沿上。田仁鑫刚坐下，张富清的小儿子张健全就给他端来一杯热水，说："请叔叔喝茶。"田仁鑫刚从张健全手中接过杯子，张富清就问："你还没吃饭吧？"

田仁鑫急忙回答："谢谢张主任，我已经吃过了，你们吃吧！"

张富清笑着说："你在领导面前又说假话了，你这个时间在哪里吃了？你年纪轻轻的，怎么不诚实呢？"

田仁鑫被这个张副主任的一句话问得张口结舌，他不知道该怎么回答领导，只好实话实说："你们吃吧，我一会儿出去了再吃。"

孙玉兰也很热情地多拿了一双筷子一个碗。张富清说："没好吃的，就在一起凑合一餐吧！"

他们的热情打动着田仁鑫，他真不忍心去分享张富清一大家人的口中之食，可是，他又不能硬着头皮置之不理，他无可奈何地走到饭桌边，桌上只有一盘青菜、一盘土豆、一盘合渣，外有一盘咸菜，主食是玉米糊和红薯。

这一点，田仁鑫是从未见过的，一个领导干部家中的晚餐，竟是如此俭朴。

田仁鑫还没坐下来，慈母般的孙玉兰就将一碗热乎乎、香喷喷的玉米糊递过来了。张富清介绍说："这是我爱人，原来就是你们供销社的会计。"他的话像一股暖流，融进了田仁鑫的血液。

田仁鑫喝了一碗玉米糊，吃了一个红薯，就草草地结束了这顿饭。张富清也放下碗筷，田仁鑫就开始了对领导的汇报。

田仁鑫愧疚地对张富清说："昨……昨……昨天我错了。作为一个基层负责人，应该全身心地投入工作，带领全社干部职工，把人民当父母，把顾客当上帝，搞好进货出货，坚持诚信为本，倡导文明新风，营造一个立足本职工作、加强政治学习和专业学习、艰苦奋斗的新风气。今天特地向张主任做自我批评，请张主任网开一面，给我一个改错的机会，我一定铭记教训，痛改前非。否则，天打雷劈！"说着，他向那个布袋一指，"这是我带给您的两只母鸡，您补补身子。"接着，他从自己的黑包里拿出了一块很鲜亮的布料，说："这布就给孩子们裁剪新衣服！"

张富清问他："你讲完了没有？"

田仁鑫一吐为快，忙回答："主任，我就讲这么多，请您担待！"

张富清很平静地说："你刚才的表态不错，我现在表明我的意见。第一，这两只大母鸡和这块布料，你一会儿必须拿回去，如果你不听，明天我就叫他们撤掉你的干部职务，开除你的公职。第二，就昨天的那件事，结合日常表现和你那个供销社近一年多来的工作业绩，写出深刻的检讨。第三，你工作照干，不能因为这而影响工作。至于对你的处理，是何时处理、怎样处理，听组织安排。今天晚上，你抓紧回去，明天供销社还要上班营业，我讲的三条意见，你听明白了没有？"

田仁鑫没当过兵，但他见得多，他站得直直的高声回答："明白了，谢谢张主任！"他那回答声，那么有力、响亮，不知道的人还以为张富清在家里搞民兵训练哩！

从万寿宫出来，一阵清风向田仁鑫迎面吹来，说热吧，它又有一种寒冷之意，说冷吧，他又觉得有缕缕潮潮的暖流，手提布袋和黑色提包的田仁鑫，感受到一种少有的清新感。本是绵绵的细雨飘洒，忽然又见朗朗星空，少见的夜空星光一片，那星光闪得最欢快的一颗，也许就是田仁鑫还在家中等候他的能干智慧的妻子吧！

这一回，他才真正领略到了张富清这个貌似要饭农民的公社副主任的风采，感受到了他的人格魅力。在残酷的你争我斗的现实生活中，像张富清那样的领导干部太少了。就在张富清家中大约两小时的生活接触中，呈现出一幅他关心百姓生活疾苦，爱民如子，坚守原则，爱国爱党、清正廉洁、无私奉献、淡泊名利的优秀干部的宏伟壮丽画卷。田仁鑫告诫自己，一定要把这一宏伟壮丽的画卷，镌刻在心灵深处，作为自己人生长河中永久的印记！

晨曦徐徐拉开帷幕，又是一个绚丽多彩的早晨，带着清新降临人间。第二天早饭后，梅雨季过后的太阳，冲破了封禁的云层，它把清晰透亮的光，把绚烂的多彩带给了来凤，带给了来凤县卯洞公社的办公楼，又透过窗户，涌进了张富清的办公室。

早早地等在办公室的革委会副主任张富清，有种如释重负的感觉。他一边追忆，一边思考，准备着马上要与供销社方主任谈话的提纲。

通信员小李去给他换双草鞋，草鞋没换来，却换来了对供销社系统基层工作的了解，换来了严格整顿财贸歪风的决心。从昨天田仁鑫的表态中，可以看得出，全公社财贸系统、供销系统的整风还没开始，田仁鑫他们的反省自查，还在进行。也就是说，车马未到，粮草先行了。我们的供销社系统中的歪风邪气要像驱赶梅雨冷风一样，全都赶走、去掉，像阳光取代梅雨一样，让承载着的社会主义建设的新风取而代之。

这时间，一个散发着青春气息的年轻妇女走进了张富清的办公室，她就是卯洞公社供销社新来的方主任。

方主任也是从部队退役的年轻干部，她是烈士的后代，她的父亲于1950年在一次剿匪的战斗中牺牲在来凤。她来卯洞工作的第二天，就见到了分管财贸和机关工作的公社革委会副主任张富清。张富清不知疲倦地把公社供销合作社的情况详细向她介绍，使她对卯洞公社农副产品经营、农业生产资料供应、废旧物资收购、农村生活资料供应等供销业务很快熟悉起来。为了让方主任尽快进入供销社业务的领导角色，张富清从供销社定员、定任务、定库存、定费用、定利润的劳资管理，到把好供应、采购、储存、加工、费用五关的财务管理等方面，都进行了指导性的介绍。

方主任心存感激。张富清同样是部队转业的，一个舞刀使枪的人，对地方的有关专业知识，咋那么熟？她想，这样的领导是我工作中的榜样，要学习张副主任无私奉献的高贵品质，还要学习他的责任感、担当和敬业精神。

窗外的太阳已快升到办公室的屋顶，办公室里，在通信员小李对草鞋事件进行通报以后，他们三个人还在商谈，在分析，在筹划……

卯洞公社行业整风活动方案拿出来了，其步骤是：调查摸底，整风动员，个人自查，学习教育，新风举措……在张主任的带领下，行业整风五个步骤的顺序分别展开，可想而知，这位年已50多岁的领导，在业务的钻研上，下了多少功夫！

第八章　宝刀不老再出发

二十七　桐油丰歌

1979年6月的一天，公社通知革委会副主任的张富清，要求张富清结束卯洞的驻队，迅速回公社向王书记报到。

张富清已是55岁的年龄，可还保持当年在部队的那股劲儿，打起背包就出发。顾不上回家探望一下自己的妻子和孩子们，张富清直接来到公社王书记的办公室门口。

"报告书记，张富清驻队返回！"

"快进屋歇歇，张主任，可苦坏你啦！"王书记接过张富清的背包，让他坐下，并给张富清递来一杯茶。

此时，王书记心里有种说不出的滋味：张富清朴素的工作作风和勇挑重担的精神，在卯洞公社带动和鼓舞着无数干部和党员，可眼下，这位得心应手的干部眼看就要调走了。上级把他调回来凤县城工作，这是党的工作需要，可他离开，对卯洞来说，显然是个巨大的损失。别说王书记本人，就是公社党委一班人，或熟悉他的党员群众，哪一个舍得他离开？然而，组织上的调动，舍不得也要舍啊！他已是55岁的人了，在山里与老百姓一起拼了这么多年，也该回城里换个轻松些的工作了。

张富清从王书记手中接过茶杯，笑着问道："又有什么新的工作，请王书记吩咐吧！"

"张主任啊，我看你心里只有工作，就不考虑一下家庭，考虑一下妻子、孩子和自己的身板骨？"王书记的话，对面前的好战友、好搭档有责备之意，但更多的是出自内心的关切。

"王书记的好意我领了。来山里一待就是二十四年了。风也好，雨也罢，我的孩子慢慢长大了；孩子他妈从一个陕西女孩变成了地道的山沟沟的农家村妇；好在我的身体，如果碰见了老虎，也还可以打斗一阵子。我现在想的，更多的是公社如何带领广大干部和社员走上社会主义的康庄大道！"

正在这时，电话响了。王书记接过电话，心里越发有些着急，他不得不告诉张富清，县委决定，调张富清任来凤县外贸局副局长。刚才外贸局来电话，明天下午派辆卡车帮忙搬家，后天早上，连接人带搬家，请张富清迅速到县外贸局，副局长的位子急着等他哩！

张富清蒙了。调往县外贸局，他曾听县里分管农业和商贸的李副县长说过，但他没想到调得这么快，从李副县长同张富清交谈至今，才不到两个星期，调令就下来了。

"你快回家休息一下吧！收拾收拾，明天下午，公社机关干部给你开个欢送会，后天就要离开我们卯洞了。"说罢，王书记的眼圈顿时红了。

张富清背着背包回到家中时，太阳正从云缝中钻出来，正向着顶空爬着，似乎在告诉张富清，尽管你已是55岁的人了，尽管你早就该离开乡下回到县城工作，尽管你不可能像年轻人那样犹如早上七八点钟的太阳朝气蓬勃，但你有潮起潮落的阅历，有成功的经验或失败的教训，当下年富力强，为党、为山区人民谋福利的光和热，就像天上的太阳一样，正蒸蒸而上，还没到发挥极致的地步。

是啊！时光流逝太快，一晃就是二十四年了。张富清已是55岁的人了。谁知，在他扎根武陵山区的二十四年里，就有七年被革除了职务，真正为改变山区穷困面貌，让他挑起担子，才挑了十七年。现在是55岁的人了。那么你老了吗？是不是要让你撂下重担，让你回县城轻松轻松？不可能。在张富清看来，他为了党的工作，为了百姓的利益，宝刀不老正当年，铆足劲儿再进发！

第三天天刚放亮，停放在卯洞公社大院的卡车就徐徐地开往张富清家门口。就在大家帮张富清家搬物件的时候，一会儿卡车上多一袋米粒尚未饱满的玉米棒子，一会儿卡车上又上了一袋早熟的土豆，还有用背篓装的刚从菜地里拔起的花生、凤头姜。

当张富清和孙玉兰及孩子们出门准备上车时，来自四面八方送行的人一下子拥了上来。有的用菜篮提着红枣，有的用自家织的西兰卡普装着鸡蛋，有的用搪瓷缸子装着他们自家酿造的米酒和油茶汤……

"张主任，您收下吧！"

"这是从自家菜地刚收的花生，是我们的一点儿心意！"

"这是我家鸡近些天生出来的新鲜鸡蛋，您留着补补身子！"

张富清看着面前拥过来的乡亲们，他们中间有年过八旬的老爷爷、老奶奶，有背着书包、戴着红领巾的小学生，有血气方刚的青年小伙，有饱经风霜的中年妇女……他们当中，有土家族的，有苗族的，有白族的，更有汉族的……看着他们那一张张貌似陌生而又熟悉的面孔，那一双双善良而又与张富清难舍难分的眼睛，张富清激动了：卯洞的父老乡亲，你们是我的再生父母，是我手足相连的亲兄弟！我也舍不得离开你们啊！

张富清怎能轻易收下乡亲们送的土特产呢？张富清让即将参加高考的小儿子张健全一笔一笔地记录下来，改日折合人民币都分别偿还。张富清万分激动地拉拉这双手、握握那双手，与前来为他送行的乡亲们告别。

第八章　宝刀不老再出发

前来欢送张富清的人群中，卯洞公社王书记高声地喊道："乡亲们，张富清主任永远都是我们卯洞公社的好领导，永远都是我们来凤县的亲人。这次，他不是离开来凤县，而是调往来凤县外贸局担任副局长。请大家让出一条路，让我们目送张主任全家！"

站立卡车前的人们好不容易给张富清让出一条路，迎接张富清全家的卡车开始启动了。张富清站在卡车上再次向乡亲们招手再见时，他又一次震惊了：天哪，前来送行的，岂止是围住门前卡车的人！田埂上，山坡中，酉水河两岸，黑压压一片，全是来为张富清送行的人们。

卡车徐徐地开动着，人们跟在卡车的后面不愿离去。望着淳朴善良的父老乡亲，张富清那滚烫的泪水，情不自禁"唰唰"地流下……卡车在人们的欢送中，逐渐加大马力，直接开往来凤县城东侧的县外贸局宿舍。

还没到终点时，张富清的小儿子张健全问他妈妈："妈，这次我们搬回来凤县城，我们的住房该大些吧？"

孙玉兰摇头说："没个准儿，你爸心里想的，只有搞好工作，为民造福，从来没把住房大小放在心里。"

"那，只有听天由命吧！"张健全丧失信心地回应着。

卡车在县外贸局门前停稳，司机首先跳了下来，告诉张富清新分的外贸局宿舍在哪里。

这宿舍虽不是高楼大厦，但是个地道的水泥砌成的宿舍，两间房，一大一小，共有近五十平方米。全家六口人，住五十平方米，实在有些拥挤。搬完了物件，拍打着床铺，孙玉兰微微地笑了。这笑，不知道是发自内心的欢笑，还是无可奈何的苦笑！

不管妻子是何种笑，张富清则道出了他真实的感受："孩子们，这次搬家，比前几次搬家强多了。我们都要拿出优秀的学习成绩，回报党，回报人民……"

孩子们一个个点头应声，唯有张健全无声无语，在他看来，凑合着吧，想要自己有个单独的房间，单独复习，那是个眼前实现不了的梦！

来凤县外贸局刚组建三年，各项工作还有待于进一步开展、进一步深化。干外贸，是一个新的门槛，但对于张富清来说，这并不是一个很高、很难迈进的门槛。多年的农村基层领导工作，他主抓农业，还分管财经贸易。作为一个县外贸局的副局长，张富清分管流通和全县土特产进出口事宜，对此他并不生疏。他在心里自己给自己加压：一定要抓好农副土特产的生产和收购，扬我之长，让山区特色走出中国，走向全世界！

在局长办公室里，张富清认真地听取局长对外贸局的介绍；在日常工作中，张富清倾听干部职工对全县外贸工作的畅想和建言；在档案资料库，张富清翻阅并了解来凤县对外贸易的历史。

新中国成立前，来凤县无直接进出口对外贸易，本县的桐油、五倍子、皮张等，由民间商人收购，再由武汉等地大商号转手销往海外。1934年至1942年，来凤县商人收购转销大城市的土特产数量猛增，特别是来凤县青幽幽、绿茵茵的油桐树，结出的油桐籽榨出的清亮的桐油一桶桶、一担担地被商号转手销往国外。在来凤县百福司渡口，早有"挑担桐油下酉水"之说。

新中国成立后，相当长一段时间全县对外贸易业务由供销社兼营，收购桐油等农副土特产品约十种，年均收购土特产品二十余万元。1976年3月，来凤县成立外贸局，当年收购土特产品种增加到二十余种，收购额逾三十万元。来凤县对外贸易，主要是为省进出口公司组织收购五倍子和桐油等土特产品。桐油是来凤县的传统出口商品，被称为"金丝桐油"，其质量为湖北省全省之冠，广泛销往英国、美国、苏联等国家。

来凤县对外贸易的实际情况告诉张富清,要做好全县土特产品的收购工作,除层层抓好宣传布置外,还要深入调研,解决农民在土特产品的种植和收购上的实际问题。

张富清特地向局长汇报,为了抓好农副土特产的收购和生产,他要亲自下乡,深入桐油种植第一线。

局长见张富清已是两鬓斑白,怕他下乡翻山越岭受不了,决定把外贸局唯一的一辆吉普车派给他去调研考察。

"别,别,我在下面工作走习惯了,还是步行好!"张富清执意不要。

"那就给你派个年轻的同伴吧,一路上有个照应。"这一点,张富清同意了。

当天下午,他们就打起背包、戴上草帽出发了。陪伴张富清的小伙姓周,是刚从学校分配来外贸局的农特产方面的技术员。周技术员平常下乡不多,走起山路远远不如张富清。

"张局长,您走路像冲锋,我一路小跑都跟不上。看来,向您学习首先要从走路开始。"

"小周唯,路是走出来的,农特产种植技术就是学来的,这一点我在乡下工作时,像三胡区、卯洞公社的哪一座山、哪一丘田,我都清清楚楚,这是什么原因呢?这是来自我一次又一次地用脚印丈量。"

张富清的务实精神和奉献情怀,深深地感染着技术员小周。他们从沙坨林场走出,又走进苏家溪林场,他们翻过了一座座山包,又跨越了一道道峻岭……当张富清和周技术员走进卯洞公社的地界,用不着驻足观察,用不着四处询问,张富清对各地都熟透了,走起路来更是脚下生风。

张富清径直朝百福司的虎头落林场走去。虎头落林场是虎头落村的一个老林场，1965年建立，占地（山）约二千八百亩。先前，这个林场大部分山地荒废着。那年，张富清带着这个村的大队谭支书，去广西参观并学习了油桐树的栽种技术后，特地从省农科院购回了两万多株油桐树苗，在虎头落林场荒废地栽种，第三年就开始结果了，不知今年生长得如何。他们走在一个三岔路口，左边是虎头落村，右边是张富清牵挂的虎头落林场。周技术员问："是先到村庄住下，还是先去林场看看？"

张富清不假思索地回答："先看看我们当年种下的油桐树吧！"

在去往虎头落林场的路上，张富清正回忆着当年带领男男女女栽种油桐树的情景，突然，迎面走来一个人，这人低垂着脑袋越走越近，张富清想起来了，他不就是当年虎头落大队的谭支书吗？张富清走到谭支书前面，挡住他的去路。这时谭支书不得不抬起头来，他抬头一看，是当年的张主任，现在是县外贸局的张副局长，谭支书好一阵惊奇："张局长，您怎么还没有忘记我们？"

"我和我们外贸局的周技术员，特地来到你们虎头落大队，看望这里的父老乡亲，看看当时我们栽种的油桐树！"

不说油桐树还好，一提到他们一起栽种的油桐树，谭支书的脸如火烤一般面红耳赤，在老领导面前，谭支书原本羞愧难言，但碰见他最信任的老领导，由不得不如实反映、一吐为快。

谭支书一边陪着他们去考察油桐树，一边把村里不该发生而发生的事告诉了这位刚上任不久的外贸局的张副局长："虎头落林场栽种的三百多亩油桐，每年结籽榨油不比其他镇差，可就在去年秋天，我们村那个姓林的技术员，您还记得吗？"

"啊，还记得，就是那个高挑个儿、经常留着长头发的林森丰，人们都喊他外号'长毛'？"张富清还真有印象。

"对，对，就是长毛。"

"长毛怎么样？"张富清对他的印象太好了，反而有些担忧。

说话间，他们已走进了虎头落林场，在一间简易的护林宿舍里，谭支书接过张富清和周技术员的背包等行装，让他们休息会儿。

张富清看油桐树的长势心急："快走吧，先看看油桐树再说。"出护林宿舍不一会儿，那片三百多亩地油桐树展现在眼前。在一片碧绿的油桐树中，时不时有几棵油桐树与正常的油桐树有着明显不同的症状：油桐叶呈褐色或黑褐色，主脉稍突出，形成掌状或放射状枯死斑，有的叶子枯黄皱缩……

"这是怎么啦？这是发生了什么病虫害？被称为'长毛'的技术员林森丰呢？"

"如果他在就好了，谁知偏偏这个时候他不在呀！"谭支书无可奈何地说。

"他去什么地方啦？"周技术员心里很急。

谭支书叹了一口气说："好人磨难多，能人易遭害呀。他被县公安局抓走了！"

"公安局为什么抓他？他犯了什么罪？"张富清似乎不相信。

"什么罪？说起来吓死人，实际上是件没影的事。说他是现行反革命分子。"接着，谭支书把事情的前因后果原原本本地告诉了张富清和周技术员。

林森丰是个孤儿，他9岁的时候，他父亲一行人被生产队派去山上收割油菜，突遇狂风暴雨、电闪雷鸣，未带防雨工具的林森丰的父亲在雷电中不幸被触击死亡。那时，林森丰还有个5岁的妹妹，他父亲的去世给一个完整的家庭带来了毁灭性的打击。不到半年的时间，他母亲经人介绍说是下堂改嫁他乡，从此下落不明，临走时她带走了林森丰5岁的妹妹，丢下了9岁的林森丰。为了让林森丰能够长大成人，谭支书让林森丰隔壁无儿无女的方老婆婆收养了他，他们的生活费、读书费用都由虎头落大队支付。

为了培养这个无父无母的孩子，在林森丰17岁那年，生产大队把林森丰作为农村优秀青年，送往来凤县农业技术学校学习。林森丰也很争气的，在农业技术学校比其他学生都肯吃苦，农业、林业各种土特产的种植技术，各个品种病虫害的预防和治疗知识，他都理解得很透彻。读完三年后，他成为农村少有的农业技术员。在农业管理和林场的林业生产中，人们越来越感觉到技术知识的重要性，根据社员们的提议，我们特地到县农科院把林森丰请回来，让他担任虎头落林场的技术副场长。林森丰与他读书前真的大不一样了。他为人忠厚，连说话的声音都比以前小了，他一门心思地搞好林业技术，林场的各类林木也没发生过病虫害。去年，村里有个被称为"百事通"的媒婆，给林森丰介绍了个媳妇，从此，他们的生活也过得很美满。春节前，县公安局突然开来一辆警车，说县公安局收到一封举报信，信中说林森丰的爷爷是土匪，新中国成立前夕跟着国民党里面与人民为敌的顽固反动派一起，逃亡到了台湾，还说1953年美蒋特务在来凤县卯洞区河东乡五村响水洞一带，空投了四名武装特务，其中就有一个是林森丰的爷爷。后来组长被我们武装力量抓获，剩余的三人被一举歼灭。就凭这，说林森丰是反革命武装分子的后代，必须带到公安局交代清楚。这一去，已经有八个多月没有音信了。

"那林森丰现在人在哪里？"惊讶中，张富清关切地问。

"上个月，我亲自去县公安局问了一下，公安局的人告诉我，情况没查清楚，是不会放人的。"

"我现在去公安局。小周，我们去一趟公安局！"

第八章 宝刀不老再出发

"走吧，我带你一起去！"说着，谭支书帮张富清把背包接过去，在前面走着。

当三人来到那条三岔口，一边是去虎头落村子的路，一边是去往来凤县城关的路，谭支书毅然地往回家的路上走去。小周连忙喊："走错了，走错了！"

谭支书一回头，强装着笑脸："这路我怎么能走错呢？哪里有沟，哪里有坎，我闭上眼睛也摸得清清楚楚。现在到了什么时候？太阳早就落山了，马上就会黑得伸手不见五指，去县城怎么走？山山岭岭怎么摸？你们今天也累坏了，该吃点儿东西了，休息一晚上，等明天五更头，让大队的拖拉机送你们去县公安局！"

不行也得行，行也得行，谭支书硬是把张富清和小周带回自己家里。谭支书屋里有两个女人，年老的是谭支书的母亲，人称谭老太，年少的是虎头落大队的妇联主任田妞妞。田妞妞20多岁，是个清秀活泼的土家姑娘，她留有一双又粗又长的辫子，她那甜蜜蜜、鲜嫩嫩的笑脸上方，闪着一双黑白分明、似乎会说话的眼睛。田妞妞刚带领大队的山歌队参加公社山歌比赛结束，她特地来向谭支书汇报情况。

周技术员刚进门，一眼就被田妞妞的那双会说话的眼睛吸引住了。

谭支书急忙给双方做了介绍。就在周技术员谢过了老人，伸手与田妞妞握手的那会儿，青春年少的他身子不由自主地倾斜了一下，险些摔倒在地。不能不说，这是田妞妞纯朴的美打动了周技术员。毫无邪念的周技术员与田妞妞的握手，使得周技术员有种触电的感觉，仿佛酒醉一般，好一阵眩晕。

见到张富清和形态端庄的周技术员，向来热情大方的田妞妞感受到了一种少有的羞涩感，使她的脸发烧似的泛起一片红云。

一会儿，见谭支书的老母亲要给客人做油茶汤，田妞妞主动接了过去。田妞妞知道，张富清是他们虎头落老百姓心中的好领导，当年张富清带领大伙栽油桐树苗，尽管她那时还是个学生，但仍然记忆犹新，这次，年过半百的老领导又亲自关心虎头落林场的油桐树的生长情况。这位从未见过的周技术员，刚见他一面，就似乎感觉很面熟、很亲切，似乎是她心目中的白马王子伴着惬意的风儿，踏着山歌的曲儿，向她奔跑而来……

田妞妞从谭老太手中细心地接过一样样配油茶汤的原料——茶油、核桃、芝麻、花生、炒米、黄豆等。田妞妞心里明白，在来凤，历来以油茶汤招待客人，这是土家、苗家儿女招待客人最高的礼节。为了招待好这不请自来的老领导张富清，还有这个让自己见了就心乱如麻的县城周技术员，一定要拿出自己的手艺，让他们喝碗称心如意的油茶汤。

不一会儿，随着油锅里"刺刺啦啦"的响声，随着油茶汤在锅里的滚滚翻腾，整个房子里弥漫着一股香喷喷的香味。这香味不知是来自田妞妞还是来自油茶汤，周技术员想起身看看，不料被副局长张富清喊住了。

"小周，你不是学农业土特产栽培技术的吗？刚才那枯萎的油桐树怎么回事？"

周技术员的脸"唰"的一下红了。他忙回答张富清："我知道，那是病虫害造成的，但还搞不清楚是哪种病虫害、该怎样治。"

张富清寻思着：看来，一定要尽快把林森丰要回来……

第二天清晨，谭支书叫来了大队的拖拉机。拖拉机上站着张富清、周技术员，还有谭支书，天还没亮，拖拉机就"突突"地向来凤县公安局开去。

拖拉机开到县公安局，还不到早上8点，张富清他们几个人干脆就在公安局门口不远处等着。

离8点还有18分钟,张富清心里仍然焦急,他恨不得尽快地把林森丰接到虎头落林场,让林森丰尽快治好油桐的病虫害。

公安局的大门开了,上班的人陆陆续续地来了。眼睛盯着门口的谭支书一刻也不敢松懈,他知道,要进公安局比登山还难,只有在门口喊住局长进去才方便些。

"来了,来了,你看那个走路很精神的就是公安局汪局长。"张富清只是听说过,从来没跟汪局长见过面。他紧随谭支书跑过去,喊住了汪局长。

汪局长站住了,他抬头一看,还是那虎头落的谭支书,他正要扭头走掉,谭支书忙介绍:"汪局长,这是县外贸局的张局长。"

汪局长不屑一顾地说:"外贸局局长不是姓刘吗?怎么又来了个张局长?"

张富清连忙诚恳地解释:"我是外贸局新调来的副局长,我叫张富清!"

听到"张富清"三个字,汪局长倒对他敬畏三分。因为汪局长的父亲也是个老革命,他父亲曾多次提到过张富清,夸张富清为了来凤建设,从大城市武汉特地携妻来到来凤这个偏远的山区,为山区人民奉献自己的一切。

汪局长的态度一下子转变了:"张局长,这一大早,您找我有事?"

"嗯!我们特地找你办件事。"

"进来坐一下,喝点儿茶!"汪局长客气地把他们一行带进了他的办公室。

"坐一下,老局长!"汪局长忙亲自给张富清递了一杯茶,问道,"您找我什么事?"

张富清单刀直入："我们今天来向您要个人！"

"要人？要什么人？"汪局长不解地问。

"要林森丰——！"

"林森丰？"公安局最近抓了不少人，汪局长一下子还想不起来林森丰是什么人。他的部下提醒他："林森丰就是他爷爷是台敌分子的。"

汪局长一下子明白过来，他对张富清说："别人还可以考虑，提那个叫'长毛'的不行！"

"为什么不行？他是方圆几十里的能人，油桐树生了病虫害，都等着他治呢！"

"那也不行！树欲静而风不止，他爷爷的事一天没查清楚，就一天不能放。"

张富清生气地说："人民群众需要他，生活生产需要他。别说他爷爷的事没搞清楚，就是定了罪也不与林森丰相干。不是说'出生不由己，道路可选择'嘛！"

"张局长，那可不是你那么说的，为了保卫好无产阶级专政，我们不能放过任何一个坏人。"汪局长还是坚持原则。

"为了解除百姓疾苦，为了确保农民油桐的丰收，我们应该特殊事情特殊对待。实践是检验真理的唯一标准。"张富清坚持说。

双方正处于僵持状态的时候，县委副书记程征来了。程副书记在县委分管政法委、公安战线，还分管农业、林业的生产工作。见程副书记到来，汪局长始料不及，不知如何是好，他干脆把眼前不好解决的问题推给程副书记。

没想到，程副书记也正好是为释放林森丰的事来的。程副书记说："要求释放林森丰的，不仅仅是县外贸局，农业局和林业局也都为这件事打了报告。外贸局只不过是捷足先登而已！"

第八章　宝刀不老再出发

林森丰终于被释放了。这个被关押了半年多的后生，人更瘦了，头发也更长了，就连不应长的胡子也冒出很厚、很长。见这次营救他出来的是张富清、谭支书和周技术员，他激动得哭了出来，"扑通"一声跪在张富清的面前："谢谢你们救了我！"

"别，别！"眼睛已经红润了的张富清连忙把他扶起，"虎头落的乡亲们记挂着你，那大片大片的油桐树也少不得你！"

林森丰心里也惦记着乡亲们，惦记着自己的妻子，也惦记着他日夜守护的林场，那一望无际的林荫，特别是那栽种的一片片、一棵棵茁壮成长的油桐啊！

听说油桐有了病虫害，他让拖拉机直接开往虎头落林场，开往油桐栽种地。等拖拉机一停下，林森丰疯了一般地跳下拖拉机，直奔栽种着油桐的山坡。看到那一棵又一棵枯萎皱缩的油桐叶，看到油桐叶肉组织呈现褐色或黑褐色，看到主脉突出、形成掌状或放射状的枯死斑，看到油桐叶向上卷缩、叶柄枯萎等状况，林森丰当即认定，这些变了样的油桐得的是油桐枯萎病，也称为桐瘟，这是我国油桐产区一种毁灭性的病害。

"这是得了油桐枯萎病？桐瘟？有没有救？怎么救？"张富清急不可耐，他向林森丰提出了一系列的问题。

心情沉重的林森丰告诉他们，这病要早治，如果治晚了，不仅得了病的油桐难以存活，它还会向邻近的油桐传染，时间长了，油桐还会一圈圈地、一片一片地死亡。要救治得了桐瘟病的油桐，目前最有效又切合实际的办法是使用石灰培土，施用有机肥、磷钾肥，并套种绿肥，以提高土壤肥力，或者用抗菌剂401的800倍液、50%托布津可湿性粉剂400~800倍液淋浇根部，会有一定效果。

很快，在谭支书的带领下，一场抗击桐瘟、抢救油桐的战斗在虎头落大队及虎头落林场打响了!

在虎头落干部群众踊跃投入抢救油桐的时候,张富清着手做两件事:第一件,让虎头落大队妇联主任田妞妞迅速把跑回娘家的林森丰的妻子接回来,使有强烈的家庭责任意识的林森丰过上圆满的夫妻生活;第二件,让外贸局与他同行的周技术员,实地向林森丰学习、请教,扎实地掌握油桐枯萎病的识别、发病原因及防治办法。

结束油桐生产考察,张富清迅速召开了有关公社、大队及林场负责人参加的"油桐生产工作会议"。

会议没开始前,人们很费解,既不是年头,也不是年尾,怎么就召开"油桐生产工作会议"呢?

直至会议召开了,人们才明白,这不是油桐生产和购销的动员会,也不是工作总结或表彰会,而是一个直入主题、节奏紧张而又务实的会议。会议半天时间,进行了三项议程:一是通报了虎头落林场出现的油桐得枯萎病的情况,二是由林森丰和周技术员分别讲解了油桐枯萎病及其他病虫害的发病原因和防治办法,三是对了解、自查、严防、医治油桐病虫害的要求。

正是外贸局副局长张富清提议并主持召开的那务实的工作会议,让人们提高了油桐和各种病虫害防治的紧迫感及专业水平;正是那个及时的有指导性的会议,使1979年当年全县的油桐生产收购较之上年略有提高,而且在第二年,全县油桐生产大丰收,收购并交由武汉市出口量比第一年多三倍之多……

采购桐油的那些日子,张富清和周技术员再次去虎头落大队,谭支书满脸兴奋,这次不是用油茶汤招待他们,而是让他们观看了一场刚刚排练好的节目。

张富清在谭支书的陪同下,在台前不远处刚刚坐下,虎头落林场副场长林森丰见张富清来了，满含激动的泪水告诉张富清："张局长，非常感谢您上次救了我。真是上苍有眼，我爷爷的事情终于搞清楚了。他不是逃往台湾的敌对分子，而是在与敌对分子的搏斗中，被国民党反动派打死的。"

听了林森丰的汇报，张富清激动地握着林森丰的双手："好哇，我们党是绝不会冤枉一个好人的。"

秋天的虎头落大队，男女老少无不沉浸在丰收的喜悦中。天一黑，露天戏台前方，悬挂在台前上空的十几盏二百多瓦的灯泡陡然亮起来，那光亮犹如一团火，照红了半边天。在锣鼓声中，虎头落自编自演的文艺节目开始了，节目中有传统的南剧、地龙灯，还有现代的说唱、魔术等。最受欢迎的要数那出小歌剧《挑担桐油喊山歌》，这节目在人们的欢笑中出现两排肩挑桐油的青年，一排男人，一排女人，男排领队的是个年轻的退伍军人，女排领队的是美丽大方的妇联主任田妞妞。

他们一高一低，好似隔山对歌。两排青年挑着担子上台，刚放下扁担，男的就朝女的喊道："妹妹们哪，我们喊起来吧！"

女的就朝男的那边应声："哥儿们啦，我们来喊起来哟！"

  男：哎——
    太阳出来闪金光，
    山寨哥们心舒畅；
    肚饱爱得相思病，
    妹哟，哥在梦中把你想！
  女：哎——
    秋风吹来阵阵凉，
    土苗妹子心里爽；

对着那山喊声哥,
哥哟,瞧见你,妹心跳得慌。
……

合:哎——
金丝桐油清又亮,
挑着担儿下山岗;
虎头落难忘张富清哟!

念:他解甲援山区,异地当故乡;初心不改担道义,尽忠难尽孝,隔山隔水哭亲娘;生平不把功名抢,日夜牵挂百姓事,一心紧跟共产党。他是来凤的好干部哟!他是武陵大山的好儿郎!

田妞妞深情动听的嗓音,真挚热情的唱腔,发自肺腑的念白,博得了人们热烈的掌声,更博得了对田妞妞一见钟情的周技术员情不自禁的欢叫声,也换来了台下数不尽的泪滴……

二十八 煤矿新工

1981年9月21日,年已57岁的张富清,揣着县委的调令,又壮志满怀地奔赴新的工作岗位。来到县城南边,眼前是一处简易的普通平房,门口挂着一块醒目的木牌:恩施州建设银行来凤县支行。

来到建设银行不远处,张富清不由自主地收住了脚,站在那里一动也不动。他摇了摇头,微笑着自言自语道:"嘿!80岁了还学吹鼓手。他对银行业务,并不很熟啊!"紧接着,他脑海里浮现出不知是哪一位名人的话,冲浪似的,很快覆盖了他的自言自语:"我们革命队伍中,有的是专家,而绝大部分是杂家。不管是什么家,只要你衷心地接受党的指派,执行党的任务,勤勤恳恳地为党为人民工作,你就是人民拥护、尊重的革命者或革命家。"张富清挺起胸,昂首迈了进去。

建设银行来凤县支行刚组建不久,它的主要功能是由国家财政拨款转变为市场经济服务型的存贷款。

到建设银行工作,担任副行长职务的张富清,对这里的业务都是陌生的,一切得从头开始学。即便是一块硬骨头,也要狠狠地啃,他下定决心要虚心向内行学习,向年轻人学习。他放下架子,不懂就问。什么是金融业?什么是信贷理论?张富清谦虚地请教年轻人,并写在他的笔记本上:"金融业是指经营金融商品的特殊行业。""信贷是指以偿还和付息为条件的价值运动形式。"尽管是新课题,张富清相信,"世上无难事,只要肯登攀",特别是"银行业是经营金融商品的特殊行业"的这句话,他反复琢磨,越琢磨思路越开阔:银行、经营都与企业挂钩分不开。往往要弄懂一个名词,他都要翻阅有关专业书籍。他不断地充实自己,让自己尽快胜任工作。

随着党的十一届三中全会召开,随着以经济建设为主的热潮在全国迅猛铺开,随着广播里传来安徽凤阳小岗村带头承包走出一条新路子的消息,随着中国建设系统一系列正确方针的贯彻,张富清坐不住了:时代在召唤,老百姓要尽快富起来,银行要打开为社会服务的大门,成为发展经济的原动力。

如何为老百姓注入造血功能,让他们率先尝到改革开放的甜头?作为建设银行的负责人,必须清楚地懂得信贷所产生的功能和作用。它既能帮助客户尽快投入,处理他们生产过程中资金严重不足的矛盾,又能提高银行储蓄量,如果做好了,银行客户和银行双方都赢。

那一段时间，来凤县支行行长被调离，张富清是牵头负责的副行长。张富清看准了就实施，不能前怕狼，后怕虎。当信贷的条件和管理办法一出台，贷款者有办养鸡场的，有办小型加工厂的，有种植大户，有个体工商户，更有县办集体企业和国有企业，然而，一度出现只贷不收的怪现象，呆账、死账只是一个账本记录，银行注入的流动资金像僵尸一样躺在那里不动。这不就是变相削弱集体经济吗？这事在张富清的脑海里直打转转，他要扫除死角，找出症结。

张富清发现有一笔三十万元的贷款，既没有还息，更没有还本，他立即决定实地考察。当日，他带着员工小吴径直前往，沿途脚上的草鞋磨穿底，汗不停地从背脊里流出，但他一心想着追回贷款，绝不能让投机分子钻空子。他们好不容易找到那个地址，一看早已人去楼空，电话联系也无人接听，原来是一家皮包公司。上当受骗了！张富清心急如焚，国家的财产如此损失，这事儿非同小可。回单位后，他立即向公安部门报案，请求他们协助追逃。

在全行职工大会上，张富清严肃地说："这笔三十万元的贷款失误，给国家财政带来惨重的损失。血的教训告诉我们，办理贷款业务中，不能光是履行好银行内部手续，还要做好深入调研摸底工作。要彻底摸清楚客户的贷款理由是不是真实，他的抵押是不是安全可靠，法人的思想品行、管理能力、信誉度等方面，都要搞得一清二楚。这就要求我们干部职工要走出银行，要有脚踏实地的作风，要有不畏艰难困苦的无私奉献精神，要用我们的脚去丈量，去摸查，去探讨，做到脚印企业，脚印家家户户，脚印来凤的山乡！"张富清激情洋溢的讲话，博得大家的阵阵掌声。

会议刚一结束，行里来了一位需要大额贷款的客户，紧接着县领导也打电话过来，希望给予支持。经过询问，此人是来凤县小型

第八章　宝刀不老再出发

集体煤矿矿长李斌。张富清把业务熟练的员工小吴叫来说："来了业务，我们应该接待。你把信贷业务的程序给他解释一下。"小吴于是耐心地给客户讲解着："办理贷款要具备以下几个基本条件：一是客户提交相关贷款资料，二是审批资料，三是风险评估，四是抵押，五是放款。"李斌一听，说："要担保吗？"小吴说："你先把资料备齐。"李斌信心满满地说："好的，我去找县长，打通路子，办齐资料。"话一说完，他就急匆匆地夺门而出。

李斌说话的过程中，张富清在思量，要盘活业务，就必须亲自到现场考察，绝不能再上当受骗，要争取把这笔业务经过多方面考察后做成。

张富清经常思考，作为领导，自己的责任担当在哪里？那年，为了卯洞村修路，顶着风险艰苦付出，后来不也成功了吗！我们多走一段路，多出一身汗，多付出一分艰苦，我们的业务，就少一分危险，我们的银行事业，就多了一分安全可靠的保证。

去实地考察这家企业谈何容易，来凤煤矿地处湖南西河、重庆、湖北来凤相交的地方，那是湖北西南的边界，在那个荒无人烟的三角之地，很少有人问津。

和往常一样，张富清打起背包，穿上草鞋，决意徒步出发。员工小吴见了，问："您需要人做伴吗？"

"不需要，你们坚守好自己的岗位。"

"张行长，刚才来行办业务的朱师傅去那个方向，但不到煤矿。"

"没事，乘车一段，到不了就步行。"

小吴随即找来朱师傅说："朱师傅，您的驾驶台能坐两个人吗？"

"能。"

"那好，我们张行长要去来凤煤矿，帮忙带一下。"

朱师傅答应带一段路，但他说，他所到的地方离煤矿还有两公里路。

张富清听了说："好，正好，剩下的两公里我步行。"

"上车吧。"朱师傅说。

张行长雷厉风行的作风，让行里年轻员工们看呆了："在当今开放的年月，哪有这么脚踏实地的领导？"

张富清上车后很快和朱师傅聊起来了："朱师傅，到县城来是——？"张富清的一句话还没说完，朱师傅就说："我到建行来打听一下贷款的事，看明年能否办个小额贷款，家里准备办家汽车修理厂。"

"哦，这是个好办法，修理行业是一个发展方向。"

"是啊，如今政策开放了，我再三考虑，一家人不能绑在一棵树上。俗话说'人挪活，树挪死'，我就想尝试一下。"

张富清顺水推舟地问："您原来是干啥的？"

朱师傅说："原来在生产队开拖拉机，懂一点儿修理技术。"

"哦，对，发挥一技之长，很好！"

他们谈得很融洽，朱师傅也很随意地问："您到煤矿去是——？"同样是问了半句话，张富清说："我到煤矿去看看。""哦，银行干部还亲自下煤矿走访啊？这才真是共产党的干部啊！"他们说着说着，车很快到了拐角处，朱师傅刹住了车，说："张行长，实在对不起，我的车只能把您带到这里。"张富清说："没事，下一段路我自己走。"

下车的张富清心情格外舒畅，因为快到目的地了，他要眼见为实，看个究竟。他自得其乐地对着长天喊道："来凤煤矿，我来了！""你看啊，祖国的山山水水都拥抱着你！"有时他还哼几句自编的小调儿:"山路弯弯铺过来,黑黑的姑娘乐开怀;要问老哥来干什么,看你乖不乖?"他总是那么乐观向上,他的心胸总是那么宽阔从容!他心里装的全是银行事业,没有自我,没有家人。他想的是,如果煤矿条件许可,有一定的发展潜力,银行贷款就找到了大单子了,这不是一箭双雕、双赢互补吗?

阳光照在他前行的路上。那条通往煤矿的路坑坑洼洼,行走非常艰难,张富清觉得没什么,总比翻山越岭强,因为眼前通往的没准是一座亟待开采的富矿,一座深藏的乌金之库!这条召唤我们建设银行、等待着我们来修筑打造的路,我不来,谁来?张富清把困难看作一江春水,在他眼里,看什么都是好的。

来到煤矿,这里并没有因为他是副行长而有人出来迎接,他也没有受到贵宾级的招待,而是自己去找工棚安排落脚的地方。他不声不响不张扬,而是默默无闻地去做他该做的事。

一座地方的集体小煤矿,哪有什么好的环境和条件?这里除了煤场,到处都是一堆堆杂物。人工搭建的简易工棚,风一吹,雨帘一起飘飞,那就是员工休息的地方。张富清这个从战场上走来的老兵,看到这一切,他一点儿不感到惊讶,而是心存体谅之感。他找到煤矿现场负责人,说自己是来打工的,要求下矿挖煤。负责人问他:"你是从哪里来的?今年有多大年龄,有没有什么传染病?"

张富清一一回答,说自己老家是陕西,来湖北来凤探亲戚,听说新开发的来凤煤矿在招人,他就来报名了。说自己今年50岁还差一点儿,还说自己的身板硬朗得很,没有任何疾病,更谈不上什么传染病。

这位负责人又问他:"你以前是干什么工作的?"

张富清回答:"农民的儿子,什么都干,只要不违纪犯法,哪儿挣钱多就在哪儿干。"

负责人见张富清皮肤并不是很黑，慈眉善目的，就征求他的意见说："我们这次招工，有两大类，一是井上管理，二是下井挖煤，你两类任选一类。"

张富清问："哪一类挣钱多些？是不是下井的钱多些？"

"肯定是下井的钱要多些！"

"好，那我就下井挖煤。"

就这样，张富清从未有过的善意谎言被那位现场负责人相信了，他被随意地安排在一间简易的工棚里，在那里，他找到一块空地打地铺，那就是他每天起居的歇息地。之后，他就和其他员工一样下井开采，一头钻进去，一天难出来。显然，这里生产条件极差，少量的小型机械，远远解决不了井下机械采煤的需要，更多的还是靠工人们的原始劳动，完全用力气拼搏。塌方的危险时时威胁着井下工人，要想摆脱这样的危机，必须增添设备，而这设备的增添，急需一定的资金。下井的日子，张富清与工人们同甘共苦，推矿车、扔大铲、装运煤，一干就是连续十几天不下火线。井下工人，在昏暗的灯光和头上的矿灯的映照下，他们的脸上，除了蜡黄就是黑乎乎的，只剩下两只眼睛眨巴眨巴着。井下的一位老矿工既勤奋又能吃苦，很快得到年轻人的欢迎，后来他们之间还称兄道弟、不分彼此。

有个叫阿新的工人，有一天五更头，突然肚子疼痛得厉害。张富清发现了，全然不顾自己的困顿和疲劳，一个翻身，不由分说地背起阿新就往医务室跑。沿途张富清累得气喘吁吁、大汗淋漓，但是他绝不放下阿新不管，他要竭尽全力抢救这个年轻人的生命。其实那也不叫医务室，就是私人诊所，医生就是当地的土郎中，诊疗一些常见病、多发病。阿新经郎中检查，发现是食物中毒引起。郎中立刻为阿新打针消炎，清洗肠胃，经过好一阵子的忙活，阿新总

第八章 宝刀不老再出发

算止住了疼痛,脱离了危险。

阿新看着这位新来的老矿工,心里总感觉多了点儿啥,是与众不同,但又不好去打破砂锅问到底。

这时的张富清已经累得脸色惨白、眼睛浮肿,可他没叫一声苦,而是在积极思考,如何改善矿工的生活环境,提高他们的生活质量。那一夜,张富清没有合眼。

矿里工人最需要帮助的时候,就出现了愿用血肉之躯去抢危救人的张富清!阿新见人就说:"那位老矿工是我的救命恩人,我要一辈子记住他。"

鉴于阿新的食物中毒,张富清建议工人们利用工作间隙时间,一起动手,打扫周围环境,铲除疾病根源。在他的提议下,班长庄严很快行动,用铲子铲走污水、垃圾以及那些废弃物。见有些人随地大小便,他又建议大伙利用休息时间修一间厕所,便于他们大解和小解之用,保证周围环境的清洁。大家站在那块属于自己生活的地方,都感觉比以前要清爽得多。

经过几天的劳动和观察,张富清看到,尽管工人们轮班下井、努力奋战,那采挖的煤像一条喷发乌金一样的长龙,可人们还在埋怨。是因为他们的煤供不应求!这正是建设银行所期望的销量大、收入高、回笼快,这正是银行信贷所需要的最佳效果!

一天吃饭的时候,有个工人提着嗓子问张富清:"老矿工,您这么大年纪,怎么也来矿上打工,是家里缺钱,还是什么其他的原因?"张富清擦擦满脸的汗,自信地说:"不瞒你说,我是来凤建设银行的副行长,因为你们矿长李斌到银行贷款,我不放心,特地来考察。与你们一起下井采煤,通过实际体会,来确定是否需要办理贷款业务。"一听这话,这工人愣了!周围人恍然大悟:"哇!真看不出来啊。"

"哦，原来您是大干部，何必来找苦吃？"

"谈不上大干部，和你们一样，也是来凤人民的一员。"他如此朴实的表达，在场的工人们听了，简直不敢相信自己的耳朵。在他们队伍里，还有这样一位同吃同住同劳动的干部，而且有情有味，尤其是张富清吃苦在前的精神，更是得到工人们的尊重。

周围人都在窃窃私语："这个矿长干啥去了？人家来矿上干几天活了，也不见矿长打个照面招待人家一下。"

不知是心有灵犀还是巧合，说话的第二天，工人们戴上安全帽，背起工具，正要下井，戴上安全帽的张富清，略显英俊，面带笑容地走在队伍里。这时，只见矿长李斌匆匆忙忙地迎面而来，到底是当家人，他一眼就看出了张行长，一声惊愕："哎，张行长，您什么时候到的？"阿新说："来几天啦，你还不知道啊？"李斌疾步上前握住张行长的手说："幸会幸会，欢迎来检查我们的工作。"张富清一口浓浓的北方口音："哪里话，只是来看看。"

他这一来，真让李斌矿长喜出望外，他一下拉住张富清的手说："那天，听说要办手续，我立马到县里去了好几天，找相关人、相关部门，手续基本办齐全了。几天没回来，心里担心，又赶这头。""是啊，当家的与众不同嘛。"一听这话，是鼓励，又是鞭策。李斌兴致勃勃地说："今天就不下井了，我们一起好好聊聊。"

几天的实地考察，让张富清有发言权了，他很快就和矿长聊起来。他们并肩走在井下的巷道上，根据井下、井上的基本情况，张富清更多的是提出希望，他说："煤矿，是来凤不可多得的集体企业，要把来凤的经济搞上去，离不开企业的发展。鉴于生产条件，希望将来逐步改善。"张富清更希望建立一整套员工的生活设施——工间休息室、图书室、食堂、体育场、职工宿舍、中等水平的员工医院，将来还要发展幼儿园，他说规模性的发展是企业走向成功的方向。李斌听了,接过话题说:"这些都在规划中。我们的目的是建设一条产、供、销的产业链,实现利润最大化,做来凤县纳税带头人。同时,打开销路,走向国际市场,让来凤闻名天下。"

张富清听后,微笑着说:"好!我们银行做你们资金的坚强后盾!"

两双激动的手,两双寓意着银企强强联合的友谊之手,紧紧地握在一起……

二十九　踏步无悔

1985年国庆节刚刚过去,在一个天高云淡的上午,恩施土家族苗族自治州建设银行分管人事工作的刘副行长会同中共来凤县委组织部邱副部长来到来凤县建设支行。他们对来凤县建设支行牵头负责的副行长张富清进行考察。

前来接受刘副行长和邱副部长谈话的,有来凤县建设支行年轻的副行长董轩,有办公室副主任陈民,还有老职工叶知先、年轻职工邵红等。考察的内容简单明了:到今年年底,行里牵头负责的副行长张富清年满60岁了,作为老革命的他就要离休了。组织上考虑到张富清1948年参加中国人民解放军,为中国的解放事业曾浴血奋战。新中国成立后的1955年,他主动报名来到湖北的边远山区来凤工作。在来凤的几十年中,他服从组织安排,先后被分配和调往县城关粮油所、县粮食局、县纺织公司、三胡区、卯洞公社、外贸局、建设银行来凤县支行等单位工作,不论在任何地方和岗位,他都勤勤恳恳,兢兢业业,忠诚担当,造福人民。但张富清至目前为止,还是个副科级,为了关心他,为了给予他应有的级别和待遇,组织上准备赶在他离休前,给他晋升为正科级。这是一次职务升迁的例行考察。

尽管是例行考察，可县委组织部邱副部长感触太深。早在1955年的初冬，邱副部长是年轻的组织部干事，他与当时粮食局的一位领导考察的对象同样是张富清。那时是根据县委领导的意见，把张富清从城区中心粮油所主任，提调到县粮食局当副局长。当时，初来乍到的张富清，从部队刚到地方工作，不知道圆滑的他，因工作坚持原则，顶撞过那位粮食局的领导，来城区中心粮油所考察时，那位领导出于个人意气，尽量引导粮油所职工，让他们多谈张富清的缺点。可干部职工不愿意，他们每一个人讲的都是不同的事，可归纳起来，不是对张富清发出内心的赞叹，就是对张富清表示由衷的感激。

大伙对张富清的一致认可和叫绝，使组织上提他为副局长的意图得到如期实施，张富清这个从部队副连级转业到地方的干部，成了副科级。一晃快三十年了，邱副部长这个在地方进步相对比较慢的干部，也早就是副处级了，而张富清，三十年的副科级，为党为人民做的事，用火车都拉不完。他从一个血气方刚的青年，已步入即将休息的花甲之年，却还是个副科级干部，这对他和他的家人是多么不公平！好在这次他即将离休之前，组织上在不被淡忘的干部中想到这个当年为新中国的解放做过贡献的张富清。出于一个组织干部不可推卸的崇高职责，邱副部长期待这次能够把张富清副行长的干部级别晋升为正科级。

在建设银行恩施州副行长和县委邱副部长看来，这次给张富清调级前的考察，实际上是走一个过场，一个必不可缺的过场。

这两个领导干部，不愧是做过多年组织工作和人事工作的管理者，说话都很讲策略，注意分寸。明明是为张富清晋级，他们征求群众的意见，对张富清进行考察，却说成是上级给一个晋级的指标，这个指标是给建设银行来凤县支行负责人的，人选一个是牵头负责的张富清，一个是新调入建设银行来凤县支行的副行长董轩，听听大伙的意见，看这个指标给谁合适。他们很清楚，也有信心，大伙发表自己的意见都会同意将这个指标给张富清。万一有偏差，他们再侧重地引导，达到上级组织所需要的结果。他们觉得，利用这种办法可以避免人们说他们在干部晋级问题上搞点名式、搞特权，不是贯彻落实党的民主集中制。

他们的这种办法，对一个个被谈话者也真管用。大伙对张富清、董轩这两个副行长的印象都不错，一谈到牵头负责的副行长张富清，大家不是竭力赞颂，就是深深敬仰，在选择中则毫无疑问地选择了张富清晋级。

两位领导干部的考察效果很好，大伙所谈的、所考虑的，与他们来之前的目标完全一致。

两位到建设银行来凤县支行考察的领导干部走后，建设银行来凤县支行参加了被谈话的干部职工，很自然把喊去谈话的内容流露出来：上面给了行里一个副行长晋级的指标，在张富清副行长和董轩副行长中，大家都推荐了张富清，我们牵头负责的老副行长这回要晋级啰！

干部职工的真情透露，从某种意义上讲是一种泄密行为，但这也是群众一种由衷的表现，更是大伙儿发自内心的高兴和对张富清老副行长美好的祝愿！

这股透露出的并非小道消息的风儿，像长了翅膀一样，很快在银行上下传遍了。这风儿吹进了新调来的副行长董轩的耳朵里，董轩也跟着高兴："这不仅是给张副行长一个公平的待遇，也是我们建设银行来凤县支行全体干部职工的骄傲。等上级正式批下来后，可以找个适当的时机庆贺一下。"

这风儿，也吹进了张富清的耳朵里，谁知张富清一脸的不高兴。他对那两位前来考察他的领导干部的做法持不同意见：第一，既然是给行里一个晋级指标，首先应征求他这个牵头全面负责的副行长的意见；其次，在晋级提拔用什么人的重大问题上，应该用超前的眼光，从银行发展后劲来看问题，尽可能地满足年轻干部的需求，不能有任何关照意思和倾向性。

在办公室里，张富清拿起电话筒，就给县金融办的周主任打电话，表达了他不赞成恩施州建行李副行长和县组织部邱副部长来考察他的做法，更不同意在自己即将离休时，从关照他的角度出发，把晋级作为一个人情送给他。

周主任回答张富清很干脆，也很利落，没有一点儿的拖泥带水。周主任说，他们金融办知道这件事，也赞成为张富清晋升一级，他拥护恩施州建行李副行长和县组织部邱副部长考察时的做法。他建议，在这个问题上听组织的安排，不主张张富清对这个问题提出自己的不同意见，如果实在有意见，可以用书面形式按程序逐级反映，而最好的办法，是除了书面意见外，直接找到县组织部邱副部长说清楚不同的意见和理由。

张富清按县金融办周主任不愿意指出而又指得清楚明了的路径，写出了《关于将此次晋级指标给董轩同志的建议》，建议分别发送给了县金融办、县委组织部和恩施州建设银行后，张富清又主动来到县委组织部邱副部长的办公室，当面表达了自己在晋级问题上的态度。

张富清向邱副部长说："晋级升职，是组织上对一个干部的关怀和认可，但更多地要考虑是否有利于工作的促进，是否有利于我们党的事业的发展。我是黄土快埋上眉毛的人，到离休已是倒计时了，还用得着晋级升职吗？我们行新来的副行长董轩，他毕业于中南财经大学金融系,不仅专业基础理论好,而且对银行各项业务的操作能力很强。同时,他出于对银行工作的热爱,他的领导管理水平也不错,像他这样的年轻人,我们应该对他多一份关怀和鼓励,把这个难得的晋级提职的指标给董轩,让他尽快地挑起全面负责银行各项工作的重担,对行里的工作不是很大的促进吗?"

"这些道理,我都心知肚明。可是,张行长啊,别人不太了解,我对你了解。你从部队转业到来凤县,没有受过任何处分,脚踏实地干工作,你的岗位在变,身份在变,可你的干部级别一直没有变啊!你还记不记得,你到来凤县城区中心粮油所工作的那年,为了把你提调县粮食局副局长的位置,我考察过你。那时候,我还是一个刚从学校出来不久的县委组织部的小干事。我这个进步不算快的人,已经是副处级干部,而你,到目前还是个副科级。这说得过去吗?几十年过去了,对这件事,你从来不向上级领导吭一声。好哭的孩子有奶吃,不哭的孩子饿断肠。不能不说,这是个现实生活中存在的某一种状况啊!眼看你到了离休的年龄,很快就要离开工作岗位了,组织上给你晋升一级,这既是对你和你家人的一种慰藉,也让上级组织和具体负责这项工作的人的心里多了一份公正、多了一份平衡。这不是一件很好的事吗?你为什么要说出你的建议和看法?我的张行长啊,别人的级别在不断调整,不断地晋升,而你呢?荒废了一春又一春,三十个春秋从你身边一擦而过,按军事训练的说法,你还一直在原地踏步走啊!你悔不悔,冤不冤?"

张富清又何尝不知道呢?他既不傻又不呆,他是一个能很快适应新工作、善于接受新事物的人,他是一个既有理论基础,又有实际管理经验的领导干部,他把自己的心思、自己的精力、自己的才智全都放在党和人民的事业上,放在一项又一项艰难卓越的工作中,他追求纯粹,他淡泊名利,他从不计较个人得失。

张富清早在 1957 年在中共恩施党校学习期间，结识了一位在利川从事组织和人事工作的干部，这位干部姓赵，作为张富清的同学，他很关心张富清的工作调动及晋升事宜，曾不止一次地告诉张富清提职晋级的机会。

1957 年至 1959 年，张富清在恩施党校学习了两年，按赵同学的说法，这是组织对他的培养，不仅能增长他的理论知识，也会提高他的组织能力和管理能力。一般说来，党校毕业后，很有可能重新安排，调到另外一个重要的工作岗位上，这是一个提职晋级的难得机会。毕业后，张富清果然被调到三胡区担任副区长，担子是重了，可他的级别还是副科长。

1965 年 10 月至 1967 年，张富清被正式任命为三胡区区长，全面负责三胡区人民政府的工作，完全应该晋级，然而在那个特殊的时期，上面没有给他晋级，他也不闻不问。

1967 年年底，张富清被无故撤了区长的职务，只给他留下一个非农业户口的基本生活费，其余的职务和级别及待遇被削得精光，直到 1974 年 11 月才正式复职，并调往卯洞人民公社任党委委员、革委会副主任。整整七年的磨难，七年的煎熬，张富清挺过来了。既然是被错整了，既然又正式恢复他的一切职务和待遇，就应该恢复他正区长的职务，就应该赔偿张富清七年的经济损失，这七年的经济损失，对张富清的家庭是一笔数目不小的生活补贴，而张富清对此不言不语，只是一个劲儿地发奋工作，只顾把耽搁的时间抢回来。

1979 年 6 月，张富清在卯洞人民公社干得如火如荼的时候，来凤县外贸局刚成立不久，由于工作需要，张富清被调往外贸局当副局长。外贸工作较之其他部门工作，他需要补习外语知识，需要处理涉外等一些特殊事务，这也是个提职晋级的好机会，可张富清压根就不理会个人得失。

1981年9月,建设银行来凤县支行刚刚组建,张富清调入建行,起初担任分管财务工作的副行长,由于行长调出,他很快就成了牵头负责的副行长。建行初建时,办公室都是租借来的一间平房,总共只有五个人,银行在张富清的带领下,业务快速发展,到1984年仅三年的时间,就盖起了自己的办公楼和职工住宿楼,人员从开始的五人到1984年发展到十人,每个干部职工都分到了银行自建的住宿房。按说,他在银行牵头负责几年,早就应该给他升职晋级了。现在,还有不到两个月就要离休的人,升职和晋级的温暖阳光才照到张富清的身上,这是天经地义的事情。张富清啊,张富清,你还有什么好说的呢?

面对邱副部长贴心的话儿,面对自己工作三十年没有提升晋级,张富清眼睛红了,接着他的眼泪流出来了。

邱副部长纳闷了:"我的张行长,你已经是60岁的人了,再不是当年白里透红的脸蛋,再不像当年浑身有使不完的劲儿。"三十年的时光消逝,三十年的风霜雨雪,像一把毫不讲情面的油漆刷,抹去了张富清青年时期所拥有的白皙而细嫩的容颜,涂换着略带古铜色而又略带少许老年斑的肌肤,语言变化不会很大,在原来一口陕西话的基础上,略带些夹生的来凤普通话:"老了老了,人应该更坚强,性子应该更稳重,怎么这个时候还这么容易激动,感情还是年少时的那般脆弱呢?怎么这样轻易地把眼睛都说红了,眼泪说流就流出来了呢?"

60岁对张富清来说一点儿也不老,他始终保持着年少时的那种纯真、那种纯粹!

张富清那位党校的同学,特别是面前的组织部邱副部长的提醒,三十年来在工作中所走的路,特别在职称、级别上基本没动的现实状况，使张富清落泪了。他为邱副部长暖人心扉的话语而流出了激动的泪；他为党和人民对他始终如一的器重和信任流下了自豪的泪；他为在这三十年土苗山寨的高寒山区的战斗生涯中，勤恳地工作着，无私地奉献着，从不关注自己的职称和级别而流下荣幸且甜甜的泪花！

他以艰苦奋斗，甘当人民公仆，努力为土苗山寨，为民族兄弟谋福利为荣；他以为自己个人的得失、自己的职务级别的高低计较为耻！只要来凤各族人民的生活水平提高了，只要来凤的社会建设随着整个时代的突飞猛进而大踏步前进了，至于忘记了自己应有的个人得失，至于个人的职位和级别，三十年一动没动，还一直在原地踏步，他无怨无悔！张富清此时的心，比无风的湖面还要平、还要静。

邱副部长按捺不住自己心情的激动："张行长啊，想想无情的岁月，想想三十年的过往，比比其他的干部，你对得起党，对得起凤凰热恋的这片沃土，对得起生活在这片沃土的各民族的阶级兄弟。可是你对不起自己，对不起你的父母双亲，对不起你那贤淑善良的妻子孙玉兰，对不起你那乖巧可爱自立自强的四个孩儿！"

邱副部长的话，句句似柔和的风，字字如温情的雨点，稳稳实实地飘洒在张富清的脸上，暖着张富清的心，无形地催发着张富清泪珠的滚落。

张富清抹了抹快速滚落的泪珠，对邱副部长说："我尊敬的邱副部长，我亲爱的兄弟，难得你几十年还记得我，难得你三十年来对我的关爱与牵挂。来到来凤县的三十年，我担任的每一个职务，走过的每条路，干过的每件事，你都清清楚楚，并了如指掌。在来凤这片土地上，再没有谁比你更加了解我！可是，我的邱副部长，你对我的情况非常了解，你对我的内心，并不是非常了解啊！在我面临着要办理离休手续的时候,我是难以割舍啊!我舍不得离开工作岗位,舍不得与我朝夕相处的银行的每一个干部职工,舍不得银行每一套桌椅、每间办公室,舍不得那里的一草一木。

"接下来我想的是,时间不长了,我要珍惜每一天、每一刻,抓紧做好我亟须做好而还没有做的事情。我要在位一天就干好一天,站好最后一班岗。

"其次,我担忧,我离开银行后,领导全行工作的担子一时找不到合适的人来挑。行里副行长董轩的业务水平和能力都不成问题,就是过于年轻,怕威信在行里一时树不起来。如果这个晋级的指标让给他,就会增强他的信心,有利于他对银行各项工作的把控和管理,有利于银行事业的蓬勃发展!这就是我真实的想法,我的邱副部长啊,你理解了吗?"

张富清越讲越投入,越讲越动情,讲着讲着,邱副部长也掉下了眼泪。看上去,流着老泪的张富清把流泪的毛病,像传染病一样,很快传给了邱副部长,这是怎么回事?是张富清为国家,为大家舍小家,不看重职位和级别,不计个人得失,淡泊名利,以天下为己任的崇高的思想和政治品格感染了他,是张富清那颗无私忘我的心打动了他!

张富清要提职晋级的风,很快又吹进了张富清的老伴孙玉兰的耳朵。孙玉兰当即拍了一下自己的大腿,仰天长叹一口气:"终于挨到了阳光不留死角的这天!"孙玉兰心里也明白:几十年了,张富清的职位总在变,可他的级别没动一下,别人不是这个升,就是那个提,唯独张富清没动。为这事,她也曾多次提醒张富清,要他利用开会的机会或空闲的时间去问一问,怎么他提升晋级的事成了被上级遗忘的角落。张富清每次都吞吞吐吐的,根本就没把这件事放在心上。

星期天，孙玉兰托了几个人，请他们捎信儿，让张富清回家吃个团圆饭。孙玉兰从中午盼到太阳西下，才终于把张富清盼回家了。

孙玉兰见他穿着一套洗得干干净净的衣服，脸上还挂着那种很少见到的笑意，她心里甜滋滋的。她赶紧点燃了盛满腊猪排、土豆、豆腐、青菜的火锅炉，做了一大盘油茶汤，另加一碗土家人喜欢的合渣，很快就弄了一大桌，一家人好好地聚一聚，改善一下生活，然后顺便问问那件事。当张富清和孩子们吃得兴奋时，孙玉兰高兴地对孩子们说："今天告诉你们一个好消息，你们的父亲有机会提拔正科级了。"话一说出，女儿、儿子都为父亲高兴。

儿子张健全拍着双手说："爸爸，祝贺您，这是您的光荣，也是我们全家的自豪。"

过了好半天，张富清没吭声，只见他把一家人吃完饭的碗筷收拾起来，到厨房去清洗。他这一举动，让老伴看呆了，孩子们也摸不着头脑，心里一直等他回话，可他却在洗碗。有两个孩子还端着碗在继续吃，他也不等不管。

谈起他洗碗，是破天荒的事，只有过年过节家里实在忙不过来，他才主动帮帮忙，这次是怎么啦？他把碗洗完，把厨房的地扫得干干净净后，说："玉兰，我陪你出去走走。"

孙玉兰真的是丈二和尚摸不着头脑，带着疑惑的眼光看着他，看着自己相伴几十年的丈夫，无奈地紧跟在丈夫身后走着。他们不好意思并肩前行，怕人家看到了笑话。张富清偶然回头，看了看他带领全行干部职工兴建的办公楼和住宅房，微笑地对玉兰说："玉兰，你喜欢这个家吗？"

"喜欢呀，谁说不喜欢？"玉兰感觉有些奇怪地问，"孩儿他爸，今天你是怎么啦？"

"没怎么，我好好的。"

玉兰说："你晋升正科级的事什么时候能落实下来？"

他们不知不觉地来到自家平常种的菜地里，张富清指着那块菜地说："这菜种得好，如果多种些土豆就好了，可以当粮食吃。"

孙玉兰说："你什么时候担心过家里没吃的？都是我里里外外在操心。"

张富清顺水推舟地说："是啊，你不愧是我的贤内助，正因为家里有你，我才放心干到如今，要不然早就回家看孩子啰！"

这句话说得玉兰心里喜滋滋的，她把眼睛睁得大大的，问张富清："你什么时候学会花言巧语啦？"

"这不是花言巧语，这是我心里的话，不是说'在天愿做比翼鸟，在地愿为连理枝'吗？"玉兰哭笑不得，本来问的正经话，被他一直打岔，话不成正形了。

玉兰心里这时似乎有些明白了，她不客气地问："你是不是又想把指标让给别人？"

"对，知我者，老婆也。"

玉兰一听，心里格外难受："谁跟你老婆前老婆后的？你在来凤几十年，风里来雨里去，没有功劳有苦劳，好不容易给你晋升正科级的机会，你凭什么让给年轻人？年轻人以后有的是机会。"

张富清真没想到孙玉兰为这事这么较真，这时真不知用什么话来解释。

过了一会儿，他深情地说："谢谢你，玉兰！你的话都是大实话，一句也没错。不过，玉兰啊——"

一句话没说完，他的眼睛就潮潮的，他不得不背过身子，任凭热泪盈眶。他在想：如果我的心思，连自己的老伴都不理解，还有谁能理解呢？这么多年，我只顾着工作，家里的大事小事，特别是把四个孩子拉扯大,全靠玉兰金子般的心和那双玉洁一样的双手啊!

孙玉兰发了一通怨气,心又柔软起来,她知道面前的丈夫,更懂得张富清的心。她知道,只要他拿定主意,谁也别想再改变。想到这,孙玉兰心疼地帮张富清擦了擦眼泪,安慰地说:"原谅我一时的冲动,伤了你的心!"张富清深情地看着孙玉兰说:"我一想起和我一起并肩作战的战友,为了祖国的解放,他们都牺牲了,都不在了,可我还在,我有什么资格在人民面前去显摆啊……党给了我那么多荣誉,我这辈子已经很满足了。"他接着说,"银行的发展,将来要靠年轻人去撑着,我们再一年老一年,我们要想方设法地支持他们,你说呢?"玉兰被他的肺腑之言深深地感动着,她深情地望着他:"是啊,你的心思只有我知道。我不理解,谁理解?"

张富清说:"我为什么叫你出来走走,只有你知道我的苦衷,我的心里话只有跟你倾诉。"

玉兰说:"我也是心疼你啊,这么多年,你吃了太多太多的苦。"

"玉兰,你我都要知足。当年,你我携手奔赴来凤,为了啥?不就是不怕吃苦,为了给这里的各族人民造福,让他们的生活好起来吗?现在,他们的日子比以前好多了,就凭这一点,我们就要知足。我们要忧他们之忧、乐他们之乐啊!"张富清的话既情真意切,又温馨柔和,他的声音只有孙玉兰才能用心体会到。张富清是一个铁血男儿,说出话来也柔情似水,他与孙玉兰的爱情在几十年为民造福、为山区人民无私奉献中,一次次得到升华,正所谓:"我与君相知,长命无绝衰。今又重温起,来日总相宜。"

相互的理解,使张富清情不自禁地张开了炙热而又带着战火留给他的疤痕的臂膀,饱经风霜的孙玉兰也抑制不住内心的激动,情不自禁地贴靠在张富清的臂膀里,这一对年迈的夫妇,还在分享着年轻时那份难忘的幸福!

好一会儿,张富清轻轻地放开了孙玉兰,远山渐渐地寂静下来,一轮明月从遥远的地平线上升起,透过山间,把她的清辉散落在山坳,散落在他们种的菜地里。月光下的蔬菜,清新碧嫩,不带一点儿瑕疵,像张富清的那颗心一样纯朴干净。月光在见证着,寂静的夜空也在见证着,张富清的内心,没有丝毫杂念,只有一颗赤子之心!

一份未了的情,时刻牵动着建设银行来凤县支行每一个干部职工的心!半个月后的一个下午,建设银行来凤县支行的张富清、董轩等全体干部职工,端端正正地坐在银行的大会议室里,等待着县委组织部邱副部长宣布提职晋级的决定。

在一片掌声中,邱副部长满面红光地走上主席台。在人们的心"怦怦怦"地快要跳出嗓子眼的时刻,邱副部长清晰而又深情地开始宣读了:"恩施州建设银行,中共来凤县委、县政府,在尊重张富清老副行长意见的情况下,经研究决定:原建设银行来凤县支行副行长董轩同志,任来凤县支行行长,行政级别正科级。"

顿时,突如其来的变化,把大伙搞蒙了,会场里,没有习惯性的掌声,只有一片哗然,本应热烈的会场即刻冷清了。会救场子的邱副部长高声喊道:"下面我们请老副行长张富清同志上来讲几句!"掌声,像点燃了暴晒后的爆竹,在整个会场急剧地炸开来。

张富清满脸带笑,他神采奕奕地来到主席台,台下的人们以激动的心情、用赞许的目光看着他,静静地倾听他的心声。

人们谁也没猜到,他的第一句话是:"让我们在座的每一个干部和职工,对董轩同志被提升为我们支行的行长,表示衷心的祝贺!"

大伙再有想法,也不能不听老副行长张富清的话,掌声再一次在会议室响起,伴着掌声,还有些许抽泣声和哇哇的哭声。

这掌声,有对董轩的衷心祝贺,有对老副行长真切提示的附和,更多的是对老副行长的不舍,更多的是对老副行长顾全大局、为党和人民的事业踏步无悔、不计个人得失的高尚品质所感染!

坐在会议室前排的董轩,激动的泪水潸然而下,透过咸咸热热的泪水,董轩敬佩地凝望着老副行长张富清。在模糊的视线里,他似乎看到站立在主席台上的,是一个高风亮节的使者,是一座矗立在建设银行的巍峨丰碑!

第九章　风骨铮铮尽无言

三十　慈母严父

2004年农历腊月二十四，也就是2005年2月2日下午，中国建设银行来凤县支行两室一厅的旧宿舍里，挤满了张富清的儿子、媳妇和女儿、女婿，还有孙子、孙女等。

他们中间，除了张富清的大女儿张建珍因病还是一个老姑娘外，其余的分别有大儿子张建国一家、小女儿张建荣一家、小儿子张健全一家。作为张富清子女的三个家庭都不是空手而来，他们有的给张富清买来一条围巾，有的给张富清买了一件新衣服，小女儿张建荣早就做了准备，特意为张富清定制了一份生日蛋糕。

这一天，是张富清80岁生日。已是80岁的张富清离休整整二十年了，可他身子骨依然很硬朗，满脸容光焕发。比张富清整整小11岁的孙玉兰，已是69岁的老人了。"人生七十古来稀"，张富清、孙玉兰这对饱经风霜的老年夫妇都已享受了这个世俗的尊称。

尽管年岁越来越大了，但儿女们都有了出息：大儿子张建国在来凤县教育局担任了多年的局长，县文化局和县体育局合并后，他又担任着文化体育局副局长；小女儿张建荣通过考试在县里一家医院当上了护士；小儿子张健全先是当老师，后调到中共来凤县政法委的领导岗位上，担任政法委常务副书记。

看着儿女们一个个成才，一个个孝顺，孙玉兰从内心感激她的老伴儿张富清，她打心眼里佩服老伴儿。儿女们有出息，说明张富清教子有方，证明了人们对张富清"严师慈父"的夸奖恰如其分。

孙玉兰最清楚，张富清这辈子心里时刻装着来凤县的穷苦百姓，时刻装着党的工作。然而，再忙再累，张富清都少不了对孩子们的关爱与培育。正是张富清的言传身教，正是他人格魅力的影响，才使得儿女们从小就懂得了做人的道理，懂得了发愤图强。

孙玉兰记得，那是1963年5月下旬的一个星期天，天刚蒙蒙亮，张富清就起床了。那些日子，是来凤县一年一度最忙的春耕季节。那年是我国三年自然灾害过去后的第一年，作为驻队干部，张富清一点儿也不敢马虎，他要全力带领干部群众搞好春耕生产，大干四五月。经过艰苦奋战，好不容易把春季应种的种了、应栽的栽了，他才歇口气。已是好几个星期没有回家了，他的妻子怎么样？他惹人喜爱的四个儿女怎么样？他收拾了一下，就大步往家赶。

老远，张富清就见到妻子孙玉兰在住处门口扫地。"玉兰——！"他快步来到孙玉兰的跟前，亲昵地喊着。

孙玉兰抬头一看，喜出望外："富清，你还知道回家？"

"看你说的。几个孩娃呢？我想死他们了！"

孙玉兰略有几分怒气："在外头你心里装着社员群众，回到家里，你心里只有几个孩子，好像你妻子就不存在了！"

"怎么可能呢？我喜欢孩娃，怎么会不喜欢他们的妈呢？"说着，张富清就来到孙玉兰身边。

孙玉兰忙笑着把手一挥："快去看看他们吧，他们在空闲食堂里玩呢。我去给你做吃的。"

张富清来到食堂处，只见大女儿张建珍牵着小儿子张健全在那里玩儿，张建国、张建荣也在那里和孩子们玩丢手绢的游戏。当四个孩子看到父亲的那一刻,他们丢下游戏不玩了,直奔过来,围着张富清叫爸爸。张富清爱抚地摸摸这个的头,亲亲那个的脸,然后一下抱起张健全说:"我的好乖乖,走,我们回家去。"

张富清看着走在前面的三个孩子,心里喜滋滋的。多亏孩子妈,一把屎一把尿地把几个孩子照顾得这么好,身上穿的衣服虽破旧,但干干净净、利利索索,脸上都白净白净的。张建珍和张建荣都梳着两条丫丫辫,走起路来一闪一闪的,就像两只小白兔,蹦蹦跳跳的,越看越可爱。这算是上天所赐啊!自己在外吃点儿苦不算啥,只要老百姓的日子过得好,这几个惹人喜爱的孩子妻子会带好的。

他们一进家门,孙玉兰已经煮好一大碗汤面端在桌子上,说:"快吃,趁热。"四个孩子围着他们的爸爸,都舍不得离开,只怪跟爸爸在一起的时间太少了。张富清端着一碗面条,哪能吃到自己嘴里呢?四个孩子像一群小燕子般张着嘴巴,他心疼地喂这个孩子一口,又喂那个孩子一口,问道:"好吃吗?吃饱了吗?"孙玉兰在一旁看着,笑着说:"俗话说,儿多母苦。这当爹的,也知道心疼孩子!可怜天下父母心啊!"口里嚼着面的张建国奶声奶气地说:"爸爸,学校开学,我就要上学了。"张富清故意装不知道:"是吗?今年就要上学了?真快,你都要上学了。"他兴奋地一把搂着四个孩子,亲了这个又亲那个,心里感觉亏欠孩子们的太多太多。

张富清惦记着张建国读书的事,他把张建国搂在怀里看了又看,说:"小子,好好读书,长大了做个有用的人。"张建国直点头。

张富清又笑着对大女儿张建珍说:"你是他们的姐姐,你要带头学习,给他们做个榜样。"

张建珍不示弱地回答道:"爸,您放心,我一定会好好学习的。"

孙玉兰说:"你算算,几个孩子多大?"

张富清亲切地看着孩子们说:"没记错的话,建珍该是8岁,建国6岁,建荣3岁,健全2岁。"

"你的记性还算可以,一天到晚不在家,孩子们多大,你都记得清清楚楚。"

张富清摇了摇头:"这不算啥!农民种水稻,先育好秧苗,接着就是施肥、灌水、除草、灭虫害等,它们才能苗壮成长,细细的嫩苗才能变成颗粒饱满的金黄的稻谷。我们抚养孩子也一样,尽量让他们不挨饿、不受冻。更重要的是把他们教育好,让他们把书读好,让他们一个个品学兼优,将来长大能够成为国家的栋梁。到那个时候,才真正值得我们骄傲!"

张富清的这番话,是他由衷的想法,也是对妻子的自然袒露。孙玉兰听了,感到格外亲切,他的每句话,都说到了她的心坎上。事实上,在这之前,孙玉兰也一直是这样想的,这难道不是心有灵犀一点通吗?他们四个可爱的孩子,像在教室里听老师讲课一般,仰望着爸爸,聆听着他的讲述,眼睛连眨都不眨一下。他们中间,有的听得懂,有的似懂非懂,不管懂不懂,孩子们都爱听。忙于工作的父亲,与家人聚少离多,回到家里与家人在一起,是每个孩子心中的渴望。他每次回家,都是孩子们最大的快乐。孩子们都喜欢向父亲问这问那,喜欢听父亲讲他们不知道的故事,甚至喜欢在父亲面前故意耍调皮或撒娇!孩子们每当看着父亲和蔼可亲、满是温柔慈祥的笑脸,心里就暖暖的、甜甜的。

午饭过后,张富清就要回到他生产队驻村的地方,还有好多事情等着他处理哩!孙玉兰忙把家中腌好的一小坛萝卜、辣椒、生姜让他带去。孙玉兰和四个孩子纵有万般不舍,可他们知道,不能拖了张富清的后腿。张富清离开家,妻子和孩子们还站在门口,在他们的目送中，张富清的背影渐渐远去，直至完全消失。

多少次这样的短暂相聚，多少次依依惜别，晓看天色暮看云，妻子缝衣夜思君，孩儿放学盼父亲……

日子如白驹过隙，当午后的石榴涨红了脸，当漫山的野菊花乐开了颜，孙玉兰就带着大儿子报名上学了。

开学的那天，孙玉兰早早地起床，为张建国做好早餐。一吃完，孩子就背起书包跟着一路上学的大孩子们直往学校奔去。张建国在学校各方面都表现得很好，课堂上端端正正、规规矩矩地坐在那里，老师一提问，他很快举起了小手，积极回答问题。下课了，同学一哄跑出教室，张建国还在教室里复习老师讲的内容。放学回到家里，他把书包一摆，就主动地做起家庭作业。老师说："这孩子圆圆的脑袋，灵光得很，是块读书的料子。"孙玉兰听了，打心眼里高兴。

一天傍晚，孙玉兰正在厨房做饭，忽然，她听到门外有人在喊："玉兰，玉兰——"

孙玉兰听到喊声，赶忙出来看看，一看是张建国同学的妈妈刘琴。只见刘琴绷着脸，气势汹汹地说："你看看，你们家的建国老喜欢和我家的孩子扯皮拉筋，还把书给撕破了。"

孙玉兰连忙上前赔不是："对不起，刘琴，孩子回来，我打他。"

这话被邻居赵爷爷听到了，赵爷爷说："孩子们调皮，喜欢玩在一起，闹在一起，怎么能随便说打呢，说服教育就可以了。"

刘琴本来一肚子的火，听赵爷爷这么一说，她惭愧不已地走了。放学回来的张建国，和往常一样，立马取出书，做家庭作业。玉兰看在眼里，默在心里，但她什么也没说。晚饭过后，孙玉兰把张建国拉到自己的身边，轻声地说："儿子，听说你在学校喜欢和同学们闹事，是吗？"

别看张建国小小的，他还敢于跟妈妈对辩："谁说我扯皮啦？"

"你自己说，不用问。"

张建国委屈地说："妈妈，不是我找他们扯皮，是他们几个乡下同学都骂我野种，说我不是本地人，我一气之下想去揍他们。但是想到老师经常教育我们不许打架，不许骂人，我跑上前，对他们既没打又没骂，我只好把他们的书撕了。"

"哦，是这回事。"听了张建国的解释，孙玉兰的气消了。她为儿子的做法哭笑不得，更多的是同学们排挤张建国，使她好不揪心，让她有种孤独感。她一把搂住张建国，默默地说："是啊，我们是外乡人。"在这里举目无亲，张富清是个区长又怎样呢？还不是受别人欺负。想着想着，生性善良而又情感脆弱的孙玉兰呜呜咽咽地哭起来了，看着妈妈哭泣，四个孩子都围上来，哭成一团。

这事被邻居赵爷爷知道了，他好心地劝解说："玉兰，你不要伤心，如今解放了，四海为家。我们少数民族，还不是得亏了你们汉族人的帮助，才走到一起，要不然，真不知道是哪几个土司霸占着。我们感谢你们还来不及呢！"

"赵伯，谢谢您！是我们家建国不好，惹得人家生气。"玉兰总是小心翼翼。

赵爷爷听后给张建国壮胆："建国，今后别人再欺负你，就说你爸爸是区长，看谁再敢欺负你。"

张建国真的把赵爷爷的话听进去了。一天，下课铃敲响，同学们都陆陆续续走出教室，三个一群、两个一伙地玩耍着。刘琴的儿子又出口骂张建国"野种"，其他几个同学帮着起哄，张建国不服气，上前扯住那同学的衣领："你知不知道我爸爸是区长！"这一句真灵，同学们一听都蒙了，一窝蜂地闪开了。这一次的事大长了张建国的志气，也给他树了威风。从那以后，张建国就成了同学中有影响的人物，小小的张建国在同学中呼风唤雨。

时间一久，这事儿就被张富清知道了。他认为教育要从孩子抓起，品行教育马虎不得。一天，在百忙中，他抽时间特地回家一趟。

张建国放学回到家里，张富清没有任意地训斥，而是陪着孩子做完作业后，打趣地说："我们家建国真能耐，不用大人操心，就能够自觉地做完老师布置的作业。"

张建国听了，露出满脸笑容："爸爸，我能不能去玩玩？"

张富清说："可以玩，但要和同学们搞好团结，千万不能欺负同学！"

张建国一听，憋着小嘴巴说："我也不能受别人欺负。"

"孩子，你要听话，从小要团结同学，还要学会谦让、包容，要有一种比大海还要宽阔的胸怀，万万不要以牙还牙。"

张富清耐心地跟张建国说着，张建国非常认真地听着。慢慢地，他低下了头，但小小拳头还捏得紧紧的。张富清看得清清楚楚，他像没看到一样，继续说："你听过古代'孔融让梨'的故事吗？"

张建国说："老师讲过了。"

"老师讲过了，你怎能忘了呢？你要长记性啊。"张富清说完，亲切地看着孩子。小小的张建国不知是受了委屈，还是受到感动，"哇"的一声哭起来了。张富清说："知道错了吗？"

"爸爸，我知道错了。"张建国边哭边说。这一切，孙玉兰也都看在眼里，她也懂得了应该怎样教育孩子。对孩子的教育，哪怕只有一点点的不良行为，也要把它引到正确的轨道上，这是孩子的父母亲不可推卸的社会责任。打那以后，张建国注意与同学团结友爱，即便有少数同学议论他，不论是说他的长还是说他的短，他都装作没有听见一样，不予理睬，把精力都放在学习上，孙玉兰时常听到张建国琅琅的读书声："床前明月光……"

孙玉兰很喜欢听大儿子张建国那稚嫩的声音，在她的心目中，那声音像古老的铜铃，清脆悦耳；似迸发的鼓点，催人奋进。伴着这铃声，踏着这鼓点，张建国的学习成绩一路攀升，老师每次家访，都夸张建国是班上少有的品学兼优的好学生。

张建国在读书的路上，一晃走过了四个春秋，迎来了妹妹上学的日子。妹妹张建荣和哥哥在一所小学读书。每天兄妹俩一起蹦蹦跶跶地去上学，孙玉兰看得喜上眉梢。上学不久，学校下发一个通知："要男同学轮流帮着喂猪。"张建国和张建荣把这事跟母亲说了，孙玉兰一听这话，就到学校打听虚实。老师跟孙玉兰介绍说："是有这事。"孙玉兰沉思片刻，提议说："干脆我来帮忙喂吧。"孙玉兰一说，老师求之不得，喂猪正缺人手。

后来，孙玉兰每天起早贪黑，做好家务就和两个孩子一起到学校，有时还背着张建荣，风雨无阻。在学校的每一天，孙玉兰都一声不响，把卫生打扫得干干净净，然后兜起麸糠喂猪。两个孩子一有空儿就去给妈妈帮忙，从小养成热爱劳动的好习惯。为了让猪吃得好、吃得饱，还要节约一些麸糠，孙玉兰时不时顶着烈日、冒着严寒，去野外摘些寇树叶，或者扯些野菜、青草，拿回学校剁碎，然后和麸糠一起搅拌着喂猪。

有一次，孙玉兰正伸手去摘寇树叶子的时候，从马蜂窝里飞出一群野蜂，嗡嗡地直叫，绕着她的脸部乱窜。孙玉兰眼尖手快，赶快把草帽拉下，遮挡着脸部，转身离开，要不然被野蜂蜇了，那可要吃大亏了。孙玉兰完全没有一种区长夫人的娇样，一双并非白皙细嫩的勤劳的手，一身系着围裙的朴素的旧衣服，加上她那熟练的喂猪动作，简直是地地道道的一个养猪的劳动妇女。

一年下来，那头猪在孙玉兰的亲手喂养下，长得肥壮、油光水滑，老师们都赞不绝口。一天，张建国的班主任老师来到猪栏，看着孙玉兰正用粗糙的手躬着背为猪洗澡、梳毛，老师越看越感动：一个学生家长，分文不取，免费喂养，这般敬业，有这样的好家长，何愁张建国将来不是个优秀的人才呢？

这年寒假前夕，张建国和张建荣各得了一张奖状。张建荣获得全班"三好学生"的光荣称号，张建国获得全校"三好学生"的光荣称号。当两张奖状一起出现在孙玉兰面前时，孙玉兰流下了幸福的泪水，张富清的眼圈也红了。

张富清微笑着把两个孩子叫到自己的面前，先是把他们夸奖了一通，接着又教育他们获奖了也要谦虚，不能骄傲，还要继续努力。张富清刚说完，张建国"啪"地收拢脚，来了个立正的姿势，敬了一个少先队礼："请爸爸放心，我一定记住您的话！"

张建荣尽管姿势、动作都不是很标准，但她还是向爸爸敬了个少先队礼："请爸爸放心，我向哥哥学习。"听了两个孩子的表态，张富清满意地再一次抚摸着他们的头。

1969 年，是张富清被撤职后的第三年，那年张建国 12 岁。懂事的张建国见爸爸很少回家，家里往往是吃了上顿接不着下顿，兄妹几个除了姐姐头脑受了刺激退了学以外，其余的都在上学读书，这个遭难后极为贫困的家，全靠妈妈勤扒苦做，勉强支撑着，妈妈实在是不容易啊！每想到这些，他就泪流满面。他多么想帮一帮妈妈，给含辛茹苦的妈妈减轻一点负担，哪怕是一点点。

学校放暑假了，张建国要利用好这个时间，帮家里挣点儿钱。他的同学牛羊告诉他，上山打石头可以挣钱。

这一天，张建国跟母亲说："妈妈，我想到采石场去打石头。"

孙玉兰蒙了："你不是在说梦话吧，谁带你去？"

"同学牛羊带我去，说他父亲是采石场的包工头。打一天石头，可以赚一块多钱。"

"那怎么行，你还是个孩子，哪经得起那样的磨难？"

张建国恳求母亲："妈呀，您和爸不是经常教育我们'吃得苦中苦，方为人上人'吗？我就是要从小锻炼意志，在艰苦的劳动中磨炼自己。妈妈，您放心地让我去吧！我想，如果爸在家，也会同意的。"

儿子的一番恳求，使慈爱的母亲悲喜交加：儿子才12岁呀！为娘的怎忍心轻易放飞一只羽毛未丰的稚嫩鸟儿？指望他衔泥啄土的日子还早着哩！万一有个什么闪失，她怎么向他爸交代？孙玉兰高兴的是，嘿！12岁的张建国说出话来，竟然像有志的成年人一样，句句在理。他的恳求实在是让为娘的无法拒绝。

孙玉兰不得不勉强地同意了。

张建国出发的那天早上，孙玉兰早早地为他准备了几个热馒头和一大瓶凉开水，装在一个布包包里，叫张建国带着。生怕儿子不能照顾自己，还嘱咐他："饿了就吃，渴了就喝。打石头实在打不动就回来，别硬撑着。千万注意安全。"张建国背着一个布包包，布包包里装着妈妈为他准备的馍和凉开水，还装着妈妈的嘱咐和担忧。他怀揣好奇，满怀信心地跟着牛羊上山了。

来到采石场，只见灰蒙蒙一片。在陡峭的悬崖下，在被炸破的半山腰，在凹凸不平的石块上，在那道被山洪冲垮的沟槽边，有一群汉子在忙活着。他们打着赤膊，穿一条大裤衩，有的头戴一顶破草帽，有的肩上搭一条毛巾。他们的脚上穿的是一双破了又破的解放鞋，或者一双坏了帮子穿了底的破草鞋。他们中间有的抡大锤，有的扶钢钎。被劈得大大小小的石块经过碾石机一加工，就被碾成

第九章　风骨铮铮尽无言

大瓜米或小瓜米一样的碎石子。

望着工地上那一个个脸上被涂抹得黑乎乎的工人，张建国和牛羊油然而生敬佩之感！

牛羊的爸爸早就让手下安排好了，两个孩子来后，给他们一辆斗车，让他们运石子。从碾石机的风口处，运往约五百米的露天仓库，将大瓜米和小瓜米石子分开堆放，每运一立方米五角钱。张建国二话没说，接过斗车就要干活，牛羊也跟着过来了。

当张建国把斗车推到碾石机的风口处，轰鸣声震耳欲聋，更有那一团团浓密的灰雾随风狂舞。好在张建国来时戴着一顶草帽，脚上穿一双旧解放鞋，可以大方地踩在石头堆里。张建国学着工人师傅装车的办法，很快装了一车碎石子。他拼命地要把一车石子运往约五百米远的露天仓库，谁知车装得过满，他推也推不动、拉也拉不走，牛羊见了，急忙跑过来帮忙。张建国在前面拉，牛羊在后面推，两人费了吃奶的劲儿，才把这车石子运到终点。牛羊告诉张建国，第一次没经验，下次就少装一点儿，来回多跑几趟是一样的，看来牛羊在这里干过。第二车，张建国严格按照牛羊说的办，很快又拉了一车，接着，这样来来回回，很快推了好几车。张建国突然感觉手上怎么黏糊糊的，停下来一看，天哪，手上打出好几个血泡。不看还没什么，这一看，那双白嫩的小手掌上，不是血泡，就是血泡破后的血水。从未经历过的张建国，此时突然感觉到了一阵阵的疼痛，不知不觉地露出了些许沮丧的神情。这时，一个50多岁的伯伯安慰他说："小同学，你在旁边等一会儿。"说罢，那伯伯疾步上山，很快扯来一把止血草。伯伯用力将止血草搓出水来，然后连草带水捏成一坨，摁在张建国手掌的伤口处。接下来，他又把身上裤带截了一段，将张建国的手掌包扎好，然后说："好了，一会儿就不疼了。"

"谢谢伯伯！"张建国感激地掉下了眼泪。

伯伯又问道:"你是谁家的孩子?这么小就出来卖力气挣钱。我劝你还是回去休息吧!"

"没事,伯伯,来干这活是我自己主动要求的,不怪家中任何人。我们就是为了体验一下辛苦,锻炼一下自己。"张建国回复完,咬了一下嘴唇,就又继续拉起斗车。

中午大约12点,张建国、牛羊,还有其他工人,干活干得正欢的时候,工地上响起一阵哨子声,这是通知大伙到了吃午饭的时间了,可以用餐或吃点儿自家带来的干粮之类。一提到用餐,张建国就感到自己的肚子也"咕咕"地喊着,他坐在附近的杂木林荫下,把布包打开一看,妈妈往他包包里塞了三个大馒头。他分给牛羊一个,剩下的两个他一口气就干掉了。喝完妈妈为他准备好的半瓶凉开水,张建国的肚子不饱也饱了。

按照惯例,工地午餐后,由于天气炎热,大伙儿都要休息一会儿,哪怕眯一下也是好的。

12岁的张建国也许是第一天干这活,多少有些新奇感,别人都在眯瞪,他却一点儿困意没有。稍过片刻,张建国手中的那辆斗车就在工地上跑来跑去了。

干起活来,时间过得真快,转眼间,太阳落山了。工地上负责验收的同志帮张建国拉运的大瓜米石子、小瓜米石子的立方进行了清点,按照多劳多得的原则,张建国挣了人民币八元零五分钱。仅一天,就挣了这么多钱,他欣喜若狂。

回到家中,母亲看到儿子的脸晒得通红通红,蓬乱的头发里全是石头碎细的飞尘,汗水与灰尘混拌在一起的灰黑色的汗泥在儿子的面颊、额头、脖子、衣领到处涂抹着,手掌还被紧紧地缠绕着。乍一看,站在那里的不像自己的儿子,更像是一个陌生的乞讨者。

孙玉兰心里好一阵酸楚,泪水溢了出来:"儿啊,你再别去了。

吃苦的应该是我，还轮不到你哩！"

张建国说："没事，我去，我是男子汉。"虽然张建国还小，说起话来口气却不小。

晚上，躺在床上的张建国感觉浑身酸酸的，脚上也打了几个小血泡，他没吭声，坚强的他瞒着母亲，免得母亲见到了又是一阵伤心。

第二天天还没亮，牛羊就过来邀他一起走。他翻身起床，匆忙洗漱后，拿了几个事先蒸好的土豆就夺门而出。

踏着明媚的阳光，冒着苦风惨雨，张建国渐渐地长大了。

1975年，掐指一算，张建国18岁了，已经是个帅气、阳光的青年，活脱脱的一个漂亮小伙子。这一年，是张富清复职后的第三年，他在来凤县卯洞公社任革委会副主任。

人世间的机遇之门，总是向那些有准备、有追求的人敞开的。这年春节，来凤县武装部通知，年满18岁、身体健康的男性青年，可以到户口所在地的区、社武装部报名应征入伍。高中刚刚毕业的张建国一听到这个消息，简直高兴得睡不着觉。一天，他约上牛羊一起到三胡区武装部去报名。他的户口档案当时还在三胡区的学校。他们一来到武装部，两位部队上前来带兵的干部一眼就看中了张建国。他们觉得这孩子是个好人选，中等偏高的身材，浓眉下一双眼睛炯炯有神，高高的鼻梁，薄薄的嘴唇，还一身书生气，如果体检合格，部队就要了。武装部闫部长说："他是原三胡区区长张富清的大儿子。"两个带兵的听了更感兴趣了。闫部长随即拿出一张报名表给他填，也给了牛羊一张。他们两个填好表，把体检的时间记好，就匆匆返程了。

回到家里，张建国兴致勃勃地把这消息告诉了母亲，母亲当场表态："好男儿，为国当兵，我坚决支持。"母子俩一时感觉到上天在眷顾，兴奋得几乎不能自已。谁知，张富清坚决反对，给他们母子俩当头泼了一瓢冷水，弄得母子俩好尴尬，简直哭笑不得。孙玉兰丈二和尚摸不着头脑，她问张富清："儿子当兵是好事，为什么要反对？他继承你当年的传统有什么不好？"

张富清回答说："考虑问题不能只站在个人的角度，要站在党性的高度，处处为人民群众着想。这个时候当兵和我那个年代当兵，完全是两码事。我们那个时期，处于战争年代，青年人有的被国民党抓了壮丁，也有的自愿参加人民解放军上战场、求解放，还有一部分青年思想还没觉悟，当兵害怕打仗、害怕牺牲。现在和平年代完全不一样，谁都知道，人民解放军是最可爱的人，现在哪个青年人不愿意去当兵？年轻人穿上军装，或戴个没有红帽徽的军帽，那些小姑娘、大妹子都要多看几眼！这表明什么？人们热爱当兵的，崇拜当兵的，因为大家都知道人民的军队是爱人民的，是保卫祖国、保卫人民生命财产的，人民军队同时又是个大熔炉，年轻人在那里可以得到摔打、锻炼、成长。其实，我很想把建国送到部队去摔打摔打、锻炼锻炼，可是，全国青年孩子都想去部队，特别是农村的孩子，他们连做梦都想着当兵。有个农村青年对我说，他这近几年老看他家门前的那棵老槐树，树叶吐翠，是春天，征兵的时间到了；树叶落了，是早冬，冬季征兵又要来了。他每一次都报名，都被刷了，他报了五次名，终于通过体检、政审，如愿以偿地到部队了。为什么？在现阶段，农村的孩子从小刻苦读书，想飞出大山，看外面的世界，想锻炼造就自己，想入党，想提干，想当科学家、文学家，想展宏图、撑大业，想早日彻底改变家庭的贫困面貌，想跳出农门，变农业户口为非农业户口等，唯一的出路是什么？是当兵！我们吃商品粮的孩子，何必去跟农民的孩子去争抢呢？我们把这个名额让出来，农村孩子就会多出去一个。"

第九章 风骨铮铮尽无言

张富清言真意切、语重心长的话，说得孙玉兰和张建国心服口服，最后他们不得不选择放弃。

牛羊应征入伍了，他出发的那天，张建国挤在送行的人群里，看着牛羊一身帅气好羡慕，他那颗渴望的心，随着牛羊的前行，也飞往了部队，飞往了边防哨所。

几个月以后，张建国听说恩施州一家大型企业到来凤招工，卯洞公社有三个名额。张建国知道后，找到公社负责这项工作的潘干事。

潘干事说："你去征求一下你爸爸的意见，如果他同意，我把这个指标留给你。你是应届高中毕业生，又是共青团员，正符合条件。"

张建国很爱他的父亲，也很敬仰他的父亲，但对父亲也有点儿惧怕，如果贸然找他，弄不好又怕被他父亲否了。这次，张建国换了一个方法，他不再直接对爸爸讲，而是先告诉妈妈，让妈妈找个合适的机会，再征求爸爸的意见，也许这样会达到自己真正需要的效果。

这天傍晚前，张富清回到家里。趁还没吃晚饭，孙玉兰把大儿子想进恩施州大型企业当工人的事告诉了张富清，想听听他的意见。

张富清笑着说："怪不得我们是夫妻，心心相印啊！"

孙玉兰不明就里，张富清告诉妻子说："建国想进工厂的事，潘干事也跟我讲了，我今天回来也是为了这件事。"

孙玉兰忙追问："潘干事同意吗？"张富清说："全公社几万人中，就只有三个名额，你说说，这几万人谁不想去？还有，就这三个名额，潘干事一个人能决定吗？"孙玉兰说："你不是在公社革委会分管财贸和机关吗？招工的事你应该能说上话。"

"那我就利用这点儿权力为自己牟利，把这少得可怜的指标给建国？我们的儿子重要，别人的儿子就不重要？玉兰啊，你想想，假如我还没有复职，假如我还在喂牛，这个招工名额能落到他的头上吗？说穿了，建国有意无意地仗着我的这点儿权力，这能行吗？"

孙玉兰说："你的话都在理。可建国是我们的儿子，是我们的希望。当兵你反对，进工厂你又反对，你到底要把儿子怎样？儿子高中毕业了，你总该让他有个出路吧。"孙玉兰真的心乱如麻。这时，张建国也走过来了，张富清让儿子坐下，他拍拍张建国的肩膀说："我们放弃！这个名额让给老百姓的孩子。"

孙玉兰急切地说："那你给儿子指条路哇！"

张富清说："到百福司林场接受锻炼，从一个下乡的知识青年做起。"

"啊？你总算没说叫儿子去赴汤蹈火。"孙玉兰十分惊愕。张建国当时就蒙了："啊？到林场去栽树，去开荒？去当个接受再教育的知识青年？"

去当兵，爸爸不同意；去当工人，爸爸还是不同意，张建国的美好愿望，一次次地化成了泡影。这对张建国该是多么大的打击！谁叫你是张富清的儿子呢？再大的打击也要正确地对待，敢于承受。谁叫你是老干部的后代？林场再艰苦，想法再多，也要毫无条件地服从！

不管是兴奋还是抱怨，张建国听取了父亲的意见，背起背包出发了。出发前，母亲把他从头摸到脚，亲切地嘱咐："儿子，一个人在外，要处处小心，要虚心接受林场工人的再教育，做一个合格的林场工人。"张富清为他整理好衣襟说："精神点儿，像个张家男儿出发的样子。"

张建国看着父母说："爸妈，你们放心吧，既然去了，我一定干出个人样来！"

第九章 风骨铮铮尽无言

林场地处偏远,当年,那里没有交通,没有通电,没有自来水。经过将近一天的长途跋涉,张建国终于来到林场。场长把他安排在集体宿舍,其实那也不叫集体宿舍,就是用篱笆搭建的简易棚子。场长说:"你的床铺安放在里面。"张建国没有去抢一个好位子,而是把好位子让给别人,自己的床就在门口。场长说:"你的床放在门口,以后破事烂事总有。"张建国说:"没事。"场长一听,这孩子将来有出息,但他万万没想到,他是我们卯洞公社革委会副主任张富清的儿子。是啊,老一辈革命家,总是这么无私奉献,他们为党、为人民,奉献了青春,奉献了自己,又奉献了子女。

张建国来到这里后,一切从头学起。

初冬时节,地处海拔一千三百多米高的百福司林场,较之卯洞公社所在的百福司集镇,每天的气温要低8—10摄氏度。整个冬季,农场白皑皑一片,冰天雪地,初去时,张建国还真是不适应。

他早晨起来,鼻子冻得通红,两只耳朵冻得生疼,连手都不敢重碰;生活一日三餐倒是有保障,管它粗粮还是细粮,只要能填饱肚子就行;好在孙玉兰为儿子打背包时还给他放了一套旧棉衣。

既来之,则安之,张建国牢牢记住父亲的那句话:"年轻人吃亏吃苦怕什么,就是要在艰难困苦中锻炼成长。"在雪地栽树,脸被冷风刮得发裂,脚在冰地被冻伤,张建国都以顽强的毅力坚持着。

在一次大面积栽树任务中,场长说:"所有的栽种,最晚也要抢在春节前完成。"张建国满腔热情地投入抢栽任务中。每天,他第一个走出工棚,头戴一顶草帽,扛起一把铁锹,别人扛一棵树,他扛两棵、三棵,土球贴在他的背后,泥巴塞入颈里、裤兜里,到处都是,有时压弯的树干在肩膀上打滚,他全然不顾。林场的干部职工都看好他,都觉得他的到来给林场平添了一道亮丽的风景。

张建国以林场为家、以吃苦耐劳为荣的品行,无不感染和鼓舞着林场的干部职工，劳动现场随时能看到比、学、赶、超的劳动场景，时常掀起啦啦队的浪潮。"谁英雄，谁好汉，现场比比看。"大伙儿愉快的劳动和淳朴的情怀，像和煦的春风，催开漫山遍野的杜鹃花。张建国偶尔站在那处山包上，望着他们正开垦的原野，望着一株株、一片片色彩各异的杜鹃花，他在体验和回味着"农村大有作为"的诗情画意！

然而，这大有作为的百福司林场，劳动不单是艰辛，有时还有生命危险。出工打头阵的张建国看到，在阴森的河畔田草边，一条大蟒蛇横亘在前去的路上，随时都让你胆战心惊；最后一个收工的张建国看到，在烟雨苍茫的山崖峻岭里，忽地跑出一只觅食的狼狗，人随时都有被狼狗咬伤或叼走的可能。

劳动苦累、危险，但也快乐着。间歇时，在蓝天下，在旷野里，在崇山峻岭中，林场职工对每一阶段性的成果，往往摆舞对歌，别有风味。那是土家人过"山花节"的日子。那天晚上，月光洒满山岭，张建国正在看书，林场里金珠、银珠两个姑娘，风风火火地来到男工棚，夺过张建国手中的书，疯了似的扯着张建国就跑，一直跑到跳舞的场上，这里已经燃起一堆熊熊的篝火，大家只等着张建国的到来。张建国一到，人们群情高涨，场上的人们尽情地跳起他们最心爱的"锅庄"舞，糊里糊涂的张建国被迫地一手拉着金珠，一手拉着银珠，随着大伙跳了起来。

张建国热爱劳动，热爱生活，更热爱百福司林场这个美好的家园，这里职工的淳朴和友好，这里浓厚的民族气息熏染着他。正是在这种熏染下，在艰苦的劳动锻炼下，晒得黑黑的脸和长满老茧的双手取代了原来的白皮细肉，坚实硬朗的体格取代了原有的书生气，他看上去像个土家族或苗族的庄稼汉子。

时隔一个月，张建国正在栽树，只见远处有两个老人向林场走来。那背着棉布包的不正是父亲吗？是的，走在他身后的就是妈妈。激动的张建国甩开手中的铁锹，快步地朝着他们奔去。他跳过一条沟，穿过一片草地，大声喊着："爸爸——！妈妈——！"那呼喊声划破了狂野的寂静，震化了封冻的酉水河。张建国一口气跑上去，紧紧地抱着母亲，仿佛有好多好多心思要倾吐，有好多好多工作要汇报。张富清看着孩子，脸上笑成一串串糖葫芦，乐滋滋、甜蜜蜜。张建国与母亲一阵拥抱之后，他抬起头亲切地问张富清："爸爸，走这么远的路，累吗？"说话间，他接过父亲手中的一大捆棉被。

"不累。"张富清亲切地回答。

这时，场长过来了，他简直不敢相信自己的眼睛，这不是公社的张富清副主任吗？他连忙上前道歉："对不起！不知道您要来。"这个时候，张富清才告诉他，张建国是他的大儿子。

场长恍然大悟，疼爱地问张建国："你怎么不早点儿讲呢？"

张建国回答说："讲不讲无所谓，脚下的路，都要靠自己走。"

一句话说得父母亲一脸的笑，场长由衷地赞叹："真不愧是张主任的儿子！"

场长对张富清说："羡慕您培养出这么好的儿子，他来到林场后，工作积极，任劳任怨，为人朴实谦微，真是个好苗子啊！"听了场长的介绍，张富清满意地点着头。

他们一同来到百福司林场工棚，张富清用手压了压儿子用砖头架起的床铺说："还不错，稳稳当当的。我看卫生环境也干净。"

场长说："室里卫生，总是张建国主动打扫，他的床铺在门口，每天还要负责为大家开门关门，尤其是深更半夜，同室的人睡着了，他还要起来检查门是否关好。"

场长尽情地夸奖张建国，张富清和孙玉兰回答场长的都是笑。

张建国的今天，有林场的培育，更有来自张富清对儿子的严格要求，不溺爱，不怂恿，一直教育儿子要赤诚忠厚，只能相信服从组织，不能向组织伸手。张建国深深地懂得，作为张富清的儿子，作为革命后代，要树立"先天下之忧而忧，后天下之乐而乐"的崇高思想品格和人文情怀。

一个伟大的革命家，在千回万转的革命进程中力挽狂澜，改变了中华民族的命运，更改变了中国亿万知识青年的命运。1977年，刚复出不久的邓小平同志，在党中央主持召开的全国科学和教育工作会议上，郑重地提出中国的教育要改革，要恢复原先的高考制度。随之，1977年10月21日的《人民日报》在头版头条的位置上发表了"高等学校招生进行重大改革"的重要报道。

在林场干得正欢的张建国，深深地被这篇文章吸引。张建国从新华书店买回了一大摞高考复习资料，劳动间隙，煤油灯下，他认真钻研，努力复习，温故而知新。

这是张建国正式开始复习的第二个星期天上午，有两个长相特别洋气和妩媚的姑娘来到了张建国他们的男生宿舍。这两个漂亮姑娘不是别人，就是"山花节"那天拉他一块儿跳舞的同胞姐妹金珠、银珠。

自那天跳完舞以后，金珠、银珠睡觉前就一道发出了感慨，她们一对女儿，对张建国都有点儿难以说出口的感觉。姐妹俩先是都害羞，接着双方又有点儿争风吃醋，后来，姐妹俩又谈和了。为了肥水不流外人田，两人说好同时去与张建国接触，张建国相中谁，谁就嫁给他。

"张建国同志！还在看书呀？"接着，是一阵银铃般的笑声，这笑声响彻整个男生宿舍，也响在了张建国的耳边。张建国忙礼貌地站起来，冲着金珠、银珠微笑一下，便坐下来继续看书。张建国心里明白：要想考个好成绩，就要得罪好多人。

不久，张建国随着全国570万名考生走进了中国曾经被封闭了十余年的考场。最终，他考上了来凤师范学校。尽管百福司林场的干部职工依依不舍，张建国还是同全国被录取的27.3万名考生一道，奔赴各自被录取的院校。

从来凤师范学校毕业后，张建国被正式分配到学校，成为一名光荣的人民教师。不论是从事小学教育，还是担任中学教师，他的耳边总是回响着父亲的那句话："党叫干什么，就把什么事干好。"

就在张建国考上来凤师范学校的第二年，被称为"巧手妹"的女孩严秀秀也考到来凤县城，打小就在一起玩的两个青年，终于结为夫妻。严秀秀是苗族，张建国成了苗族的女婿。

由于工作出色，1987年，张建国被调到县教委工作，先是任普教股股长，接着任教委副主任、主任等职。

2017年，在张建国的退休座谈会上，来凤县分管教育工作的一名副县长，曾是张富清的部下。他在讲话中说，原从建设银行离休的老干部张富清，曾经是我的上级，我每见到张建国主任时，脑海里就会出现老首长张富清的形象。他们不仅长得像，他们为人处世淡泊名利、无私奉献的精神也一样，同样会被镌刻在来凤永不凋零的记功簿上。

提起严师慈父，原中共来凤县政法委常务副书记张健全，一辈子也忘不了父亲张富清的一封普通来信。那是全国重新恢复高考制度后的第二年——1978年，作为张富清的小儿子张健全高中应届毕业，他紧步哥哥张建国的后尘，满怀信心地投入那次高考。高考成绩很快出来了，全国正式录取了40.2万考生，而张健全因发挥不好名落孙山。张健全的头顶犹如浇了一盆冰水，浑身上下凉透了：怎么是这样的结果呢？是不是改卷的老师判错了？这让他以何颜面见父母和哥哥、姐姐？在老师和同学中，还有什么面子？一连好几天，张健全足不出户，只是躲着人掉眼泪。这事可急坏了母亲和哥哥，但母亲的安慰、哥哥的劝告都无济于事。

母亲孙玉兰愁啊：四个孩子中最小的一个，却从没享过什么福。小时候总是缺吃少穿，懂事的孩子从小跟着母亲一起，拾稻穗、捡柴火、挖野菜，很少吃上一顿饱饭、穿上一件新衣。就是上学读书，她也没有满足他的需求给他买好的学习用具和辅导资料等，要么是没时间进县城的新华书店的文具店购买，要么就是囊中羞涩。这次高考，他满以为能考个好成绩让父母高兴高兴，谁知道成绩却不理想。

哥哥张建国也在忧：二弟高考成绩没考好，他心里难受得掉眼泪，我这个做哥的心里也痛啊！母亲和我都劝他不要气馁，从头再来。可他自暴自弃，说是不愿意给家里增添负担，干脆去哪里当个民工干点重活，能挣多少挣多少，减轻一点儿家中生活的负担。张建国很快想到了慈爱的父亲张富清，父亲不光在外面德高望重，在家中，同样受到兄妹四个的敬重和崇拜啊！他是全家人的主心骨，他是兄妹几个前行的精神支柱！张建国给在武汉市学习的父亲寄去了一封信，向父亲详细地汇报了弟弟张健全高考落榜的状况。

没几天的时间，张健全收到了一封来自武汉市的书信。情绪低落的张健全从信封的字迹就猜测到是父亲寄来的，他惴惴不安地打开了书信，一股温情的暖流，一份火辣辣的爱意迎面而来。

亲爱的健全吾儿：

父亲甚是惦挂！从你大哥建国的信中，得知你此次高考落榜，猛地，我的心情万分沉重。平静一想，没什么大惊小怪。此次高考，考好了，可以一步登云；没考好的，并不是就定了终身啊！人生的路，有一马平川的通坦大道，也有蜿蜒崎岖崇山峻岭的山间小路。但不管是什么样的路，一认定，就要全力以赴！哪怕千难万险，哪怕荆棘丛生。世上没有什么翻不过的火焰山，就怕没有英雄胆识，没有毅力。马克思在《资本论》里有这样一句话："在科学上没有平坦的大道，只有不畏劳苦沿着陡峭山路攀登的人，才有希望达到光辉的顶点。"

儿啊，我记得古诗里还有这样几句："咬定青山不放松，立根原在破岩中。千磨万击还坚劲，任尔东西南北风。"青年人应该有一种翠竹精神，不为失利而懊恼，不为暂时的落后而失去了冲刺的信心和勇气！

在我的心目中，你是个热爱学习的聪明孩子。从小学到中学，学习成绩一直遥遥领先。有好几次放假前，你从学校拿回"三好学生"的奖状，你妈妈都要想方设法为你多做一个菜，你记得吗？有一次，学校同年级组作文比赛，你还得了个第三名，你记得吗？你也曾对我说过，一定要学习、学习、再学习，掌握科学文化知识，将来成为一个有作为的革命接班人……

在我的心目中，你是一个有胆量的勇敢的孩子。你从小就胆量过人，小的时候，一谈到鬼，你几个姐姐就把眼睛捂着，把头蒙着，你却要把脖子伸得长长的，把眼睛睁得大大的，还说："鬼在哪里呀？是个什么样子呀？我根本都不怕。"

你四五岁的时候，你妈妈或你哥哥要上山砍柴，你也嚷着要去。他们说山上有蛇，有野猪，你可不能去。你不服气地说："我就不怕。蛇来了，我就和你们一起，捡起石头把它砸死；野兽来了，我就和你们一起把它们撵走。它们不走，就想办法把它们打死，再拖回杀肉吃。"那年暑假，你只有十多岁，就同你姐姐建荣偷偷地跑出去帮建筑单位抬石头挣钱，狂风暴雨来了，你姐姐的腿砸伤了，你们都还坚持着，用挣来的几块钱给我扯了一条新裤子……

儿啊，说了这么多，化成一件事，面对这次高考的失败，你千万不能灰心丧气，不能怨天怨地，不能一蹶不振。为了实现我们共同的理想，你一定要面对现实，不顾一切，重新复读，以刻苦的精神、优异的成绩，迎头应战下一届的高考，争取在第二次的高考中金榜题名。

孩子，你的父母和哥哥、姐姐盼望着你，你的老师和同学期盼着你，我们的党和祖国人民殷殷切切地期待着你！

孩子，别伤心，别踌躇，下定决心，擦干眼泪，昂首挺胸，紧急备战，以不获大胜决不收兵的坚强信念，向着下一届全国高考的险峻的山峰，勇敢地冲杀吧。

此致

祝好！

你的父亲：张富清

1978年7月12日

这不是一封普通的书信，这是一团温情的火，在暖着孩儿那颗受冻的心；这是一本英雄成败的教科书，那质朴且具有哲理的话语，洞开了一时迷糊、胸怀大志的男儿的心扉；这是一道来自指挥军中不可更改的行军令，千军万马中，作为指挥官最喜欢的将领之一，要至死不渝地执行；这是一阵清脆、激越的号声，在鼓励、在催促、在感召、在呼唤着张健全，向着既定的目标出发！

张健全不愧是身经百战的老英雄的儿子，他没有辜负慈祥的父亲张富清严以待子、盼儿成才的拳拳之心。经过再次考试，张健全以优异的成绩考上了恩施州师范大学,成了他们家中的第一个大学生。

三十一　清似塘荷

1984 年 12 月底,为党的事业打拼了几十年的张富清,终于从建设银行来凤县支行常务副行长的位子退下来了,正式离休。

这天夜晚,张富清难以入眠:不是说为党的事业奋斗终生吗?我才满 60 岁就让我休息。张富清实在是有很多难舍,他难舍朝夕相处的银行干部职工,难舍与银行有密切关系的社会各界,难舍党交给他的每一项神圣工作。

但难舍代替不了离休的客观现实,早上,他还是像以前那样,早早地起床,洗漱后,把自己的被子叠得四四方方、整整齐齐,接着,再跑几公里。在先前,跑步以后或上班,或处理亟待处理的事情,现在,跑步后,再去干什么?他只好从老伴手中接过菜篮去买菜,接过锅铲去做饭。原本老伴的事情,被张富清抢着干了。老伴孙玉兰闲得慌,她对张富清说:"你不是喜欢大山,喜欢大山上的每一个人,每一棵树,每一朵花,还有每一根草吗?你可以去买些花草栽在阳台上!"

老伴提醒了张富清。这天早饭后,张富清身着一套洗得有点儿发白的旧装,脚穿一双胶鞋,头戴一顶草帽,和老伴孙玉兰特意来到来凤县最大的花卉市场。一迈进花卉市场,一股清新而又浓郁的香味扑鼻而来,映入眼帘的是一朵朵、一束束鲜艳的玫瑰、月季、水仙,一棵棵、一钵钵怒放的牡丹,一树树、一枝枝含苞待放的米兰、山茶花……更有芳草青青、绿色丛丛的吊竹、金银宝、仙人掌……整个花卉市场琳琅满目,给人一种眼花缭乱、美不胜收之感。

张富清先前从早到晚不是上班就是开会,不是忙于生产建设中要解决的问题，就是忙于百姓生活中需要处理的各种情况和矛盾，或者是忙着加强自身的学习和修养，从未像今天这样逛花卉市场，欣赏人们喜爱的各色花草。不得不承认，这是张富清人生中的第一回！

二人边走边看，当他们走近一家花店的仙人掌面前，张富清停下了脚步，他被眼前的那一拨仙人掌吸引住了：那惟妙惟肖的仙人掌，色彩丰富，各具特色，有红色的，有蓝色的，有青色的，有紫色的，有深绿色的，有淡黄色的。那栩栩如生的仙人掌，形体不一，性格刚强，顽强生存，勇于付出：有的像哨兵似的站立；有的像方丈似的打坐；有的像南极企鹅似的浑身毛茸茸，能够抵雪抗寒；有的像武士般身披铠甲，手执利剑，为保家卫国，为守护他人利益，不顾一切，勇于奉献自己的宝贵生命；还有的像激情飞扬的青少年，站立于高高的观礼台上，伸出饱含青春活力的手掌，时而为社会的变迁欢呼，时而为时代的精彩鼓掌！他们一个个无不继承先辈清贫廉洁、拒腐蚀永不沾的严谨的工作作风和党的光荣传统。

谁能不说他有种积极向上的生存姿态，谁能不称赞他那种不畏艰难困苦、敢于战胜一切的精神风貌，谁能不夸他那直爽坦荡的性格，谁能不服他旺盛的斗志和顽强的生命力，谁能不欣赏他初心不改、无私奉献的优秀品质，谁能不学习他的简朴无华、严于律己、善于团结和包容的高尚情操？

"怎么，看傻了，不走啦？"

孙玉兰的话把张富清从并非离奇的想象中唤醒，他问孙玉兰："你喜欢仙人掌吗？"

张富清突如其来的一句话让孙玉兰一愣，她随即微笑着回答道："只要是你喜欢的，我都喜欢。"

"那就好，那就好！"张富清连忙称好。

"什么好哇？老人家，您挑中什么，我们就给您拿什么。"冷不防，花店老板来到两位老人的身边。他们不约而同地抬起头来，只见前来接话的人40多岁，微黑的脸膛上一对乌黑眉毛下，生就了一双憨厚且聪慧的眼睛。他生怕自己的话老人没听见，又补充说："我们的花草品质好，样式多，价格也适中，我要是说的有假，可让天罚五雷轰！"

张富清对面前的男子感到面熟，对他的那句"我要是说的有假，可让天罚五雷轰"感到实在、中听、悦耳，它似乎袒露出一个地道男人的心底！我想起来了。是他，是那个诚心要贷款致富的小黑！

"什么小黑大黑呀，这是我们肖老板！"跟在男子身后的女人连忙更正地介绍着男子。

女人的介绍，更加强了他对面前男子的认定："你是肖小黑！"

"您是？"

"你小子看看我是谁？"

张富清激动中的认定，兴奋中的训斥和指责，丝毫没有令男子反感和不快，反而使他备感亲切，似乎觉得送来了一服难以采制的良药，剥去了他三年多的奋斗和发迹的皮囊，唤起他难忘的记忆，一下子把他推往了当年请求援助、渴望奔富的时刻。

三年前，随着国家从计划经济到市场经济的转型，随着农民分田到户，各尽所能政策的落实，改革体制、开放思想的春风在来凤劲吹，摆脱贫困、争当万元户的欲望之火，在大山深处不少农民心中熊熊燃起。地处来凤县城郊区、喝了十几年墨水的农村青年肖小黑，几年前就从姐夫那里学会了开车。他不甘贫困，打算购一台拖拉机，既方便农户翻山种田，又能为山区人民跑运输。他托朋友、找亲戚，好不容易借来了几千元钱，可买拖拉机远远不够。这时，正遇建设银行来凤县支行在宣传城乡信贷政策，推行城乡小额贷款。当时，对农民发放小额贷款的步骤是个人报名，村领导干部初审上报、银行调查实施。肖小黑购买拖拉机的款子筹措了一部分，拖拉机的型号和样式也看好了，亟须向建设银行贷款五万元。他早就在村里报名了，可是等了几个月，别人的贷款都到位了，只有他的无人问津。一天，银行的两个女信贷员来到村里走门串户，征求用户意见。肖小黑急眼了，拦住了她们的去路。

她们感到莫名其妙，警惕地吼问："你这是要干什么？"

肖小黑当即大声应答："我不想干什么！"他仍旧伸开两臂，继续挡住她们的去路。

长得稍丰满的信贷员说："你叫什么名字？光天化日的，为什么要拦住我们的去路？"

肖小黑似乎受了很大的委屈，他扯起嗓门回答面前的信贷员："我叫肖小黑，我要贷款！"

个子较小的信贷员越发生气了："要贷款，更要懂规矩，按程序来。管你是小黑还是大黑，只要你良心不黑！"

两位漂亮的银行女信贷员，说得肖小黑有苦难诉，啼笑皆非："我承认，我是叫肖小黑，我的皮肤也有些黑。可那是在劳动中经烈日暴晒、风吹雨打形成的。我要贷款，我要奔富，理当名顺，怎么就怀疑我良心会黑呢？当然，一个大男人，突然挡住银行女职员的去路，不光是说起来难听，还是一种无理取闹，有失正派男子的身份！"

肖小黑主动让开了。他心里还是很憋屈，他怎么没按正当的程序来呢？他渴求致富，想贷款买拖拉机的急切心情，有谁能够理解呢？肖小黑是个不轻易服输的青年。信贷员返回，他就一直尾随在她们的后面，直到肖小黑看清了建设银行的大门为止。

第九章　风骨铮铮尽无言

当天下午，肖小黑经过打听，找到了建设银行来凤县支行的当家人——常务副行长张富清。张富清哪里像个银行行长的样，不摆弄，没有架子。在与肖小黑的谈话中，肖小黑对这位银行领导的身份简直不敢相信。得知了肖小黑的想法和打算后，张富清又让信贷员亲自到肖小黑所在的村委会弄清了贷款没有肖小黑的原因。原来，肖小黑曾因一件小事得罪过村委会的一个干部，这位干部在向建设银行上报小额贷款姓名和数额时，有意把肖小黑漏掉了。张富清关切地问肖小黑："你贷款真的是为了购买拖拉机？在五年内你有把握偿还？"小黑像发誓一样说："我要是说的有假，可让天罚五雷轰！"张富清破例给肖小黑补贷了人民币五万元，肖小黑非常感激。为了报答张富清的恩情，趁着行里下班而张富清还在办公室忙着之机，他用个牛皮纸信封，装了五千元放在张富清办公桌上。张富清一看，撵出门，把钱退还给了他，并说："如果你还这么做，我就追回贷款！"小黑只得把那五千元拿了回来。

拖拉机购回后，肖小黑认真驾驶。农忙时，他为农民耕田种地；农闲时，他为群众送粮拉货，不辞劳苦地跑运输。两年的时间，肖小黑既把本钱赚回来了，又偿还了银行的贷款。张富清发自内心地为肖小黑高兴，他风趣地称赞肖小黑："小黑呀，你是长得稍微有点儿黑。你黑得逗人喜欢，黑得有男人的志气，有农村青年原本的健康之美！还有，在你这稍黑的肌肤里，有一颗坚定跟党走、勇当致富先头兵的赤红的心……"

一直以来，在肖小黑的心目中，张行长是个值得信赖、令人难以忘却的人。他似兄非兄，似父非父，又那般可亲、可敬！

正是张富清那番风趣话，时刻催促着肖小黑，鼓舞着肖小黑从小到大、从贫到富、从弱到强，使他成为一个拥有多家企业的老板。

张富清那句兴奋中的训斥和指责，使站立在面前的肖老板欣喜若狂，泪花儿即刻从眼中迸发而出："您是张行长？您可是我肖小黑的恩人哪！"两双手紧紧相握，好一阵子才松开。

"日子过得还好吧！"张富清的问话，仍是那般亲切，那般温暖。

肖小黑身后的那个年轻女人忙接过张富清的话茬："好着呢！我们的生意越来越红火。要不是您叫，没有人还叫他过去那个穷名，大伙儿不是称呼他'肖总'，就是喊他'肖老板'！"

张富清微笑着望了肖小黑一眼，他要听肖小黑自己介绍。

肖小黑的回答既有对张行长的尊重，又有一个青年人应有的谦卑。从肖小黑那里，张富清知道，这几年肖小黑发迹了：还了贷款，盖了新房，娶了眼前这个媳妇，生意做得红红火火。这花店，就是他为新媳妇开的。

张富清听了，高兴极了！他为面前这位诚实、憨厚且勇敢的青年人祝福，为当年经他手贷下的一笔小额贷款，在经济发展中产生了重要作用而庆幸。

肖小黑再三请张富清、孙玉兰两位老人去花店坐坐，喝点儿茶。老人执意不肯，说是要看看花草。肖小黑告诉张富清二老，面前好大一片绽放的各种鲜花，都是肖小黑和他妻子的。他说："你们看中什么，就拿什么，只当是你们自己的儿子和媳妇的。"

"就算是我们自己儿子、儿媳妇的，我们也不会随便拿，每一钵、每一朵花都要付出代价和心血。"张富清急忙回应肖小黑。

孙玉兰忙附和着说："几十年来，我们从来没有拿别人东西不给钱的！"

肖小黑只得绕开话题，问两位老人喜欢什么花草。

张富清实话实说："我看中了你们的仙人掌！"

"那好哇！一点儿问题都没有。"肖小黑连忙应答。

张富清板着脸，很严肃地告诉肖小黑："有一句话，我必须说在前面，每一钵是什么价，一共得付多少钱，是多少就收多少。你如果少收了我的一分钱，我都决不会要！"

肖小黑忙点着头："行，行！您是老领导，您怎么说，我就怎么听。"

"还是什么领导？我已经到了年龄，休息了。只有我这次买的花花草草归我管。"

肖小黑很惭愧地说："我如果知道您离休了，早就应该给您送些花草。"

张富清生气了："你看看，我刚刚跟你说的，你不能少收一分，怎么了你？"说罢，张富清拉着孙玉兰就走。

肖小黑慌忙跑到前面拦住张富清老两口，说："别，别，别！价钱我照收不就行了吗？何必去买别家的呢？"仙人掌二十五元钱一钵，张富清共买了十八钵，计人民币四百五十元。孙玉兰一分不差地交给了肖小黑的妻子。

送货上门是免费的。待两个送货的小伙子离开后，张富清让孙玉兰休息，自己动手把十八钵外形和风格各异的仙人掌整整齐齐地摆放在窗台上。

累得腰酸腿疼的张富清好不容易回到客厅坐一会儿，他到客厅的上方拿开水泡茶时，却看见开水瓶下放着五张红票子。张富清忙问老伴，看是不是她放的，孙玉兰把头摇得像个拨浪鼓。

没二话可说，这事还是肖小黑让搬运工这样干的，张富清气不打一处来："肖小黑这小子，臭毛病还没改，还给我玩阴的！"他一边自言自语，一边快步向花卉市场走去，他要狠狠地训斥小黑，他要一分不少地把钱退回给小黑。

有人劝张富清，在领导岗位上，在掌权的时候，要拒绝腐蚀，要时刻保持清醒的头脑,现在离休了,退出历史舞台了,还存在什么清廉不清廉的?张富清却说,严于律己,洁身自好,不是一时一事,而是一辈子的事。

1990年夏季的一天,张富清的老家来了一位珍贵的客人。这客人来自陕西汉中洋县马畅镇双庙村,刚满18岁,名叫孙小军。这小伙身材不是太高,眉清目秀,知识面比较宽,很有表达能力。张富清全家一见就都很喜欢。这里,最喜欢的要数张富清的老伴孙玉兰。因为,孙小军是孙玉兰弟弟的儿子,按辈分,他要叫孙玉兰姑妈,叫张富清姑父。至于张富清的几个孩子,理所当然地是孙小军的表姐、表哥了。

这时候张富清的家,几个孩子有的娶妻、有的出嫁了,这个家早已经变成好几个家庭了。

到湖北来凤做客,孙小军是张富清老家来得很少的客人之一,也是孙小军有生以来的第一次。张富清和孙玉兰哪会怠慢这个来自陕西老家的侄儿,他们尽量给侄儿做好吃的,把来凤县不同于陕西洋县的特色食粮拿出来,让侄儿每天吃饱吃好。孙小军的几个表兄、表姐为了表达对表弟的心意,还争抢着轮流接孙小军到自己的小家做客。

考虑到孙小军刚满18岁,刚从学校里走出来,很需要多长见识,多一些对异乡风俗的了解,多一些对土家族、苗族等少数民族生活习惯的了解,张富清不辞劳苦、不知疲倦地陪着孙小军看来凤县绚丽多彩的风景,参观贺龙等英烈当年在此奋斗杀敌的革命旧址,讲述和介绍土家族、苗族等少数民族优良的民间习俗和传说,如摆手舞、西兰卡普、油茶汤、地龙灯、接龙桥、杨梅古寨、摆手堂、落印潭、烧"年火蔸蔸"、谭二巧骂赃官等等。

盛情的接待,每天好吃、好看、好听,这些给孙小军丰富了营养，增长了见识，使这个从学校刚刚走出的陕西年轻人很感动，很受益。但是，孙小军只身从陕西被称为鱼米之乡的汉中来到湖北的西北边陲，难道只是为了这些吗？当然不是。孙小军也是个受了多年教育的有志之士。他最大的希望，是能像姑父那样为建设好山区，改变山区的贫困面貌贡献自己的青春和力量！他想，自己的亲姑父张富清来这里几十年，又是从银行的副行长位置离休的，阅历深，接触面广，这种优势是一般人不能比拟的，凭借这种优势，请姑父帮个忙，自己投身山区建设的抱负就完全有可能实现。谁知却是竹筒打水两手空，姑父为什么就不能够理解我孙小军呢？姑妈为什么就不给她弟弟一点儿面子呢？孙小军曾几次想哭，曾几回想指着姑父、姑妈的鼻子问他们："我是不是你们的亲侄子？我父亲和姑妈是不是血脉相连？"

孙小军毕竟是个有知识、有理想的青年，他不好抱怨，更不好当面对他们指责，只是在大表哥张建国面前谈了谈自己内心的想法。

在教育战线工作的张建国，觉得表弟的想法没错，愿意为建设山区贡献力量，愿意背井离乡，是一件很难得的事情。这天上午，张建国忙完了手边的事情，急着来到他的父亲和母亲身边，他要为来自远方老家的表弟与父亲说道说道，帮助表弟实现他个人的愿望！

当张建国赶到父母身边，正遇两个老人要开饭。"来吧，建国，一起吃中饭！"张建国的母亲孙玉兰忙跟儿子打招呼。

"你们吃吧，我还要赶回单位。"张建国急忙回复母亲。

"这么忙，你跑来干什么？"张富清问道。

"我不是为了实现表弟支援山区的志向吗？"张建国解答着。

"怎么，你给孙小军安排了一份工作？"

"爸，我在岗在位，怎么能帮这个忙呢？"

"那你跑来叫我去帮忙？"张富清不解地问儿子。

"表弟愿意来山区发展，不是坏事，您能帮就帮帮他！"

"怎么帮？为了他留这里工作，让我去钻天打洞，托人帮他留在来凤？"张富清问。

"爸，您离休好多年了，找人安排个合同工或临时工，是件很简单的事，在来凤这片土地，谁能说您什么？"

"清廉防腐，不论岗上岗下，都要像竹笋一样，永破泥土，洁身自律！都要像荷花一样，出淤泥而不染！"

"您不要把概念搞错了，洁身自律与帮助青年人实现投身山区建设的志向并不矛盾……"

张建国说到这里，好一阵头昏，险些摔倒。

孙玉兰急坏了，忙问："怎么啦？"

张建国坚持着说："高血压犯了！"

张富清也问："今天是不是忘了吃药？要不，我到门前药店给你买？"

孙玉兰急眼了："买什么买，你这里不是有降压的药吗？"

张富清回答："我这药是国家给我个人的福利。"

几十年来，孙玉兰对张富清几乎是百依百顺，这会儿却完全一反常态，她忽然大发雷霆："什么国家自家，什么你的我的？救命第一！"

孙玉兰一边发脾气，一边连拿带抢地从条桌右边的抽屉里，把张富清经常服用的降压药往张建国的嘴里投进了一粒。

当天下午，张富清特地到一家生产资料商店购买一把小锁，把条桌那个放药的抽屉锁上了。人们问张富清，这是为什么？

张富清振振有词地回答："我是离休人员，药费属完全报销的，这个福利家里任何人都不能享受，不能占国家便宜。"

送走了来自陕西老家的侄儿孙小军，孙玉兰多少有些怨气。躺在床上，孙玉兰问张富清："老头子，你拍着胸脯问问你自己，几十年了，我姓孙的娘家找过你麻烦吗？"

张富清摇了摇头："没有！"

"你为我娘家办过什么事吗？"

张富清还是摇了摇头："没有！"

"那你为什么这样机械呢？为什么黄土快埋到脖子上了，还一点儿也不通融呢？"

张富清侧过身子，用那双握过无数次钢枪和锄头的手，轻轻地抚摸着孙玉兰饱经风霜的眉眼和脸儿。

尽管时光飞逝，孙玉兰的脸儿已失去青春时的光泽，呈现在脸上的是些许皱纹，但张富清仍旧感受到了孩子他妈的那般温顺、那般柔情；尽管风雨吹打，张富清的双手紧握过、支撑过、为社会奉献过太多太多，但孙玉兰依然感受到孩子他爸的双手传递给她的，是那样纯粹干练，是那样炽热深情！

张富清说："这辈子，我有愧于你孙家，我亏欠他们的太多！谁叫自己是一个在党旗下举过拳头的人呢？"

有言的愧疚和无言的理解，化成了一行行滚烫的热泪……

三十二　粗茶淡饭

2018年年初，建设银行来凤县支行行长李甘霖在对银行老干部走访中，发现张富清的眼睛有些模糊，与正常人的眼睛有些异样，就叮嘱银行办公室，把张富清老人送往医院检查。经检查，张富清的眼睛患有白内障，需要到恩施州医院住院并进行白内障手术。手术前，李行长再次看望张富清，正遇张富清的大儿子张建国、小儿子张健全都在场。两个儿子趁机向李甘霖行长汇报，老人的白内障手术需要用晶体，晶体价格不一，有几万元钱的，也有九千多元的。

时任来凤县政法委常务副书记张健全说："装晶体，既要效果好，又要本着节俭的原则。我建议选择九千多元的中等价格的。"

李甘霖行长表态："张富清老人是我们行的元老了，是难得的老领导。我们支行领导换了无数届，可老领导的精神仍然被我们继承。为了老人的身体安康，用再好的晶体我们都会落实有关精神，实报实销。如果用九千元的能够保质量，我也会同意。"

李甘霖行长与张健全他们的商谈，没有顾及张富清的感受，那几万、九千每个数都使他内心难受：我已是94岁的人了，对我进行白内障手术，就是一种浪费，更别说还要用几万元或九千多元的晶体。

张富清还是按捺不住自己，他对李行长和自己的儿子们说："我说，算了，不去住院了，一个晶体还要九千多元甚至几万元，不做贡献了，还享受豪华，我心不甘！"

李甘霖连忙否定了老人那种谨慎谦逊、本分的说法："老行长，您这样的想法是不对的。您是我们行的老行长，又是离休干部。别说几千元、几万元，发生在您身上的几十万元、几千万元也应该实报实销。"

话是那样说，张富清心里还是不舒服。

来到恩施土家族、苗族自治州人民医院，也许是少数民族人数较多，也许是大山人多，贫困人员也多。医院病房人满为患，好在对张富清做了关照，终于找到一个床位，老人才得以住进了四个病人合住一间的病房。至于医院一个人或两个人共有的房间，不是没有，只是暂时缺位。

第九章 风骨铮铮尽无言

张富清没有感到不方便，没有因老年人喧闹而感到不适，他倒觉得，与工人、农民、普通群众同在一间病房，他更感到有种亲切感。

当病房的医护人员和病人看护者不在时，张富清和他们聊起来，天高海阔，无话不谈。张富清问及即将使用的晶体的价格时，两个已经手术了的农民病员告诉他，如果用晶体没必要用价格九千多元的，仅用三千元的就行，而且质量并不差。

这天，医生和护士一起来到病房，医生问张富清："你要用什么价位的晶体？"

张富清脱口而出："用三千元的。"

医生又问一次："多少钱的？"

张富清的回答还是很干脆："三千元的。"

医生的脸当即沉下来了，严肃地问身边的护士："怎么回事？病人订三千元的，怎么按九千元的准备？怎么这么粗心大意？"

护士的脸"唰"的一下子通红，很想进行辩解："当时他们登记的明明是九千元钱的，这一点，我记得清清楚楚，我怎么会弄错呢？"

护士还是没有辩解，因为这是病人张富清当着医生的面认定的，更是清清楚楚，他们必须以复查的认定为准。

银行算账，毕竟非常精确。待张富清出院后，其医疗费报销时，银行财务发现不对，医院怎么少收了六千元？一了解，原来张富清将原定的九千元的晶体，在手术前自己改成了三千元的。

银行行长李甘霖的眼睛湿润了，在银行年底工作报告中，讲到全行上下必须倡导艰苦朴素、勤劳节约时，他哽咽着说："我们行离休老领导张富清，已是94岁的老人了。眼睛做手术用晶体，我问他为什么不用好一点的？张富清却回答说：'我知道，我们的银行、我们的国家都不在乎这个钱,可我们不能见形势好了,经济状况改善了,就铺张浪费啊!我老了,不能为国家做什么贡献了,我做眼疾手术,能为国家省一点儿是一点儿……'同志们,老一辈的领导不论何时,始终坚守本色,用自己的实际行动,克勤克俭,弃铺张,反奢华,朴素节约一辈子,难道我们不应该传承和发扬我们行的俭朴弃奢的优良传统和高贵品质吗?"

讲到这里,人们报以掌声,更多的是,李甘霖的报告在感染着与会的人们,他们一个个眼红鼻酸……

张富清粗茶淡饭、俭朴不奢的品格并不是人到老年才养成,而是早在几十年前就具有了。1954年,张富清当时还在防空部队速成中学当学员的时候,他就在自己的工作日志中写下这样两行字:"节俭朴素,人之美德;奢侈华丽,人之大恶。"这两行字虽说写得不算很工整,但他已刻印在自己的脑海里,还记得滚瓜烂熟。

1954年上半年的一天,一个姓牛的老师,在学员食堂窗外发现了十几个用玉米面做的窝窝头。经了解,是学员扔的。老师感到很痛心:离开战场才多少日子,新中国成立才几年?我们的学员中,有少数人忘记了战火中"捧几捧雪花当水喝,抓几把草根当粮充饥"的日子。学习期间吃了几天的馒头、大米,就开始嫌玉米窝窝头难进口,挑七选八,好了伤疤忘了疼。辅导学员学习文化是为了什么?不就是让眼前这些作战勇敢、有丰富战斗指挥能力的军官,在掌握文化知识的同时,提高文化素养吗?不就是让他们懂得更多的道理,提高他们的道德品质水准吗?

牛老师经与领导请示,专门拿出半天的时间,增补了"俭朴"一课。在这堂别开生面的思想教育和品德教育课中,张富清和其他学员一样,牢牢地记住了毛泽东在土地革命时期的谆谆告诫"贪污和浪费是极大的犯罪";懂得了艰苦朴素、勤俭节约是伟人毛泽东一贯倡导的工作作风,是中国共产党和解放军这支革命队伍的光荣传统;懂得并学会了中国古代的一些名言,如"克勤于邦,克俭于家""节俭朴素、人之美德;奢侈华丽,人之大恶"等。

牛老师在讲台上生动的讲述,勾起了张富清儿时的记忆。张富清那个裹着一双小脚又多灾多难的母亲,他那贤淑智慧而又勤劳节俭的母亲,他那一丁不识却满腹做人的道理和格言的母亲,她教育她的子女们:"勤谨、勤谨,衣饭齐整;懒惰、懒惰,忍饥挨饿","细水长流"……

张富清的儿时,是在饥饿的煎熬中度过的。他兄弟三个,一个妹妹。大哥几岁的时候,因家中无粮,活活地被饿死了;在他8岁的时候,他的父亲因患痨病(肺结核)无钱治疗含悲离开了人间。那时家里穷啊,穷得吃野菜、用粑糠,甚至用观音土充饥;家里惨啊,惨得没衣服穿,母亲就从他死去的哥哥和父亲尸体上把破棉袄脱下,交给张富清和他二哥穿。

在母亲的教育下,苦难的张富清(那时叫张元生)常常是含着悲伤的泪水,一大早就起床,有时背着粪箕到附近的村子去拾粪,有时扛着锄头跟随母亲下地锄草,有时拿着砍刀上山砍柴,有时带着镰刀下地割麦。为了活命,张富清裹着一双小脚的母亲,常常出门打短工,挤出时间给人洗衣服、做饭、推磨、喂孩子。为了生存,张富清14岁就给财主家做长工,放羊、放牛、担水,什么活都干。

张富清从儿时到替兄充壮丁,到在国民党军队干杂役,到参加了人民解放军扛枪打仗,整个生存环境,都很艰苦。艰苦的环境,往往很难存有俭朴与奢华之分,只有丰衣足食,才往往会导致是否俭朴之说。而生活水平高与低,日子过得好与坏也仅是相对而言。

牛老师讲课,声情并茂;张富清听课,全神贯注。从牛老师的讲课中,张富清了解到俭朴是富裕之源,俭朴是立身之法宝。打那后,他自己给自己作出一个规定:不论在什么时候,不论在哪一个工作岗位上,都随时做到衣不求华、食不厌蔬,用高标准、严要求来要求自己。那么,牛老师讲的"节俭朴素,人之美德;奢侈华丽,人之大恶",自然被视为一座人们生活中的警钟,他要让警钟在自己的身边长鸣!

1994年12月底,正逢新年元旦到来之际,我国改革开放取得了初步成果。特别是作为金融行业的建设银行系统,由于张富清在建行工作期间底子打得坚实,近年来有了长足的发展。尽管张富清从建行离休了整整十年,但建设银行来凤县支行的干部职工都挂念着他们的老副行长张富清。这天下午下班前,建设银行来凤县支行工会代表和负责老干部工作的同志,手捧他们早就预订好的生日蛋糕,提着新鲜的水果和纪念品,特地来看望张富清和他的老伴孙玉兰,祝贺张富清70岁的寿辰。

张富清的小女儿张建荣,在一家医院做护士工作,平时很少休息,没空看望父亲和母亲。在12月30日这天,她早早地回到老人身边,为父亲庆祝七十大寿。等建行的人离开后,张建荣帮忙收拾了一下,顺便看看建设银行带来了什么纪念品。打开包装一看,张建荣的眼睛一亮:"哇!好漂亮的钢化杯,还是江西景德镇生产的,这可是当代一流的茶杯啊!"

张建荣的母亲孙玉兰见女儿对银行专程送来的杯子赞不绝口,连忙转过身子看一看。她看了一眼,忙捧起杯子喊张富清看。她喊道:"孩子他爸,老头子!你来看啰!这杯子比你一直舍不得扔掉的那只破缸子不知要强多少倍!"

说着,张建荣走进父母亲的房间,从父母的房间条桌上拿起那个补丁摞补丁的破旧的搪瓷缸,说:"这搪瓷缸早就该换掉了。让它回到属于它归宿的垃圾堆!"

"你胡说什么?"张富清听了这话,忙过去把那只破旧的搪瓷缸夺了过来,"它将是我永久的纪念,谁也别想让它离开我的视线!"

这破旧的搪瓷缸是有什么魅力,使张富清看得像宝贝一样?

张富清不肯扔掉这只破旧的搪瓷缸是有缘由的。它的贵重,只有张富清本人最清楚!

1953年,部队急需一批优秀的指挥员奔赴朝鲜,参加抗美援朝战争。此时,正在开发新疆的张富清已是部队的连级干部了,经他主动报名、领导挑选,张富清被批准为入朝作战的指挥官之一。与其他几十名战友一起,他们从新疆出发,昼夜兼程,跋山涉水。当他们不畏艰难险阻、满怀战斗的激情奔赴至北京时,抗美援朝的战火已经停息了。紧接着,张富清他们一起,先后被选入我国防空部队在天津、江西南昌、湖北武汉等地的文化速成中学,进行文化知识学习。他们在江西南昌学习期间,受到了全国人民慰问人民解放军代表团的亲切慰问,董必武为代表团的总团长。张富清和战友们欣喜若狂。因为,他们每人获得了一枚纪念章和一个搪瓷缸。搪瓷缸一面印有天安门及和平鸽的图像,另一面写有"赠给英勇的中国人民解放军""保卫祖国保卫和平"等字样。

张富清意识到,这小小的纪念章,这朴实无华的搪瓷缸,事实上,值不了多少钱,但它的价值无法估算。至少有祖国人民对他们的无比信赖和赞誉,有全国人民对和平、幸福、美满生活的期盼!

从此,这只搪瓷缸就成了张富清随身携带、不愿放手的物件:与妻子奔赴祖国的武陵山区,他带着;调换各个工作岗位,他带着;被强制劳动、放牛时,他带着;旧了,掉瓷了,他也带着;不小心摔破了,他用牙膏补一补,还带着。

见张富清舍不得扔掉那个破旧的搪瓷缸,孙玉兰忍不住说话了:

"我说建荣她爸,你获得这搪瓷缸是什么时候?现在是什么年月?刚解放时,全国老百姓的生活多艰苦,现在改革开放了,人民的生活水平提高了多少倍?有句老话说得好,旧的不去,新的不来。"

张建荣也忙接过母亲的话茬儿,说:"爸,我记得有位名人说过,过分的怀旧,就是故步自封,缺少时代的超越精神……"

张富清听了,从根本上不同意她们的观点,但他见张建荣以前语言不多,现在却大有长进,不仅能说,还会借名人的话说事,他不恼不怒,让老伴孙玉兰和二姑娘坐下,他来给她们讲一个故事:

"好吧,我来讲一个名人的故事。这个有名的人,就叫苏东坡……

"苏东坡在历史上是个有影响的人物,他一生都注重俭朴。1080年,他被贬官来到黄州时,生活艰难。为了走出困境,他订出了一套特殊的用钱方案,他把所有收入分成十二份,每月一份;然后又把每份分成三十小份,每天只用一小份。他把每月分好的每小份钱挂在屋梁上,每日清晨挑下一包来用,准余不准超。剩余的钱,他另用竹筒保存,以备意外开支之需。

"后来,他又在朝廷中做了高官,但仍注重节俭,从不讲究奢华。他规定家里每餐只能一饭一菜,有客人也只能增加两个菜,不讲铺排,否则就拒绝用餐。一次,苏东坡的一个老友与他重逢,请他吃饭,他嘱咐朋友千万不可大操大办。当苏东坡应邀去朋友家赴宴时,见酒席准备得相当奢华,他婉言拒绝入席,告辞而走。"

就在张富清讲苏东坡节俭故事的时候,张富清的大儿子张建国、小儿子张健全都携自己的妻子和孩子默默来到了这里。他们心里都明白,老爷子七十大寿,按目前生活状况,本应该开办几桌宴席,把老爷子的老同事、老朋友和左邻右舍的乡亲请一请,热闹热闹,可他们知道,这是他老爸坚决反对的。于是,他们就只是来看看老人，表达微薄的敬意而已。

当老人的故事讲完了，他的儿孙们有的叫好，有的用手拍着桌子或凳子，在一阵祝贺声中，孩子们开始品尝他70岁寿辰的蛋糕……

在来凤县城老街，有一栋建设银行来凤县支行的老职工宿舍，这栋宿舍还是张富清在行里当常务副行长的时候兴建的。在这栋楼的二楼，有间两室一厅的宿舍。从20世纪80年代起，这间宿舍就一直住着张富清、孙玉兰老两口，还有他们从小被致残、终身未嫁的大女儿张建珍。

到了2000年，随着来凤县新城区的开发建设及老城区改造，建设银行来凤县支行重新建设了一栋地域开阔、环境优美的新宿舍。张富清离开银行二十多年，但他的艰苦奋斗精神和爱行如家、淡泊名利的优良作风及高贵品质一直在建设银行传承着。盖了好房子，银行优先考虑的也是张富清等老领导。

根据实际情况，银行住房分配办公室给张富清准备了三室一厅的住房。考虑到张富清年老体弱，他们先后多次请张富清老领导搬迁新居，都被张富清谢绝了。

新房建成后的第二年元宵节刚过，建设银行来凤县支行的又一轮新任行长到位了。新任行长对银行离、退休的老干部、老职工的生活非常关心，他一上任就亲自走访老干部和老职工的家庭。当新任行长来到位于来凤县城中街建设银行原来的仅五层楼的老宿舍，有种空洞洞、冷清清的感觉。原来，这座宿舍楼不仅年久失修，还有绝大部分住户早已搬往银行的新宿舍大楼或自己购买的新住房。在这嘈杂、喧闹且老旧潮湿的二楼，银行原副行长张富清的家就在这里。走进张富清的家，展现在这位新任行长面前的是：墙面潮湿淡黄，还少不了线画房破的痕迹，在这个不通风又光线暗淡的房子里，摆放着老掉牙的几件家具，一张沙发被磨得皮破垫损……

"家里住几个人？"新任行长关切地问。

"我和我的老伴，还有一个1955年出生的从未出嫁的老姑娘。"张富清感激地介绍。

随同新任行长一行的银行办公室人员小钟，把张富清的大女儿张建珍的遭遇告诉了新任行长。

新任行长听了，鼻子酸酸的，眼睛涩涩的。他关怀地问张富清："女儿的情况向组织反映过没有？组织上完全可给予相应的资助。现在条件好了，行里建了新宿舍，比您在这里住舒服多了！您为什么还迟迟不搬家？"

张富清对新任行长的关心很感激。他又不得不把自己心窝窝里的话掏出来："我们已休息了好多年，能不给组织添麻烦的，尽量不添麻烦。至于住房，也搬迁过很多次。我对现在的住房很满意。"

也是，对于张富清来说，只要能够生存就很好。

我们不妨回过头来看看——

14岁多点儿，张富清给地主当长工，住的是牛栏、羊栏的过道。

21岁那年，国民党抽壮丁，抽到他二哥。而二哥是家里唯一的劳动力，他顶替了二哥。见他个小瘦弱，伪乡公所滞压两年，把他关押在潮湿昏暗的房间。

24岁的张富清加入人民解放军以后，在相当一段时间内环境恶劣，"地作铺，草当床，被盖云彩星灯亮，蓝天是战士宽阔的房"。

31岁结婚，防空部队的家属院给了一间破旧的客房，那间堵不住寒冷的房间做了他与孙玉兰的结婚新房，新房中的婚床，是两条板凳加一块木板。

1955年，张富清携妻来到来凤，县政府给了一间十多平方米的原做仓库用的破旧的房子，房子里没有任何设施，除了有一堆麦草外，连个床铺也没有。

其间张富清经常下乡，参与指导农业生产，睡农民破旧的偏房、柴房，或为堆放农具搭盖的小棚子。

1974年11月，被撤职长达七年的张富清重新恢复干部职务，任来凤县卯洞公社党委委员、革委会副主任。全家六口人，住在一座年久失修的庙里，两间房，一大一小，约二十平方米。家中两个大人、两个男孩、两个女孩共同挤在那二十平方米的旧庙里。

1979年6月，张富清被调回县城，任来凤县外贸局副局长，一家六口人才住上了外贸局约五十平方米的宿舍。

1981年9月，张富清调任建设银行来凤县支行副行长，在这期间，好不容易建成现在张富清仍然住着的两室一厅的住房。二十年过去了，张富清的孩子都成家立业了，分别搬出了这栋房子。张富清的左邻右舍有的将自己房屋进行了新装修，有的搬出了这栋旧宿舍。张富清家里眼下住三个人，他非常满足，感到很幸福、很安宁。

新任行长一行出了张富清朴素无华的住所，想起张富清窗台摆放得整整齐齐的品种和姿势不一的仙人掌，他们感触很深：那并排摆放的仙人掌，不恰似张富清不改初心、勇于奉献、淡泊名利、俭朴不奢的品格吗？

三十三　厚德载物

2012年4月的一个夜晚，一夜的狂风，把来凤翔凤医院门前那棵生长了几十年的梧桐树折断了。说出去，人们很难相信。那棵树平时枝繁叶茂，那如棚似伞的绿荫，把医院装点得如此安详、幽静。早晨,空中随风飘起毛毛细雨,细雨与医院大门里热气相撞,忽拉成一层雨烟,雨烟忽明忽暗,模糊着进出人们的视线。

张富清的小儿子张健全,早晨起来便冒着毛毛细雨,赶往翔凤医院。一到医院门口,他无心观看昨夜狂风拦腰折断的梧桐树,而是要快一点儿去医院探望病中的老父亲。

他推开大门,径直来到父亲住院的骨科病房。见小儿子一大早就来了,母亲孙玉兰说:"这是什么鬼天气,让你受苦了,快歇会儿。"

"父亲好些了吗?"张健全关切地问母亲。

孙玉兰说:"没有呢,昨天痛了一个晚上,快天亮时,医生给他吃了一颗去痛片,刚刚睡着一会儿。"他们谈话时,蒙眬中张富清感觉有人说话,努力地微微睁开眼睛,他一看是儿子张健全,心里一阵欣喜。虽然不能大声说话,但脸上的表情足以显出他的心思。

孙玉兰一看张富清睁开了眼睛,轻声对张富清说:"儿子健全来了。"

"辛苦你啦。"张富清对着小儿子说。

张健全见父亲睁开了眼睛,高兴地说:"爸——!好些了吗?"

张富清摇了摇头,脸上露出难受的表情。

"怎么还不见好转呢?我记得您到医院差不多三十来天了。"张健全质疑地问。

"是啊。"孙玉兰说,"平常看病,一般一个星期就是一个疗程,按理儿应该有所好转,不知怎么回事,这次一直不见好转,本来是件小事,现在还越发有问题了。"

就在他们谈话时,县委老干部局的周主任来了。他得知张富清老行长住院的消息,今天一上班就放下手中其他事情,特地赶来看望。

第九章 风骨铮铮尽无言

看到周主任来了,张富清忍着疼痛,给周主任打招呼:"周主任,坐,坐!我的事难为您了。"

周主任上前掀开盖在张富清身上的被子,只见他左腿又红又肿,根据经验,周主任深感情况不妙:"怎么这个样子,我去找医生问问。"他火急火燎地来到诊室,找到主治医生何大夫,他问:"病人张富清的左腿出现又红又肿的现象,是怎么回事?"

何大夫说:"病人来后,我们按程序治疗的。88岁的老人了,哪能没有一点儿病呢?问题不大,慢性病,慢性治嘛!"

"这是什么话,好人不知病人苦,如果没把握,就请上级医生来会诊。"这话被科室医务主任听到了,他来到病房,认真地查看了张富清的病情,认为问题严重,不能拖延。他当即电话联系上了恩施州医院,请他们立即派专家会诊。

恩施州医院接到电话,马不停蹄地指派专家赶了过来。他们查看了病情,看了拍出的片子,很快得出了结论,专家当机立断:"病人的左腿需要截肢,不然后果不堪设想。"话说不打紧,责任难当!医务主任问:"此话当真?""当真!而且要快,延误病情,后果无法想象。"医务主任哪里晓得,话越说越严重,因此心里忐忑不安。

消息很快传到张富清离休时所在的单位——建设银行来凤县支行。建设银行来凤县支行办公室分管老年工作的秋萍赶来了,她不相信会发生这种事,只是认为病人在医院就放心了,哪晓得会出纰漏呢?当她看到张富清老行长疼痛难忍时,心里像刀割一样难受。她拨开人群,来到病床前坐在老行长的身边,亲切地安慰他:"没事的,老行长!有医生的治疗,会好起来的。"

张富清哪里会不相信呢,只是盼望能早点儿康复。看着老行长,秋萍脑海里像放电影一样,往事一桩桩一件件在眼前闪过。

那是1984年7月,秋萍刚刚从金融中专毕业,被分配到建设银行来凤县支行工作。报到的那天，老行长穿着一套已经褪色的工作服，脚穿一双解放鞋，浑身是泥巴和灰尘。忙于营业大楼改造的他，看到新员工来银行报到，连忙丢下手中的活儿，热情地跑过去与她握手。秋萍原以为行长一定是高高在上或是一身当官的气派，坐在办公室等待着新来员工前往办公室报到，没想到第一次见到行长，竟是在劳动现场。老行长那一脸的慈祥，令秋萍始终难忘！在那个年代，人们潜意识里向金钱看齐，领导干部很难注意到自己的公仆形象，而老行长平易近人、和蔼可亲的谦逊态度，老行长淡泊名利、无私奉献的精神，老行长勤恳简朴的品格，却成了秋萍和其他员工后来工作的不竭动力。想到这里，秋萍两眼湿润，无意间，抽泣的鼻涕流到嘴边。她下意识地掏出纸巾擦去。秋萍知道，尽管老行长从银行离休17年了，但他给银行留下的好经验、好品质成了优秀的传统，一直被继承和弘扬。今天，看到老行长躺在病榻上呻吟，她的心情特别沉重。老行长的呻吟，使她感到自己的心一阵阵作痛！这一切，张健全都看在眼里，他又来安慰秋萍："秋萍主任，不要难过，老人家会好起来的。"

听了恩施土家族苗族自治州的一家医院专家作出以上的结论，周主任像挨了当头一棒！周主任只觉天摇地晃，如果不是用手紧紧地扒在墙上，险些晕倒在地。出于老干部工作的责任担当，他当即找到医院院长。他问院长："怎么能让一个老干部来医院看腿看成这个样子？怎么样采取措施改变这一被动局面？怎么样严格查处有关责任人，避免类似的事故再次发生？"

这时候，吓得满头大汗的医院主任也跑来了。他来向院长汇报病人张富清需要被截肢的紧急情况。

周主任的质问让院长心烦意乱，又逢医院主任的紧急汇报，更是火上浇油，高度的责任感让他压力倍增，他必须救死扶伤，为人民的身体健康负责，为医院医务人员和医院的名誉负责。他问医务主任："州医院来了哪几个专家？他们把病拿准了没有？"

医务主任回答了问话后，院长先是摇了摇头，接着面向周主任："周主任，我有个想法，为了尽量避免病人的失腿之痛，我们能否请我省权威的武汉医院的专家再来重新会诊一次。你觉得怎么样？"

周主任也不忍心让离休老干部到了88岁还要被截掉一条腿呢，他当然希望有奇迹发生，他不假思索地同意了院长的想法。

院长考虑问题比较全面，为了安全起见，为了尽可能地避免矛盾，又分别征求了老英雄张富清大儿子和小女儿张建荣的意见。病人的两儿一女都同意后，他们就启动了下一个方案。

这一次，是院长亲自给武汉市一家大医院领导打了电话，请求紧急指派专家前往翔凤医院骨科病房，为88岁的离休老干部张富清会诊。

春夏之交的雨，还在淅淅沥沥地下着，它给生活在武陵山脉的人们带去了炎热前的凉爽，给那些干渴了的山山岭岭、坡地农田带去了少有的轻浇慢润，给生长在那里的玉米、高粱、花生、土豆、红薯、水稻、油菜等农作物带去春天后新的蓬勃生机。

然而，医院骨科住院部里，闷热与烦躁、忧伤与痛苦交织在一起，这里丝毫感受不到春天后的温柔之意。相反，聚集在住院部的人们无比焦虑。他们的心情像这淅沥的初夏细雨一样，如同孩儿的小肠结住了火，始终欲下而不畅，闷闷的，沉沉的，似乎一直被压抑着……

下午3点多钟，武汉这家医院的专家和几个医院的技术骨干反复分析研究后确定：由于病人年迈且没注意休息，病人的左腿膝盖部位出现了一般性的炎症。初期治疗在诊断中出现错误，加之病人年龄过大，身体抵抗力减退，药物在肌体内发生了质的变化，使病毒趁机而入，产生感染，导致病人出现了恶心、呕吐、低烧不退的不良现象，时间一长，原来的一般性炎症剧变为严重的病毒性感染，造成膝盖部位发红、发肿、化脓等严重恶化。如果不进行截肢，病毒有可能向体内别的组织扩散，这样会给病人带来生命危险。

这就是湖北省权威医院专家作出的诊断。

这是在场的人们多么不希望出现的令人后怕的结论，而恰恰就是这一结论真真切切地展现在人们的面前，使人们无不感到惊心动魄、恐惧万分！

这一结论犹如无形的铁锤，重重地压在人们的心头，压得在场的人喘不过气来，几乎窒息！

县委老干部局的周主任是从部队转业到地方的干部。他为人正直，感情丰富。他不光是敢于担当，对老干部工作负责，还对老行长张富清支持山区建设、淡泊名利、为民造福的情况有所了解，一直敬佩老行长。周主任和张富清一样都有一种情怀：建设贫困山区，为山区各民族人民造福。这一难能可贵的情怀，这一志同道合的壮举，像两根无形的红带使他们紧紧地扭在一起。这种朴素的情感随时牵动着他们的神经，甚至牵动着他们身上的每一个细胞！

当有权威性的省城大医院的专家们明确作出诊断时，周主任好一阵心痛！一时间痛苦、忧伤、恼怒、气愤全都涌上心头！他的拳头握得"咯咯"作响，恨不得去拉出那个造成误诊的医生，狠狠地把他揍个半死！可是，不能啊！在我国对人权越来越尊重，法制不断健全的当今，自己是一名在县委老干部局工作的管理干部，怎么能鲁莽、冲动，挥拳伤人呢？

周主任不得不打消揍人的念头，迅速地收回并解散那一触即发的拳头，不得不把对医院、对个别医生的恼怒、气愤转化为痛苦和忧伤。瞬间,这痛苦和忧伤化成一滴滴、一串串伤心的、酸楚的泪。这泪,像开闸的水,"哗哗"地流淌着……

一种涌自心灵深处的泪,一种有着真挚情感的泪,在同路人中,往往无须触摸也能共鸣!

看吧!随着周主任的落泪,建设银行来凤县支行的秋萍主任也落泪了,张富清的大儿子张建国也落泪了,张富清的小儿子张健全落泪了,张富清的小女儿张建荣也落泪了……

截肢,多么残忍恐怖的字眼!有谁愿意接受这一残酷的现实?

在大女儿张建珍、大儿子张建国、小女儿张建荣、小儿子张健全这四个孩子的心目中,父亲张富清是他们的天,是他们的山,是他们人生中的一杆旗!

他们难以接受88岁的老父亲要被截肢的残酷现实,他们再三请求院方能否不截肢。可回应他们的答复斩钉截铁:再无其他办法诊治,截肢是目前治疗中的首选,也是唯一的治疗办法。顿时,惊雷,在翔凤医院的上空炸响;狂风,在闪电中劲扫。随之,门外如豆的倾盆大雨取代了门前淅沥细雨……

这雷电、狂风、大雨仿佛都是为张富清老行长及家人抱不平,帮助张富清老行长及家人发泄心中的不快……

用得着吗?张富清的老伴和孩子们,责无旁贷地会去据理力争。建设银行来凤县支行的秋萍主任对翔凤医院不会轻易地依从。秋萍作为单位老干部工作的负责人,她要维护银行离休老干部的人身安全的合法权益,她要为张富清老行长及家人讨个说法,她要医院拿出具体的解决问题的办法,譬如说赔付:怎么个赔付法?如何既有利于张富清老行长的身体健康,又能让老行长的老伴及子女们接受?

周主任向医院提出要求:首先,要坚定不移地遵守我党关于

"救死扶伤、治病救人"的方针，确保这次对老行长张富清的截肢顺利地进行，只能成功，不能失败；其次，为了避免张富清在治疗过程中再有闪失，他在武汉市手术及治疗过程中，翔凤医院务必派出医护人员跟踪，直到完全出院；最后，在做好翔凤医院改革整顿、处理有关人员的基础上，拿出一个令病人和家属能接受的方案。

躺在病床上的张富清，看着进进出出的人脸色都是阴沉沉的，判断事态不容乐观。对于这样的现状，他的心情非常焦虑。一个包容与抱怨的搏击，死死地缠绕着他疼痛的心。

时间是不受任何人的耽搁和阻拦的，对于健康人是一瞬，对于病人来说简直是油锅的煎熬。张富清多么希望在渺茫中看到一线希望！那希望是光明的，是融洽的，更是有成功的把握。

孙玉兰从家来到医院，张富清已躺在病床上睡着了。两个儿子、两个姑娘都不在，建设银行来凤县支行的秋萍也没看见，只有医院的一个小护士在旁边守着。孙玉兰谢过了小护士，她就守在张富清的身边。

望着丈夫日益消瘦的脸，她好一阵心酸。老伴一身都是亮堂堂的，从没干过一件对不起人的事，怎么遭到这样的报答呢？好端端的腿，有了一点儿小炎症，怎么就越治越重了呢？这一住进医院，就是将近四十天了，先后转了几家医院，七转八转，还是退回了这家首次住的翔凤医院。这点儿小毛病，还把几个孩子折腾得够呛。大儿子张建国在合并后的县文体局上班，小儿子张健全在县政法委上班，他们成天到晚忙个不停。起初，负责护理张富清的就是孙玉兰和小女儿张建荣。张建荣是这家医院的护士，她的丈夫还是这家医院的医生。他们来帮忙看护方便一些。大女儿张建珍，那年发高烧耽误了治疗的最好时期，后加上1967年那群坏蛋的残害，留下后遗症，生活不能自理，至今未婚未嫁，跟着父母一起生活。为了重视对张富清的治疗，关键时候，小儿子张健全不得不请假参与看护父亲和协调相关事宜。

慢慢地，躺在病榻中醒来的张富清从不太沉实的睡梦中醒来，见老伴又坐在床前守护着他，满脸的难过之色。他用那只没有输液的右手去拉老伴，老伴迅速伸出手，把张富清瘦得像干柴一样的那只老手紧紧地握住。泪水湿润了这对老夫妻的眼睛。

孙玉兰先帮着老伴擦了把眼泪，接着又很快地抹了一把自己脸上的泪珠。孙玉兰试探性地问老伴："听说，他们要把你送到省城医院去治疗？"

张富清回答孙玉兰："他们已经告诉我了，要去把我左边这条老腿锯掉！"

孙玉兰的泪水又一次滚落而下，她哭泣着问老伴："这些，他们都给你讲了？"

张富清很坦然地告诉了自己的老伴："都给我讲了。"

孙玉兰甚至哭出声来："往后，你一条腿，怎么过日子啊？"

张富清一边安慰老伴，一边为老伴擦拭眼泪。他对孙玉兰说："谁愿意锯一条腿啊？医院领导说，为了人的生命安全，这是没有办法的办法。这件事告诉我的第一时间，我心里像刀割一样痛，我甚至死的想法都有。我接着一想，不能那样啊！我如果真那样做，自己一了百了，给你，给孩子们，给医院，给单位，给所有认识我的活着的人，不是带去了更大的痛苦吗？"

张富清的话，像一块朴素而又柔软的手绢，一下子把孙玉兰的泪水止住了。

在医院沉闷得令人窒息的气氛中，张富清强忍着腿部的疼痛，一边给老伴孙玉兰送上安慰的话语，一边问小护士："不是说要我紧急转院吗？医院的领导，还有周主任、秋萍他们人呢？都上哪儿去了？"

小护士一点儿也不会隐瞒，如实地告诉了张富清老人："他们都在院长办公室，医院没把您的腿治好，周主任好凶啊，对我们医院硬是不依不饶。"

小护士刚把她看到的和听到的情况如实地告诉了张富清老人。这时，张富清的小儿子张健全已请了假，做好了送父亲去省城医院做截肢手术的准备。

时间在一分一秒地过去。住院部墙壁上的时钟分秒的跳动，分明是在揣摩，它把几个关键人物的内心，揣摩得很精准：面对张富清左腿即将进行高位截肢，老伴孙玉兰和他的孩子们悲痛万分；县老干局的周主任，建设银行来凤县支行秋萍有痛有苦，更多的是愤愤不平：你医院是怎样为病人看病的？怎么给张富清老革命带来了失腿之灾？医院的院长、主任、主治医生的心情是沉重的，内心是愧疚的，教训是深刻甚至惨痛的……

是啊，好端端的腿，治成这个样子，哪个人心里不急啊？再疼再急再怨又有什么用？还是期盼省城有比这里更好的治疗条件。

张富清嘱咐他的小儿子张健全："去！去把医院院长、医务主任、主治医生，还有老干局的周主任、建设银行来凤县支行的秋萍主任都喊过来，我对他们有话要说。"

不一会儿，医院院长、医务主任、主治医生，还有周主任、秋萍等都来了。站在张富清的面前，就像孩子站在母亲的面前，静听着张富清的教诲。

张富清刚被张健全从床上扶起来坐下，他正儿八经地以一个老首长、长辈的身份说："我们来凤这个一脚踏三省（市）的地方，比起解放初期，尽管发生了很大的变化，但我们这个集山区、边区、老区、少数民族于一体的贫困山区，仍然很穷啊！国家为了清除贫困，正在加大扶贫力度。作为医院，由于受经济条件的限制，有些先进的医疗设备都跟不上来。总的来说，医院还算是不错的，医院的院长也好，主任也好，医生护士也好，他们的主观愿望都是好的，他们的出发点也是好的。当然，他们医疗水平、业务能力还需待提高。至于我的这条腿，谁能愿意进行截肢呢？不仅仅你们不愿意，我的老伴和孩子们不愿意，医院的领导和医务人员也更是不愿意啊！事情已到了这个样子，还是听医生的安排，我这条倒霉的左腿要锯就锯掉吧！只当是我当年在战场上炸碉堡时，被敌人的炮弹炸断了的。"

在88岁的人被迫要经受高位截肢的情况下，在县老干局周主任、建设银行来凤县支行秋萍维护张富清的利益乃至生命的紧要关头，在家庭里心情万分难受、不知所措的情景下，张富清以博大的胸怀，以善于包容宽恕他人的崇高品质，感动着他身边的干部和家人，更感动着医院领导和全院的医护人员。

保护老人张富清的生命要紧！再也没什么可说的了，他们只能期盼着张富清转往省城医院的手术成功。但一码归一码。手术成功后，他们再来督促医院做好赔偿等工作。医院的医务主任和主治医生更没什么话可说，他们十分愧疚。他们无不为这位宽恕、大度、善解人意的老人高尚的品格所感触、所动容。

谁都知道，为了化解医患矛盾，张富清在用自己面临锯掉一条腿的代价，换来医者与患者关系的正常；他在用自己的生命危险作为代价，去平息一触即发的风波！张富清似在率领千军万马驶向人性的制高点，驶向人类道德的巅峰！

张富清被紧急地送往省城人民医院。被送往武汉的时间正是城乡炎热难耐的8月上旬。为了既守护父亲安全地做好截肢手术，又能照料家中年迈多病的母亲的生活，张建国四兄妹进行了分工。小儿子张健全、小女儿张建荣去省城人民医院看护父亲，大儿子张建国和大女儿张建珍留守来凤县城守护母亲和照料几个家庭。

"医生，我父亲的腿能不能设法保留？"小儿子张健全诚恳地向省城的主治医生请求着。

省城人民医院主治医生的想法与张健全的请求是一致的，他也是想用保守的治疗方法试试。谁知，敷药根本解决不了左腿膝盖的病毒性炎症，为了彻底治愈，不给生命带来严重的威胁，必须尽快进行高位截肢！

这天下午，张富清躺在手术室的推车上，被两名白衣护士轻轻地推向手术室。前来医院看护的张健全、张建荣，还有秋萍主任，目睹着张富清即将进入手术室，心里一阵阵地发紧，似乎被石头压住了一般，憋得人喘不出气来。他们在为张富清老人提心吊胆，在为张富清能否顶住这飞来之祸捏一把冷汗！而张富清本人似乎没有感触到什么，他那从容刚毅的神情留在了手术室门外每个人的视线里……

做手术的时间，对于患者，似乎很快，就是睡一觉或打个盹儿的事；而对于手术室外的看护者，哪怕每一刻每一分，都令人备受煎熬！

从张富清躺在推车上被送进手术室起，秋萍主任和张富清的小女儿张建荣的眼泪就没有停止过。时而犹如泉水般地涌出，时而似甘露湿絮一样地渗透。张健全心里更是难受，他也落泪，但他毕竟是张富清的儿子，男儿有泪不轻弹。他把痛苦的泪儿化作冷静的思考，化作坚定的步伐，在手术室外轻声地踱来踱去。

手术室的门开了。张富清终于手术结束，被推了出来。护士喊了一声："张富清的家属——"等候在门外的张健全、秋萍、张建荣等，连忙从护士的手中接过推车。当两个护士把手术后的张富清从推车上抬到病床上时，刚强的张健全突然眼前一黑，身子失去平衡，险些昏倒在地上。好在富有实战经验的护士眼尖手快，就在张健全即将倒下的时候，护士麻利地挽扶住了他。

手术后的张富清，脸色苍白，身子硬邦邦、冰凉凉，更令人难受的是张富清的左腿没有了，只有一条空荡荡的裤筒。

时针"滴答滴答"地转动着，殷红的血浆通过输液管一滴一滴地流进了张富清的体内。尚未苏醒的张富清安详地躺在床上。

张健全、秋萍、张建荣守在张富清的病床前，他们急切地等待着老人从睡梦中醒来……

忽然，张富清正在输液的右手手指动了一下，随着麻药慢慢地失去药效，张富清的眼睛慢慢地睁开了。

"爸！您醒了！"

"老行长，您可醒过来了！"

手术后醒来的张富清，尽管见到了自己的小儿子张健全、小女儿张建荣，也认出了秋萍，但由于年龄过大，他一时大脑似乎出现了空白。他不知道这是什么地方，也不知道自己躺在这里干什么。

当张健全告诉他这是省城人民医院时，张富清这才想起他做了截肢手术。张富清想从病床上爬起来，急忙两手按住病床，可怎么也起不来。

"爸！您千万别动。您还在输液打针哩！"

一阵疼痛，一阵麻醉清醒后钻心的痛，痛得张富清的额头大汗淋漓……

痛起何处？是左腿高位截肢的地方。张富清下意识地要去抚摸，可整条左腿没有了，全被锯掉了！剩下的只有大腿残留的肉桩，只有套在残留肉桩上的空落落的旧衣裤……

"天哪！我的腿哪里去了？我的腿怎么就没有了？……"

张富清呼天喊地的哭声，像重炮，似闷雷，轰响了医院病房，撕裂了看护者的心肺！

张健全、张建荣一下子无所适从了，只觉得父亲那从未有过的哭声，像锈刀在硬生生地割扯着他们的五脏六腑。

秋萍在张富清的哭声中，加深了对来凤翔凤医院的愤慨！如果不是误诊，我们的老行长怎么会惨遭如此的痛苦呢？

张富清的哭声，招来了住院的病人，也招来了医院的医生、护士。

人们围挤而来，都想问个清楚明白。颇具正义感和责任心的秋萍此时站了出来，用她自己的看法和见解，将张富清老人造成锯腿的原因一点点地告诉了同室病友，告诉前来关心张富清老人的医生、护士。大伙议论纷纷，有的上前安慰老人，有的表示出对来凤翔凤医院极大的不满和气愤。

在这样的情景下，张健全忙站在父亲的身边，帮父亲擦干了泪水。他对着围过来的人们高声地说："我们县是一个极度贫困县，我们县城医院的医疗设备也跟不上来。我们那里的院长、医护人员对每一个病人，都像我们这家省城的大医院一样，对每一个前来医治的病人，都倾注他们的爱心，当然，由于医疗技术和治疗能力有限，难免出现差错。但我们要宽容，要大度，要多理解医护人员，多一点儿包容……"

泪水尚未完全擦干净的张富清老人，立刻像换了一个人一样，他用洪亮的声音接着说："我刚才的号啕大哭，是在哭我们家乡太穷了，是在哭我们山区医院什么时候能够达到省城人民医院的水平和标准啊？"

短短的时间里，同一个场合，秋萍、张健全和张富清三个不同年龄、不同身份人的话语，有真情表露，有善意的谎言，人们自然会在这不同的话语中去分辨，去掂量。

天刚蒙蒙亮，远在恩施土家族苗族自治州来凤县的孙玉兰，又一次给守护张富清身边的儿子张健全打来电话："你爸的腿好些了吗？怎么没见他给家里来个电话？"

"妈，您放心，爸在这里治疗得很好，一天比一天好起来了……"

多么美好的时代，多么可爱的多民族儿女，多么幸福的家庭，多么贤淑的妻子和孝顺的儿子。

面对着浓浓的深情和爱意，张富清决心卸下截肢的包袱，在艰难和危机中，他站了起来，他挺立向前，摔倒了再站起来！一次次摩擦出鲜红的血印，一回回强忍着艰难的泪水。

终于，年近90岁的张富清老人拖着一只假肢，挺立起来，如巍峨的大山矗立着；终于，年近90岁的张富清老人挂着残疾人的代步车，陪着老伴买菜、做饭、散步、学习，后来还参加了2019年的国庆大典。

这里不得不告诉读者。张富清厚德载物的博大胸怀，张富清那能够包容和宽恕医院过错的崇高品质，感动了人们，更感染着医院领导和全院医护人员。张富清的不怪罪、不追究，反倒似一根无形的强劲的鞭儿，悬挂在医院的上空，随时随地都在鞭策着凤翔医院。医院从领导到各科室，从党员干部到医生、护士，自觉遵守着国家有关医疗卫生的管理规定，加强医师和护士的业务培训，不断提高业务素质和水平，在整个医院形成了"强技术，明医德"的浓郁氛围。在张富清医治过程中的涉事医生自觉深刻检讨，并提出接受上级惩罚的请求。为更好地照料张富清的生活起居，医院让原在医院当护士的张富清的小女儿张建荣不用到医院当班，在家专职料理张富清老人,工资待遇不变。

三十四 心灯不灭

又是一个七一建党节。下午1点多,小雨在风中斜洒着。风雨中,94岁的张富清挂着他的助步器,一步一挪地向建设银行来凤县支行的办公楼走去,给他打着雨伞的是与他不离不弃、同生共死的老伴孙玉兰。孙玉兰身披一件尼龙袋裁剪的雨衣,随同老伴向前走着。

建设银行来凤县支行要在七一建党节期间,接纳一批新党员,举办主题教育活动。吃罢午饭,张富清就换了一套干干净净的旧中山装,准备好辅导材料和日记本。等他们来到建设银行来凤县支行大楼楼梯口,恰遇电梯正在维修,上不去。

这可把张富清急坏了,怎么办?

孙玉兰说:"老天不让你参加,我们只好回转吧!"

张富清却不同意:"既然要到了,还有一口气的事,怎么能回转呢?"

孙玉兰知道,张富清像一头犟牛,他认定的事,别人想拽也拽不回。他说到,就要做到!

孙玉兰抬起左手一看,快到下午2点半了,单位举办活动的时间快到了。他们两人哪能算到达了呢?活动的地点是三楼会议室。而他们只到了楼下,离活动地点还差最后一口气。

"来,我们往上爬吧!"张富清的坚强,不单单是在给自己打气,也是在给孙玉兰鼓劲!他们从楼梯艰难地往上移动。

一步,两步,三步……

张富清用力地挂着助步器,孙玉兰左手拿着雨伞,右手扶着张富清，非常吃力地向上挪动着，攀行着。

老两口一步一歇、一步一喘地往上爬，汗水却很快把张富清的额头布满。他们挪动着、攀行着，一不小心，张富清摔倒了。孙玉兰火急火燎，想赶紧拽住张富清，可张富清连人带助步器从上至下快速地翻滚，恰好遇上银行一位新职员，这位新职员一个箭步冲上前，把老人扶起。还算好，谢天谢地！张富清身体没什么大碍，就是头部被摔出一个枣子大的红疙瘩。

这时，孙玉兰也小心翼翼地走了下来。她来到张富清的面前，用手抚摸着张富清的头部："老头子，摔疼了吧？"

张富清面不改色心不跳，轻轻地摇着头："我没什么！"

银行新职员对这位陌生的老人很敬佩，也感到很奇怪。他问老人："你们家孩子呢？你们到这里来干什么？如果存款、取款不在上面，就在一楼营业大厅。"

张富清微笑着："我们不存款，也不取款。谢谢你小伙子，你是新来的吧？今天你们不是主题党日活动吗？"

新职员仍然不理解："是呀，您怎么知道的？您这样不方便，您找谁？"

张富清接着说："我要找你们的领导，为什么主题党日活动不通知我？"

新职员更糊涂了："怎么，您这么大岁数还参加党日活动？"

孙玉兰向这位银行新职员介绍："他是你们银行的创建元老，是老张副行长！"

听罢，这位新职员以无比敬佩的目光望着张富清。他很激动地说："哎呀！非常抱歉，您就是我们的老行长啊！我刚进银行，行里就介绍过您的事迹，谁知就是您老人家！来，来，老行长，您要去参加党日活动，我背您上三楼。"

说着，这个小伙子硬是把张富清背起来，一手反在背后扶着张富清，另一只手拿着老人用的助步器，鼓足劲儿，直攀三楼会议室。

会议室里，党日活动即将开始。就在这时，张富清被银行新职工背着到场了。主持这次党日活动的是新来的副行长。这位副行长见银行员工背着一个截了肢的老爷爷来到会议室，感到莫名其妙。会议室里其他的老员工都激动地叫了起来："老行长！""老行长——！""这下雨天，您是怎么来的？"

张富清微笑着跟银行党员职工打着招呼："对不起，我迟到了！"

当银行的党员职工把老人送到一张空凳子上坐下，这位新来的副行长，顿时愧色难当。他忽地一琢磨，说："我们今天的党日活动的题目是'如何联系实际继承和发扬党的优秀传统'。联系什么实际？我看，老行长的初心不改、坚持不懈的学习精神，就是我们建行最有力的实践，最生动鲜活的素材！"

回应新副行长的，是一阵又一阵热烈的掌声。掌声里，人们的眼圈红了，泪水在无意中滴落着。这泪水，浸泡出建行人的千言万语；这泪水，比窗外天空时而洒落的雨点还要珍贵……

张富清这么大岁数，还这般重视学习，正如他经常说的那句话："人活到老学到老。"

时光倒转到1984年12月底。那天上午，在建设银行来凤县支行，张富清一办完离休手续，就来到支行办公室。他对办公室主任说："从明天起，我就不再上班了。但我是个共产党员，行里的政治学习、上党课或主题培训，你们必须通知我。在学习上，我不能缺课。"

张富清离休时，对他所在的银行办公室主任的嘱咐，也是对自己的严格要求，更是对他以前在工作和生活中的释放。

这天上午，张富清独自一人来到县邮政局，提出要订报刊，邮政局投递员马啸接待了张富清。

"张行长，您来这里有事？"马啸笑着问张富清。

"我来订报刊。"张富清也乐呵呵地说："这次又给你添麻烦了。"

马啸忙告诉张富清："还要您亲自跑来吗？你们建行办公室的方主任早就订了。是不是要增加份数？这点儿小事，让你们方主任给我一个电话就行了，手续我到你们银行去补办一下就行了。"

"不用！我已经离休了。我个人想补订几份。"

从那时起，张富清家里多了一份由新华社主办的《半月谈》杂志。通过对《半月谈》的阅读，他随时掌握国内外形势。

1997年上半年的一天，晚饭前，张富清得到一则消息，他激动地站立起来，走到厨房门口，问老伴孙玉兰："今天做了几个菜？"

正在做饭的孙玉兰急忙答应："还不是你喜欢的几样菜。你休息会儿，马上就好。"

张富清补充说："再加个菜。"

"怎么啦？是儿子，是姑娘，还是哪里的客人要来吃饭？"孙玉兰不解地问。

"嗯，是，是。"张富清应付着，掩饰不住满脸的欢快。

菜很麻利地做好，端上了餐桌。张富清坐了过来，嘴里夸赞着："嗯，好香呀！"赞罢，他又要起身。孙玉兰忙问："你还要拿什么？"

张富清笑眯着，乐得像个听话的小孩一样："今天特别，把大儿子的媳妇送的那瓶红酒拿来，再捎上两个杯子。"

很快，孙玉兰拿上他们的大儿媳送来的一瓶上等的红酒和两个酒杯。孙玉兰笑着问:"是哪个贵客,这样敬重?"

张富清往孙玉兰面前推了一个酒杯,说:"你也喝点儿,我们共同庆祝一下!"

"是哪个客人?我们等一下呗。"

"要归来的,不是一个人,是七百万人!"张富清兴致勃勃地告诉老伴。张富清的话,像给孙玉兰泼了一盆糨糊,孙玉兰被说得稀里糊涂:"到底是怎么回事?你这老头子一天到晚忘不了读报哇,看书啊,特别是一拿着那本《半月谈》就不肯放手。这老了老了,是不是看得神经出问题了?"

"瞧你说的,我越看,我的头脑就越清晰,就越知道全天下的大事。"

孙玉兰问:"你说说,什么天下大事?"

张富清略有思考地告诉老伴:"我们的祖国解放四十八年了。可是我们九百六十多万平方公里的土地,至今还有三个地方被分割。三个地方的人民大众仍然生活在水深火热之中……"

讲到这里,当年部队进军新疆时,中国人民解放军西北野战军第一兵团司令员兼政治委员王震与部队团以上干部及部分骨干讲话中的情景又浮现在他的眼前:王震用木棍敲打着那幅巨大的旧中国地图说,中国的地图就像一片桑叶……我们中国总共是九百六十多万平方公里土地。

孙玉兰毕竟出生在当地有影响的秀才之家。张富清讲到这里,她马上附和着说:"这我知道,到目前,还有香港、台湾、澳门还没有解放。"

张富清激动地用手把餐桌轻轻一拍:"孩子他妈,我告诉你吧,香港就要回归祖国的怀抱了。"

"是吗?那是什么时候的事?"孙玉兰既震惊又兴奋。

张富清告诉她，香港回归祖国的日子定在 1997 年 7 月 1 日，也就是我们党建党 76 周年的日子。邓小平同志高瞻远瞩，智慧无穷。香港回归，是在由他亲自提出和设计的"一国两制"的战略思想的基础上实施的。中国和英国花了长达两年多的时间进行谈判，谈判次数达二十二轮，1984 年 12 月 19 日中英才正式签署了《中英联合声明》，双方共同约定，从 1997 年 7 月 1 日起，香港回归祖国，由民众自己当家做主。香港恢复主权，回归祖国已是指日可待了。

孙玉兰不由分说就站了起来，打开酒瓶将两个杯子斟满。她先举起酒杯，非常高兴地提议："来，为了庆祝香港回归，我们老两口碰一杯！"

喝了碰杯酒以后，他们在屋里悬挂的日历上做了个记号，好数着日子等待香港的回归。

1997 年 6 月 30 日下午，老两口把那栋破旧的住房里里外外收拾得特别利落，打扫得干干净净。特别是窗台上的那十几株仙人掌，摆放得整齐划一，好像一排威武的仪仗队站在那里，向百年思归的香港人民敬礼。

7 月 1 日这天，张富清早早地起床了。吃完早点，他就坐在电视机前，一动也不动地观看香港回归祖国的全程录像。吃罢午饭，孙玉兰兴奋中始终没有忘记她的头等任务——关心张富清的身体。

"上午观看电视，用脑过于集中，休息一下吧！"

哪知，张富清并没有听老伴的话，而是换了一件洗得发白的旧军装，整了整常年戴在头上的那顶帽子。

孙玉兰问："让你休息，你怎么不听安排呢？你这是要干什么？"

张富清像不认识孙玉兰似的，他抬起头，望着眼前的孙玉兰，笑了笑说："我知道，你的头等任务是关照我的身体。你也应该知道我的头等任务啊！"

孙玉兰脱口而出："读书看报上党课！"

"多少人等啊盼啊，几代人，一百年，海外大陆，五十六个民族的中华儿女，终于等到了这一天。恰好，这一天是建党76周年的生日。下午，银行还要开展党的庆祝活动呢！"

"好，等一等。我也去换件干净衣服，陪着你一起去……"

"陪着你一起去"，这句朴素的话语，道出了孙玉兰对张富清的守护意识和特殊的情爱。几十年的日子，孙玉兰始终是在陪着张富清一起走：在武昌，张富清毅然决然支援湖北边远山区，作为新婚妻子的孙玉兰，陪着张富清一起走；来到贫困的来凤县，孙玉兰更是跟着张富清一起走。

张富清被撤去来凤县三胡区区长职务的那年，县城里乱糟糟的，眼看张富清就要被作为社员，安排到山区生产队劳动。下队劳动前，张富清要去县城新华书店购书。孙玉兰为了保护张富清的人身安全，放下几个孩子不顾，她陪着张富清一起去了新华书店。那一次，张富清自己掏钱，买了《毛泽东选集》第一至第四卷。在从县城回三胡区的路上，孙玉兰问张富清："买这么多，能看完吗？"

张富清说："我现在不在区长的位置了，除了白天参加生产队劳动，时间要比以前宽裕很多，这恰恰是读书的好机会。在劳动之余，我要静下心来，好好地吸取这宝贵的精神财富。"

没过几天，张富清果然被安排在三胡区最偏远的生产队劳动。劳动是艰苦的，对张富清来说，既生疏又熟练，因为张富清毕竟是放牛、放马的长工出身。劳动之余，张富清就认真攻读《毛泽东选集》。

张富清下队劳动的那年冬天，趁学校放寒假，孙玉兰把几个孩子交给裁缝师傅帮忙看管，自己只身顶寒风、赶山路，给孩子他爸送去了挡寒抗风的棉衣。在张富清的住处，孙玉兰发现《毛泽东选集》第一卷里,有的语句用笔做了记号,被画出一道道的横线;有的字句旁边还打着问号。孙玉兰端详着与生产队社员一起上工、放工的张富清,眼睛潮潮的:"白天劳动,累了,晚上早一点儿休息!"

张富清笑了笑:"你还别说,只要静下心来,书中自有黄金屋。有时读起来还真舍不得放下。"

孙玉兰在张富清面前,本来想把自己的怨气、苦水一股脑儿地向老伴倾诉出来,谁知,她被张富清的淡然态度和不屈的精神所感动,烦恼立刻烟消云散了。

孙玉兰在张富清的身上看到了他勇于承受和奋发向上的品格,这种品格使他焕发出一种善于包容的健康的心态和无穷的力量。孙玉兰把话题转到读书上,她问:"这书中,你用笔画出的一道道语句是表明主题鲜明,语句生动吧?点点圈圈是什么意思?"

"说出来,你别见笑。那是我不认识或者不理解的字词。我正要对你说,请你在新华书店帮我买一部《新华字典》……"

过了几天,一部崭新的《新华字典》由孙玉兰托人带到了张富清的手上。接过《新华字典》,张富清如获至宝!他感激妻子在他困难时期对他的理解、支持,他要充分掌握和理解《毛泽东选集》的内容实质。

种地、放牛,然后是读书,这三件事,张富清一样不少地忙活着。

七年,张富清在农村的最基层,爬了多少山,种过多少地,受过多少委屈,人们记不清楚;喂了多少牛儿,养了多少山羊,它们分别是什么品种,挤了多少牛奶和羊奶,人们也弄不明白。

七年,张富清通读了《毛泽东选集》第一至第四卷,有的甚至反复阅读;张富清写出了约二十多万字的心得笔记和工作日志;孙玉兰为张富清购买的那部《新华字典》，张富清查了又翻，用旧了，用破了，几十年过去了，这部用旧用破的《新华字典》，仍然在为张富清的学习，发出它的光和热……

2016年，建设银行来凤县支行派人送来了一本新出版的《习近平总书记系列重要讲话读本》；没过多少日子，县老干部局又派人送来了一本《习近平总书记系列重要讲话学习体会》。

这可真是天旱降甘霖，酷暑来清凉啊！张富清和孙玉兰老两口乐坏了！两张早已布满皱纹的脸上，像秋天里绽放的菊花，喜洋洋，金灿灿……

在晨雾初开的早上，在人们沉睡的深夜，在卧室的写字台上，在房屋的窗台边，已是90多岁的张富清老人，戴上老花眼镜，在翻阅，在攻读……

书本内，出现了道道墨线；书本外，封皮泛白。在《习近平总书记系列重要讲话读本》中，有这样一段文字，张富清老人还做着清晰的标记：

"要不断改造主观世界，加强党性修养、加强品格陶冶"，"老老实实做人，踏踏实实干事，清清白白为官"，"始终做到对党忠诚、个人干净、勇于担当"。

从这里，我们不难看到，张富清为什么一辈子忠诚于党，一辈子淡泊名利，一辈子为民无私奉献……

第十章　春风不唤万里碧

三十五　国家优抚

阳春三月，位于武陵山脉的来凤县，寒风夹带着些许暖意，树枝儿泛起了一片片新绿。人们早就感受到了一股清新的气息和一缕山草的芬芳。

3月13日晚上，屋外的温度开始下降，坐在屋里电视机面前的张富清，正在集中精力看当天的新闻联播。新闻联播正播报着一则新闻：2018年3月13日上午，北京人民大会堂，国务院机构改革方案提请十三届全国人大一次会议审议。根据方案，国务院新组建退役军人事务部，将民政部的退役军人优抚安置职责，人力资源和社会保障部的军官转业安置职责，以及中央军委政治工作部、后勤保障部有关职责整合，组建退役军人事务部，作为国务院组成部门。

新组建的退役军人事务部，主要承担退役军人服务管理、待遇保障、移交安置、表彰奖励等方面职能。

看着看着，已是90多岁的张富清老人猛地拍起了巴掌，喜极而泣：真是好消息，我们伟大的中国共产党啊！你始终没有忘记退役军人，面对着中国地大物博，面对着我国和平年代的不断裁军，改革开放四十年来，你不断深化退役军人安置机制的改革，做好退役军人的安置工作。

同一天，同一个收看中央电视台新闻联播的晚上，一个举足轻重的人物在来凤县行政办公大楼，收看着国家"组建退役军人事务部，作为国务院组成部门"的新闻。他就是中共来凤县委书记邢祖训。邢祖训40多岁，中等个儿，浓眉下那双炯炯有神的眼睛里，透着山区干部的质朴和善良。

前几天，赶在农村春耕生产大忙季节到来之前，邢祖训带着县委、县政府及县民政局、人社局等部门相关干部，走访座谈了来凤县从部队转业来的部分离退休干部和战士。在他的心目中，来凤县是个有名的边远山区的贫困县。国家对来凤县的发展、来凤人民的脱贫始终挂在心间。早在20世纪50年代，党和国家就组织了一批又一批的部队转业军人和科技人员支援来凤县建设。他们远离自己的家乡，来到这个生活环境艰苦、交通落后的少数民族县，繁衍生息，奉献青春，用自己的热血和汗水，浇灌和改变这片土地。他们是来凤县建设和发展不可或缺的力量。岁月不饶人，他们中有的离退休了，有的身体不适。他们的身心是否健康？他们是否能够安度晚年？党和国家时刻关心着，也是作为一个县委书记、作为做过多年组织部部长的领导干部经常的牵挂。

看着这则新闻，邢祖训非常欣慰，他觉得国务院的做法，正符合他本人和农村广大干部及退役军人的意愿。他看着看着，突然站立起来，连连大声喊："好，好！"

他们知道，对全国退役军人状况，习近平总书记和党中央了解得多么清楚啊！我国现有数千万退役军人，他们是建设中国特色社会主义的重要力量。特别是新中国成立后，一批又一批退役军人到地方工作，到祖国最需要的边远山区投身社会主义建设，为加强政权建设、恢复和发展国民经济作出重要贡献。习近平总书记多次强调："军转干部是党和国家的宝贵财富，我们要倍加关心，倍加爱护……"

邢祖训是个有着丰富的实际工作管理经验的干部。他在恩施州委工作期间,有个县的乡政府门口,一下子拥了几十个老兵,说是要找乡政府讨说法,说穿了,就是上访,在当地产生了很不好的影响。后来,一经了解,是少数村委会干部既没有落实好党对退役军人的政策,又有对退役军人不尊重的情况。从那以后,州里纠正了极个别村委会干部的错误做法,极大地调动了退役军人建设家乡的积极性……

邢祖训想着想着,他越发觉得,成立退役军人事务部很有必要,是关心广大退役军人,奋力开创新时代退役军人工作新局面的重要标志。它是我国退役工作的一座新的里程碑!

英明的方案,随之而来是坚定的步伐、快速的节奏。

2018年4月6日,退役军人事务部在北京正式挂牌。

紧接着,按照中央部署,全国各地、各级的退役军人服务机构相继成立。根据习近平总书记提出的组建退役军人管理保障机构,维护军人军属合法权益,让军人成为全社会尊崇的职业的要求,来凤县退役军人事务局也相应成立。

来凤县退役军人事务局局长李久山是个年轻貌美的才女,她对党和国家的政策、法规不仅掌握还融会贯通。

她在新成立的来凤县退役军人事务局全体干部职工大会上,把我国改革开放四十年的退役军人安置工作进行了较全面的介绍。

通过李久山局长的详尽介绍和深情讲解,来凤县新组建的退役军人事务局全体人员从国家对军转干部和退伍士兵的亲切关怀与安置办法中,深感我们的党、我们的祖国、我们的人民,对中国退役军人是何等重视,何等关怀!

大伙儿心里都深深地懂得,中国人民解放军,是保卫祖国的钢铁长城,是社会建设的中坚力量,是党的政治堡垒,是人民的子弟兵。他们退役后，仍然是社会建设不可缺少的力量。他们来自人民，又服务人民。他们与人民群众血肉相融，不分彼此。无论如何，我们的江山，我们的祖国怎么也不会有负解甲之人！

李久山局长在全局工作报告中强调说："我们来凤县，既是一个少数民族县，也是一个革命的老区、边区。不同的时期，来凤儿女为保家卫国，不畏艰难困苦，在部队，英勇杀敌；回家乡，为建设美好家园出策出力。还有一批支援边远山区建设的军队干部和英雄人物，他们初心不改，淡泊名利，全身心扑在为民谋福利的事业上。我们要以我们优秀的工作和极大的热情，管理并服务好退役军人。成立退役军人事务局，不仅仅是来凤县，而是全国由上至下，各地各级纷纷成立退役军人服务机构。不论是长城内外，还是大江南北，每一个退役军人的事务机构负责人都无不铭记习近平总书记的四句话：第一句是'让军人成为全社会尊崇的职业'，第二句话是'谁是最可爱的人？不要让英雄既流血又流泪'，第三句话是'要把好事办好办实'，第四句话是'爱我人民爱我军'。"

每当提起这句"爱我人民爱我军"时，人们就会想到1991年1月，新中国成立以来的第一次全国"双拥"工作会议在福州召开。时任福州市委书记习近平赋诗一首《七律·军民情》：

挽住云河洗天青，闽山闽水物华新。
小梅正吐黄金蕊，老榕先摘碧玉心。
君驭南风冬亦暖，我临东海情同深。
难得举城作一庆，爱我人民爱我军。

谁是最可爱的人？魏巍的战地通讯一时间在祖国的每一个角落唱响，后也被誉为优秀的报告文学流传收录。这篇既被人誉为优秀

第十章 春风不唤万里碧

战地通讯，又被公认为优秀的短篇报告文学作品，曾经家喻户晓。

改革开放后，"谁是最可爱的人"的范围在逐步扩大。

2018年8月，退役军人事务部部署开展题为"寻找光荣的您"的退役军人和其他优抚对象信息采集工作，分两个阶段组织实施。第一阶段以摸清对象身份等基础信息为主，建立各类信息档案，于2018年年底前完成；第二阶段以信息交叉对比、校核、充实为主，全面摸清各类对象综合情况，于2019年4月底完成。通过信息采集工作，退役军人事务部部门将全面摸清退役军人和其他优抚对象底数并为其家庭悬挂光荣牌，建立健全服务对象档案和数据库，为维护军人军属合法权益，加强退役军人服务保障体系和工作运行体系建设奠定基础。

退役军人信息登记，在城市、在农村、在居委会、在乡镇、在村委会，举国上下呼喊声一片，拉网式的退役军人信息采集紧锣密鼓地进行着。

"寻找光荣的您"的活动，在来凤县进行得风生水起的时候，秋菊早已谢了，唯有梅花等待时机抽新蕾。

12月3日下午，身为来凤县纪检监察巡视工作组组长的张健全接连接到几个电话。大多是朋友对他的提醒："今天已是12月3日了，别忘了让你爸去进行退役军人信息登记。"

12月2日是个星期天，张富清老人的颈椎病发了，张健全把他送进了医院。在病房里，张健全就征求过了父亲的意见："爸，现在进行退役军人登记，国家要把每个退役军人的信息记录下来。您是不是要登记一下？"

躺在病床上的张富清脸上露出了孩子般的天真笑容："这是件很好的事情。我想主要是针对那些远离单位、远离组织，特别是那些进城的农民工进行的。像我这样，银行备案在册，什么福利待遇都有了，登记不登记都无所谓。"

"爸，不是您说的那样。这次，国家可不是一般地登记。这次信息采集工作的目标是全面摸清退役军人和其他优抚对象底数，为其家庭悬挂光荣牌，建立健全服务对象和数据库，为加强退役军人服务保障体系和工作运行体系建设，维护军人军属合法权益奠定基础。所以，我觉得您也应该去登记！"张健全持不同看法。

在一旁守护的孙玉兰听出了道道，她便发话了："健全，你看看，你爸行走不方便，现在又住进了医院。干脆你去替他登记一下呗！"

"爸，这样行不？"张健全问。

张富清思索了一下，点了点头。

等把手头上的事情忙完，已是下午5点多。张健全向县巡察办主任邱克权请了假，就急匆匆地出了办公室。他来到退役军人和其他优抚对象登记处，只见来这里进行登记的人到处都是，他们有的在填表，有的在发表着各种议论……

也许长期受父亲低调做人、高调做事的影响，张健全虽说在这之前是县政法委常务副书记，但他说话嗓门不高，为人谦卑，从不张扬，是个做得多说得少的好干部。但他毕竟在县里的重要位置上干了多年，山区县城的一般干部，基本上都认识他。

在那里负责登记采集信息的来凤县退役军人事务局的干部聂海波忙迎上前："张书记，您也抽空来登记？"

张健全摇摇头："不是我登记，我是来替我父亲登记的。"

聂海波的态度一直是热情的："哦！那个建设银行来凤县支行的老行长？那应该登记，应该登记。"

作为张富清的第二个儿子，他对父亲几十年的思想脉络是知道的。尽管他很忙，但在来登记前，还是随身携带张条子。条子上记

第十章　春风不唤万里碧

录着：张富清，男，陕西洋县人。1924年12月出生，1948年参加人民解放军，1955年转业到来凤，1984年12月底从建设银行来凤县支行离休。

看了张健全替父亲登记带来的身份证和空泛的简历，聂海波摇了摇头，一改刚才的微笑，很严肃地说："张书记，这次登记不是应付一下就行了。公安部负责提供全国户籍管理系统、全国人口基础数据库，寻找和登记服兵役人员信息；中央军委和国防部负责提供全国退役军人服役信息情况。表上每一个空格、每一个科目或项目，都要填写清楚。比如说，你父亲在哪个部队当兵，部队首长是谁，上过战场没有，打过几次仗，受伤了没有，立功了没有，在哪一次战斗中立功，是什么时间、什么地址、什么原因等。"

聂海波一个又一个的提问，让张健全这个政法战线的"老手"震惊了。信息登记的项目这么多、这样详细，这是他没有预料到的。看来，必须向父亲问清楚。

聂海波补充说："就我个人的工作经验，你父亲1948年入伍，又是军官转业，有很大的可能，他上过战场，打过仗。没准，他还有可能立过功哩！再者，你父亲95岁了，既要进行退役军人登记，又要进行优抚对象的登记。"

按常理，聂海波的话有点儿刺耳。他作为一个普通干部用这样严厉的态度对待县政法委常务副书记，明显不合适，但张健全恰恰喜欢聂海波在工作上那股严肃认真的劲儿。

张健全不得不返回医院，在探望父亲的同时，请他老人家敞开心扉，谈出并回答聂海波在信息登记中提出的那一大堆问题。

顿时，张富清的病房静了下来。一片沉默中，张富清思索着，这思索从他参加中国人民解放军开始，穿越了无数次血与火的生死战斗，穿越了无数双熟悉或陌生的烈士的眼睛，穿越了当年与孙玉兰新婚之夜的隐功埋名的约定。

沉默中，张健全等待和期盼着，他要耐心地等待父亲的回答，他期盼着能够出现更大的惊喜。

沉默中，坐在病榻前的孙玉兰观望着。她望了望丈夫张富清，又望了望小儿子张健全。别看老太婆话语不多，可她心里很明白。人们夸孙玉兰的那双美人眼睛能说话，这时就恰如其分了。她深情地看了看张富清，两人眼睛相撞，他似乎在说："隐功埋名是我们新婚之夜的共同约定。"她用期待的目光看着丈夫，就是在说："够了，已经隐藏了六十多年了……"

她温情地看着小儿子，似乎在说："儿啊，你做得很对。我们应该配合信息登记和采集，服从国家大局。"

沉默只是暂时的，而作出决定，则是随时影响着人们。张富清双手紧按病床，身子向前倾斜着。孝顺的张健全知道，这是老人要从躺卧改为坐靠。张健全把父亲刚扶坐起来，老人家就开口了："去，拿笔拿本记一下。"

从这里开始，张富清才把他精彩的人生慢慢地显露出来。

讲罢，张富清也看了老伴孙玉兰一眼，似乎他在征求她的意见。然后对张健全说："我们房间那只皮箱下面，有一个包裹，你把它打开就知道了。"

按父亲的嘱咐，张健全来到县建设银行的老职工宿舍，在父母的房间，那只放在床尾偏角的旧皮箱格外引人注目。

张健全打开皮箱，一层层，都是两位老人的衣服。在衣服的下面，有一个用土布包了一层又一层的包裹。包裹被打开一看："啊！这布包里存放着父亲几十年前的赫赫战功！"

包裹里，有证书，有报功书，还有证章等获奖物件。

证书和报功书，纸张的颜色已变成淡黄色或土黄色；奖章有的还在闪闪发亮，有的已有了腐蚀……什么一等功啊，什么二等功啊多得是。

张健全完全被眼前的一切震惊了，他激动地赶忙给大哥张建国打了电话："哥，你知道吗？我们的老爸年轻时打过好多仗，立过好多功，你知道吗？"

"是吗？你怎么知道的？是听谁说的？"

"我在爸妈的房间里，你来看就清楚了。"

征得哥哥的同意，张健全用电话告知了小姐和姐夫。至于他们，更是不清楚父亲以往的事情。

不一会儿，除了大姐张建珍有慢性疾病没来，其余的兄妹几个都来了。

他们都感到意外，感到惊奇。他们祝贺，祝贺95岁的老父亲年轻时的付出将得到社会的尊重；他们敬佩，敬佩95岁的老父亲初心不改，永葆青春；他们也埋怨，埋怨老父亲几十年都没有把精彩故事讲给儿女们听一听！

三十六　石击浪溅

含着激动的泪花，张健全用那块褪了色的土红布，把父亲以前的证书、奖章等物品重又包起来，郑重地放进了自己的工作包。于是，他急匆匆地向来凤县退役军人事务局信息登记处走去。当张健全走进退役军人信息登记处时，前来进行信息登记的人，有对相关情况进行咨询的，还有前来看星星、看月亮添数的。

见张健全手提的那个黑色的工作包鼓鼓囊囊的，负责信息登记的聂海波嘴里喊着"请让一下"，急忙迎过来，接过张健全的工作包。聂海波当即感到那个工作包沉甸甸的。他征得张健全的同意，将包包放在桌上，轻轻地打开那个黑色的工作包，从包里拿出一个用红布包着的包裹，又小心翼翼地、一层一层地把包裹打开。在场的人们陡然间安静下来，大伙都目不转睛地盯着聂海波的手。

"啊！这是什么？"人们惊奇地发问，又等待着新的惊喜出现。

随着包裹一层一层地掀开，随着聂海波一件一件地摊开，在场的人们只大体上知道，这是95岁的老革命珍藏的物件，这是张富清历史的见证！

而在信息登记方面已有一定辨别能力的聂海波当即就辨认出来：一本战争时期的立功证书，证书上清楚地记载着张富清几次在战斗中荣立的战功。其中荣立军颁发的一等功一次；荣立师颁发的一等功、二等功各一次；荣立团颁发的一等功一次；两次荣获"战斗英雄"的光荣称号。立功证书上每一次荣立战功，都有一次功绩简要的记录。立功证书的封三，印着朱德同志的行书：发扬革命的英雄主义，朱德。

红色的包裹中，还有一份西北野战军的报功书。报功书上记载着张富清因在陕西永丰战斗英勇杀敌而荣获特等功，背面清楚地记载着张富清的立功事迹。

伴随着立功书和报功书，是张富清一枚枚样式各异的勋章。有一枚西北军政委员会颁发的勋章，上面镌刻着"人民功臣"四个大字。有的勋章闪着金，像一轮天边的太阳，金灿灿闪闪发亮；有的勋章是银色的，像天上夜空悬挂的月亮，呈现一片白茫茫；还有的由于时间太长，护理不够，勋章上有些生锈发霉。

看着一件又一件记录着95岁的老革命光荣历程的物件，在场的人们从好奇到惊讶。负责退役军人信息登记的聂海波在惊讶中感到激奋；前来进行信息采集登记和爱看热闹的人在惊讶中由衷地发出了对95岁的张富清老革命的赞叹；前来替父亲进行信息采集登记的

第十章　春风不唤万里碧

张健全，在惊讶中，更多的是不解和愧疚！他在问自己，六十多年了，父亲隐功藏名自己怎么就不知道呢？儿子不了解父亲，不知道父亲年轻时的赫赫战功，弄不清父亲心里是怎么想的，自己还算得上父亲的孝顺儿子吗？

夜里，张健全难以入睡。哪怕是眯上眼睛打个盹儿，他的眼前不是父亲在战火中端着枪冲锋陷阵，就是父亲穿着那双快要穿底的草鞋在山乡高一脚低一脚地走着。

张健全早早地来到他上班的地方——来凤县巡察办。张健全作为来凤县巡视组二组的组长，他的上级是巡察办主任邱克权。在工作上，邱克权是张健全的领导，在日常生活中，邱克权与张健全如同亲兄弟一般，他们很谈得来，在某些问题的看法上，他们的思维方式和观点基本相同，有时甚至惊人地一致。邱克权与张健全的大哥张建国也相处甚好，某种意义上，他把张建国当作自己的亲哥一样。对张健全的老父亲张富清和母亲孙玉兰就更不用说了，邱克权似乎感到像他亲生父母一样，对他有一种特别的吸引力。一有空儿，邱克权就去张富清居住的年久失修的两室一厅，给老人嘘寒问暖，同老人谈天说地。不知道的人，还以为邱克权是张富清的亲生儿子。

这天上午，邱克权刚进办公室，张健全就来到邱克权的办公室，算是汇报，也算是按捺不住自己的激动心情，他把昨天发生的一切原原本本地告诉了邱克权主任。邱克权听了张健全的讲述，他并不感到惊讶，而是发自内心地为张建国、张健全他们兄弟俩感到高兴；同时，内心升腾着对张富清老革命的敬佩之情！因为，邱克权是个既才智过人又稳重踏实的干部，为了弄清楚张健全所叙述情况的真实可靠，他先是跑博物馆，接着是在网上查询比对。当邱克权发现张健全手机里拍下他父亲的三个一等功、一个二等功、两个

"战斗英雄"称号的立功书和军功章,以及由时任西北野战军司令彭德怀签发的特等功报功书和西北军政委员会授予的"人民功臣"奖状时,这位原以为立个三等功就很了不起的巡察办主任,即刻无比激动。可是,令他不解的是,一个父亲有着这么光荣的历史,亲生儿子居然一点儿也不知道。

邱克权反复追问:"你和你兄妹几个真的不知道父亲打过仗、立过功?"张健全回答:"以前我真的不知道,今天才晓得的。这次,我和我的大哥张建国得知国家对退役军人要实行登记的信息后,我们商量过父亲要不要登记。以前,我们只知道他当过兵。我带着疑惑找到并打开那个小包裹,发现了父亲深藏多年的秘密。"

张富清与老伴孙玉兰有两儿两女,已是儿孙满堂,居然数十年将此事隐瞒得如此严密,令邱克权大惑不解,也令他无比激动和感慨。

怀着对老英雄张富清的无比崇敬,凭着对工作的严谨态度和认真作风,邱克权当晚在网上再一次将相关资料进行查找,比对结果得到完全证实。"这可不是一般的事儿!"邱克权迅速向县委书记邢祖训报告了这一重大发现。

作为县委书记,得知本县首次发现了一位功勋特殊且深藏功名60多年的老英雄,邢祖训震惊有余。他想,如果不是国家有关部门按照规定统一登记,如果不是退役军人事务局同志提醒本次登记需要证件齐备,若稍有一丝疏忽,老英雄的身世恐怕在有生之年无法昭然于世。他此前工作了六年之久,从来没有听说过这样一位战斗英雄,都95岁了。以前怎么没有一点儿反映呢?真是匪夷所思!

他在反复查看邱克权手机里的相关资料后,震撼之余,对邱克权说:"是真的啊!他的战功要胜过我们县好多老革命。你去写份报告,我签字,让相关部门落实。"邱克权有点儿犯难,问了一句:"我

第十章　春风不唤万里碧

不是对口部门,我写报告合不合适啊?"邢书记果断地回答:"你给我汇报了这件事,你就去给我写一份报告来。"

于是,邱克权就以县巡察办的名义向县委呈送了一份《关于张富清老人相关情况的报告》,并附上老人立功证书等图片。按照邢书记的指示,邱克权在报告中提出两点建议:一是建议组织力量对张富清老人的英雄事迹进行挖掘并宣传报道,其革命英雄主义精神和艰苦朴素、淡泊名利的品质值得学习和弘扬;二是建议责成有关部门向相对应的上级报告,厘清核实张富清老人应该享受的待遇是否得到落实,并将其纳入县节日重点慰问名单。

邱克权主任呈送的《关于张富清老人相关情况的报告》,按程序先交给了县委副书记洪家进。洪家进出于高度的敏锐力和政治责任感,迅速作出批示,要求要引起高度重视,加强宣传。

县委书记邢祖训接到报告后当即作出批示:请宣传部安排新闻媒体对张富清同志进行采访,如实报道,弘扬特等战斗英雄事迹、艰苦朴素优良作风;请退役军人事务局、建设银行对其待遇享受落实情况进行调查,做好善后保障工作。

至此,张富清的事迹在党的组织层面得到高度重视,从而拉开了挖掘、总结并宣传老英雄事迹,弘扬老英雄无私奉献、淡泊名利的精神和优秀品质的序幕。

邢祖训和县委副书记洪家进,能打破常规,指定并不是工作对口部门的汇报情况的下属起草报告并作出详细批示,表明党组织负责人高度的政治敏锐性和果决气魄。

张富清的小儿子张健全有个非常要好的同学,在中共湖北省委的党报《湖北日报》工作。他叫张儒海,是湖北日报社高级记者,眼下是报社所属的《特别关注》选刊的常务副主编,张儒海的老家是来凤县,2019年的春节期间好不容易回到来凤县城。他把家乡的几个老同学召集在一起聚一聚，其中就有张健全。

岁月无情飞逝，几十年前曾同窗就读的山区男女，每当回忆起学生时期，有喜悦，有惆怅，更多的是不尽的思念和感慨。

张儒海打儿时就和张健全是好朋友，这不单单是他们两个情投意合，还在于张健全有个深受百姓欢迎的父亲张富清。在张儒海的印象中，张健全的父亲张富清当干部始终是个副的，要么副主任，要么副局长，要么副行长。有一次，张富清在张儒海那个村子驻队，张富清、老村长、民兵连长在一起刚散会，正遇张儒海路过那里。张儒海从小就聪明，天生机灵，长相端庄，红扑扑的脸蛋，特别惹人喜爱。见他的好同学张健全的父亲在那儿，张儒海连忙礼貌地喊了一声："张伯伯好！"

张富清谦和地点头回应，接着，张富清笑着说："听说你的作文写得好。你跟我们家健全要多交流交流。"说罢，张富清又对老村长和民兵连长说，"这孩子特聪明，长大了定会有出息！"

听了张富清的话，张儒海的脸红一阵，白一阵。这时，老村长笑着说："长大了要么不做官，当官就当副的，莫当正的。"张儒海听了有点儿不服气，问道："为什么？"

老村长说："你说张副主任受不受群众喜欢？"

张儒海回答："受群众喜欢！"

老村长说："这就对了。张副主任，就是个副的，你长大当官就是要做一个像张副主任一样的人民公仆。"

一句话，把在场的人全逗乐了。

张儒海一见到张健全，脱口问："你老爸身体还好吗？他老人家该90多岁了吧？"

"还好！今年已是95岁了。"

"嚯！快成百岁老人啦！几年不见，恐怕见面都不认识了。"张儒海说。

张健全很认真地说："别说你不认识，我是他的亲生儿子，六十多年来，我与他老人家朝夕相处，我都不认识他！"

张儒海对此感到莫名其妙，问张健全："你这话怎讲？"

话到这里，张健全不得不把父亲年轻时当兵、打仗、屡立战功的事全都说出来，不得不把他一个多月来自己的惊讶、兴奋、难以理解的心情向老同学全都倾诉而出。

听了张健全对老革命张富清的情况介绍，张儒海的心情像县城外汛期涨满了水的酉水河，汹涌澎湃，一泄难止。

这次老同学相聚，本来主邀人是张儒海。按常理，他应该抛开一切，让老同学在桌前美肴的品味中，在美酒的痛饮中，回忆往日的友爱，畅谈今后的憧憬。可张儒海今天失职了。他的思绪已被张富清老英雄的过往拉到了战火纷飞的战场。

从张儒海的社会见解中，他感到张健全所讲述的，发生在老英雄张富清身上的故事，一定新奇而又有影响力。这个新闻，这个故事，一旦报道出去，就会像原子弹爆炸一样震撼。

几十年的新闻采写实践积累的新闻敏感，一个高级记者应有的崇高革命使命感和神圣的责任意识，使得张儒海再也无心尝菜品酒，再也无意举酒互祝、碰杯生情。他的心，已飞往了他的岗位，飞往了采访报道张富清隐功埋名六十年、无私奉献为人民的策划之中……

送走了几十年的老同学、老朋友，张儒海不管自己春节假期度完了没有，他火速返回单位，把张富清隐功埋名、淡泊名利、倾心为民的事迹当即向《湖北日报》值班领导汇报，很快，一个由张欧亚牵头负责、《湖北日报》和《楚天都市报》组成的张富清事迹采访团成立了。他们迅速赶往恩施州土家族苗族自治州来凤县，展开了深入的采访报道。

早春的山区，天上雾茫茫一片。采访车在山路上行驶着。山路上面的冰还没融，路旁的积雪还没化。迎面灌领的寒风一阵紧似一阵。记者们你望着他，他望着你，他们互相安慰着，鼓足劲儿。袭人似的冰冻、刺骨的寒风丝毫没有影响记者采访团采访报道张富清的决心。他们知道，他们的肩上，都扛着神圣的责任；他们的心中，燃烧着一团熊熊的火焰。他们满怀激情，信心百倍，他们要用自己的智慧，用他们手中的那支笔，重现张富清的精彩。

2019年2月15日，《湖北日报》和属下的《楚天都市报》，在头版头条显要的位置同时刊登了反映95岁的退役军人张富清事迹的通讯，报道了张富清鲜为人知的感人故事。95岁的张富清在革命战争中屡立战功，六十多年隐功埋名，淡泊名利，为山区人民造福的故事第一次跃于纸上。

由此，随着《湖北日报》和《楚天都市报》的发行，随着《湖北日报》所属荆楚网及新媒体的迅速传播，辽阔富饶的祖国上空，闪出一道绚丽多彩的耀眼蓝光。

蓝光闪过了崇山峻岭，闪过了江河塘堰，闪过繁闹的城市，闪过宁静的乡村……

蓝光闪过政府部门，闪过百姓人群……

蓝光很快就闪在中央电视台领导、编导、主持及广播摄像人员的眼前，他们当即作出反应，迅速赶赴坐落在鄂西南武陵山脚下的来凤县，用电视节目这一直观的新闻把95岁老英雄张富清的事迹在新闻联播里展示出来。他们也随即把他们的行程通过湖北省委宣传部转到恩施州委宣传部，直至转到来凤县委宣传部。

蓝光也很快闪在老英雄张富清的眼前，看着刊登他事迹的《湖北日报》和《楚天都市报》，他不但不高兴，而且非常生气。

第十章　春风不唤万里碧

按张富清的吩咐，大儿子张建国、二儿张健全被叫到他面前。

老英雄问两个儿子："真是莫名其妙！我没有接受《湖北日报》和《楚天都市报》记者的采访，只是与他们聊聊天。我还多次叮嘱过，请他们千万不要上报纸，怎么就这样长篇大论地登出来了呢？你们给我说说，到底是怎么回事？"

两个儿子一下子无言以对，都低着头站立在父亲的面前。

儿子们的母亲也说话了："我给你们说过，他年岁大了，不要做出让老爷子生气的事情。"

作为当了几十年国家干部且懂得行孝尊上的大儿子张建国，毫不隐晦自己的观点："爸，妈，报纸刊登出来又不是什么坏事。"

老英雄更是来气："你知道什么？你知道别人在赞扬我，没说我的坏话，就是好事。那我们的谦虚谨慎在哪里？我们怎样看待名和利？"

张富清在对儿子的训斥中，突然嗓子一下子低落了，那略显迟钝的老泪也掉了下来："在战场上，我的立功受奖，是战友们的鲜血换来的。当年，为了中国的解放事业，在战场上，他们连自己的生命都献出来了。我活下来了，为人民做点儿有益的事情算得了什么？我有什么值得显摆的？"

"好了！好了！我们没听您老人家的话。您消消气，不要气坏了身体。我们再注意。"

大哥表态得这么快，可把在一旁的二弟张健全急坏了。山区早春的寒气，一阵阵地袭来。在这种寒冷的气候下，张健全的脸颊上却直冒汗。他不敢向老父亲表态，也不能表态！

半小时前，身为来凤县巡察办巡视二组组长的他，接到了县委宣传部的通知，明天上午中央电视台要采访张富清，要张健全跟他父亲做好明天采访的准备。

怎么办？叫张健全如何以对？真比办案子还要难得多！

在执行上级和党组织的决议上，张健全毫不动摇。一贯敬重老父亲、在老父亲面前说一不二的张健全，一贯忠诚坦荡从不说谎的张健全，不得不急中生智，巧妙地回答老父亲，不得不变着法儿改变老父亲对待宣传报道的态度。

他知道他老爸这辈子对党组织深信无疑，执行党的决定更是坚定不移的。

张健全一本正经地对张富清说："刚才，县委邢祖训书记把我叫到他的办公室，告诉我，国家之所以设立退役军人事务部，从上到下成立退役军人事务机构，就是为了更好地发挥退役军人在祖国建设和社会发展中的积极作用。说您老几十年来隐功藏名、不改初心、无私奉献的精神和品格值得干部群众学习，更为全国千千万万退役军人树立了光辉榜样。县委、县政府和上级有关部门决定，要大力宣传您的事迹，开展向您学习的活动。并让我转告您，一定要执行党的决定，用当年当好先锋突击队员的精神，配合做好各媒体的采访工作。"

小儿子的一席话，反倒把年迈的张富清说得坐立不安。

他呆呆地望着小儿子："这是真的吗？"

从那以后，张富清老人在对待采访的问题上，再也不固执己见了，从不愿意到积极配合。因为，一辈子听从党的指挥，服从组织安排，党叫干啥就干啥的张富清不可能去违背党组织的意愿。

蓝光闪过新华通讯社，闪过《人民日报》，闪过《光明日报》，闪过《解放军报》，闪过《经济日报》，闪过了全国各大小媒体和网络平台……

蓝光里，各新闻媒体和新媒体平台派出精兵强将，风驰电掣般地奔往湖北省恩施土家族苗族自治州来凤县，在中共来凤县委和县委宣传部的陪同下,采访学习、挖金淘银,并各自拿出自己的解数。一时间,一条条出彩的报道,一篇篇感人的通讯,一次次富有哲理的论述,一场场直面访谈,一段段动情的视频记录,一首首撼人心扉的诗词、歌曲,一篇篇、一部部散文和报告文学作品,一张张有关张富清及亲人新老的图片等汇成了偌大的文艺演出队,在共同演奏着屡立战功的张富清隐藏功名六十年,淡泊名利,为少数民族山区无私奉献;不忘初心,为民造福的恢宏壮丽的乐章!

恢宏壮丽的乐章,像一道冬去春来的惊雷,响彻在云天外;似一场摧枯拉朽的狂飙,刮遍九百六十多万平方公里的土地!

这恢宏壮丽的曲章,更犹如一块坚硬的石头,投进了老英雄张富清的生平那波光粼粼的圣湖,掀起了冲天的热浪。

热浪涌进了中华人民共和国及中国共产党的各有关机构。有关机构纷纷给张富清这位95岁的老英雄,授予当今时代新的荣誉称号——

2019年5月,张富清入选中国好人榜;6月,中宣部授予张富清"时代楷模"称号;中共中央授予张富清同志"全国优秀共产党员"称号;7月,表彰为全国模范退役军人;8月,公示为"共和国勋章"建议人选;9月,授予第七届全国道德模范"全国敬业奉献模范"奖,全国妇联授予张富清家庭全国五好家庭荣誉。根据第十三届全国人大常委会第十三次会议表决通过的全国人大常委会关于授予国家勋章和国家荣誉称号的决定,张富清获得"共和国勋章"。2019年9月25日,被中央宣传部、中央组织部、中央统战部、中央和国家机关工委、中央党史和文献研究院、教育部、人力资源和社会保障部、国务院国资委、中央军委政治工作部等授予"最美奋斗者"荣誉称号。2020年5月17日,被评为"感动中国2019年度人物"。

三十七　红帆高挂

"天地英雄气,千秋尚凛然。"一个有希望的民族不能没有英雄,一个有前途的国家不能没有先锋。包括抗战英雄在内的一切民族英雄,都是中华民族的脊梁,他们的事迹和精神都是激励我们前行的强大力量。

今天,中国正在发生日新月异的变化,我们比历史上任何时期都更接近实现中华民族伟大复兴的目标。实现我们的目标,需要英雄,需要英雄精神。我们要铭记一切为中华民族和中国人民作出贡献的英雄,崇尚英雄,学习英雄,关爱英雄,勠力同心为实现"两个一百年"奋斗目标、实现中华民族伟大复兴的中国梦而努力奋斗。

这话语,是习近平主席早在 2015 年 9 月 2 日在颁发"中国人民抗日战争胜利 70 周年"纪念章仪式上的殷切告诫;这话语,是我国近代的革命实践的科学的真谛;这话语,既是时代的需要,也是社会发展的必然规律。

张富清坚守初心的坚定意志和人民情怀,淡泊名利的高尚品质和传奇故事,通过各大新闻媒体,正在全国掀起红色的浪潮;通过退役军人事务部等有关部门的如实报告,日理万机的中共中央总书记、国家主席、中央军委主席习近平,给予关注,作出指示。

据新华社 2019 年 5 月 24 日电,习近平近日对张富清同志先进事迹作出重要指示强调,老英雄张富清六十多年深藏功名,一辈子坚守初心、不改本色,事迹感人。在部队,他保家卫国;到地方,他为民造福。他用自己的朴实纯粹、淡泊名利书写了精彩人生,是广大部队官兵和退役军人学习的榜样。要积极弘扬奉献精神,凝聚起万众一心奋斗新时代的强大力量。

第十章 春风不唤万里碧

一夜春风起，华夏绿葱葱。习近平总书记不仅对张富清进行了高度的评价和赞扬，还向广大部队官兵和退役军人发出了向张富清学习的号召。号召大家像张富清那样不忘初心、牢记使命，把为民造福的神圣接力棒传递下去，号召人们学习和发扬张富清对党坚定的信仰，学习和发扬张富清无私奉献的崇高品质……

2019年7月26日，张富清老英雄被推选参加了全国退役军人工作会议。这次会议是由人力资源和社会保障部、中共中央组织部、退役军人事务部、中央军委政治工作部共同组织召开的。在这次会议上，习近平主席、李克强总理等领导人特意探望与会代表，并与他们进行了合影留念。当习近平主席来到张富清跟前，忙俯下身子，双手握住张富清老人的手，同他亲切交谈，并致以诚挚问候。

大会代表合影时，张富清被安排在习近平与李克强的中间。

张富清永远也不会忘记2019年9月29日上午，在中华人民共和国国家勋章和国家荣誉称号颁授仪式上，张富清光荣地荣获了共和国勋章。这次颁授仪式在北京人民大会堂举行。中共中央总书记、国家主席、中央军委主席习近平向国家勋章和国家荣誉称号获得者颁授勋章、奖牌并发表重要讲话。中共中央政治局常委李克强、栗战书、汪洋、赵乐际、韩正，国家副主席王岐山出席颁授仪式。颁授仪式由中央政治局常委王沪宁主持。

上午9时许，国家勋章和国家荣誉称号获得者集体乘坐礼宾车从住地出发，由国宾护卫队护卫前往人民大会堂。人民大会堂东门外，高擎红旗的礼兵分列道路两侧，持枪礼兵在台阶上庄严伫立，青少年热情欢呼致意。国家勋章和国家荣誉称号获得者沿着红毯拾级而上，进入人民大会堂东门。党和国家功勋荣誉表彰工作委员会同志在这里集体迎接他们到来。

人民大会堂金色大厅，气氛热烈庄重。巨幅红色背景板上，共和国勋章、友谊勋章、国家荣誉称号奖章图案熠熠生辉。背景板前,十八面鲜艳夺目的五星红旗分列两侧,十八名英姿挺拔的解放军仪仗队礼兵在授勋台两侧持枪伫立。

王沪宁宣读习近平签署的中华人民共和国主席令。主席令指出,为了庆祝中华人民共和国成立70周年,隆重表彰为新中国建设和发展作出杰出贡献的功勋模范人物,弘扬民族精神和时代精神,根据第十三届全国人民代表大会常务委员会第十三次会议的决定,授予于敏、张富清等八人共和国勋章,授予劳尔·卡斯特罗·鲁斯等六人友谊勋章,授予叶建培等二十八人国家荣誉称号。

紧接着,在一片欢快的音乐声中,习近平主席神采奕奕地向张富清走来,亲自给张富清佩戴上了金光闪闪的共和国勋章,并颁发了共和国勋章证书。

此时此刻,张富清的心情异常激动,当年在战争年代,西北野战军攻打永丰,获取大胜的情景浮现在他的脑海。在永丰战役中,张富清凭着勇敢和机智,冒死炸开了固若金汤的城墙,炸毁了两座碉堡,出色地完成了战斗任务。在授奖仪式上,王震亲自为他颁发一等功勋章。在以后的岁月里,西北野战军首长又给他颁发了"人民功臣"的勋章。

几十年过去了,多么惊人的相似!

我党几十年的发展历程充分表明:时代造就英雄,英雄推动时代发展。每个时代,都有不同时代的英雄。在共产党的阵营里,在建党百年的风雨历程中,不管在哪个年月,勋章的颁发者和获得者,他们都一直坚守着初心。这个初心就是听党的话,全心全意为人民。

当年,西北野战军在彭德怀、贺龙、习仲勋、张宗逊等领导下,带领指战员英勇奋战,为了推翻国民党的封建统治,建立人民

第十章 春风不唤万里碧

自己当家做主的新中国。今天,在全面决胜建成小康社会的时候,革命老一辈最可靠的接班人习近平,继承了父辈的光荣传统,在全世界形势大动荡、大变革的时期,表彰了一批英雄人物,不就是在实现了第一个百年奋斗目标的基础上,树立崭新时代的英雄里程碑吗?为的是什么?为的是让人民的生活过得更美好,为中华民族伟大复兴的中国梦提供了强大的精神支撑!

舵手挥臂千帆举,万众一心破浪行。看吧,在习近平总书记为核心的党的引领下,全国各族人民高高扬起鲜艳的红帆,向着梦想的航标进发。

张富清从1955年1月起,就转业到了来凤县,一待就是64年。来凤县自然是张富清的第二故乡。

中共来凤县委书记邢祖训,既是一个脚踏实地的人,又是一个具有超前意识的县委书记。当知道张富清事迹在退役军人信息采集中重现后,一方面作出指示要求有关部门引起高度重视,另一方面,召开县委常委专门会议,做出了对张富清先进事迹宣传报道工作的部署安排,明确由县委组织部牵头起草向张富清同志学习的决定,县委宣传部牵头组织张富清先进事迹报告团。接着又召开中共来凤县委常委会议研究通过了《中共来凤县委向张富清同志学习的决定》,并下发全县。

为把张富清的先进事迹尽好尽快地推向社会,县委宣传部及有关单位进一步深度挖掘张富清的先进事迹;不分白天黑夜,不讲节假日和星期天,认真热情地做好中央各主流媒体及全国各媒体的接待安排、采访协调等工作。为各新闻媒体的宣传报道收集材料,并为各新闻媒体的成功报道提供有力的支撑。他们还在全县深入广泛地开展对张富清同志先进事迹的系列学习宣传推介活动,建设张富清同志先进事迹红色教育基地,组织音乐、书法、美术界优秀的文艺工作者开展张富清同志的事迹歌曲、书画、美术文化精品创作，并向社会展出，让张富清的英雄事迹家喻户晓、人人皆知。此外，他们还组织创作反映张富清的事迹具有地方特色的南剧。

榜样的力量是巨大的。身边的"活教材"更是学有目标，激发起全县党员向英雄学习的动力。他们以一步一个脚印的实干精神，努力成为新时代党和人民需要的好党员、好干部。全县的政治生态风清气正，焕然一新，张富清的崇高精神已成为来凤县广大党员干部的一种价值追求、一种精神旅程、一种自觉实践。

事实证明，仅2019年来凤县就取得了五大成绩：张富清的事迹得到了总书记亲自重要批示，成为全国人民学习的榜样，获"全国优秀共产党员""全国道德模范""时代楷模""模范退役军人""最美奋斗者"等称号及共和国勋章；来凤县创新性启动了"村党支部书记县级备案管理"，并被写入中共中央文件和《中国共产党党支部条例》；脱贫攻坚取得决定性胜利，来凤县在恩施州率先脱贫，三县市脱贫排名第一、国家抽检县市在湖北省排名第一，脱贫摘帽质量最优；妥善处理民生天然气（私营企业）十亿元、涉及六千名居民的非法集资案，及时有效地化解了重大社会风险事件；通过学习张富清先进事迹，大大激发了全县人民的创造力和建设热情。上半年，来凤县在全恩施州八县市经济工作考核中名列第三，彻底告别多年第七、第八名次的历史。

国网来凤县供电公司，扬起了鲜艳的红帆——

他们围绕老英雄张富清，发生着一连串的爱英雄、学英雄、敬英雄乃至追寻英雄足迹的事儿。

当国网来凤县供电公司接到《中共来凤县委向张富清同志学习的决定》，当《湖北日报》《楚天都市报》以及随之而来的新华社、《人民日报》《光明日报》《解放军报》、中央电视台对95岁老英雄张富清的宣传，当公司干部员工学习了习近平主席关于向老英雄张富清学习的重要讲话精神，公司干部员工心潮澎湃，激动不已。

要知道，老英雄张富清是来凤县电力的拓荒人啊！他年轻时期的愿望，已在他们新一代供电人的手上得以实现。

国网来凤县供电公司，早就听说本县三胡区亮的第一盏电灯泡就是张富清老英雄的功劳。这事引起了国网恩施供电公司党委的高度重视，他们要求来凤公司再次核实信息，了解具体情况。

"寻访尚健在的老人，哪怕踏遍青山也要把老英雄当年为土苗山寨建小水电的动人事迹和相关材料挖掘整理出来，以便更好地向老英雄学习。"这是党委书记谭学吉的嘱咐，也是恩施供电公司党委的要求，追寻张富清当年兴建水电踪迹的小分队都牢记在心。

小分队由公司办公室吴斌、曹阳等三人组成。他们在认真翻阅了国网来凤电力志的基础上，根据新闻记者的采访路径和电力志的记录，翻山越岭，走村串户，寻找当事老人，追访当年张富清为民修水电站的真实过程和感人事迹。

小分队在三胡乡走访六七十岁以上的老人时，了解到三胡乡石桥村的邓明成老人曾和张富清共过事，他可能知道张富清当年修水电站的事。

小分队马不停蹄地行车数十里，翻过两座山来到了石桥村。在那里，88岁的邓明成身体还算硬朗，对当年事记忆犹新，老人说："1959年来凤大旱，连续82天无雨，路边树叶打蔫，田里禾苗枯焦了。干旱，使好多村子连人畜共饮的水都无法保证！1960年，张富清调到三胡区任副区长，他带着五名村民翻山越岭寻找水源。好不容易在石桥村一个名叫麻坑的悬崖洞内找到水源，他发动群众筑坝修水库，在半山腰凿修引水渠，解决农民的生活饮水和农田灌溉。"至于修电站，他建议去找革勒车镇（革勒车镇原隶属于三胡乡管辖）的民兵连长田万福。

小分队赶紧奔赴革勒车镇，一打听，田万福早在好多年前就去世了。线索就这样断了，可小分队一点儿也没有气馁。接着，他们在县电力志上查到了当年的三胡区建有两座小电站，一是老狮子桥电站，也叫刘家坝电站；二是小二龙山电站。小分队还从有关资料中查到，原刘家坝电站值班员叫闵柱生、滕久胜和杨柏松。

经过一圈的寻访，闵柱生不知去向，滕久胜已过世，杨柏松已是年老耳聋，失去了正常人的听力……

吴斌他们并没有放弃，而是不辞辛劳地地继续追寻着，从各个不同角度进行挖掘。他们通过各种途径，找到了张富清老英雄20世纪50年代初到70年代的同事或下属，以及当年小二龙山电站的所在太平村的几任村支书：徐启右，70岁，原三胡乡梨园沟村支书；谭富文，80岁，原三胡乡的武装部部长；罗水清，75岁，原三胡乡革勒车乡石匠。

在对张富清老英雄当年建水电站的事迹的追寻中，他们找到了一个名叫杨圣的铁匠。当年他是三胡区农机站技术员。老人已是90多岁的人，提到当年在三胡区张富清兴建电站的事，他那褶皱的脸上满是崇敬和向往。

1964年，来凤县委、县政府在三胡区兴建第一座电站，电站建在三胡乡一个地名叫刘家坝的地方。三胡区分管财贸和农业工作的副区长张富清，不仅组织当地农民积极配合，自己更是全身心投入。电站建成后负责三胡区胡家沟集镇、社直单位和两个生产队的照明用电。三胡乡这个来凤县的土苗山寨，有史以来第一次点亮无烟灯火。

1966年上半年，一心扑在农村的张富清，见三胡区革勒车乡小二龙山（地名小溪口）有台水轮泵，此泵只能抽水并推动石磨碾米，而农民期盼用电照明，他多次找到农技站的技术员杨圣，问能否把水轮泵改为发电机。杨圣说，技术上应该可以。张富清满脸是笑。他忙开介绍信，让杨圣同当时革勒车乡的民兵连长田万福一起，到来凤县机械厂和湖南龙山县机械厂具体办理。张富清还亲自去机械厂，给技术人员鼓劲。不到半年的时间，一台经过皮带轮带动的10千瓦的电动机改造成功，白天用于电动机碾米，夜晚负责周边五六十户人家用电，给当地民众带去了光明。

革勒车乡在三胡区是最偏远的乡村，号称来凤的"西伯利亚"，当时的张富清有个想法，要给那里的百姓修建一座大一点儿的电站，解决革勒车乡古架村、太平村以及镇上的用电，可还没实现就调离了革勒车乡。

看着吴斌等人挖掘出的张富清老英雄当年为人民兴建水电站的生动素材，谭学吉的眼前，仿佛浮现了当年张富清在猎猎作响的党旗下兴修电站的光辉形象。不知不觉，谭学吉的眼中噙满了泪水，张富清老英雄，您真是我们国家电网的好榜样啊！

是啊，张富清的名字在酉水河岸畔的上空叫得格外响亮，张富清当年为民兴建水电站的事迹成了来凤供电公司进行"不忘初心、牢记使命"主题教育的现实教材，张富清精神和高贵品质融进公司骨干职工的血液！

这是一个天高气爽的上午，在张富清老英雄精神的感召下，国网来凤县供电公司向勇、裴永刚、曹阳、赵津城、杨远等二十八名退役军人集中来到来凤县采血库，自愿为祖国、为人民献血……

这是一个秋意浓浓的下午，国网来凤县供电公司组织新入职员工重寻张富清老英雄的"电力之路"，来到三胡乡老英雄当年参加建设的老狮子桥水电站以及位于革勒车镇的小二龙山水电站，重走张富清当年的电力之路，重温张富清为民情怀，学习老英雄一心为民甘于奉献的高尚品质，为新入职员工扣好职场第一颗扣子，培育并造就新一代张富清精神传承人……

一个夜幕降临的傍晚，国网来凤县供电公司总经理黄励、党委书记谭学吉提上一篮水果，朝着建设银行来凤县支行的老宿舍走去，他们要看望张富清老英雄和他的老伴；他们代表电力人感谢老人当年兴建电站架设电线的壮举，要向老英雄汇报，告慰老英雄：三胡乡的电网已从他架设的一条1.2公里10千瓦的线路，发展到四条10千瓦的线路，全长93.8公里，年供电1230万千瓦时。而且，三胡乡不仅实现用电全覆盖，整个来凤县也早已没有无电户，供电率达到100%。他们要请老英雄放心，国家电网人一定会牢记习近平总书记的谆谆嘱咐，向他学习，不忘初心，踏着老英雄的足迹，在决胜全面建成小康的路上，轧出新一代坚实的辙印！

中国建设银行，扬起了鲜艳的红帆——

95岁的老英雄张富清，离休前是中国建设银行来凤县支行牵头负责的副行长。他是来凤县支行创建人之一。张富清尽管只在建设银行工作三年多，但他"忠诚担当、不忘初心的党员本色，不畏艰难、矢志奋斗的拼搏意志，胸怀大局、不计得失的奉献精神，深藏功名、居功不傲的谦和风骨，淡泊名利、乐观朴实的人生态度"始终存留在全行干部、职工的心中。一晃张富清从银行离休三十五年了，银行领导换了一轮又一轮，职工走了一批又一批，来来去去，不知道有多大的变动。然而，张富清的名字一直在建设银行叫得响。他的优秀作风和传统，一代传一代。干部职工都知道，20世纪80年代，位于湖北偏远的山区，有个来凤县，是凤凰渴望、追求的地方，那里有一个离了休的老行长。平日里，上级银行领导只要到来凤县支行指导或布置检查工作，总要抽出时间，去看望一下从行里离休的老英雄张富清。

第十章　春风不唤万里碧

接到来凤县委书记邢祖训有关学习宣传张富清的指示后，建设银行来凤县支行行长李甘霖，第一时间把张富清老英雄六十多年深藏功名、一辈子坚守初心的事迹分别向恩施州支行、湖北省分行和中国建设银行总行进行了汇报。在湖北省分行行长和恩施州支行行长的陪同下，中国建设银行的董事长从北京来到大山深处的来凤县支行，来到支行的老宿舍，看望老英雄张富清和他老伴。就在此时，新华社发出了习近平主席关于向张富清学习的重要指示的消息。对张富清的肯定和表彰，无疑是对中国建设银行的激励和鞭策，他们深感荣幸，又觉得肩上的担子很沉很重。以离休老副行长张富清为榜样，提高为人民理财的责任意识，增强全行的政治素质和业务素质，势在必行。

由此，中国建设银行总行党委作出了《关于授予张富清同志"中国建设银行优秀共产党员""中国建设银行功勋员工"称号的决定》，并发出了"中国建设银行关于开展向张富清同志学习活动"的通知。

中国建设银行总行党委书记董事长田国立批示强调：张富清是个不可多得的典型，是我们建设银行一笔非常宝贵的财富。他的事迹，不仅是我们建设银行的荣誉，更应该是我们落实总书记有关重要指示的精神食粮，要做好事迹挖掘和全行的学习宣传活动。总行党委副书记、行长刘贵平批示强调：张富清老人的事迹感人至深，催人奋进，是"不忘初心、牢记使命"主题教育的活教材，应深入挖掘，实事求是总结和弘扬建行企业文化正能量。

大家联系全行的政治思想建设和业务发展实际，广泛深入地开展学习活动。他们开展"老英雄哪些精神让你最感动""从老英雄事迹中得到什么启发""和老英雄比有什么差距"等联系实际的大讨论，他们组织报告会，制作专题宣传册、专题片、微电影等，多层次、全方位地进行宣传活动。

他们的《建设银行报》，连续发了六篇评论，加深干部员工对张富清精神实质的深解：《新时代，致敬英雄》——一论学习张富清精神，《坚持共产党人的精神高地》——二论学习张富清同志忠诚担当、不忘初心的党员本色，《奋斗汇聚新时代建行力量》——三论学习张富清不畏艰难、矢志奋斗的拼搏意志，《在无私奉献中实现人生价值》——四论学习张富清胸怀大局、不计得失的奉献精神，《功而不傲的从容令人仰止》——五论学习张富清同志深藏功名、居功不傲的谦和风骨，《书写无愧于时代的精彩画卷》——六论学习张富清同志淡泊名利、乐观朴实的人生态度。

张富清的家乡，陕西省举起了党旗般鲜艳的红帆——

2019年6月11日，中共陕西省委、陕西省人民政府作出了《关于开展向张富清同志学习活动的决定》，要求全省党员干部、部队官兵、退役军人和广大群众，要深入开展向出自家乡的老英雄张富清学习的活动。决定指出，张富清的事迹触动了大众的英雄情结，契合了大众的价值认同……

双庙村是拥有一千七百多人的村子。村子附近有条河，叫湑水河，清凌凌、稳稳地淌往汉江。湑水河不远处，是一个古老集镇——马畅镇。马畅镇人不多，但很闹腾。乡村里里外外上了年纪的人往往坐在那里，他们时而拿着蒲扇摇，时而坐在那里跷着二郎腿抽烟。他们中间有个叫三鞭子的老者正看着当天的报纸，突然，他大呼一声："哎呀！双庙村这回出大新闻了。那个叫张富清的95岁了，这次退役军人信息登记才知道，他是个惊天大功臣。"

"什么叫张富清啦！这个寿星老的名字不叫张富清，叫张元生。是后来被共产党人的军队俘虏了，才改名叫张富清。"一个精瘦的老头儿辩驳着。

第十章 春风不唤万里碧

"他参加解放军以后,打了很多胜仗,得了不少的奖牌。转业后又去了贫穷的山区……"

"嘿!他早就从那里的银行离休了。离休后来了一回,过去了快三十年,都没见他回来看看家乡。"

忽然,一个清脆的声音出现了:"这老人是从我们这里出去的,就是我们的光荣!"

说这话的,是双庙村的党支部书记李志宏。虽说李志宏是个女人,但她的话激情、饱满、铿锵有力!

李志宏回到村里,打开电脑一看,啊,全是宣传张富清的报道。有说他与敌人打仗不要命的;有的称他藏功隐名六十多年,从不争名夺利;有的夸他忠诚担当,不忘初心,永葆党员本色的……

当天,李志宏召开了全村干部和党员大会,并通过干部党员向村父老乡亲报喜:我们双庙村又出英雄楷模了!事后,李志宏召集村党支部和村委会分头行动,一帮人到村东北边张富清的老家报喜,一帮人到村西南边孙玉兰娘家去祝贺。接着,他们走家访户,挖掘张富清和孙玉兰散落在人们记忆中的事迹,编写张富清与家乡的故事。

"这是我们村的宝贵的精神财富,我们要充分利用好这一财富,建个张富清村史馆。"这是村党支部书记李志宏希望得到上级支持的朴素话语,也是双庙村人的实际行动。

在镇党委的大力支持下,在洋县宣传部、组织部、党史研究室的指导和关怀下,利用张富清老家门前的一套宽敞明净的空屋,办成一间内容丰富、物件和史迹并存、图文并茂的"张富清村史纪念馆"。

李志宏满以为可以经常组织全村干部群众,经常来参观学习了。谁知,纪念馆一建成,双庙村周围远近的村庄的干部、群众纷纷来双庙村参观学习：

追寻张富清"不忘初心、牢记使命"的成长发展过程，参观了张富清的旧居和双庙村史馆，汉中市、洋县各级干部在双庙村进行"不忘初心、牢记使命"的讲座；

参观了张富清的旧居和双庙村史馆，汉中市洋县妇联优秀代表在双庙村张富清的巨大图像前，举办"市县妇联庆七一，英雄故里寻初心，坚守使命永担当"的大型经验交流活动；

参观了张富清的旧居和双庙村史馆，陕西省司法厅促进法治处党支部在那里举办了"不忘初心、牢记使命"主题党日活动；

参观了张富清旧居和双庙村史馆，民盟洋县支部在那里举行红色教育活动……

初夏的一个上午，陕西的洋县城乡，一片碧绿，花草峥嵘。汉中市委书记带领全市干部参观完张富清村史纪念馆，当他们一个个深感纪念馆物件真切、故事动人时，他们又来到双庙村会议室，与远在湖北省来凤县的95岁的老英雄张富清进行了情真意切的视频通话。

来了，出现了，他端端正正地坐在椅子上。坐在会议室的干部们看见了，看见了老英雄的微笑。他见了家乡的年轻干部，笑得那么惬意，那么甜蜜，那么开心。

人们听见了，听见了老英雄张富清用陕西话在说："家乡的父老乡亲们，你们好吧？"他用陕西话的问候，是那么地道，那么亲切！霎时间，年轻干部的脸上挂满了激动的泪水。

"老英雄啊，我们家乡人想念你呀，盼您老人家回来看一看，指导指导！"

镜头那边的张富清老人也动情了，老泪哗哗地流淌着，在一旁的工作人员也在擦拭着眼泪。

第十章　春风不唤万里碧

发达的科学技术,就能这样把千里之外的人一下子拉到身边,送往你的眼前。家乡人与家乡人的对视,盼归者与崇拜者的对视,功勋人与年轻干部的对视。

这是心心相印,也是情与情的交流!

接下来,按家乡的请求,张富清老英雄谦逊地讲着:"我是穷家的子弟,我是农民的儿子。这辈子,我为党为人民做了些事情,总觉得还很不够哇! 24岁以前,家乡的地,家乡的水,家乡的人民养育了我。31岁以后湖北来凤的山,来凤的水,来凤的人民养育着我。我为人民做些事是应该的!"

会议室里,青年干部们听着老英雄的讲述,不知不觉地离开了凳子站起来;不知不觉地,泪水已模糊了他们的视线,透过依稀的泪光,青年干部们似乎感到,坐在视频那头的,不是家乡的张富清老人,而是一棵碧绿而又伟岸的常青树。

中共湖北省委举起了党旗般鲜艳的红帆——

2019年6月16日,湖北省委发出通知向张富清同志学习,要求全省各级党组织和广大党员干部,把张富清的先进事迹作为坚守初心为人民的教材、担当使命促进发展的精神动力、对照检查找差距的身边标杆。

6月下旬,中共武汉市委印发通知,要求各级党组织和干部群众"对照张富清找差距,坚守初心担使命"。

"共产党员的责任和担当是永恒的,牢记使命、甘于奉献也是我们组工干部的底色。"武汉市委组织干部在"武汉组工"微信公众号推出"学榜样,悟初心"专栏,一篇篇党员干部学习了张富清的感悟心得,语言朴素,情感真挚,在全网络平台搭建起充满正能量的学习交流园地;

武汉市住保房管局注重利用信息化平台,组织大家学习《张富清，95岁老党员的本色人生》视频等，还在"武房党建"企业微信上，推出学习张富清的学习体会，营造浓厚的学习氛围；

武汉市外办在举办的大讨论中，党员干部把学习张富清事迹贯穿实践中，聚力扩大对外交流，深化互利合作，提升城市国际水平；谋划外事发展方向，破解工作难点焦点，构健全市大外事工作格局；

碧水集团提出，要把学习张富清事迹延伸到项目、工地一线，开展"学先进，找差距"，用张富清的先进事迹和无私奉献精神，开展劳动大竞赛，激发了干部职工创业热情；

武汉市信访局提出，新时代信访工作者，要以张富清为榜样、标杆，把老百姓的来信当家书，把老百姓的信访事项当家事，恪尽为民之责。

退役军人事务系统举起了党旗般鲜艳的红帆——

95岁的张富清老人的事迹被采集信息时发现后，采集员聂海波立即向新成立的县退役军人事务局领导进行了汇报。来凤县退役军人事务局局长李久山，是个聪明过人的才女干部。听了聂海波等同志的情况汇报后，当即进行了检查和辨认，紧接着，迅速分别向恩施州退役军人事务局以及省退役军人事务厅进行了汇报，并请湖北省退役军人事务厅带专家前来确认。

2019年6月19日。湖北省退役军人事务厅党组作出了向张富清同志学习的决定，提出要学习张富清对党绝对忠诚的政治品格，学习张富清退役不褪色的军人本色，学习张富清淡泊名利的高尚品格。

2019年7月26日，在全国召开的退役军人工作会议上，张富清被表彰为"全国模范退役军人"。由此可见，人力资源和社会保障部、中共中央组织部、退役军人事务部、中央军委政治工作部同时举起了党旗般鲜艳的红帆……

中共中央、中宣部更是举起了党旗般鲜艳的红帆,张富清分别被授予"全国优秀共产党员""时代楷模"的光荣称号。

举目望去,当我们中国共产党的总书记习近平挥臂之时,五洲四海,长江黄河,哪里没有举起党旗般鲜艳的红帆!

三十八　春风回了

战争年代,彭德怀、贺龙等中国老一辈革命家给 30 岁不到的张富清挂上了"人民功臣"的勋章;和平时期,中共中央总书记、国家主席、中央军委主席习近平亲手给年近百岁的老英雄张富清佩戴上"共和国勋章"。可见,张富清所走过的人生,多么坎坷,多么艰辛,又多么富有传奇色彩!

对此,笔者触景生情,迸发出新的诗作——

> 春风回了,
> 鹤栖武陵山中秀,
> 更有古松傲冬秋。
> 借问人间谁识兵?
> 恰逢四海普天度。
> 曙光现,雾霭散,
> 雨过天晴白云悠。
> 泥土发,抽新芽,
> 百花争艳醉神州。
>
> 江山不负解甲人,

红旗猎猎竞风流。
　　啊！春风回了，
　　头上凤凰亮金翅，
　　脚下酉水赛歌喉。

　　红帆高扬层林染，
　　亿万人民跟党走，
　　闯滩破浪何所惧？
　　航行自有好舵手！
　　啊！春风回了，
　　回得正是时候。

革命者坚守初心、牢记使命，是一种要求，是一种责任，是一种社会担当。说到底，就是要誓死紧跟党，终身为人民。这就是我们每个历史时期必备的共产党人的正气之风。

不论何时何地，张富清始终感到这风随时都在他的胸口轻柔地拂过。同时，在张富清的身上随时能焕发出一股公平、正气之风。他就是这样既能与东风为伍，永葆退役革命军人的本色，勇于付出，严于律己，有着博大的包容情怀；又不畏风暴，且能经受风雨的人。

像张富清这样的老兵并不少，如90岁的刘聪普老人，原是359旅718团3营7连的战士；89岁的老兵杨燕安，原是359旅718团工营的一名炮兵；87岁的老人白玉伦，原是359旅718团1营机炮连的战士……

当年和张富清一起参加永丰战役的战友九十多人，响应党中央的号召，就地留在了新疆阿克苏等地。他们放弃回内地、回老家的

第十章　春风不唤万里碧

机会,"一手拿镐,一手拿枪"屯垦戍边,开荒造田。他们不讲条件,无须组织照顾。

他们退伍不褪色,几十年来,从地窝子到草房子,从土坯房到砖瓦房,从简单的平房搭盖到眼下高楼林立。

时空的变幻是无穷无尽的,新疆的面貌时刻都在变,但他们艰苦奋斗的作风没有变;他们一个个从乳臭未干的毛头小伙,变成了白发苍苍的老人,但他们无私奉献的精神没有变,对人民的挚爱情怀没有变,听党的话、为人民的根本没有变。

我们的时代,是一个英雄辈出的时代。在这个伟大的时代里,人们开拓进取,踏浪前行。你看,在决胜全面建成小康社会的道路上,在鼓点催征的激越的气氛中,谁不抖擞精神,铆足劲?谁不登高远眺,坚定必胜的信念?谁不愿打突击,当先锋?

时代造就英雄,英雄引领时代。张富清并非武陵山中一仙翁,而是一个饱经沧桑、屡立战功,几十年隐功埋名为百姓的一个老英雄,实实在在的老楷模。

2020年7月30日,这是全国退役军人事务机构正式挂牌成立的第二个八一建军节的前夕。这天上午,来凤县退役军人事务局局长李久山带领两名年轻的工作人员,步行前往老英雄张富清的住处——中国建设银行来凤县支行的老宿舍区,她要赶在八一建军节到来之前看望老英雄张富清。

走在县城街道的绿荫下,尽管不时吹来阵阵夏日里少有的凉风,可李久山的额头还是溢出汗来。这并不是天气炎热所致,而是作为县退役军人事务局局长,她在为老英雄张富清的事迹传遍大江南北而兴奋,同时她感觉自己肩上的担子很重。她头脑很清晰:头一年的7月29日,习近平总书记亲自把共和国功勋奖章挂在张富清的脖子上;接下来,中共中央组织部正式向来凤县委组织部下发通知，张富清同志享受国家行政五级的待遇。也就是说，张富清要享受省部级待遇。在来凤县这么个山区小县，能到这个条件？张富清已经是年迈的老人了，他近日的身体怎么样？他应该享受的国家给予的待遇到位没有？

谁知，张富清老英雄对李久山一行的慰问既感激，又感到不自在。他对李久山局长说："感谢党，感谢人民，请再不要这样客气，不要把我当作特保儿。我虽说为党和人民做了点儿工作，但和我那些在战场上死去的战友比，这算得了什么，我有什么值得显摆，还有什么要照顾？党和国家不管给予我什么荣誉，我始终是一个兵……"

是啊，张富清始终是一个兵。一个历经生死战斗和风霜雪雨的老兵，一个穿越世纪而初心不改的老兵。

在张富清的身上，我们看到了退役老兵的风范，看到了退役老兵的品格！

后　　记

让英雄的人性光芒更璀璨

青年时，我有幸听了著名作家浩然老师的一次讲课。他告诉我们，写作首先要有爱心，要爱生活，爱你身边的人，爱被你采写的对象。只有怀着爱，才能走进人物的内心世界，才能迸发出写作的激情。

正是有了这种爱，当出版社邀请我写这部长篇纪实文学时，我很乐意接受这一任务；正是有了这种爱，采写创作前，我认真做了采访前的准备工作，使得我带着有些与其他文字宣传不同的思考去深入采访，去揭示老英雄的生活本质；正是有了这种爱，我不顾年老体弱并身患糖尿病、高血压等疾病，坚持全身心投入。在深山采访时我曾多次摔倒，膝盖几次被摔伤，险些滚落山崖。

从武汉开车去来凤县，需要九小时，至于去陕西张富清的老家，行车时间则更长。然而，为了充分地掌握素材，我不得不多次往返湖北来凤与陕西汉中。去来凤采访，采访车要钻过一个山洞又一个山洞。一次夜间行车，因山路险峻，光线模糊，凌晨4时许，车行半路被大货车撞毁，尽管我坐在采访车的后座，左胸内侧肋骨还是被撞裂了两根。那么采访就此打住吗？不行啊！老英雄的生活像一座宝矿亟待我去开采。

我前后采访半年多,到 2019 年腊月二十八才从来凤县返回武汉,谁知正遇新冠肺炎病毒侵袭武汉。武汉被封城了!我和武汉市民一样,为了应对病毒,只能足不出户。出于对老英雄的爱,住在六楼的我,一连几个月连楼都没下过,每天清晨 3 点钟爬起来创作,写这本书。一时间,家中原存放的米面等粮食和蔬菜都耗尽了,我们只能靠啃干粮吃咸菜度日。尽管如此,我仍不停歇地坚持。在这之前,我的笔下写了不少英模人物,可张富清这样的老英雄不一样。他是个扎在平民堆里的时代楷模,他是个经历了几代人的近百岁的老者。写他,我不能人云亦云,我要站在时代的高度,实事求是地揭示他的生活本质。老英雄不是神,而是一个吃五谷杂粮的普通人,我要根据采访,写出与其他的宣传不同的、真实的感人细节;我要用封存多年的鲜活故事,写出一个有血有肉的真真切切的时代老英雄。

出于对张富清的爱,我要把他爱党、听党话的坚定信念写出来。他从一个国民党的俘虏兵,到打仗屡屡获胜,他天生就那么神奇吗?不,是党的培养,是部队的训练让他成长起来的。我着意挖掘出了西北野战军 359 旅"营地蝶变"的素材。

出于对张富清的爱,写他隐功埋名几十年,并不是空泛地、生硬地去写,而是通过特定的事件,写出他"隐功埋名"不让家人知道的人性化生活细节,反映他感人肺腑的崇高品质。我特意采写出"泪洒新房"这一节,正因为是张富清妻子孙玉兰的真实感受,才使得老英雄隐功埋名的事实更真切、精神更可贵。

出于对张富清的爱,我要写出张富清的民族情怀和民族一家人的感人场面。来凤县是我国第一个少数民族县,拥有土家族、苗族等十七个少数民族。张富清作为一个汉族的转业军人,一方面他全心全意地为少数民族服务,另一方面他把党的温暖送给了他们。可

后　记

以说，去来凤县的几十年，张富清为少数民族倾情洒爱，为祖国的民族团结作出了贡献，但同时也是少数民族滋养了他，丰满了他。在来凤县工作期间，张富清因故被撤职七年。张富清的工资停发了，他拖儿带女的一个家，有时连填饱肚子都是个问题。这期间，乡邻、同事各族人民无私地援助和关爱着张富清和他的家人。为展现特定情况下的民族一家亲的真切生活，我特地挖掘采写了"乡邻相帮"，描写出张富清和当地人民如同石榴抱子的民族团结场景。

出于对张富清的爱，我真切地写出了老人88岁左腿高位截肢的内幕，老英雄曾在战场上出生入死，有的宣传说他被高位截肢后如何勇敢，如何坚强地站起来了。我对此深感疑惑，带着这一问题深入采访，才发现老英雄的腿截肢"是人为的"，是医生误诊造成的。这里就有让人揪心的故事！因医院的误诊，造成老英雄必须高位截肢，这是一个多么残酷而又严峻的事实！在这面前，谁能接受？老人的原单位建设银行向医院要说法，县老干局谴责医院，这都是情理之中的，是应该的，都是出于对老英雄的关心和爱护。而就在这种情况下，老英雄以一般人难以接受、难以容恕的博大的包容情怀，谅解了医院："我们这地方很穷，医院好多设施到不了位。医院也好，医生也罢，都是一心为了病人治病，他们又不是故意的。我这条腿要锯就锯吧，只当是在战场上被敌人的炮弹炸了的……"老英雄如此能包容世间万事万物的胸襟，如此能体谅他人难处的高尚品格，岂不令人肃然起敬，岂不让人潸然泪下！

总而言之，对老英雄的深爱不是停留在口号上，而是要体现在作品中。人们读了你的纪实作品，是不是为之一振？是不是感到与其他文字宣传既有相同之点，又有不同的新奇之处？作品的字里行间能不能散发出老英雄独特的人性光芒？

为了达到这一点，我尽了自己的一份努力。如果说这一份努力和付出能够使来凤县酉水河的水更清亮一些，能够让老英雄的人性光芒更璀璨一些，那么，功劳应该归功于出版社，归功于中共湖北省委宣传部，归功于湖北省文联，归功于湖北省作协，归功于中共来凤县委、县政府，归功于中共洋县县委、县政府，归功于马场镇双庙村的干部群众，归功于张富清老英雄的家人，以及所有为我提供素材的人。

《平民英雄：张富清传》正式出版之际，我首先要感谢的是中国当代最具影响力之一的报告文学家王宏甲老师，他在百忙之中抽出时间为该书作序。同时，对关心和支持我创作、出版这一书的所有人，一并表示感谢！

寒青

2021 年 12 月 28 日